Max Webers Studie über Hinduismus und Buddhismus

Interpretation und Kritik

Herausgegeben von
Wolfgang Schluchter

Suhrkamp

CIP-Kurztitelaufnahme der Deutschen Bibliothek

Max Webers Studie über Hinduismus und Buddhismus:
Interpretation u. Kritik / hrsg. von
Wolfgang Schluchter. – 1. Aufl. –
Frankfurt am Main : Suhrkamp, 1984.
(Suhrkamp-Taschenbuch Wissenschaft ; 473)
ISBN 3-518-28073-2
NE: Schluchter, Wolfgang [Hrsg.]; GT

suhrkamp taschenbuch wissenschaft 473
Erste Auflage 1984

Satz: Wagner GmbH, Nördlingen
Druck: Nomos Verlagsgesellschaft, Baden-Baden
Printed in Germany
Umschlag nach Entwürfen von
Willy Fleckhaus und Rolf Staudt

1 2 3 4 5 6 – 89 88 87 86 85 84

Inhalt

Vorwort

Die Studie über Hinduismus und Buddhismus ist Max Webers zweiter monographischer Versuch zur Wirtschaftsethik der asiatischen Kulturreligionen. Damit schließt er den in seinen Augen durchaus oberflächlichen Rundgang durch diese Kulturwelt ab. Voraus geht die Studie über Konfuzianismus und Taoismus, die er den Weltverhältnissen der chinesischen Kulturreligionen und ihren Wirkungen widmete. Während er hier in erster Linie weltbejahende, ja weltanpassende Haltungen diagnostizierte, stößt er dort, zumindest bei bestimmten Gruppen religiöser Virtuosen, auf eine Haltung religiös motivierter Weltablehnung. Sie ist teilweise so radikal, daß ihr in dieser Hinsicht nur ganz wenige der erlösungsreligiösen Strömungen des vorderasiatischen Orients und Okzidents gleichkommen. Nicht zufällig schickt Weber seiner Studie eine Abhandlung voraus, in der er die möglichen Spannungen und Konflikte zwischen Erlösungsreligion und Welt aufzeigt. Sie sind dort besonders groß, wo Erlösungslehren wie in Indien ihre Voraussetzungen konsequent entwickeln und handlungswirksam umsetzen. Spannungen und Konflikte verlangen nach Lösungen.

Diese in verschiedenen religiösen Traditionen zu identifizieren ist eines der zentralen Interessen, die Weber in seiner vergleichenden Religionssoziologie verfolgt. Dazu untersucht er in seiner Indienstudie unter anderem Brahmanismus, Buddhismus und Jainismus. In all diesen Fällen wird gefragt, wie stark eine religiös motivierte weltablehnende Haltung ausgeprägt ist und welche Konsequenz sie für die nichtreligiösen Lebensordnungen, insbesondere für die wirtschaftliche Lebensordnung, hat.

Im Mittelpunkt steht zunächst die ›orthodoxe‹ Lösung. Weber sieht sie in der Verbindung von Brahmanismus und Kastenordnung. Während in China Konfuzianismus und patrimonialstaatliche Ordnung eine Wahlverwandtschaft eingingen, sind es hier Brahmanismus und Kastenordnung. Jener schafft dieser den ideellen Unterbau. Mit Hilfe von *samsāra-* und *karma-*Lehre, Seelenwanderungs- und Vergeltungsglaube, wird der Kastenordnung Heilsbedeutung verliehen. Trotz religiös motivierter Weltablehnung kommt es also praktisch nicht zur Revolutionierung, sondern zur Legitimierung einer traditionalistischen Sozialordnung. Deshalb verlagert sich Webers Interesse auf die ›heterodoxen‹ Lösungen des vornehmen indischen Mönchtums, vor allem auf den alten Buddhismus, der diese Wahlverwandtschaft nicht einging. Insbesondere in seiner Frühphase leugnet er radikal die Heilsbedeutung des gängigen innerweltlichen Handelns. Doch dies führt ihn in der Praxis nicht zu aktiver Weltgestaltung, sondern zu passiver Weltflucht. Mit der Ausbreitung des Buddhismus wird diese Haltung zwar modifiziert, doch kommt es gleichzeitig zu Veränderungen seiner inneren Struktur, die trotz vorübergehender Dominanz in Indien seine Konkurrenzfähigkeit gegenüber anderen erlösungsreligiösen Strömungen schwächt. Er wird zu einer Weltreligion außerhalb Indiens. Deshalb haben die Kulturreligionen Indiens nach Weber den sozialen, insbesondere den ökonomischen Traditionalismus letztlich nicht zerstört, sondern geradezu gestützt.

Diese Thesen sind für den an Indien interessierten Soziologen wie für den soziologisch interessierten Indologen bis heute eine Herausforderung geblieben. Der Band verfolgt unter anderem den Zweck, zu prüfen, inwieweit sie haltbar sind. Dabei geht es nicht allein um alte und neue Fakten, sondern auch um die verwendeten Begriffe und um die Wertvoraussetzungen, unter denen die Studie steht.

Die hier versammelten Aufsätze sind im Zusammenhang mit einer internationalen und interdisziplinären Konferenz entstanden, die im Herbst 1981 bei der Werner-Reimers-Stiftung stattfand. Die Themen der Beiträge folgen in etwa dem Aufbau von Max Webers Studie: Zusammenhang von Brahmanismus, *karma*-Lehre und Kastenordnung; Entstehung, Entwicklung und Ausbreitung des Buddhismus (mit einigen Ausblicken auf den Jainismus); Formen der indischen Massenreligiosität. Acht Aufsätze waren in Englisch geschrieben. Sie wurden von Holger Fliessbach (O'Flaherty, Obeyesekere, Shulman, Tambiah) und von Brigitte Schluchter (Derrett, Gupta, Heesterman, Eisenstadt) übersetzt. Ich habe die Übersetzungen durchgesehen und teilweise überarbeitet. Die Aufsätze von Stanley Tambiah und Shmuel N. Eisenstadt wurden zudem gekürzt.

Zitate aus Sanskrit- und Pāli-Quellen, von denen eine englische, aber keine deutsche Übersetzung existiert, bleiben englisch. Sonst wird die deutsche Übersetzung verwendet, es sei denn, sie weicht von der englischen so weit ab, daß man die daran geknüpfte Interpretation nur noch schwer versteht. Die von den englischsprachigen Indologen und Soziologen besonders häufig gebrauchten Fachausdrücke sind wie folgt übersetzt: renouncer = der »Entsagende« oder »Entsager«; sacrificer = der »Opfernde« oder »Opferer«; householder = »Haushalter« oder »Hausvater« (auch »Hausbewohner«, wenn der Gegensatz zum hauslosen wandernden Asketen oder Mönch im Vordergrund steht).

Ein besonderes Problem stellten die aus dem Sanskrit und Pāli stammenden Begriffe und Ausdrücke. Sie werden in der Regel gemäß der in der heutigen Indologie gebräuchlichen Transliteration wiedergegeben. Doch gibt es auch hier Ausnahmen: 1. Bei Zitaten bleibt die Schreibweise des Autors erhalten. Dies gilt auch für die Texte Max Webers, der zudem noch die Schreibweise wechselt, meist in Abhängigkeit von der Literatur, die er gerade benutzt. 2. Einige Begriffe und Ausdrücke sind inzwischen in die deutsche Sprache aufgenommen. Dabei verändert sich mitunter das Genus (Beispiel: der *dharma* = das Dharma, aber: das *karma* – das Karma(n)). Wo dies der Fall ist, sind beide Versionen zugelassen, auch im selben Text. 3. Nicht nur Soziologen, auch Indologen scheinen sich nicht immer streng an die neuesten Regeln zu halten (Beispiel: Upaniṣaden – Upanishaden; Aśoka – Ashoka; *kṣatriya* – Kshatriya). So wurde Einheitlichkeit zwar erstrebt, aber nicht ganz erreicht. Dafür bitte ich besonders den indologisch geschulten Leser um Nachsicht.

Dem Band ist eine Zeittafel sowie eine Auswahl der auf Webers Studie bezogenen und für ihr Verständnis hilfreichen Literatur beigegeben. Beides ist als Orientierungshilfe gedacht. Ferner hat Karl-Heinz Golzio einen Beitrag über die indologische Literatur geschrieben, die Weber seiner Studie zugrunde legte. Auch dies soll eine Orientierungshilfe sein.

Ich danke allen, die am Zustandekommen dieses Bandes aktiv mitgewirkt haben, vor allem aber der Werner-Reimers-Stiftung, die nicht nur die Konferenz im Herbst 1981 ermöglichte, sondern auch die Editionsarbeiten an diesem Band großzügig förderte. Ich danke Holger Fliessbach und Brigitte Schluchter, die die teilweise sehr schwierigen Übersetzungen besorgten, und Karl-Heinz Golzio, der sowohl die Transliterationen in einzelnen Beiträgen prüfte wie die deutsche Fassung der von den Autoren zitierten Sanskrit- und Pāli-Quellen heraussuchte. Mein Dank gilt ferner

Hermann Kulke, der die Zeittafel beisteuerte, sowie Harald Wenzel, der mir bei der Literaturauswahl half. Schließlich danke ich Sigrid Bolloni, die die Sekretariatsarbeiten für die Vorbereitung der Konferenz und dieses Bandes ausführte.

Dies ist nunmehr der dritte Band zu Max Webers Projekt über die Wirtschaftsethik der Weltreligionen. Möge er zusammen mit den beiden anderen dazu beitragen, Webers vergleichend und entwicklungsgeschichtlich ausgerichtete Kultursoziologie weiter zu verbreiten.

Heidelberg, im April 1984 Wolfgang Schluchter

Wolfgang Schluchter

Weltflüchtiges Erlösungsstreben und organische Sozialethik

Überlegungen zu Max Webers Analysen der indischen Kulturreligionen

> »Wer alles Anhängen an die Frucht der Werke aufgegeben hat, immer zufrieden ist, ohne irgendwelche Abhängigkeit, tut nichts, obwohl er sich ständig betätigt.«
>
> Bhagavad Gītā, IV, 20.
>
> »Wie kann man sich selbst kennen lernen? Durch Betrachten niemals, wohl aber durch Handeln. Versuche deine Pflicht zu tun, und du weißt gleich, was an dir ist.«
>
> Goethe, Wilhelm Meisters Wanderjahre, Zweites Buch, Elftes Kapitel (Betrachtungen im Sinne der Wanderer).

I. Die »Zwischenbetrachtung«

1. Weltbejahung und Weltverneinung

Max Webers Studie über Hinduismus und Buddhismus, die in die drei Abschnitte »Das hinduistische soziale System«, »Die orthodoxen und heterodoxen Heilslehren der indischen Intellektuellen« und »Die asiatische Sekten- und Heilandsreligiosität« gegliedert ist, beginnt nicht mit der Analyse des hinduistischen sozialen Systems. Sie beginnt vielmehr mit einer systematischen Betrachtung, durch die er die Behandlung der indischen Heilslehren in eine weitere Perspektive stellt. Darin geht es um ein Grundproblem, mit dem sich zumindest alle Erlösungsreligionen, seien sie eher lehrhaft oder eher ethisch ausgerichtet, konfrontiert sehen: daß ihr Anspruch mit den Realitäten des Lebens in Spannung, ja in Konflikt gerät. Diese systematische Betrachtung, die auf andere, etwa auf die »Einleitung«, verweist, ist uns in drei Fassungen überliefert. Über deren Verhältnis ist kurz zu sprechen, will man klären, worin genau diese weitere Perspektive besteht.

Die erste und zeitlich vermutlich früheste Fassung findet sich im religionssoziologischen Kapitel von *Wirtschaft und Gesellschaft*. Sie trägt den Titel »Religiöse Ethik und ›Welt‹« und ist von Untersuchungen über »Die Erlösungswege und ihr Einfluß auf die Lebensführung« und »Die Kulturreligionen und die ›Welt‹« eingerahmt. Die zweite Fassung, die offenbar in großer zeitlicher Nähe zur ersten konzipiert wurde, hat Weber im Novemberheft des *Archivs für Sozialwissenschaft und Sozialpolitik* aus dem Jahre 1915 veröffentlicht. Sie ist mit »Zwischenbetrachtung. Stufen und Richtungen der religiösen Weltablehnung« überschrieben und zwischen die Studien über die Wirtschaftsethik der chinesischen und der indischen Kulturreligionen gestellt. In dieser Stellung ist sie auch in dem von Weber selbst noch zum Druck gegebenen 1. Band der *Gesammelten Aufsätze zur Religionssoziologie* aus dem Jahre 1920 belassen. Hier hat sie den Titel »Zwischenbetrachtung: Theorie der Stufen und Richtungen religiöser Weltablehnung.« Während nun die erste und die zweite Fassung sowohl nach ihrer äußeren Textgestalt wie zum Teil auch thematisch und begrifflich trotz großer sachlicher Nähe durchaus voneinander abweichen, sind die zweite und die dritte Fassung unter diesen Gesichtspunkten weitgehend identisch. Zwar stimmen die Texte nicht völlig überein, doch die Eingriffe, die Weber an der zweiten Fassung vornahm, bestehen hauptsächlich in Einschüben, die den alten Textbestand kaum berühren, ein Vorgehen übrigens, das für seine Bearbeitung bereits veröffentlichter Texte insgesamt charakteristisch ist.[1]

Weshalb schreibt Weber die zweite Fassung, und vor allem: weshalb weist er ihr die beschriebene Stellung zu? Dafür lassen sich unter anderem zwei Gründe nennen. Beide haben mit äußeren und inneren ›Zweckmäßigkeitsgründen der Darstellung‹ zu tun.[2] Zum einen sind die Aufsätze über die Wirtschaftsethik der Weltreligionen, zu denen die Studien über die chinesischen und indischen Kulturreligionen gehören, nach Webers eigenen Worten unter anderem dazu bestimmt, das religionssoziologische Kapitel von *Wirtschaft und Gesellschaft* zu ergänzen und zu interpretieren wie auch durch dieses interpretiert zu werden.[3] Das schafft einerseits Entlastung durch ›Arbeitsteilung‹, andererseits die Möglichkeit, die dort entwickelten systematischen Gedanken hier in knapper und zugespitzter Form zu verwenden[4], und zwar so, wie es nach dem Gang der Darstellung zweckmäßig ist. In diesem Sinne bildet die »Zwischenbetrachtung« neben der »Einleitung« ein Scharnier, durch das die *Gesammelten Aufsätze zur Religionssoziologie* mit *Wirtschaft und Gesellschaft* äußerlich und innerlich verbunden werden. Zum anderen fordert der Gang von Webers Darstellung gerade an dieser Stelle tatsächlich einen systematischen Exkurs. Eine Zwischenbetrachtung dient ja allgemein dazu, den Fluß einer Darstellung zu unterbrechen, um auf die bis dahin gewonnenen Resultate zu reflektieren und eine Perspektive für die weiteren Erörterungen zu entwerfen. Nicht zufällig schließt Webers »Zwischenbetrachtung« an das »Resultat« der Konfuzianismusstudie unmittelbar an. Dieses aber lautet: Die chinesischen Kulturreligionen haben weder in ihren orthodoxen noch in ihren heterodoxen Varianten bei ihren Anhängern starke Weltablehnungsmotive ›gezüchtet‹. Gerade durch ihre orthodoxen Varianten wurde vielmehr eine Haltung der Weltbejahung, ja der Weltanpassung rational unterbaut. Dies bringt die konfuzianische Ethik, typologisch gesehen, in schärfsten Gegensatz zur puritanischen. Denn diese hat ihren Anhängern eine Haltung der Weltverneinung angesonnen und sie dadurch »in den Zusammenhang einer gewaltigen und pathetischen Spannung gegenüber der ›Welt‹« gestellt.[5] Das Weltverneinungs- oder Weltablehnungsmotiv ist nun aber keineswegs nur dem Puritanismus oder anderen christlichen Strömungen eigen. Vielmehr hat es nach Weber seine radikalsten Ausprägungen gerade nicht in den vorderasiatischen und okzidentalen Gebieten, sondern in Asien gehabt. Das jedenfalls sagen die Eröffnungssätze der »Zwischenbetrachtung«: »Das Gebiet der *indischen* Religiosität, in welches wir eintreten wollen, ist im stärksten Kontrast gegen China die Wiege der theoretisch und praktisch weltverneinendsten Formen von religiöser Ethik, welche die Erde hervorgebracht hat. Ebenso ist hier die entsprechende ›Technik‹ am höchsten entwickelt. Das Mönchtum und die typischen Manipulationen der Askese und Kontemplation sind hier nicht nur am frühesten, sondern auch sehr konsequent durchgebildet worden und diese Rationalisierung hat vielleicht auch historisch von da aus ihren Weg durch die Welt gemacht.«[6] Wenn dem aber so ist, dann muß nach der Darstellung von religiösen Ethiken und Lehren der Weltbejahung am Beispiel Chinas die Analyse von religiösen Ethiken und Lehren der Weltverneinung noch im Rahmen der Darstellung der asiatischen Kulturreligionen beginnen. Man sieht, daß der Schnitt, den die »Zwischenbetrachtung« gleichsam durch die Kulturreligionen legt, nicht mit der Unterscheidung zwischen asiatischen und vorderasiatisch-okzidentalen Kulturreligionen zusammenfällt.

Dies heißt nun freilich nicht, daß Weltbejahung nur in China vorkäme. Weber spricht unter anderem in der »Einleitung« von der naiven »›Weltbejahung‹ des ungebrochenen Menschentums etwa in der Antike und im Laien-Katholizismus«.[7] Es scheint, als seien in seiner Sicht religiös unterbaute Weltablehnungsmotive, die handlungsrelevant werden, eher die Ausnahme als die Regel und dort, wo sie vorkommen, jedenfalls kein Massenphänomen. Religiöse Weltablehnung scheint vielmehr in erster Linie eine Sache hochgestimmter ›Virtuosen‹, religiöser Eliten.[8] Sie setzt ferner die ›Fortentwicklung‹ der Heilsidee zur Erlösungsidee, der Heilstechniken zu soteriologischen Methodiken und des Sinnbedürfnisses zum Erlösungsbedürfnis voraus. In China – so Webers nicht unproblematische These – ist es dazu letztlich nicht gekommen. Denn der Konfuzianismus stellt strenggenommen keine Erlösungs-, sondern eine Bildungs-, eine Art Zivilreligion, dar.[9] Dies ist in Indien, aber auch im Iran, in Vorderasien und im Okzident anders. Hier entwickelten sich Erlösungsreligionen, so in bestimmten Varianten des Brahmanismus, im Jainismus, im Buddhismus, im Zarathustrismus, im Judentum, im Christentum sowie – bei Weber allerdings mit gewissen Einschränkungen – im Islam.[10] Von diesen Erlösungsreligionen sind zudem einige zu Weltreligionen geworden, d. h. zu solchen Religionen, die »besonders große *Mengen* von Bekennern um sich zu scharen gewußt haben«[11], weil es – um nur einen Grund zu nennen – für ihre Missions- und Propagandatätigkeit keine religionsimmanenten Schranken gab.[12] Was diese Erlösungsreligionen bei allen Unterschieden miteinander verbindet, ist ihre Tendenz zur Weltverneinung und damit zu Weltentwertung in der Theorie und zu Weltablehnung in der Praxis. Wie stark diese Tendenz ausgeprägt ist und in welche Richtung sie wirkt, dies wiederum unterscheidet sie. Die »Zwischenbetrachtung«, die ja nicht zufällig bereits im Titel von Stufen und Richtungen der Weltablehnung spricht, sucht diese Gemeinsamkeiten und Differenzen »in einer schematischen und theoretischen Konstruktion« vorzuführen.[13] Sie zieht also einzelne Religionen zunächst nur zur Illustration objektiv möglicher Weltablehnungsmotive heran.[14] Die konkrete ideelle und soziale Konstitution dieser Motive und ihre Wirkung werden dagegen in den Einzeldarstellungen beschrieben. Im Rahmen der »Wirtschaftsethik der Weltreligionen« gilt die erste Einzeldarstellung dieser Art den Erlösungsreligionen Indiens.[15]

Doch bezieht sich die schematische und theoretische Konstruktion nicht allein auf die Verdeutlichung objektiv möglicher religiöser Weltablehnungsmotive. Dadurch soll darüber hinaus geklärt werden, welche Spannungen, ja Konflikte bei religiös motivierter Weltablehnung zwischen den Ansprüchen der Religion und denen anderer Wertsphären und Lebensordnungen, zwischen religiöser Lehre oder Ethik und den ›Lehren‹ oder ›Ethiken‹ der ›Welt‹, objektiv möglich sind. Mehr noch: Es geht zugleich um die Entwicklungsdynamik, die aus solchen Spannungen und Konflikten erwächst, sowie um die Art ihrer ›Beherrschung‹, d. h. um Versuche der Spannungs- und Konfliktbewältigung.

Man kann diese Grundidee, die Webers »Zwischenbetrachtung« trägt, interessanterweise an einem scheinbar völlig abgelegenen Text, nämlich an seiner fragmentarisch gebliebenen Musiksoziologie, studieren. Dort fragt er nach spezifischen Bedingungen der okzidentalen Musikentwicklung, konkret: »warum sich gerade an einem Punkt der Erde aus der immerhin ziemlich weitverbreiteten Mehrstimmigkeit sowohl die polyphone wie die harmonisch-homophone Musik und das moderne Tonsystem überhaupt entwickelt hat, im Gegensatz zu anderen Gebieten mit einer – wie namentlich im hellenischen Altertum, aber auch z. B. in Japan – mindestens gleichen Intensität der musikalischen Kultur«.[16] In analoger Weise fragt er bekanntlich auch nach den spezifischen Bedingungen der okzidentalen Wirtschaftsentwicklung, ja nach denen der materiellen und ideellen Kultur im Okzident insgesamt. In der Musiksoziologie werden – wie meist auch sonst – diese Bedingungen in ›rationale‹, technische und soziale gegliedert. Die ›rationalen‹ haben mit Musiktheorie, die technischen und sozialen mit Musikpraxis im weitesten Sinne zu tun. Die okzidentale Musikentwicklung basiert nun auf einer Musiktheorie, die bei der Herstellung des Tonmaterials und bei seiner Verarbeitung das Harmonie- und Tonalitätsprinzip, nicht aber das sonst weit verbreitete harmoniefeindliche Distanzprinzip verwendet. Dies hat zum Aufbau eines akkordharmonischen Systems geführt. Dieses erscheint als eine »rational geschlossene Einheit«.[17] Doch zeigt sich bei näherem Zusehen, daß diese rationale Geschlossenheit brüchig ist. Der musiktheoretische Anspruch auf Konsequenz will einfach nicht glatt aufgehen. Und dies wird um so sichtbarer, je stärker die Musiktheorie diesem Gebot folgt. Gerade dann werden jene ›unentfliehbaren Irrationalitäten‹ scharf herausgearbeitet, die die rationale Geschlossenheit sprengen. Solche Brüche können neue Rationalisierungsschübe auslösen. Und dies macht ihre entwicklungsdynamische Bedeutung aus. Diesem allgemeinen Vorgang ist auch das akkordharmonische System unterlegen. Es hatte, immanent gesehen, mit mehreren ›irrationalen‹ Widerständen zu kämpfen, und es hat ihre Bewältigung »in den Dienst des Reichtums der Tonalitäten« gestellt.[18] Den Ausgangspunkt dafür bildete die Tatsache, daß die akkordharmonisch rationalisierte Musik die Oktave, tonphysikalisch gesehen, in ungleiche Tonschritte teilen mußte. Daraus entstanden untereinander verschiedene Ganztonschritte und untereinander verschiedene Halbtonschritte. Diese ungleichen Tonschritte waren Folge der strengen Anwendungen des ›harmonischen‹ Teilungsschlüssels. Nun hätte es damit sein Bewenden haben können, hätte dies nicht zu immanenten Schwierigkeiten und zur ›Verletzung‹ anderer musikalischer ›Bedürfnisse‹ geführt. Eine Schwierigkeit ergab sich beispielsweise dadurch, daß der bei der Dur-Tonleiter ›natürliche‹ Leitton bei der Moll-Tonleiter ›künstlich‹ geschaffen werden mußte, um einen tonartspezifischen Dominantseptimenakkord zu gewinnen. Dies geschah durch Erhöhung des 7. Tones (Übergang vom reinen zum harmonischen Moll). Doch hat dies ein Folgeproblem gezeitigt: Der vor dem Leitton entstehende Tonschritt wurde für das melodische Empfinden zu groß. Dem begegnete man mit der Verkleinerung dieses Tonschritts (melodisches Moll). Die bedürfnisgerechte Konstruktion der Moll-Tonleitern ›zwang‹ also zu einer Abweichung vom reinen Harmonieprinzip. Eine andere Schwierigkeit ergab sich daraus, daß die ungleichen Tonschritte die Transponierbarkeit von Melodien erschwerten, wieder eine andere, daß dadurch die Instrumententechnik, insbesondere die Technik der Tasteninstrumente, vor großen Problemen stand. Solchen Schwierigkeiten entgehen Musiksysteme, die auf dem Distanzprinzip aufbauen. Doch dieses schafft zwar zum Beispiel Transponierbarkeit, aber keine konsonanten Akkorde. Die genannten Spannungen zusammen mit anderen drängten die okzidentale Musiktheorie auf den Weg der Temperierung. Temperierung aber bedeutet strenggenommen, daß man zumindest Elemente des Distanzprinzips akzeptiert. Dies führt also zu theoretischen Inkonsequenzen. Andererseits schafft diese sekundäre musikalische Rationalisierung auch ganz neue Möglichkeiten, wie etwa die enharmonische Verwechslung. Erst die Temperierung – so Weber – hat deshalb der okzidentalen akkordharmonischen Musik »ihre volle Freiheit« gegeben.[19] Und doch ist sie zugleich ein Zeichen für ihre unvollkommene rationale Geschlossenheit. Was aber hier am Beispiel der okzidentalen Musikentwicklung angedeutet wurde, gilt auch für die Erlösungslehren und für die Erlösungsethiken. Je stärker sie dem Gebot der Konsequenz folgen, desto größer ist die Wahrscheinlichkeit, daß ihr Prinzip mit den Realitäten des Lebens und mit anderen Prinzipien kollidiert und daß dies zu Kompromissen, zur Verbindung von ›Widersprüchlichem‹, führt. Dies scheint geradezu ein zentrales Merkmal historischer Gebilde. Wie Weber in der »Einleitung« formuliert: ». . . die Religionen so wenig wie die Menschen waren ausgeklügelte Bücher. Sie waren historische, nicht logisch oder auch nur psychologisch widerspruchslos konstruierte, Gebilde. Sie ertrugen sehr oft in sich Motivenreihen, die, jede für sich konsequent verfolgt, den andern hätte in den Weg treten, oft ihnen schnurstracks zuwiderlaufen müssen. Die ›Konsequenz‹ war hier die Ausnahme, und nicht die Regel.«[20]

Und dennoch: Konsequenz ist für Weber ein »Gebot« menschlichen Denkens und Handelns. Und es hat als solches, insbesondere für religiöse Virtuosen, historisch gewirkt. Dies ist einer der Gründe, weshalb ›rationale‹ Konstruktionen, Idealtypen von Weltablehnungsmotiven und von Konflikten, die der Beobachter entwirft, in diesem Zusammenhang besondere Bedeutung haben: Das heuristische Ordnungsmittel des Beobachters kann inhaltlich übereinstimmen mit dem normativen Orientierungsziel des Teilnehmers. Man hat darin einen Verstoß gegen die Methodologie des Idealtypus oder gar ein westlich-rationalistisches Vorurteil sehen wollen. Weder das eine noch das andere trifft in meinen Augen zu. Die inhaltliche Übereinstimmung zwischen dem heuristischen Ordnungsmittel des Beobachters und dem normativen Orientierungsziel des Teilnehmers hebt die Differenz von Beobachter und Teilnehmer, Idealtypus und Ideal nicht auf, solange sich der Forscher dieses Unterschieds bewußt bleibt und entsprechend verfährt: Wer den Idealtypus *nicht* stillschweigend an die Stelle des historisch einflußreichen Ideals setzt, wird ihre Übereinstimmung zunächst feststellen und dann begründen. Entweder kann man sie von Fall zu Fall empirisch zu belegen suchen, oder man macht, wie Weber, die allgemeine Annahme, daß »das Rationale im Sinne der logischen und teleologischen ›Konsequenz‹ einer intellektuell-theoretischen oder praktisch-ethischen Stellungnahme« zumindest begrenzte »Gewalt über die Menschen« besitzt.[21] Diese allgemeine Annahme mag zwar ein rationalistisches Vorurteil ausdrücken, aber gewiß kein westliches. Denn das Konsequenzgebot wird letztlich für alle Menschen als Kulturmenschen ausgesprochen. Nur seine Intensität und seine Beziehung zu anderen ›Geboten‹ variieren. Zudem ist dadurch nicht vorentschieden, für welche Voraussetzungen, für welche Prämissen, es ›Geltung‹ beansprucht. Daß es davon immer mehrere gibt, zeigt schon der Vergleich von Distanz- und Harmonieprinzip in der Musiksoziologie. Was für den Beobachter und für den Teilnehmer ›rational‹, was ›irrational‹ ist, bleibt in diesem Sinne gesichtspunktabhängig. Das hat nicht erst der ›späte‹ Weber, sondern schon der Weber der ersten Fassung der »Protestantischen Ethik« betont.[22] Seine Soziologie, insbesondere seine Religionssoziologie, zielt deshalb auch nicht auf eine Theorie *der* Rationalität, sondern auf eine Typologie des religiösen Rationalismus in entwicklungsgeschichtlicher Perspektive. Dies setzt voraus, daß die Wirklichkeit mehrere rationale Formen annehmen kann. Über deren Wertverhältnis will und kann diese Soziologie nichts sagen. Dies wird immer wieder verkannt. Vielleicht hat dieses Wissen Weber motiviert, in der dritten Fassung der »Zwischenbetrachtung« den Status seiner schematischen und theoretischen Konstruktion noch einmal zu präzisieren. Denn er fügte in diesem Zusammenhang eine interessante Passage ein. »Das konstruierte Schema hat natürlich nur den Zweck, ein idealtypisches *Orientierungsmittel* zu sein«, hieß es 1915. Und nun fährt er fort: »nicht aber eine eigene Philosophie zu lehren. Seine gedanklich konstruierten Typen von Konflikten der ›Lebensordnungen‹ besagen lediglich: an diesen Stellen sind diese innerlichen Konflikte *möglich* und ›adäquat‹, – *nicht* aber etwa: es gibt keinerlei Standpunkt, von dem aus sie als ›aufgehoben‹ gelten könnten. Die einzelnen Wertsphären sind dabei, wie man leicht sieht, in einer rationalen Geschlossenheit herauspräpariert, wie sie in der Realität *selten* auftreten, aber allerdings: auftreten können und in historisch wichtiger Art aufgetreten *sind.*«[23] Im Sinne von Karl Jaspers' *Psychologie der Weltanschauungen*, die ja gerade von Webers Religionssoziologie stark beeinflußt ist, kann man deshalb die »Zwischenbetrachtung« als Kernstück einer Art Weltanschauungssoziologie ansehen, man darf sie aber nicht als prophetische Philosophie mißverstehen.[24]

Weber behandelt also in dieser systematischen Betrachtung in erster Linie die bei religiöser Weltablehnung objektiv möglichen Wertkonflikte. Wie bei der Musik, so geht eben auch bei den Erlösungsreligionen die Rechnung des ›konsequenten Rationalismus‹ nie auf.[25] Wertkonflikte aber sind Ausdruck für die Gleichzeitigkeit von Wertschöpfung und Wertvernichtung. Sie verweisen auf die antinomische Struktur des menschlichen Daseins, der objektiven und der subjektiven Welt.[26] Weltablehnung macht diese antinomische Struktur sichtbar. Dies heißt selbstverständlich nicht, daß eine weltbejahende Religion konfliktfrei lebt. Es heißt aber, daß weltablehnende Religionen verglichen mit weltbejahenden die Erfahrung der Konflikte intensivieren, wohl auch: daß die damit aufgeworfene ›existentielle‹ Problematik hier eine bewußtere theoretische und praktische Verarbeitung, etwa in Form von Theodizeen und am Heilsziel systematisch kontrollierten Lebensführungen, verlangt.[27] Weber stellt dabei der religiösen Wertsphäre und Lebensordnung andere Wertsphären und Lebensordnungen, so die ökonomische, die politische, die ästhetische, die erotische und die intellektuelle, gegenüber. Deren mögliche Ansprüche an den Menschen präsentiert er gleichfalls in ›rationaler Geschlossenheit‹. Wie für die Weltablehnungsmotive, so werden auch für die Konflikte und für ihre Lösung die einzelnen Religionen nur zur Illustration herangezogen. Die ideelle und soziale Konstitution von konkreten Konflikten und vor allem die konkreten Versuche ihrer Bewältigung beschreibt die Einzeldarstellung. Weber spricht deshalb im Kapitel »Religiöse Ethik und ›Welt‹« von *der* religiösen Gesinnungsethik, in der »Zwischenbetrachtung« von *der* Brüderlichkeitsethik der Erlösungsreligionen, die mit der ›Welt‹ in Konflikt gerate. Diese ›Welt‹ aber löst er in die genannten Wertsphären und Lebensordnungen und in die damit verbundenen fundamentalen Lebensvollzüge auf.[28] Diese stellt er einzeln, nicht in ihrer Gesamtheit, dem religiösen Postulat gegenüber. Auch die möglichen Konflikte zwischen den ›weltlichen‹ Wertsphären und Lebensordnungen bleiben ausgespart. Diese paarweise Konfrontation hat offenbar den Zweck, sowohl die speziellen wie die allgemeinen Aspekte der möglichen Konflikte zwischen ›Religion‹ und ›Welt‹ herauszuarbeiten. Jede Wertsphäre und Lebensordnung hat ihre speziellen Voraussetzungen und Bedingungen, bindet das Handeln an spezielle Werte und Mittel, was einen speziellen Konflikt zwischen religiöser Ethik und ›Welt‹, einen Konflikt aus antiökonomischer, antipolitischer, antiästhetischer, antierotischer und antiwissenschaftlicher Weltablehnung, zur Folge haben kann.[29] Doch diese speziellen Konflikte haben einen gemeinsamen Nenner. Er besteht darin, daß die religiöse, insbesondere die erlösungsreligiöse Forderung nach gerechtem Ausgleich, nach Brüderlichkeit und nach Liebe grundsätzlich auf eine ›Welt‹ der Gewalt und Brutalität, des Egoismus und der Lieblosigkeit trifft. Dies ist die weitere Perspektive, der Bezugsrahmen, den die materiale Religionssoziologie durch Analyse der historischen ideellen und sozialen Voraussetzungen und Konsequenzen der verschiedenen Kulturreligionen und ›ihrer Welt‹ ausfüllt. Nicht zufällig folgt bereits in *Wirtschaft und Gesellschaft* auf die Untersuchung »Religiöse Ethik und ›Welt‹« die allerdings fragmentarisch gebliebene Untersuchung »Die Kulturreligionen und die ›Welt‹«. Dieser weiteren Perspektive, diesem Orientierungsmittel mag man neben der wissenschaftlich-heuristischen auch eine lebenspraktische Bedeutung zusprechen. Der verstehende Nachvollzug wichtiger historischer Konfliktkonstellationen und ihrer ›Lösung‹ kann tatsächlich dem Kulturmenschen helfen, den Dämon zu finden, »der *seines* Lebens Fäden hält.«[30] Doch entscheidend ist: Weder läßt sich dieser Dämon dadurch erschaffen, noch läßt sich seine Wahl dadurch rechtfertigen. Denn dies setzte die in Webers Sicht nicht mögliche empirische Begründung von Werturteilen voraus.

Weber sucht also in seiner Religionssoziologie grundlegende religiös motivierte Einstellungen zur ›Welt‹ zu identifizieren und zu ›erklären‹, wie sie entstanden und welche Wirkungen davon auf die Religion selber und auf andere Wertsphären und Lebensordnungen ausgegangen sind. Dabei setzt er eine Struktur des menschlichen Daseins voraus, derzufolge erlösungsreligiöse Ansprüche, die dem Gebot der Konsequenz folgen, in die Erfahrung von der Irrationalität der Welt führen. Diese hat er sogar explizit zur treibenden Kraft *aller* Religionsentwicklung erklärt.[31] Doch ist solche Erfahrung keineswegs ausschließlich mit der Erfüllung erlösungsreligiöser Ansprüche verbunden. Der hiatus irrationalis, um den Weber ja auch seine Begriffsbildungstheorie zentriert, ist über die Religion hinaus ein grundlegendes, vielleicht sogar *das* grundlegende Lebensproblem. Jeder ›rationale‹ Anspruch stößt, systematisch gesehen, an zwei Grenzen: Anspruch und Wirklichkeit fallen auseinander, und der Mensch muß immer auch ›nichtrationalen‹ Ansprüchen folgen, sieht sich Forderungen gegenüber, die dem Eigenrecht und den Eigengesetzlichkeiten von Lebensmächten entstammen, »deren Wesen von Grund aus arationalen oder antirationalen Charakters ist.«[32] Weltbejahung und Weltverneinung lassen sich deshalb als zwei Grundhaltungen interpretieren, mit denen Menschen auf das Problem der Irrationalität der ›Welt‹ theoretisch und praktisch reagieren. Weltbejahung akzeptiert diese ›Welt‹ als die beste aller möglichen, und sie spielt das Irrationalitätsproblem herunter; Weltverneinung kann sich mit der Unvollkommenheit der ›Welt‹ nicht abfinden, und sie verschärft dadurch theoretisch und praktisch das Irrationalitätsproblem. Um diese Verschärfung und ihre Wirkung differenzierter erfassen zu können, muß die Grundhaltung der Weltverneinung selbst differenziert werden. Was sagt die Webersche Religionssoziologie hierzu?

Hier zeigt sich nun in meinen Augen eine interessante Akzentverschiebung zwischen der Religionssoziologie in *Wirtschaft und Gesellschaft* und der »Wirtschaftsethik der Weltreligionen«. In *Wirtschaft und Gesellschaft* beschreibt Weber die Welthaltungen der Kulturreligionen hauptsächlich mit den Begriffen Weltanpassung, Weltzugewandtheit, Weltablehnung und Weltflucht. Diese Begriffe verwendet er gleichsam in einer Linie. Das aber heißt: Der Gegensatz zwischen Weltbejahung (auch Weltanpassung) und Weltverneinung (auch Weltablehnung), der die »Wirtschaftsethik der Weltreligionen« in Darstellung *und* Systematik mit leitet, ist in *Wirtschaft und Gesellschaft* noch nicht in diese Rolle eingerückt. Mehr noch: Die Zuordnungen der verschiedenen Kulturreligionen zu den grundlegenden Welthaltungen kommen in beiden Textkonvoluten nicht völlig zur Deckung. Jedenfalls bringen »Zwischenbetrachtung« und »Einleitung« hier eine Präzisierung, die am veränderten Status des Begriffs Weltverneinung oder Weltablehnung abzulesen ist. In *Wirtschaft und Gesellschaft* spricht Weber beispielsweise von der Weltzugewandtheit des Judentums, von der Weltangepaßtheit des Islam, von der Weltflüchtigkeit des alten Buddhismus und vom weltablehnenden Frühchristentum.[33] In der »Zwischenbetrachtung« und auch in der »Einleitung« dagegen ist Weltablehnung ein Begriff, mit dem er zunächst die Welthaltung der religiösen Eliten *aller* Erlösungsreligionen charakterisiert.

Will man sich die Unterschiede in den Welthaltungen der Erlösungsreligionen schematisch und konstruktiv klarmachen, so kann man also beim Gegensatz von Weltbejahung und Weltverneinung nicht stehenbleiben, man muß vielmehr die möglichen »Gegensätze auf dem Gebiet der Weltablehnung« präzisieren.[34] Auch dies wird in der »Zwischenbetrachtung« getan.

2. *Askese und Kontemplation*

Um sich den gewählten Ansatz zu vergegenwärtigen, ist eine systematische Vorüberlegung nützlich. Eine Handlung ist durch Ziel, Mittel, Bedingung und durch normative Standards für die Koordination dieser Komponenten bestimmt.[35] Auch erlösungsreligiöses Handeln läßt sich im Rahmen dieses teleologischen Handlungsmodells analysieren. Es ist ein Handeln, das auf die Herstellung eines heilswichtigen status spiritualis als Dauerhabitus mittels systematisierter Heilstechniken zielt. Dadurch soll der status naturalis, die Bedingung allen Handelns, religiös ›kontrolliert‹ werden. Es geht also letztlich um die Frage, welchen Einfluß neben dem status naturalis, zu dem auch der status socialis gehört, Erlösungsziele und Erlösungswege auf die Lebensführung von Menschen haben. Für die Charakterisierung der Gegensätze auf dem Gebiet der religiösen Weltablehnung sind nun offensichtlich die mit Erlösungsreligionen verbundenen Heilsgüter und Heilswege bzw. Heilsmittel von besonderer Bedeutung. Wenden wir uns diesen beiden Komponenten erlösungsreligiösen Handelns kurz zu.

Ich beginne mit den Heilswegen bzw. Heilsmitteln, die Weber nicht streng voneinander unterscheidet. Darauf geht die »Zwischenbetrachtung« unter dem Titel »Typologie der Askese und Mystik« ein. Diese Passage ist ausdrücklich auf die »Einleitung« bezogen, und zwar insofern, als sie die bereits dort verwendeten ›polaren Begriffe‹ spezialisiert und ihre Zuordnung zu Heilsgütern präzisiert. Doch stehen diese Begriffe darüber hinaus in weiteren werkgeschichtlichen Zusammenhängen. Diese sollte man sich zunächst vor Augen führen, bevor man systematische Folgerungen zieht.

Weber verwendet die Begriffe Askese und Mystik bereits in der ersten Fassung der »Protestantischen Ethik«. Hier dienen sie ihm unter anderem dazu, einen Gegensatz innerhalb des Protestantismus herauszuarbeiten, den Gegensatz zwischen dem Luthertum, insbesondere dem Spätluthertum, einem Vertreter des nichtasketischen Protestantismus, und dem Calvinismus, einem Vertreter des asketischen Protestantismus: dort die Ruhe *in* Gott, die unio mystica, gepaart mit Passivität, stimmungsmäßiger Innerlichkeit und ›Schickung‹ in die Ordnungen der ›Welt‹; hier die Bewährung *vor* Gott, eine zum System gesteigerte Werkheiligkeit, gepaart mit Aktivität, systematischer Selbstkontrolle, insbesondere Affektkontrolle, und die Ordnungen der ›Welt‹ als Aufgabe, die gemäß dem göttlichen Willen, sei es friedlich, sei es gewaltsam, umzugestalten sind.[36] Diese Charakterisierung operiert also mit den polaren Begriffen ›Rationalität‹ und ›Gefühl‹, Handeln und Betrachten oder Kontemplieren. Doch bleibt der Begriff Mystik gleichsam residual bestimmt. Weber interessiert sich in erster Linie für eine begriffliche Differenzierung der Askese. Dies zeigt sich auch daran, daß er die Askese des Calvinismus mit der des mittelalterlichen Mönchtums vergleicht. Beide sind ›rational‹, doch die eine ist innerweltlich, die andere außerweltlich ausgerichtet. Die innerweltliche Askese wendet sich der ›Welt‹ als dem Ort der Bewährung zu, die außerweltliche aber von ihr ab, überwindet sie. Es geht also vor allem darum, innerhalb des vor- und nachreformatorischen Christentums religiöse Haltungen rationaler planmäßiger Handlungsbestimmtheit zu spezifizieren und von einer religiösen Haltung nichtrationaler planloser Gefühlsbestimmtheit abzugrenzen. Handlungskultur steht gegen Gefühlskultur. Die Gefühlskultur nennt Weber unter anderem mystisch, aber in einem unspezifischen Sinn. Das machen auch die Antikritiken deutlich, in denen er christliche Gefühlsbestimmtheit beschreibt, ohne den Begriff der Mystik zu verwenden. Hier heißt es unter anderem: »Ich spreche bei der katholischen Askese *ausdrücklich* von der *rationalisierten* Askese (wie sie in höchster Potenz der Jesuitenorden aufweist) im *Gegensatz* z. B. zu ›planloser Weltflucht‹ (auf katholischer Seite) und bloßer Gefühls-

›Askese‹ (auf protestantischer Seite)«.[37] Angestoßen vermutlich durch die Studien über die Russische Revolution von 1905, in denen Weber unter anderem eine Diagnose der religiösen Situation in Rußland gibt, erfährt aber auch der Begriff der Mystik eine Vertiefung. Diesen Eindruck jedenfalls gewinnt man aus Webers Diskussionsreden zu Ernst Troeltschs Vortrag über »Das stoisch-christliche Naturrecht und das moderne profane Naturrecht« auf dem Ersten Deutschen Soziologentag im Oktober 1910. Hier sieht er die orthodoxe Kirche durchsetzt von Mystik. Und diese repräsentiert ja nicht, wie etwa die Mystik eines Tauler, bloß eine heterodoxe Bewegung, noch ist sie identisch mit der spätlutherischen Gefühlskultur. Wie schon das Urchristentum, so ist auch die orthodoxe Kirche eine in Liebe verbundene *Gemeinschaft*, in der sich der Gläubige an den anderen verschenkt, bedingungslos hingibt. Weber nennt diese Hingabe objektlos, akosmistisch, die Realitäten des Lebens leugnend, eine heilige Prostitution der Seele, weshalb diese Haltung in schärfstem typologischem Kontrast zu der des Calvinisten mit seiner auf die *Gesellschaft* bezogenen asketischen Werkheiligkeit steht.[38] Weber stellt also der ›kosmischen‹ rationalen Ethik eine ›akosmische‹ emotionale Liebe gegenüber und nimmt damit Troeltschs These von den beiden Seiten des Evangeliums, seinem absoluten Universalismus und seinem absoluten Individualismus, auf seine Weise auf.[39] Denn die konsequente kosmistische rationale Ethik und die konsequente akosmistische emotionale Liebe können in seiner Sicht durchaus ähnliche Wirkungen haben: einen unbrüderlichen Egoismus, einmal aus übersteigerter Sachlichkeit, einmal aus übersteigerter Nächstenliebe, die gerade dadurch zur Selbstliebe wird. Entscheidend aber ist: Der Begriff der Mystik bleibt noch innerhalb der Koordinaten, die bereits die erste Fassung der »Protestantischen Ethik« aufstellte: hier asketische Handlungskultur, dort mystische Gefühlskultur. Die asketische Handlungskultur, ob inner- oder außerweltlich gerichtet, aber ist mit Weltablehnung, die mystische Gefühlskultur mit (planloser) Weltflucht verbunden. Weltflucht heißt dabei zugleich: Hingabe an jeden anderen Menschen, nur weil er zufällig da ist. In diesem Sinne kennt das Christentum, typologisch gesehen, zwei extreme Positionen: einen mystischen Liebesakosmismus der weltflüchtigen Hingabe einerseits, eine asketische Werkheiligkeit der Weltbearbeitung andererseits.

Ich vermute nun, daß Weber durch seine Beschäftigung mit Indien insbesondere seine Interpretation der Mystik änderte. Denn im alten Buddhismus begegnete ihm das Phänomen einer planvollen, d. h. ›rationalen‹ Weltflucht, die zudem nicht zu einem Liebesakosmismus im Sinne des Christentums führt. Mehr noch: Diese Beschäftigung zeigt ihm darüber hinaus, wie wichtig es ist, auch zwischen christlicher und nichtchristlicher Askese präziser zu unterscheiden. Will man die Verschiedenartigkeit dieser historischen Phänomene berücksichtigen, so muß man eine ›gleichrangige‹ Spezifizierung der Begriffe Askese und Mystik anstreben und zugleich die Frage klären, wie analytische und historische Begriffe hier zueinander stehen. Dieses doppelte Problem hat Weber in meinen Augen erst in der »Zwischenbetrachtung« einigermaßen befriedigend lösen können. Der wichtigste ›Zwischenschritt‹ auf dem Wege dahin ist die Untersuchung über »Die Erlösungswege und ihr Einfluß auf die Lebensführung« aus *Wirtschaft und Gesellschaft*, jene Untersuchung also, die der über »Religiöse Ethik und ›Welt‹«, der ersten Fassung der »Zwischenbetrachtung«, vorangestellt ist.

Weber diskutiert hier die Ergebnisse seiner vergleichenden religionssoziologischen Forschungen zum Zusammenhang von Erlösungswegen und Lebensführung unter einer Leitfrage. Sie lautet: Wie kann sich der Mensch seines Heils, der perseverantia gratiae, versichern, wie erlangt er die certitudo salutis?[40] Die Antwort auf diese Frage ist in seiner Sicht für jeden religiösen Menschen von zentraler Bedeutung: »*Hier* entsprangen alle psychologischen Antriebe rein *religiösen* Charakters«, heißt es später gerade mit Blick auf die Erlösungsreligionen Indiens.[41] Diese Gewißheit kann von Dritten ›gespendet‹ oder muß selbst errungen werden. Wird sie gespendet, so kann dies durch Personen oder durch Institutionen geschehen. Muß sie selbst errungen werden, so sind ›Leistungen‹ zu erbringen. Sie können entweder ritueller bzw. kultischer oder sozialer bzw. ethischer Art sein. Ferner kann entweder die Einzelleistung oder die Gesamtleistung zählen. Durch ›Leistungen‹ aber soll der status naturalis überwunden werden. Sie dienen der mehr oder weniger methodisch herbeigeführten ›Wiedergeburt‹ einer Person. Dafür spielen nun drei Wege oder Mittel eine wichtige Rolle: Ekstase, Askese und Kontemplation. Von diesen hat die Ekstase, wie immer sublimiert, eine Sonderstellung. Denn sie läßt strenggenommen nur punktuelle ›Wiedergeburt‹,

›Wiedergeburt‹ nicht als *Dauer*habitus zu. Dies aber leisten die beiden anderen Heilstechniken, sofern sie aus magischen Voraussetzungen gelöst und unter soteriologische Voraussetzungen gestellt werden. Dann sind sie Mittel zu einer *dauernden* Selbstvervollkommnung, zu einer *methodischen* Disziplinierung im Dienste des Heils. Obgleich die Ekstase auch unter erlösungsreligiösen Voraussetzungen vorkommt, tritt hier meist die Kontemplation an ihre Stelle, und zwar deshalb, weil sie *planvolle* Anwendung erlaubt. Askese und Kontemplation können also als die wichtigsten soteriologischen Methodiken gelten, wobei Askese eher praktische, Kontemplation eher intellektuelle Disziplinierung fördert. Dies läßt sich an ihren hauptsächlichen Ergebnissen ablesen. Askese kann zu methodischer Kontrolle psychophysischer Prozesse oder zu ›richtigem Handeln‹ führen, Kontemplation aber zur Entleerung des Bewußtseins oder zu ›richtigem Wissen‹, zur Erleuchtung, zu einem Zustand also, den Weber Mystik nennt. Askese dient der Herstellung eines ›konstanten Handelns‹, Kontemplation der Herstellung eines ›konstanten Bewußtseinszustands‹. Dies ist einer der Gründe, weshalb Weber dazu neigt, Askese mit Ethik und Kontemplation mit Gnosis zu verbinden und darüber hinaus Askese mit Handeln und Kontemplation mit Mystik, weshalb er also das ›Mittel‹ mit dem ›Resultat‹ in einer Kategorie vereint.

Doch gibt es dafür noch andere Gründe. Sie haben mit der Einbeziehung religiöser Traditionen in die Begriffsbildung zu tun. Die beiden soteriologischen Heilsmethodiken, die beiden Erlösungswege, hängen nämlich für Weber eng mit den Vorstellungen vom Göttlichen zusammen, weil diese die Heilsgüter prägen. Und von diesen Vorstellungen interessieren ihn wiederum vor allem zwei. Die eine, die z. B. in der christlichen Tradition vorherrscht, ist die Vorstellung vom persönlichen transzendenten Gott, der diese Welt erschuf und der sie dereinst auch wieder vernichten wird, die andere, die in vielen asiatischen Kulturreligionen vorherrscht, ist die von der unpersönlichen immanenten Ordnung, die als unerschaffen gilt und deshalb ewig ist. Ziel allen religiösen Strebens ist es, so wurde gesagt, eine ›gesicherte‹ Beziehung zum Göttlichen herzustellen. Wie diese aussehen kann, hängt auch von den Gottesvorstellungen ab. Insbesondere die christlichen Traditionen definieren sie als Gottesknechtschaft oder Gotteskindschaft, die asiatischen aber als Gottesbesitz. Der Christ ›sichert‹

sie durch gottgefälliges Handeln, der Anhänger einer asiatischen Erlösungsreligion durch Vereinigung mit dem Göttlichen. Weber drückt dies auch so aus, daß der Mensch im einen Fall das Werkzeug Gottes, im anderen Fall das Gefäß des Göttlichen sei. Damit gibt er dem asketischen Handeln eine aktive, der kontemplativen Mystik eine passive Fassung. Es bleibt allerdings unklar, ob dies analytische oder historische Bestimmungen sind. Verglichen mit der ersten Fassung der »Protestantischen Ethik« ist nun freilich die Unterscheidung zwischen Askese und Mystik um einige Bestimmungen reicher: Werkzeug-Gefäß, Kampf-Ruhe, Handeln-Nichthandeln oder Nichtdenken, Leisten-Haben, dies sind einige der Gegensatzpaare, mit denen Weber operiert. Dies zeigt, daß er die zunächst weitgehend residuale Bestimmung der Mystik überwindet. Askese und Mystik werden begrifflich ›gleichrangig‹ behandelt und zudem weiter spezialisiert.

Dafür wählt Weber die Weltbeziehung. Der nach Erlösung Strebende kann entweder in den Ordnungen dieser ›Welt‹ bleiben, oder er kann sich von ihnen abwenden, was natürlich nicht heißt, daß er von ihnen nicht weiterhin abhängig bleibt.[42] In der »Protestantischen Ethik« und in den Antikritiken hatte Weber dafür das Begriffspaar innerweltlich-außerweltlich gewählt und es unter anderem zur Abgrenzung der okzidentalen Mönchsaskese von der ›protestantischen‹ Askese verwendet.[43] In *Wirtschaft und Gesellschaft* hält er am Begriff der innerweltlichen Askese fest, spricht aber interessanterweise nicht von außerweltlicher, sondern von weltablehnender Askese, der er die Weltflucht der kontemplativen Mystik *direkt* gegenüberstellt. Er vermeidet es also ausdrücklich, von weltflüchtiger Askese zu reden. Dies vor allem deshalb, weil auch noch die weltabgewandte Askese im Gegensatz zur Kontemplation eine positive Wirkung auf das Handeln hat. Dennoch sind – so Weber hier – die Gegensätze zwischen weltablehnender Askese und weltflüchtiger Kontemplation »in ganz besonderem Maße« flüssig.[44] Dies ist beim zweiten Gegensatzpaar anders: beim innerweltlichen Asketen und jenem kontemplativen Mystiker, der »innerhalb der Welt und ihrer Ordnungen lebt«.[45] Denn der innerweltliche Asket und der innerweltliche Mystiker entwickeln völlig konträre Haltungen gegenüber der Welt und ihren Ordnungen: Weltbearbeitung, ja Weltbeherrschung einerseits, Welthinnahme, ›Schickung‹ in die Welt, wie sie ist, andererseits. Es lohnt sich, hier eine längere Passage zu zitieren, die für Webers Interpretation der Wirkung kontemplativer Heilssuche insgesamt zentral ist. Von ihr geht in seiner Sicht keinerlei Antrieb zur »rationalen Umgestaltung der irdischen Ordnungen« aus.[46] Weber beschreibt die Welthaltungen des innerweltlichen Asketen und des innerweltlichen Mystikers so: »Die Welt als solche wird weder von der Askese noch von der Kontemplation bejaht. Aber vom [innerweltlichen] Asketen werden ihr kreatürlicher, ethisch irrationaler empirischer Charakter, ihre ethischen Versuchungen der Weltlust, des Genießens und Ausruhens auf ihren Freuden und Gaben, abgelehnt. Dagegen wird das eigene rationale Handeln innerhalb ihrer Ordnungen als Aufgabe und Mittel der Gnadenbewährung bejaht. Dem innerweltlich lebenden kontemplativen Mystiker dagegen ist Handeln, und vollends Handeln innerhalb der Welt, rein an sich eine Versuchung, gegen die er seinen Gnadenstand zu behaupten hat. Er minimisiert also sein Handeln, indem er sich in die Ordnungen der Welt, so wie sie sind, ›schickt‹, in ihnen sozusagen inkognito lebt, wie die ›Stillen im Lande‹ es zu aller Zeit getan haben, weil Gott es nun einmal so gefügt hat, daß wir darin leben müssen. Eine spezifische, demutsvoll gefärbte ›Gebrochenheit‹ zeichnet das innerweltliche Handeln des kontemplativen Mystikers aus, von welchem hinweg er sich immer wieder in die Stille der Gottinnigkeit flüchten möchte und flüchtet. Der Asket ist, wo er in Einheit mit sich selbst handelt, sich dessen sicher, Gottes Werkzeug zu sein. Seine eigene pflichtgemäße kreatürliche ›Demut‹ ist daher stets von zweifelhafter Echtheit. Der Erfolg seines Handelns ist ja ein Erfolg Gottes selbst, zu dem er beigetragen hat, mindestens aber ein Zeichen seines Segens ganz speziell für ihn und sein Tun. Für den echten Mystiker kann dagegen der Erfolg seines *innerweltlichen* Handelns keinerlei Heilsbedeutung haben und ist die Erhaltung echter Demut in der Welt in der Tat die *einzige* Bürgschaft dafür, daß seine Seele ihr nicht anheimgefallen ist.«[47] Obgleich damit gerade auch christliche Verhältnisse angesprochen sind – und die Beispiele, die Weber zur Illustration der allgemeinen Wirkung kontemplativer Mystik anführt, bestätigen dies[48] –, benutzt er die beiden entwickelten und spezialisierten Begriffe jetzt nicht so sehr dazu, um innerhalb der christlichen erlösungsreligiösen Traditionen, sondern um zwischen den christlichen und vor allem den indischen erlösungsreligiösen Traditionen unter dem Gesichtspunkt zu unterscheiden, welche Welthaltungen dadurch favorisiert, welche Effekte im Handeln dadurch erzielt worden sind. Wie Weber formuliert: »Es ist nun der historisch entscheidende Unterschied, der vorwiegend morgenländischen und asiatischen, gegenüber den vorwiegend okzidentalen Arten der Erlösungsreligiosität, daß die ersteren wesentlich in Kontemplation, die letzteren in Askese ausmünden.«[49]

Dies verweist auf »fundamentale Unterschiede« zwischen diesen Traditionen. Wie in der Musik sieht Weber auch hier sowohl theoretische als auch praktische Unterschiede. Sechs dieser fundamentalen Differenzpunkte nennt er in *Wirtschaft und Gesellschaft.* Einige davon greife ich systematisierend heraus. Es sind die theoretischen, die mit den religiösen Weltbildern zusammenhängen. Darin sind die Elemente einer religiösen Tradition systematisch verbunden, jedenfalls dort, wo, wie bei den meisten Erlösungsreligionen, die soteriologischen Voraussetzungen zum Gegenstand theoretischer Rationalisierung gemacht worden sind. Dazu gehören neben den Gottesvorstellungen auch solche über die ›Welt‹ sowie über göttliches und heilswichtiges menschliches Handeln, also eine ›Theologie‹, eine Kosmologie und eine Rechtfertigungslehre, die sowohl eine Rechtfertigung ›Gottes‹ vor den Menschen (›Theodizee‹) wie vor allem eine Rechtfertigung des Menschen vor ›Gott‹ enthält. Ein erlösungsreligiöses Weltbild führt deshalb vor, wovon, wozu und wie der Mensch erlöst wird. Es deutet sinnhaft die Beziehung ›Gott‹–Mensch–›Welt‹.[50] Einige der fundamentalen Unterschiede zwischen den christlichen und den indischen erlösungsreligiösen Weltbildern lassen sich nun in idealtypischer Zuspitzung hervorheben. Dafür ziehe ich Aspekte des Gott-Mensch-Verhältnisses, der Rechtfertigungslehre und des Verhältnisses von religiösem Postulat und ›Welt‹ heran. Beim Gott-Mensch-Verhältnis liegt im Christentum der Akzent auf dem Abstand zwischen Gott und Mensch zumindest im Diesseits: »Der Erlösungsmethodik war damit der Weg zur Selbstvergottung und zum genuin mystischen Gottesbesitz wenigstens im eigentlichen Sinne des Worts als blasphemische Kreaturvergötterung und ebenso zu den letzten pantheistischen Konsequenzen verschlossen«.[51] Stattdessen stehen der Werkzeugcharakter des Menschen sowie Askese, Gebot, ›richtiges Handeln‹, d. h. Ethik, im Mittelpunkt. In Indien dagegen gibt es die Vereinigung des Menschen mit dem Göttlichen selbst im Diesseits. Hier stehen der Gefäßcharakter des Menschen sowie Kontemplation, Richtschnur, ›richtiges Wissen‹, d. h. Gnosis, im Mittelpunkt. Bei der Rechtfertigung des Menschen liegt im Christentum der Akzent auf Gnade und Glaube, nicht auf den ›Werken‹. Diese können jedenfalls letztlich niemals der Realgrund der Erlösung sein. Die ›Werkheiligkeit‹, die gerade im Calvinismus eine so große Rolle spielt, ist ja selbst hier durch die Gnadenwahllehre gebrochen. Dies ist einer der Gründe, weshalb im Christentum zwischen ›Werkheiligkeit‹ und ›Anstaltsgnade‹, ›Kirche‹ und ›Sekte‹ eine unauflösbare Spannung existiert. In Indien zählen allein die ›Werke‹. Erlösung ist ausschließlich Folge der ›Leistung‹ des einzelnen. Die indischen Erlösungsreligionen sind nichtsakramentale Religionen. Sie haben keine Kirche hervorgebracht. Beim Verhältnis von religiösem Postulat und ›Welt‹ liegt im Christentum der Akzent auf der Diskrepanz von religiösem Gleichheitsgebot und natürlicher und sozialer Ungleichheit. Es gibt ein ›religiöses Naturrecht‹, das reformerische oder gar revolutionäre Konsequenzen haben kann. In Indien dagegen fehlt ein religiöses Naturrecht. Auch das soziale Schicksal des einzelnen gilt zunächst als religiös verdient. Um es in einer Formel zu sagen: Während das Christentum eine Haltung der Selbst- und Weltvervollkommnung, der Selbst- und Weltbeherrschung im und durch Handeln, rational unterbaute, förderten die indischen Erlösungsreligionen eine Haltung der Selbstvergottung und der Weltflucht, der Weltentsagung in und durch Kontemplation.

Weber verknüpft also in *Wirtschaft und Gesellschaft* seine Unterscheidung zwischen Askese und Mystik eng mit den okzidentalen und indischen erlösungsreligiösen Traditionen. Er schränkt zudem den Begriff der Weltablehnung durch die Rede von der weltablehnenden Askese zumindest terminologisch stark ein. Gewiß: Es gibt für ihn nicht nur indische, sondern auch christliche Mystik, so wie es für ihn nicht nur christliche, sondern auch indische Askese gibt. Weber macht klar: Dies sind historische Begriffe, sie bezeichnen jeweils einen sehr komplexen historischen Sinn- und Handlungszusammenhang. Doch bleiben dabei historische und analytische Gesichtspunkte ineinander verwoben, und vor allem: dadurch werden fundamentale Gemeinsamkeiten zwischen christlichen und indischen Erlösungsreligionen verdeckt. Dem kann man begegnen, indem man stärker zwischen analytischen und historischen Gesichtspunkten unterscheidet und den Begriff der Weltablehnung verallgemeinert. Genau dies hat

Weber in der »Zwischenbetrachtung« getan.

Welche Aufgabe der »Zwischenbetrachtung« in dieser Hinsicht im Rahmen der Studien über die Wirtschaftsethik der Weltreligionen zukommt, läßt sich gerade am Vergleich mit der »Einleitung« zu dieser Serie zeigen. Denn darin wird der Schnitt durch die Kulturreligionen anders gelegt als in der »Zwischenbetrachtung«. Während hier in erster Linie der Unterschied zwischen weltbejahenden und weltverneinenden Kulturreligionen im Mittelpunkt steht, ist es dort der zwischen asiatischen und vorderasiatisch-okzidentalen Kulturreligionen, zwischen zwei ›großen historischen Traditionen‹ also, in denen jeweils sowohl weltbejahende wie weltverneinende Haltungen entstanden sind. Daß Weber die Kulturreligionen in diesen systematischen Texten jeweils anders ›sortiert‹, ist nun keineswegs zufällig. Es hat vielmehr mit der Funktion dieser Texte zu tun. Die »Einleitung« führt in die gesamte Serie ein, die »Zwischenbetrachtung« dagegen leitet – wie gezeigt – zu jenen Teilen der Serie über, in denen es in erster Linie um Voraussetzungen und Konsequenzen religiöser Weltablehnung geht. Für den Unterschied zwischen asiatischen und vorderasiatisch-okzidentalen Kulturreligionen aber sind nicht die analytischen, sondern die historischen Gesichtspunkte maßgebend, vor allem die Art der Gotteskonzeption, die Art der Heilstechnik und die Art der Trägerschicht. Weber bestätigt deshalb in der »Einleitung« für die Heilstechniken zunächst noch einen Aspekt des Diskussionsstands von *Wirtschaft und Gesellschaft.* Die drei wichtigsten Heilstechniken sind Ekstase, Askese und Kontemplation – er spricht von aktiver Askese und vom kontemplativen und apathisch-ekstatischen Leben –, und sie stehen in einer besonderen Wahlverwandtschaft zu den Gottesvorstellungen und darüber hinaus zu Formen der Prophetie, der Sendungsprophetie und der exemplarischen Prophetie. Bezogen auf die Haltungen bilden asketische Weltbearbeitung und kontemplative Weltflucht die äußersten Gegenpole.[52] Beide werden jetzt aber ausdrücklich als Gegensätze auf dem Gebiet der Weltablehnung vorgestellt. Dennoch: Es fehlt sowohl die schärfere Trennung von analytischen und historischen Gesichtspunkten als auch die Spezifizierung. Letztere bleibt in der »Einleitung« sogar hinter dem in *Wirtschaft und Gesellschaft* erreichten Stand zurück.

An diesen Stand schließt Weber in der »Zwischenbetrachtung« an, und zwar so, daß er dabei zugleich den Status der in *Wirtschaft und Gesellschaft* niedergelegten Ergebnisse sachlich und terminologisch präzisiert. In sachlicher Hinsicht unterstreicht er die für ihn ja keineswegs neue Einsicht, daß die Vorstellung vom persönlichen überweltlichen Schöpfergott dem Erlösungsweg der aktiven Askese, der Arbeitsaskese, zwar wahlverwandt ist, daß zwischen beiden aber kein notwendiger Zusammenhang besteht. Das zeigt sich historisch schon daran, daß weder Judentum noch Islam eine solche Askese ausgebildet haben, obwohl ihre Gotteskonzeption mit der christlichen weitgehend übereinstimmt. Diese Unabhängigkeit gilt auch für die Prophetie, für die Vermittlung der erlösungsreligiösen Botschaft, sei es durch Propheten, sei es durch Heilande.[53] Auch hier kennen Judentum und Islam die Sendungsprophetie, doch hat dies bei ihnen zu keiner aktiven Askese geführt. Was aber für die eher vorderasiatisch-okzidentalen Erlösungsreligionen gesagt werden muß, läßt sich auch für die asiatischen Erlösungsreligionen sagen: Zwischen der Vorstellung von der immanenten unpersönlichen göttlichen Macht und der kontemplativen Mystik besteht zwar eine Wahlverwandtschaft, aber keine unbedingte Zusammengehörigkeit. Man muß das Weltbild vom Erlösungsweg analytisch trennen, weil das eine auf ideelle, das andere auf institutionelle Faktoren verweist.

In seiner Terminologie tilgt Weber nun den Begriff der weltablehnenden Askese. Damit macht er auch durch die Wortwahl klar, was sachlich längst feststeht: daß Askese und Kontemplation in ihren entwickelten Formen Erlösungstechniken der Weltablehnung sind. Die Spezialisierung der »Gegensätze auf dem Gebiete der Weltablehnung« aber folgt einem in *Wirtschaft und Gesellschaft* und bereits davor entwickelten Gesichtspunkt: ob die Erlösungstechnik der Weltablehnung als Weltzuwendung (innerweltlich) oder als Weltabwendung (außerweltlich, weltflüchtig) dient. Folgerichtig unterscheidet Weber zwischen innerweltlicher und weltflüchtiger Askese sowie innerweltlicher und weltflüchtiger Kontemplation oder Mystik. Und anders als in *Wirtschaft und Gesellschaft* sieht er den radikalen Gegensatz jetzt nicht zwischen innerweltlicher Askese und innerweltlicher Kontemplation oder Mystik, sondern zwischen innerweltlicher Askese und weltflüchtiger Kontemplation oder Mystik. Dies mag auch mit dem Gegenstand zusammenhängen, auf den die materiale Analyse zustrebt. Denn dabei interessiert nicht in erster Linie der Gegensatz zwischen christlicher innerweltlicher Arbeitsaskese und christlichem

Liebesakosmismus, sondern zwischen der christlichen Handlungskultur und der indischen ›Wissens‹-, nicht: Gefühlskultur.

So wichtig nun diese beiden Präzisierungen für das Verständnis von Webers vergleichenden religionssoziologischen Studien auch sind, ich finde sie nach wie vor nicht gänzlich befriedigend. Sie gehen in meinen Augen nicht weit genug. Weber eröffnet die Passage, in der er Askese und Mystik definiert und spezialisiert, mit folgendem Satz: »Als Gegensätze auf dem Gebiete der Weltablehnung wurden schon in den einleitenden Bemerkungen hingestellt: die aktive Askese: ein gottgewolltes *Handeln* als Werkzeug Gottes einerseits, andererseits: der kontemplative Heils*besitz* der Mystik, der ein ›Haben‹, nicht ein Handeln bedeuten will, und bei welchem der Einzelne nicht Werkzeug, sondern ›Gefäß‹ des Göttlichen ist, das Handeln in der Welt mithin als Gefährdung der durchaus irrationalen und außerweltlichen Heilszuständlichkeit erscheinen muß.«[54]

Dies sind die Definitionen von Askese und von Mystik, von denen die Typologie ausgeht. Die folgenden Ausführungen spezialisieren sie, sie ergänzen oder korrigieren sie aber nicht. Diese Wahl des Ausgangspunktes halte ich zumindest für mißverständlich. Weber erreicht damit nicht deutlich genug, was er mit seiner Typologie von Askese und Mystik doch offenbar erreichen will. Nun könnte man sagen: Definitionsfragen sind Zweckmäßigkeitsfragen und zudem problemabhängig. Und Weber hat ja selber immer wieder betont, es gebe keinen endgültigen historischen Begriff und schon gar keinen »abgestempelten ›Askese‹-Begriff«.[55] Es scheint also nicht zu lohnen, um Definitionen zu streiten, solange klar ist, was ein Autor mit seiner Begriffswahl bezweckt. Doch Weber will ja seine Typologie so fassen, daß Variationen zwischen Gotteskonzeption und Erlösungswegen möglich bleiben. Genau dies aber scheint bei der Wahl des Ausgangspunktes verbaut. Die Askese, von der hier gesprochen wird, ist die christliche Askese, die Werkzeugkonzeption wird an die christliche Gotteskonzeption gekoppelt. Damit geht eine zwar historisch wichtige, aber keineswegs unbedingte Zusammengehörigkeit in die Definition von Askese ein.

Gerade Ausführungen in »Einleitung« und »Zwischenbetrachtung« machen aber deutlich, weshalb es tunlich ist, diese Zusammengehörigkeit nicht definitorisch, sondern historisch zu etablieren. Denn Weber unterscheidet nicht nur zwischen magischer und religiöser bzw. soteriologischer Askese, er sieht darüber hinaus selbstverständlich auch, daß nicht jede soteriologische Askese *aktive* Askese ist. Man muß also die Typologie so anlegen, daß sich begriffliche und materiale Analysen nicht widersprechen. Dies aber verlangt eine noch schärfere Scheidung von analytischen und historischen Gesichtspunkten, als sie in dieser Ausgangsdefinition vorgenommen ist.

Auch bleiben terminologische Unklarheiten. Immer noch werden Askese mit Handeln und Kontemplation mit Mystik tendenziell identifiziert. Zudem erscheint mir die Gegenüberstellung innerweltlich – weltflüchtig nicht glücklich. Weltzuwendung und Weltabwendung halte ich für der Sache angemessene Bezeichnungen. Doch sind diese terminologischen Fragen von sekundärer Bedeutung. Wichtig ist vielmehr eine Erweiterung der Typologie von Askese und Mystik, und zwar so, daß man damit auch die Wirkung religiöser Weltablehnung differenziert erfassen kann.

Bevor ich diese Erweiterung versuche, muß die andere Komponente erlösungsreligiösen Handelns kurz betrachtet werden, die Erlösungsziele oder Heilsgüter, von denen bislang nur indirekt, im Zusammenhang mit den Gotteskonzeptionen, die Rede war. Für Webers »rein empirische Betrachtung«, für seine »überaus nüchternen Darlegungen«[56] sind ja Heilsgüter für den Gläubigen zunächst und vor allem psychische Zustände, die bereits im Diesseits errungen sein wollen, sie haben einen Gefühlswert, der hier und jetzt von Bedeutung ist. Dies gilt auch dann, wenn ein Heilsgut ›jenseitig‹ ist und, wie etwa beim Calvinisten, durch gottgewolltes Handeln als Werkzeug Gottes erstrebt wird. Der dabei schon hier erlebte Heilszustand besteht in einem Werkzeuggefühl.[57] Die Herstellung solcher Gefühlsqualitäten ist Teil der ›Sicherung‹ der Beziehung zum Göttlichen. Wie diese Qualitäten aussehen können, hängt deshalb tatsächlich hauptsächlich von den Gotteskonzeptionen ab.

Weber sieht nämlich ein Heilsgut im wesentlichen von zwei Faktorengruppen beeinflußt: von der äußeren Interessenlage der das Heilsgut erstrebenden Menschen, also von ihrer sozialen Lage, und von ihrer inneren Interessenlage – letztlich also von ihrer ›äußeren‹ und ›inneren‹ Not. Diese Not ist auf das religiöse Weltbild und seine Werte bezogen. Von hierher erfährt sie eine Deutung, die, wie Webers berühmte Formulierung lautet, »die Bahnen bestimmt, in denen die Dynamik der Interessen das Handeln« fortbewegt[58]. Dazu gehört die Deutung der ›Gott‹-Mensch-Beziehung. Ihr kommt für die Ermittlung jener erlebbaren psychischen Heilszustände besondere Bedeutung zu. Werkzeug–Gefäß, Abstand–Abstandslosigkeit, Handeln–Haben, Kampf–Ruhe, Selbstvervollkommnung–Selbstvergottung, dies waren Gegensatzpaare, die Weber in mehr oder weniger engem Zusammenhang mit der Analyse der ›Gott‹-Mensch-Beziehung verwandte. Die jeweils ersten Begriffe deuten auf Aktivität, die jeweils zweiten auf Passivität. ›Bewährung‹ und ›demütige Hinnahme‹, Aktivitäts- und Passivitätsgefühl, das sind psychische Heilszustände, die tatsächlich eine innere Verwandtschaft mit den beiden Gotteskonzeptionen aufweisen. Doch sie stehen damit in keinem notwendigen Zusammenhang. Weber hat seine eigene Unterscheidung zwischen Werkzeug und Gefäß, Werkzeuggefühl und Gefäßgefühl letztlich selbst so eingeordnet. Dies jedenfalls kann man einer Passage entnehmen, die er in die zweite Fassung der »Protestantischen Ethik« von 1920 eingefügt hat. Dort heißt es: »Tiefgehende, für die Klassifikation aller [!] praktischen Religiosität überhaupt geltende Unterschiede der entscheidenden Heilszuständlichkeiten kommen darin zum Ausdruck: Der religiöse Virtuose kann seines Gnadenstandes sich versichern *entweder*, indem er sich als Gefäß, *oder*, indem er sich als Werkzeug göttlicher Macht fühlt. Im ersten Fall neigt sein religiöses Leben zu mystischer Gefühlskultur, im letzteren zu asketischem *Handeln*. Dem ersten Typus stand Luther näher, dem letztern gehörte der Calvinismus an.«[59] Wenn aber die Unterscheidung zwischen Werkzeug und Gefäß für die Klassifikation *aller* praktischen Religiosität gilt und selbst für die interne Differenzierung des Christentums verwendet werden kann, dann sollte man sie nicht nur von den Gotteskonzeptionen, wie im Zitat, sondern auch von den soteriologischen Heilsmethodiken analytisch unabhängig machen. Aktivitäts- und Passivitätsgefühle, Werkzeug- und Gefäßgefühle, können dann Folge sowohl asketischer wie kontemplativer Disziplinierung sein.

3. *Typologie erlösungsreligiöser Welthaltungen*

Damit läßt sich ein Zentralstück der Weberschen Religionssoziologie, die Typologie der Welteinstellungen oder Welthaltungen auf dem Gebiet der religiösen Weltablehnung, systematisch zusammenfassen. Sie gilt für religiöse Virtuosen, für religiöse Eliten, nicht für die religiösen ›Massen‹, die, wie Webers Bemerkung über den Laien-Katholizismus zeigt, auch im Rahmen von Erlösungsreligionen zu naiver Weltbejahung neigen, also darin den Menschen ähnlich sind, die unter magischen Voraussetzungen leben. Die Typologie präsentiert also Formen des ›Heilsaristokratismus‹, Formen einer religiösen ›Qualitäts‹- oder ›Leistungs‹-, nicht einer ›Positions‹-Aristokratie[60], wie sie auf dem Entwicklungsniveau von Kulturreligionen auftreten können. Denn für Kulturreligionen ist ja charakteristisch, daß sie eine religiöse Schichtung aufweisen, die ideell auf der Ausbildung von Virtuosen- und Massen- bzw. Laienmoralen gründet, auf einer Art Stufung religiöser Lehren und Ethiken also, wie sie sich in der christlichen Tradition besonders plastisch an der vor allem in der Scholastik entwickelten Lehre von den consilia evangelica, den Evangelischen Räten, ablesen läßt, die zu einer der Grundlagen einer von der Laien- und auch Priesterethik abgestuften Mönchsethik geworden ist.[61] Diese religiöse Schichtung, die neben Qualitäts- oder Leistungseliten und ›Massen‹ auch Positionseliten umfassen kann, fällt zudem nicht notwendigerweise mit der sozialen Schichtung zusammen. Mehr noch: Den religiösen Eliten kann gerade in Gestalt von Laieneliten, die wiederum Qualitäts- oder Positionseliten sein können, eine Konkurrenz um das von ihnen meist reklamierte Sinndeutungsmonopol entstehen. Dies gilt besonders für den ›Laienintellektualismus‹, etwa für Philosophen, die ihre Deutungsangebote auf andere Voraussetzungen als die Erlösungsreligionen gründen.[62] Damit aber unterliegen Kulturreligionen einem Vorgang, den Weber als einen allgemeinen Vorgang des differenzierten sozialen Lebens vorführt: dem Kampf um die Öffnung und Schließung sozialer Beziehungen, dem spannungsreichen Gegeneinander von ›Heilsdemokratismus‹ und ›Heilsaristokratismus‹.[63] Weber interessiert sich dabei vor allem deshalb für die Struktur und für den ›Kampf‹ der religiösen Eliten in vergleichender Perspektive, weil diese in traditionalen Gesellschaften eine strategische Deutungsposition besetzen. Von ihren Welteinstellungen hängt es unter anderem ab, ob und wenn ja, welche entwicklungsdynamischen Impulse vom religiösen Lebensbereich auf andere Lebensbereiche ausgehen. Dazu untersucht Weber vor allem ihre Wirkung auf den wirtschaftlichen Lebensbereich.[64]

Ausgangspunkt der Typologie ist die ›Gott‹-Mensch-›Welt‹-Beziehung. Sie läßt sich in zwei Teilbeziehungen gliedern: in die normativ gebotene Beziehung zum Göttlichen und die normativ gebotene Beziehung zur ›Welt‹. Die Beziehung zum Göttlichen hat zwei Komponenten: Heilsziel oder Heilsgut, hier: Heilszustand, und Heilsweg oder Heilsmittel, mit deren Hilfe der Heilszustand herbeigeführt werden soll. Zusammen mit der Beziehung zur ›Welt‹ ergibt dies drei Komponenten oder Dimensionen der Typologie. Sie haben jeweils zwei Ausprägungen: bei den Heilszuständen: Aktivitäts- und Werkzeuggefühl oder Passivitäts- und Gefäßgefühl, kurz: aktiv und passiv; bei den Heilsmitteln: Askese oder Kontemplation; bei den Weltbeziehungen: Zuwendung oder Abwendung. Durch Kombination erhält man Typen erlösungsreligiöser Virtuosen. Zugleich läßt sich spezifizieren, wie bei ihnen die Weltablehnung wirkt.

Diesem Schema lassen sich nun einige interessante Hinweise entnehmen. Die Fälle 1 bis 4 scheinen die psychologisch *und* historisch ›konsequenten‹ Fälle zu sein. Mit ihnen hauptsächlich arbeitet die »Zwischenbetrachtung«. Hier bilden Heilsgut, Heils-

Typologie erlösungsreligiöser Virtuosen

Beziehung zum Göttlichen / Beziehung zur ›Welt‹	aktiv: Askese	aktiv: Kontemplation	passiv: Askese	passiv: Kontemplation
Zuwendung (innerweltlich)	1 aktiver weltzugewandter Asket (Weltbeherrschung)	5 aktiver weltzugewandter Mystiker (Weltindifferenz)	7 passiver weltzugewandter Asket (Weltindifferenz)	3 passiver weltzugewandter Mystiker (Schickung in die Welt)
Abwendung (außerweltlich)	2 aktiver weltabgewandter Asket (Weltüberwindung)	6 aktiver weltabgewandter Mystiker (Weltindifferenz)	8 passiver weltabgewandter Asket (Weltindifferenz)	4 passiver weltabgewandter Mystiker (Weltflucht)

weg und Weltbeziehung eine ›rational geschlossene Einheit‹, deren Wirkung freilich jeweils unterschiedlich ist. Es handelt sich um Formen der religiösen Lebensführung, wie sie »in historisch wichtiger Art« auftraten:[65] so etwa in Gestalt der aktiven Berufsaskese des Protestantismus und der aktiven Mönchsaskese des Katholizismus (Fall 1 und 2) oder in Gestalt des indischen ›Waldbewohners‹, der sich von allen sozialen Bindungen löst und von Beeren lebt (Fall 4). In allen diesen Fällen handelt es sich um auf Dauer gestellte ›Wiedergeburten‹. Doch nur im ersten Fall hat die ›Wiedergeburt‹ direkte entwicklungsdynamische Wirkungen auf die Ordnungen dieser ›Welt‹. Denn hier werden, jedenfalls der Intention nach, die Ordnungen der ›Welt‹, sei es in ihrer Gesamtheit, sei es einzeln, der religiösen Kontrolle unterworfen. Dies ist der Fall der ›innerweltlichen Askese‹, dessen kulturhistorische Bedeutung Weber früh erkannte und um dessen ›universalhistorische‹ Einordnung er sich in seiner vergleichenden Religionssoziologie bemüht. Sodann: Bei den Fällen 5 und 6 besteht zwischen Heilsgut und Heilsweg schon psychologisch eine ›Spannung‹. Dies gilt nicht in gleichem Sinne für die Fälle 7 und 8. Denn man kann sich zwar mittels Askese durchaus in einen Zustand der Passivität, der Ruhe, bringen, nicht aber mittels Kontemplation in einen Zustand der Aktivität oder gar des Kampfes. Und schließlich: ›Konsequenzen‹ und ›Inkonsequenzen‹ werden noch deutlicher, wenn wir an das Schema die beiden Gotteskonzeptionen herantragen, also den Sinnzusammenhang inhaltlich weiter auffüllen, in dem die ›Gott‹-Mensch-›Welt‹-Beziehung steht. Denn der überweltliche Schöpfergott, der, strafend und liebend, dem Virtuosen Gebote auferlegt, verstärkt den Aktivismus bis hin zum instrumentellen Aktivismus; und die immanente unerschaffene Ordnung, mit der sich der Virtuose tatsächlich vereinigen kann, stärkt den Passivismus bis hin zu einer physiologisch gerade noch möglichen Inaktivität. Daraus entsteht jene Sondergestalt der okzidentalen Askese, die sich von der indischen dadurch unterscheidet, daß sie im Kern *Arbeits*askese ist. Daraus entsteht jene Sondergestalt der indischen Mystik, die sich von der okzidentalen dadurch unterscheidet, daß sie im Kern *Selbstvergottungs*mystik ist. Daß der okzidentale Mystiker wegen der Gotteskonzeption sich letztlich mit seinem Gott doch nicht vereinigen kann, sondern sich vor ihm ›bewähren‹ muß, trägt in diese Mystik Paradoxien und Spannungen hinein, »welche der indischen Mystik erspart blieben.«[66] Und die aktive Selbstvergottungsaskese, der der Jainismus anhing, hat diesen in der indischen Tradition in analoge Paradoxien und Spannungen geführt.[67] Dennoch: Es gibt nicht nur die ›konsequenten‹, sondern eben auch die ›widersprüchlichen‹ historischen Gebilde. Die damit verbundenen Lebensführungen aber favorisieren eine weltindifferente Haltung, sei dies nun eher eine Hingabe an die ›Welt‹ oder eine Hinnahme der ›Welt‹, sei sie also eher aktiv oder passiv gefärbt.

Diese Präzisierung von Gegensätzen, besser: Variationen auf dem Gebiet der Weltablehnung, läßt sich auch noch anders wenden. Dadurch gewinnt man zugleich einen Einblick in die systematische Anlage von Webers vergleichendem religionssoziologischem Projekt. Obgleich eine Kulturreligion niemals nur einen Typus von religiösen Eliten ausbildet und im Zeitverlauf häufig auch der führende Elitetypus wechselt, herrscht in einer Kulturreligion doch in der Regel eine fundamentale Welthaltung vor. Wie bereits gezeigt, sind Webers Studien über die Wirtschaftsethik der Weltreligionen so angelegt, daß er zunächst eine weltbejahende Kulturreligion in Gestalt des Konfuzianismus behandelt. Die »Zwischenbetrachtung« leitet dann zu den weltverneinenden oder weltablehnenden Kulturreligionen über, die gemeinsam haben, daß sie Erlösungsreligionen sind. Diese werden unter anderem mit Hilfe des entwickelten Schemas ›geordnet‹. Sie scheiden sich zunächst in die beiden großen Gruppen der weltzugewandten und der weltabgewandten Erlösungsreligionen und diese wiederum in solche, bei denen entweder ein asketisches oder ein kontemplatives und apathisch-ekstatisches Leben dominiert. Diese ›Ordnung‹ ist insofern formal, als dadurch die Kulturreligionen noch ohne Bezug auf die Gottesvorstellungen und andere wichtige inhaltliche Merkmale klassifiziert werden. Daran läßt sich zugleich ablesen, welche übergreifenden Vergleichsgesichtspunkte Weber in seinem Gesamtprojekt für die Analyse der Religionsbedingtheit von ›Welthandeln‹ wählte und wie die Teilprojekte, die ausgeführten und die geplanten, in dieser Hinsicht zueinander stehen.[68]

Damit wird auch deutlicher, was Weber meint, wenn er am Beginn der »Zwischenbetrachtung« formuliert, ein religionssoziologischer Versuch, wie er ihn unternimmt, müsse und wolle »nun einmal zugleich ein Beitrag zur Typologie und Soziologie des Rationalismus selbst sein.«[69] Denn diese fundamentalen religiösen

Klassifikation von Kulturreligionen

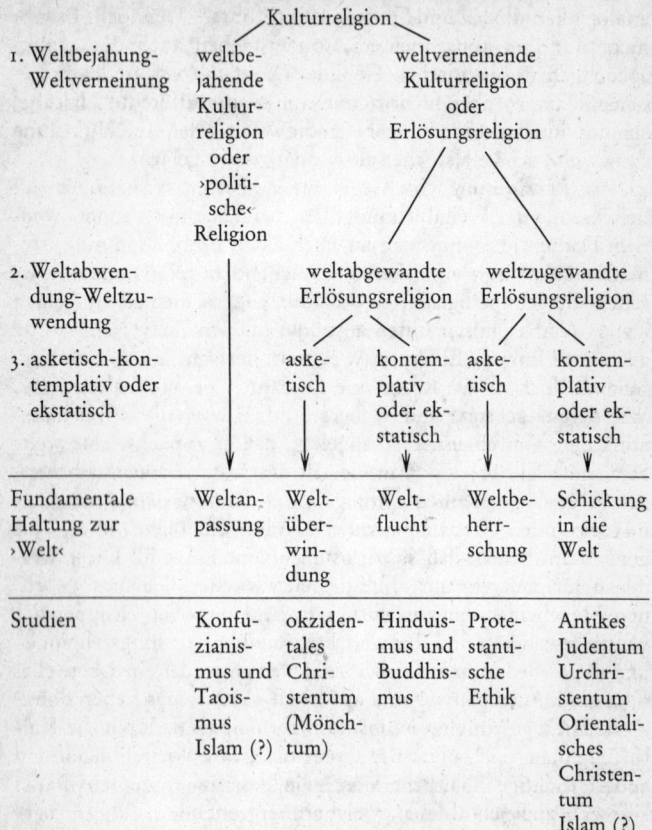

	Kulturreligion				
1. Weltbejahung-Weltverneinung	weltbejahende Kulturreligion oder ›politische‹ Religion	weltverneinende Kulturreligion oder Erlösungsreligion			
2. Weltabwendung-Weltzuwendung		weltabgewandte Erlösungsreligion		weltzugewandte Erlösungsreligion	
3. asketisch-kontemplativ oder ekstatisch		asketisch	kontemplativ oder ekstatisch	asketisch	kontemplativ oder ekstatisch
Fundamentale Haltung zur ›Welt‹	Weltanpassung	Weltüberwindung	Weltflucht	Weltbeherrschung	Schickung in die Welt
Studien	Konfuzianismus und Taoismus Islam (?)	okzidentales Christentum (Mönchtum)	Hinduismus und Buddhismus	Protestantische Ethik	Antikes Judentum Urchristentum Orientalisches Christentum Islam (?)

Welthaltungen oder Welteinstellungen sind theoretisch konsequent und praktisch planvoll in der Realität nur selten, unter sehr komplexen Bedingungen, aufgetreten, und diese Bedingungen sind nicht nur kulturspezifisch, sie sind auch so beschaffen, daß sie selektiv wirken, d. h., daß die rationalsten Formen dieser Welthaltungen nicht alle in *einer* kulturreligiösen Tradition ausgeprägt werden konnten. Wie der Konfuzianismus die Weltanpassung und der asketische Protestantismus die Weltbeherrschung in ihre jeweils rationalste Form brachte, so die indischen Erlösungslehren die Weltflucht. Weber behauptet ja darüber hinaus etwa vom alten Buddhismus, daß dieser »die denkbar radikalste Form des Erlösungsstrebens überhaupt« gewesen sei.[70] Doch ist dies keineswegs die einzige religiöse ›Leistung‹, die einzige Kulturerscheinung von möglicherweise ›universeller Bedeutung und Gültigkeit‹, mit der die indische Kulturwelt den Okzident ›überbietet‹. Weber sagt ähnliches von der indischen ›Theodizee‹, von der indischen Kontemplation *und* Askese, ja selbst von der indischen Philosophie. Diese ›Leistungen‹ können durchaus mit jenen des Okzidents konkurrieren, deren Aufzählung er, am Ende seines Lebens, der Sammlung seiner religionssoziologischen Versuche in Gestalt der berühmten »Vorbemerkung« voranstellte. In Indien gibt es aber neben dem Rationalismus der Weltflucht eine zweite Form des Rationalismus, der ein Platz in einer Typologie und Soziologie des Rationalismus zukommt: den »Rationalismus der religiösen organischen Gesellschaftslehre«, die »organische Heilspragmatik«, die »*›organische‹* Sozialethik«, die, trotz des Thomismus, in Webers Augen in Indien am konsequentesten entwickelt und handlungswirksam umgesetzt worden ist.[71] Dies führt zu einem letzten Aspekt, den die »Zwischenbetrachtung« schematisch und konstruktiv vorführt: den rationalsten Strategien der Spannungs- und Konfliktbewältigung bei spannungs- und konflikterzeugender religiöser Weltablehnung.

4. Strategien der Spannungs- und Konfliktbewältigung

Die religiöse Weltablehnung erzeugt Spannungen und Konflikte an zwei Fronten: in der ›wiedergeborenen‹ Person, durch den Gegensatz von status spiritualis und status naturalis, und im Verhältnis von religiösem Postulat und ›Welt‹, religiösem ›Gesetz‹ und lex naturae, jenen ›Gesetzen‹ also, unter denen die nichtreligiösen Lebensordnungen stehen. Strenggenommen muß man noch eine dritte Front berücksichtigen, von der bereits kurz gesprochen wurde: die Front, die zwischen Virtuosen und ›Massen‹ verläuft. Diese drei Fronten kreuzen sich in der Person des ›Wiedergeborenen‹. Er muß die damit verbundenen Spannungen und Konflikte letztlich bewältigen. Doch reicht dafür in aller Regel eine ›persönliche‹ Lösung allein nicht aus. Zur ›persönlichen‹ Lösung müssen institutionelle Lösungen hinzukommen, insbesondere dort, wo es nicht allein um das individuelle, sondern um das kollektive religiöse Leben, wo es um die Gestaltung der religiösen Lebensordnung und um ihr Verhältnis zu den nichtreligiösen Lebensordnungen geht. Neben die ›Individualethik‹ oder ›Individuallehre‹ muß dann eine ›Sozialethik‹ oder ›Soziallehre‹ treten, neben die religiöse Organisation, die ›Kirchenverfassung‹ im weitesten Sinne, die institutionelle Vermittlung von ›Religion‹ und ›Welt‹.

Weber behandelt nun in erster Linie zwei Strategien der Spannungs- und Konfliktbewältigung. Die eine könnte man Verabsolutierung nennen, die andere hat er selber Relativierung, auch Spezialisierung und Differenzierung genannt.[72] Verabsolutierung besteht in der radikalen Unterwerfung des status naturalis, des einzelnen, der ›Massen‹ und der ›Welt‹ insgesamt unter den religiösen Anspruch. Diese Strategie verschärft letztlich die Spannungen, statt sie zu mildern, weil sie weder die natürliche und soziale Ungleichheit unter den Menschen noch die Eigenrechte der ›Welt‹ akzeptiert. Sie führt deshalb, konsequent geübt, entweder in Gewaltsamkeiten oder in den Eskapismus, oder aber sie kollabiert in Kompromissen, die angesichts des religiösen Postulats letztlich nicht tragfähig sind. Die Relativierung dagegen setzt auf ein geordnetes Neben- und Miteinander von status spiritualis und status naturalis, von Virtuosenethik und Laienethik, von Religion und den übrigen Lebensordnungen. Sie sucht die verschiedenen Ansprüche in ihrem relativen Recht anzuerkennen und organisch miteinander zu verknüpfen. Ihr Modell ist nicht die totale Über-Unterordnung, sondern die organische Gliederung, nicht das Entweder-Oder, sondern das Sowohl-Als auch.

Diese Strategien können sich entweder in erster Linie auf die religiöse Lebensordnung oder auf die ›Welt‹ im ganzen richten. Entsprechend sehen die institutionellen ›Lösungen‹ aus. Richtet sich Verabsolutierung allein auf die religiöse Lebensordnung, so entsteht eine aristokratische Virtuosengemeinschaft auf der Basis von ›Leistung‹. Die Menschen werden in Gläubige und Ungläubige, in Erwählte und Nichterwählte, in Erlöste und Nichterlöste geschieden, und diese Scheidung bleibt auch dort bestehen, wo die religiöse Institution, wie etwa die Kirche im Calvinismus, beide Kategorien umfaßt. Die wahlverwandten Institutionen aber sind die Sekte und der Orden, jene Einrichtungen also, denen der ›Heilsaristokratismus‹ gleichsam schon an der Stirn geschrieben steht. Beispiele bieten die protestantischen Sekten, aber auch der *saṅgha*, der buddhistische Mönchs- und Nonnenorden, insbesondere in seiner frühen Zeit. Richtet sich die Verabsolutierung auf die ›Welt‹ im ganzen, so ist die Theokratie die geeignete institutionelle Lösung. Sie hat gerade die auf Weltbeherrschung ausgerichteten Virtuosen, von den Genfer Calvinisten bis zu den Sekten Neuenglands, immer wieder gelockt. Richtet sich die Relativierung auf die religiöse Lebensordnung, so kommt es zur Stufung zwischen Virtuosen- und Laienethik. Sie kann im Rahmen einer Institution erfolgen, wie etwa im mittelalterlichen Katholizismus mit seiner Kirche und ihren religiösen Sondereinrichtungen, oder durch eine lockere Verknüpfung von Virtuosen- und Laienschaft, wie sie etwa für die ›heterodoxen‹ erlösungsreligiösen Strömungen Indiens charakteristisch scheint. Richtet sich aber die Relativierung auf die ›Welt‹ im ganzen, so kommt es zum Dualismus zwischen hierokratischer und politischer Gewalt oder gar zu einem organischen Pluralismus, der das Eigenrecht und auch die Eigengesetzlichkeiten der verschiedenen Wertsphären und Lebensordnungen ausdrücklich anerkennt. Dies gilt in gewissem Sinne für Luthers Zwei-Reiche-Lehre, besonders aber für den Thomismus und für Varianten des Brahmanismus. Doch nicht der Okzident, sondern Indien hat die Strategie der organischen Relativierung in ihre volle Konsequenz gebracht.[73] In Indien lassen sich also zwei Kulturerscheinungen von möglicherweise »universeller Bedeutung und Gültigkeit« studieren: das weltflüchtige Erlösungsstreben und die organische Sozialethik, die beide hier am rationalsten entwickelt worden sind.

Dies ist also die weitere Perspektive, die Weber in der »Zwischenbetrachtung« exponiert und in die er die Studie über Hinduismus und Buddhismus hineinstellt. Deren Resultat wird am Ende der »Zwischenbetrachtung« antizipiert. Denn dieser Text endet mit einem Hinweis auf die außerordentlichen Leistungen, die die indischen Erlösungsreligionen zustande brachten: »Vereinigung virtuosenhafter Selbsterlösung aus eigener Kraft mit universeller Zugänglichkeit des Heils, strengster Weltablehnung mit organischer Sozialethik, Kontemplation als höchsten Heilswegs mit innerweltlicher Berufsethik«.[74]

II. Die Studie über Hinduismus und Buddhismus

5. Der Ansatz

Wie ist es zu dieser Vereinigung des scheinbar Unvereinbaren gekommen? Wie konnten außerweltliches und innerweltliches Handeln gleichzeitig konsequent rationalisiert werden, ohne daß daraus ein fundamentaler Konflikt, ein den überlieferten sozialen Kosmos sprengender entwicklungsdynamischer Impuls entstand? Diese Frage will ich in erster Linie an Webers Interpretation der ›orthodoxen‹ indischen Heilslehren diskutieren und dann mit wenigen Strichen skizzieren, worin er den Unterschied zwischen der brahmanischen und der christlichen Lösung, insbesondere der des asketischen Protestantismus, sah.

Weber folgt in der »Wirtschaftsethik der Weltreligionen« einem ›Erklärungsmodell‹, das in der vereinfachten Form von einer zweifachen Bedingtheit der Lebensführung religiöser Virtuosen ausgeht: der Schichtungsbedingtheit und der Religionsbedingtheit.[75] Beide Bedingungskomplexe werden zunächst in relativer Isolation voneinander entwickelt und dann zusammengeführt. Dieses Vorgehen hat methodische und sachliche Gründe. Methodisch geht es um die Zurückweisung des Reduktionismus in Gestalt einer Theorie der letzten Instanz, sachlich um den historisch zu führenden Nachweis, daß ein relativ selbständiger ›Geist‹ und eine relativ selbständige ›Form‹ tatsächlich eine Wahlverwandtschaft eingingen, in der sie sich wechselseitig stützten. Nicht zufällig spricht Weber, beide Gesichtspunkte zusammenfassend, vom »ideellen Unterbau«.[76] Dieses Vorgehen, das schon die Konfuzianismusstudie bestimmt, läßt sich auch an der Hinduismusstudie ablesen. Zunächst wird das hinduistische soziale System, dann werden die orthodoxen und heterodoxen Heilslehren der indischen Intellektuellen untersucht. Diese sind nicht gleichursprünglich. Und sie haben sich weder von Anfang an noch auch harmonisch, konfliktfrei, aneinander adaptiert. Diesen wechselseitigen Anpassungsprozeß stellt Weber nicht ereignisgeschichtlich dar, sondern gleichfalls schematisch und konstruktiv. Doch geht es jetzt nicht in erster Linie um Begriffsbildung, sondern um die Anwendung von Begriffen auf historisches Material. Dieses wird aus ›Quellen‹ gewonnen und, durch interkulturelle

Vergleiche relationiert, auf eine Leitfrage bezogen. Sie lautet: Warum ist in Indien eine kapitalistische Entwicklung im okzidentalen Sinn ›von innen heraus‹ ausgeblieben, und welche Rolle haben dabei neben anderen Faktoren die indischen Religionen gespielt?[77]

6. *Das hinduistische soziale System*

Verfolgen wir kurz die beiden Ausgangsschritte: die Charakterisierung der indischen Sozialstruktur und die Charakterisierung des indischen religiösen Deutungsangebots. Weber zentriert seine Analyse des indischen sozialen Systems um den Begriff der Kastenordnung. Er stellt also, anders als in der Konfuzianismusstudie, nicht die politische Ordnung, die ›Staatsstruktur‹, sondern die Sozialordnung in den Mittelpunkt. Diese repräsentiert eine besondere Form der sozialen Schichtung, die man, wie alle Besonderheiten des historischen Lebens, nur durch Vergleich genauer bestimmen kann. Dieser Vergleich hat eine analytische und eine historische Seite. Die analytische bezieht sich auf die Definition von Kaste im Rahmen einer Theorie der sozialen Schichtung, die historische auf die Gegenüberstellung von indischen Berufskasten und okzidentalen Berufsverbänden.

Ein Schichtungssystem ist ein System sozialer Ungleichheiten. Diese lassen sich als Folge kollektiv bewerteter Differenzierungen auffassen, wie sie zum Beispiel aus Arbeitsteilung entstehen. Schon daran zeigt sich, daß jedes Schichtungssystem Mechanismen der Trennung und der Verkettung kombiniert. Die Trennung äußert sich in der Schließung sozialer Beziehungen und in einer damit verbundenen Privilegierung, die Verkettung im Zwang zur Kooperation über soziale Schranken hinweg. Diese Kooperationsbeziehungen sind bei Privilegierung meist Macht- oder Herrschaftsbeziehungen. Privilegierungen wiederum können auf Besitz oder auf marktgängigen Leistungsqualifikationen, auf Herkunft oder der Fähigkeit zu einer bestimmten Art der Lebensführung beruhen. Weber unterscheidet demgemäß zwischen Besitz- und Erwerbsklassen sowie zwischen Geburts- und Lebensführungsständen, die auch Berufsstände sein können. Die Kriterien sind analytisch gemeint und treten historisch in Kombinationen auf. Das zeigt sich etwa daran, daß sich gewöhnlich Klassenelemente mit ständischen Elementen verschwistern, nicht zuletzt deshalb, weil der Mensch nicht nur materielle, sondern auch ideelle Interessen hat und sich dies auch in seiner äußeren Interessenlage niederschlägt. Menschen erstreben gewöhnlich materielle Vorteile *und* soziale Anerkennung, soziale Ehre. Und diese ideelle Seite ihrer äußeren Interessenlage kann von ihrer inneren Interessenlage relativ unabhängig sein. Doch trotz der Verbindung von Klassenelementen und ständischen Elementen lassen sich Klassengesellschaften von ständischen Gesellschaften unterscheiden. Anders als in Klassengesellschaften sind in ständischen Gesellschaften Regeln der Lebensführung ein zentrales Ordnungsprinzip.[78] Das hinduistische soziale System ist ein Beispiel für eine ständische Gesellschaft. Will man seiner Besonderheit auf die Spur kommen, so muß man erklären, wie die Begriffe Stand und Kaste zueinander stehen.

Eine ständische Gesellschaft besteht immer aus mehreren Ständen. Der einzelne Stand ist ein sozialer Teilverband, weder ökonomisch noch politisch autark. Der Zusammenschluß von Ständen zu einem sozialen Gesamtverband, der die ökonomische Beschränkung der einzelnen Teilverbände in einem System ständisch gegliederter Arbeitsteilung überwindet, ist nicht unbedingt auch schon ein politischer Gesamtverband, sondern die politische Organisation muß noch hinzukommen. Eine der urwüchsigsten politischen Organisationen ist der Stamm. Eine Kaste könnte sich von einem Stand nun dadurch unterscheiden, daß sie eine politische Organisationsform darstellt. Weber bestimmt deshalb den Begriff Kaste im doppelten Vergleich mit Stand und Stamm. Darüber hinaus wird der Berufsverband, Zunft oder Gilde, zum Vergleich herangezogen. Damit kommt zugleich die historische Seite ins Spiel.[79]

Weber bestimmt die Kaste zunächst mit Hilfe von drei Merkmalen: sie hat kein Gebiet und ist ökonomisch beschränkt, was sie vom Stamm unterscheidet, und der Zugang zu ihr ist erblich, was für Zunft oder Gilde in der Regel nicht gilt. Sie ist also ein geschlossener sozialer Teilverband mit Verbrüderung nur nach innen. Darin aber stimmt sie mit dem Geburtsstand überein. Vom Geburtsstand unterscheidet sie sich aber dadurch, daß bei ihr die Schließung nicht in erster Linie rechtlich, sondern religiös abgesichert ist. Zu den üblichen Schranken kommen rituelle hinzu. In Abwandlung einer Definition, die Weber im Zusammenhang mit dem Judentum als einem Pariavolk gibt, kann man deshalb formulieren: Kaste ist eine durch rituelle Kommensalitäts- und Konnubialschranken nach außen abgegrenzte, durch positive oder negative Privilegierung und durch ökonomische Sondergebarung nach innen zusammengeschlossene erbliche Gemeinschaft innerhalb eines sozialen Gesamtverbandes.[80] Diese analytische Ausgrenzung der Kaste läßt sich wie folgt darstellen:

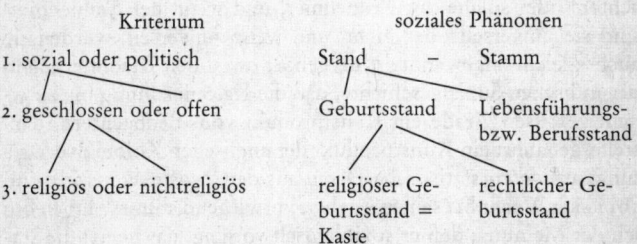

Kriterium	soziales Phänomen	
1. sozial oder politisch	Stand	– Stamm
2. geschlossen oder offen	Geburtsstand	Lebensführungs- bzw. Berufsstand
3. religiös oder nichtreligiös	religiöser Geburtsstand = Kaste	rechtlicher Geburtsstand

Die historische Besonderheit der indischen Kaste als eines rituellen Geburtsstandes macht nun der Vergleich mit den traditionalen okzidentalen Berufsverbänden deutlich. Hierfür reicht freilich die rein formale Unterscheidung von offen und geschlossen nicht aus. Entscheidend ist, *wie* Offenheit und Geschlossenheit fundiert sind, in diesem Falle: wie der religiöse Unterbau beschaffen ist. Dabei geht es um die rituell-kultische Seite des religiösen Lebens. Und in dessen Zentrum steht in den christlich bestimmten Gewerbestädten des Okzidents das Abendmahl. Dieses aber ist, sozial gesehen, eine religiöse Institution interständischer Verbrüderung. Sie reißt die Kommensalitätsschranke nieder, aber sie geht in ihrer Wirkung weit darüber hinaus. Darin sieht Weber die kulturhistorische Bedeutung des für Judenchristen anstößigen Verhaltens des Petrus in Antiochien, von dem der Galaterbrief berichtet: daß er die Kommensalitätsschranke mißachtete und mit Heiden aß. Der religiöse Kastenunterbau dagegen stabilisiert, ja dramatisiert geradezu die Kommensalitätsschranke und mit ihr zugleich andere Schranken zwischen den Ständen. Man kann deshalb den kulturhistorischen Unterschied von indischen Berufskasten und okzidentalen Berufsverbänden im Rahmen von Webers religionssoziologischem Projekt auf diese Formel bringen: Bei indischen Berufskasten gilt selbst bei ökonomischer Interessengleichheit rituelle Trennung, bei okzidentalen Berufsverbänden selbst bei ökonomischen Interessengegensätzen rituelle Verbrüderung.[81]

Mit der Bestimmung der Kaste hat man noch keine Bestimmung der Kastenordnung gewonnen. Dafür bedarf es eines oder mehrerer Kriterien, durch die man mehrere Kasten untereinander in eine Rangfolge bringen kann. Hier stellt sich ein bekanntes Problem vieler Schichtungstheorien: Sind diese Kriterien solche des Beobachters oder solche der Teilnehmer, und wenn der Teilnehmer, sind sie universell oder nicht, und wenn universell, werden sie auch ›gleich‹ angewandt? Nun gehört es zu den Besonderheiten der indischen Sozialgeschichte, daß die Kastenordnung bis zu einem gewissen Grade ein Kunstprodukt von ›Beobachtern‹ darstellt, genauer: ein Kunstprodukt der englischen Kolonialverwaltung, auf deren statistische Daten aus den Zensus von 1901 und 1911 sich Weber bei seiner Analyse vorwiegend stützt.[82] Doch bin ich der Meinung, daß er soziologisch vorging, das heißt: die statistisch gebildeten Kategorien nach ihrer Handlungsrelevanz beurteilte, und dadurch zu einer erstaunlich ›dynamischen‹ Betrachtung der indischen Kastenordnung kam.

Wenn eine Kaste ein religiöser Geburtsstand ist, dann müssen bei einer Kastenordnung neben ökonomischen und politischen vor allem religiöse Rangordnungskriterien eine Rolle spielen. Dies verschafft jenen, die diese religiösen Kriterien ›verwalten‹, eine herausgehobene Position. Das sind nach Weber die Brahmanen, ohne die es in seinen Augen keine Kastenordnung gäbe. Sie bilden gewissermaßen den Maßstab, an dem sich nicht nur Beobachter für statistische Zwecke, sondern auch Teilnehmer orientieren. Dies heißt natürlich nicht, daß die Brahmanen eine homogene soziale Schicht bildeten, die Indien diese Ordnung oktroyiert hätte und die sie kraft eines Monopols des physischen oder auch nur des psychischen Zwanges garantierte. Weder bilden sie eine homogene Schicht, noch besitzen sie die politische oder auch nur eine ›kirchliche‹ Macht. Allerdings: Als religiöse Experten, als Ritualkundige, wirken sie mit bei der Erhaltung und Entwicklung dieser Ordnung. Denn bei allen Rangfragen, die sich zwischen sozialen Gruppen stellen, kommen sie sowohl als Maßstab wie als ›Schiedsrichter‹ ins Spiel. Freilich muß der Ritualbeamte gerade in diesen Fragen mit der weltlichen Macht zusammenarbeiten, was zu erheblichen Spannungen zwischen weltlicher und ›priesterlicher‹ Macht führen kann. Weber faßt diesen für das hinduistische System fundamentalen Sachverhalt wie folgt zusammen: »Daß dabei der König eine erhebliche sachliche Macht zu entwickeln vermochte, lag vor allem daran, daß die Brahmanenkaste weder eine hierarchisch gegliederte Priesterschaft noch auch eine organisierte Zauberer-Gilde war, einer einheitlichen Organisation vielmehr durchaus, für uns von jeher, entbehrte. Der König war daher in der Lage, sich die ihm willfährigsten Brahmanen auszusuchen, und erstaunlich ist unter diesen Umständen nicht seine Macht, sondern umgekehrt die gewaltige Machtstellung der Brahmanen und der Kasten überhaupt.«[83]

Das Kastensystem basiert also unter anderem auf sozial-religiösen Endogamieregeln, die zur Unterscheidung von geschlossenen sozialen Gruppen benutzt werden. Die Grobgliederung geht auf die *varṇa*-Theorie zurück. Sie führt zu den vier großen klassischen Kasten: zur Kaste der Brahmanen, der *kṣatriya*, der *vaiśya* und der *śūdra*, die in dieser Folge in eine Prestigehierarchie gebracht sind. Weber sieht natürlich klar: Dies ist eine Grobgliederung von außen, die dadurch gewonnenen Einheiten sind keine Handlungseinheiten. Selbst der hoch differenzierte Zensus bietet sie nicht. Es ist gar nicht möglich, auf diese Weise zu einem System von Handlungseinheiten zu kommen. Und zwar aus vier Gründen: Erstens gibt es viele lokale Kasten; zweitens ist die Rangfolge zwischen Kasten und zwischen Unterkasten ständig umstritten; drittens verwenden die Kasten und Unterkasten unterschiedliche Kriterien der Selbsteinordnung; viertens können Unterkasten zwar tatsächlich Handlungseinheiten darstellen, doch zählen diese mitunter »mehrere Hunderte«[84], so daß wegen ihres niedrigen ›Aggregationsniveaus‹ Aussagen über das Gesamtsystem nicht abgeleitet werden können. Die Kastenordnung ist deshalb für Weber kein monolithischer Block, sie repräsentiert keine monotone Prestigeskala, sondern einen regional und lokal vielfältig gegliederten Verbund von sozialen Teileinheiten, in und zwischen denen es ständig Rangkonflikte gibt. Diese Ordnung ist deshalb auch durch hohe soziale Mobilität gekennzeichnet. Diese ist freilich keine Mobilität von Individuen, sondern von sozialen Gruppen. Die Einheiten sind Kasten und Unterkasten, fremde Stämme, die, nach dem Verlust ihrer politischen Selbständigkeit, durch Überschichtung hinduisiert werden, Sekten, die, nachdem sie ihre Mitglieder zunächst kastenunspezifisch rekrutierten, eine neue Verortung in der Sozialordnung suchen, oder Berufsgruppen, die durch die Entwicklung der Arbeitsteilung neu entstanden sind. Gerade wegen dieser hohen kollektiven Mobilität hat die Kastenordnung offensichtlich eine erstaunliche Assimilationskraft entwickelt. Das zeigt sich nach Weber an der Behandlung von ›Gastvölkern‹, überhaupt an der Verarbeitung der ethnischen Vielfalt, die ja für jedes System der sozialen Schichtung, für jede Sozialordnung, ein besonderes Problem darstellt. Die Kraft der Hinduisierung ist so groß, daß Ethnien, die in den Umkreis der Kastenordnung geraten, »nicht fremde Barbarenstämme, sondern die ›unreinen Kasten‹ der hinduistischen Klassifikation« bilden.[85] Diese Kombination von hoher kollektiver Mobilität und großer Assimilationskraft ist allerdings an *eine* unverzichtbare Voraussetzung gebunden: daß die Rangstufe aller sozialen Gruppen, selbst jener, die die Lehr- und Ritualautorität der Brahmanen ablehnen, durch die »Art der positiven oder negativen Beziehung« bestimmt bleibt, in der sie zu diesen stehen.[86] Insofern spiegelt die *varṇa*-Theorie tatsächlich nicht eine bloße Außenansicht wider, sie ist vielmehr Teil der Innenansicht des Systems.

Das hinduistische System, das natürlich nicht ausschließlich auf sozial-religiösen Endogamieregeln, sondern zum Beispiel auch auf dem gentilcharismatisch interpretierten Sippenprinzip beruht, durchbricht aber – so Webers These – trotz seiner sozialen Dynamik nicht die Welt des Traditionalismus. Ähnlich wie der chinesische bürokratische Patrimonialstaat, trägt auch die Kastenordnung zwar zu einer Rationalisierung traditionaler Strukturen, nicht aber zu ihrer Überwindung bei. Weber sieht dafür unter anderem ideelle Hemmungen. Diese aber liegen nicht in Einzelschwierigkeiten, sondern »im ›Geist‹ des ganzen Systems.«[87]

7. *Das hinduistische ›Glaubenssystem‹*

Was läßt sich über diesen ›Geist‹ sagen? Was ist der Hinduismus als ›Glaubenssystem‹? Weber sieht zunächst klar: Es ist keine Religion in unserem, im westlichen Sinne.[88] Es gibt zwar einen ›dogmatischen Kern‹, eine Art Minimallehre, die *saṃsára*- und die *karma*-Lehre, die Lehre von Seelenwanderung und von Vergeltung, derzufolge nicht der Zufall der Geburt waltet, sondern das individuelle Schicksal verdient ist, und zwar kraft der ›Tatsache‹,

»daß jede einzelne ethisch relevante Handlung unabwendbar ihre Wirkung auf das Schicksal des Täters übt, daß also keine solche Wirkung verloren gehen kann.«[89] Doch um diesen dogmatischen Kern wuchert ein Pluralismus von religiösen und philosophischen Lehrmeinungen, mit denen sich ein Pluralismus von Heilszielen, Heilswegen und Organisationsformen verbindet. Das einigende Band dieses Glaubenssystems, das sich natürlich erst in einem langen historischen Prozeß herauskristallisierte, ist deshalb neben diesem ›dogmatischen Kern‹ die Ritualpflicht, der *dharma*, der nach sozialer Lage verschieden ist. Er basiert auf »Spruchpraxis und literarisch rational entwickelter Lehre der Brahmanen«, ist also »ausschließliches Produkt der Priester und der von ihnen geschaffenen Literatur.«[90] Zwar kennt auch der Hinduismus ein ›heiliges Buch‹, den Veda. Doch enthält er weder den ›dogmatischen Kern‹ noch eine Reihe von Ritualpflichten, die für den Hinduismus als Glaubenssystem maßgebend wurden, noch auch die Kastenordnung und die mit ihr verbundenen rituellen Pflichten in ihrer entwickelten Form. Anders als etwa die Bibel für Juden und Christen, ist der Veda für den Hindu nicht schlechthinniger Ausdruck des gesollten religiösen Lebens. Er dient vielmehr als Ausgangs- und Anknüpfungspunkt für die Legitimation einer »fortinterpretierenden Tradition« und vor allem: für die Legitimation der »sozialen Rangstellung« des Brahmanentums.[91] Seine Götter – und hierin folgt Weber wohl nicht zuletzt Oldenberg – sind keine ethischen Götter, sondern Funktions- und Heldengötter, und sie stehen zueinander und zur ›Welt‹ wie die Funktions- und Heldengötter bei Homer.[92] Entscheidend für unseren Zusammenhang aber ist: Der ›dogmatische Kern‹ und die ›Ritualpflicht‹ werden innerlich und äußerlich verbunden. Das Schicksal des einzelnen ist vor allem durch die Konformität mit oder durch die Abweichung von Ritualpflichten verdient. Diese Konstruktion, die Weber eine Theodizee nennt, ist das Produkt einer intellektuellen und ethischen Rationalisierung. Sie ist ›fertig‹, bevor sie sich mit der sozialen Ordnung ›vermählt‹: »Die in ihrer Art geniale Verknüpfung der Kastenlegitimität mit der Karmanlehre und also mit der spezifisch brahmanischen Theodizee ist schlechterdings nur ein Produkt rational ethischen Denkens, nicht irgendwelcher ökonomischer ›Bedingungen‹. Und erst die Vermählung dieses Gedankenprodukts mit der realen sozialen Ordnung durch die Wiedergeburtsverheißungen gab dieser Ordnung die unwiderstehliche Gewalt über das Denken und Hoffen der in sie eingebetteten Menschen, das feste Schema, nach dem die Stellung der einzelnen beruflichen Gruppen und Pariavölker religiös und sozial geordnet werden konnte.«[93]

Weber sieht also in der *karma*-Theodizee einen genialen ideellen Unterbau einer aus ethnischen und ökonomischen Gründen entstandenen geburtsständischen Ordnung. Dieser Unterbau verstärkt deren Tendenz zur Schließung, er konterkariert sie nicht. Mehr noch: Er gibt dem traditionalen innerweltlichen Handeln, insbesondere dem beruflichen Handeln, Heilsbedeutung. Das traditionalistische ›Bleibe in deinem Beruf‹, das auch das Christentum kennt, wird hier ins Extrem gesteigert, der Berufstraditionalismus religiös nicht revolutioniert, sondern rational legitimiert. Das ›Bleibe in deinem Beruf‹ aber heißt zugleich: ›Bleibe in deiner Kaste‹, jedenfalls so lange, wie dein Heilsziel die Verbesserung deiner Wiedergeburtschancen und damit ein besseres und schöneres Leben im zukünftigen Diesseits ist. Wo man an eine solche Konstruktion glaubt, muß dies nicht nur zu einem extremen Berufstraditionalismus, sondern auch zu einem extremen sozialen und politischen Traditionalismus führen. So ›erklärt‹ Weber, wie eine enorme soziale und auch ideelle Dynamik, die er für Indien annimmt, mit einer grundsätzlichen Stabilität eines traditionalen institutionellen Rahmens, der Kastenordnung, zusammengehen kann.

Freilich bleibt diese enorme soziale und ideelle Dynamik, historisch gesehen, keineswegs ohne Folgen. Schließlich hat in Indien zeitweilig der Buddhismus, der weder die Sonderstellung des Brahmanentums noch die Kastenordnung anerkannte, als ›heterodoxe‹ Bewegung geherrscht.[94] Diese Dynamik ging auch an der ›orthodoxen‹ Tradition nicht spurlos vorüber, ja sie wurde durch sie auf ideeller Ebene ständig genährt. Weber sprengt selbst das ›geschlossene Bild‹, das er von der Vermählung von Kaste und *karma* so eindrucksvoll zeichnet.[95] Denn die ›Lösung‹, die der Brahmanismus für die Heilsbedeutung insbesondere der Berufspflicht des innerweltlichen Handelns findet, ist keineswegs konfliktfrei und vor allem: keineswegs für jeden befriedigend. Weber sieht das Streben nach verbesserter Wiedergeburt in erster Linie als ein Heilsziel der religiösen ›Massen‹. Diese haben zudem den strengen *karma*-Mechanismus uminterpretiert, sei es durch Personifizierung, sei es durch den Einbau von ›Zufall‹, etwa in

Gestalt von Gnade und Laune, und damit, wie Wendy O'Flaherty ausführt, aus einer »Uhr« eine »Wolke« gemacht.[96] Die religiösen ›Virtuosen‹ dagegen geben sich mit Wiedergeburt als Heilsziel, in welch modifizierter Form auch immer, häufig erst gar nicht zufrieden: Sie wollen Erlösung, und dies heißt auch: Erlösung vom Wiedertod. Dies gilt gerade auch für die orthodoxen Bewegungen. Die heterodoxen haben nur radikalisiert, was in den orthodoxen immer schon angelegt war.

Um diesen in meinen Augen zentralen Gedanken von Webers Hinduismusstudie zu entwickeln, ist zunächst ein Blick auf den historischen Typus jener religiösen Virtuosen nützlich, die nach Weber die orthodoxen Bewegungen trugen: auf die Brahmanen also, die er Intellektuelle, eine vornehme Bildungsschicht, einen Priesteradel nennt.[97] Im Hintergrund steht sein übliches religionsgeschichtliches ›Entwicklungsschema‹: von Magie zu Soteriologie, vom Zauberer zum Priester. Im Hintergrund steht ferner der Vergleich mit China: in Indien eine positiv privilegierte, ›entpolitisierte‹ Schicht, die deshalb zu theoretischem Rationalismus, in China eine positiv privilegierte, ›politisierte‹ Schicht, die deshalb zu einem praktischen Rationalismus neigt.[98] Dies zeigt sich nicht zuletzt an der Art des Wissens. In beiden Fällen ist es im Kern zeremoniell-ritualistisch, doch wird es dort zum philosophisch-gnostischen Wissen, hier zum literarischen Bildungswissen ausgebaut. An die Stelle der in China üblichen literarischen Durchkultivierung tritt in Indien eine komplexe ontologische und kosmologische Spekulation, gepaart mit asketischen und kontemplativen Heilstechniken. In beiden Fällen werden dadurch magische Techniken überwunden. Doch während in China die literarische Durchkultivierung ausschließlich einer Alltagslebensführung der Mandarine dient, werden Askese und Kontemplation in Indien zu Techniken fortentwickelt, die über das, was der brahmanische Opferpriester für seine Alltagslebensführung braucht, weit hinausführen. Dies deshalb, weil für die brahmanische Lehre der klassischen Zeit gilt, »daß rituelle und andere tugendhafte Werke allein lediglich zur Verbesserung der Wiedergeburtschancen, nicht aber zur ›Erlösung‹ führen können. Diese ist stets durch ein außeralltägliches, über die Pflichten in der Welt der Kasten qualitativ hinausgehendes Verhalten bedingt: durch die weltflüchtige Askese oder Kontemplation.«[99]

Damit aber wird eine fundamentale Spannung, ja eine Spaltung in die religiös führende Schicht hineingetragen. Denn hier geht es nicht mehr allein um einen Pluralismus von religiösen und philosophischen Lehrmeinungen, um einen Pluralismus von Schulen, sondern um alternative religiöse Lebensführungen: auf der einen Seite der Ritualtechniker, der Opferpriester, der ›Jurist‹, der Seelenhirt[100], auf der anderen Seite der Entsager, der *śramaṇa*, der große Asket. Zwischen dem großen und dem kleinen *dharma*, zwischen Erlösung und Alltagspflichten, kommt es zu einem Konflikt, der keinen Kompromiß duldet: entweder Erfüllung der Alltagspflichten, dann keine Erlösung, oder Erlösung, dann keine Erfüllung der Alltagspflichten, also auch keine Erfüllung der Kastenpflichten. An die Stelle der Zweierbeziehung König – Brahmane tritt die Dreierbeziehung König – Brahmane – Entsager[101], an die Stelle des Zweierkonflikts ein Dreierkonflikt, der auch ein Konflikt zwischen Sozialpflicht und Erlösungsinteresse des einzelnen ist. Dieser Konflikt stellt ein kompliziertes Vermittlungsproblem sowohl auf ideeller wie auf institutioneller Ebene. Ideell geht es um die Frage, wie Erlösungsidee, Wiedergeburtsidee und die ›Eigenrechte‹ der innerweltlichen Wertsphären und Lebensordnungen zueinander in eine rational befriedigende Beziehung gesetzt werden können, institutionell geht es um die Frage, wie kastengebundene und ›kastenungebundene‹ Rollen, wie *karma*gebundenes und *karma*ungebundenes Leben zueinander stehen.

8. *›Orthodoxe‹ und ›heterodoxe‹ Reaktionen*

Dieses Problem hat die Orthodoxie in einem ihrer klassischen Texte abgehandelt: in der Bhagavad Gītā, die ein Teil des Mahābhārata ist und die gleichsam ›zwischen‹ den Upaniṣaden und den Sūtras steht, mit denen zusammen sie zum dreifachen Kanon gehört. Nach Weber spiegelt dieses Lehrgedicht die Probleme der inneren Not der hochgebildeten *kṣatriya*-Gesellschaft der Kleinfürstenzeit in priesterlicher Redaktion wider.[102] Doch ist der Text gerade für ihn nicht allein unter diesem sozialhistorischen Gesichtspunkt interessant. Darin findet sich vielmehr eine Welthaltung formuliert, die über den indischen Fall hinausweist. Insofern steht dieses Lehrgedicht in meinen Augen nicht nur im Zentrum seiner Hinduismusstudie, sondern auch mit im Zentrum seiner ›Weltanschauungssoziologie‹ insgesamt. Für das Problem der »Zwischenbetrachtung«, für den Konflikt zwischen dem universalistischen erlösungsreligiösen Postulat und dem Eigenrecht und den Eigengesetzlichkeiten der Ordnungen dieser ›Welt‹, bietet dieser Text eine ›konsequente‹ Lösung, eine Lösung freilich, die, kulturhistorisch gesehen, in dieser Form eben nur in Indien gefunden worden ist. Dies macht den indischen Fall zu einem Fall von *universeller* Bedeutung, zumal für einen religionssoziologischen Versuch, der, wie bereits zitiert, nun einmal »zugleich ein Beitrag zur Typologie und Soziologie des Rationalismus sein« will.[103]

Im Mittelpunkt des Lehrgedichts stehen der Held Arjuna und der Wagenlenker Kṛṣṇa, der, wie auch Arjuna, viele Namen hat und ihm als Inkarnation der höchsten göttlichen Macht gegenübertritt. Für Arjuna, der kämpfen soll, sogar gegen nahe Verwandte kämpfen soll, stellt sich letztlich die Frage: Kann ich kämpfen, kann ich mich dem Pragma der Gewaltsamkeit, ja den Eigengesetzlichkeiten des innerweltlichen Handelns insgesamt überlassen, ohne mein Heil zu verwirken? Die Antwort: Du kannst, wenn du die dir angesonnenen innerweltlichen Pflichten mit innerer Distanz erfüllst, die das rechte Wissen schenkt. Es ist zwar nicht notwendig, die Ordnungen der ›Welt‹ äußerlich zu verlassen, man muß sie aber gleichsam innerlich verlassen. Nur dann kann das innerweltliche Handeln nicht heilsschädlich, sondern sogar »positiv heilswirkend« sein.[104] Weber faßt seine Sicht der in der Bhagavad Gītā vertretenen Welthaltung so zusammen: »daß sich der wissende Mensch gerade im Handeln, richtiger: gegen sein eigenes Handeln in der Welt, bewährt, indem er das Gebotene – das ist immer: das durch die Kastenpflichten Gebotene – zwar vollzieht, aber innerlich gänzlich unbeteiligt daran bleibt: handelt, als handelte er nicht. Das ist beim Handeln vor allem dadurch bedingt, daß man es ohne alles und jedes Schielen nach dem Erfolge, ohne Begierde nach seinen Früchten, vollzieht. Denn diese Begierde würde ja Verstrickung in die Welt und also Entstehung von Karman bewirken. Wie der alte Christ ›recht tut und den Erfolg Gott anheimstellt‹, so tut der Bhagavata-Verehrer das ›notwendige Werk‹, – wir würden sagen: ›die Forderung des Tages‹ –, die ›von der Natur bestimmte Obliegenheit‹.«[105]

Diese Lösung, die die ›Kastensoteriologie‹ gedanklich gleichsam auf eine höhere Reflexionsstufe hebt, läßt sich nun als Teil einer konsequenten Relativierung interpretieren: einer Relativierung der Heilsziele sowohl wie des erlösungsreligiösen Postulats vor dem Eigenrecht und der Eigengesetzlichkeit der Lebensordnungen der ›Welt‹. Denn letztlich bleibt es dabei: Nur wer die Ordnungen der ›Welt‹ auch äußerlich verläßt, wer wie ein *śramaṇa* lebt, kann den Heilszustand des Erlösten, des *jīvanmukta*, erreichen. Wer äußerlich in der ›Welt‹ bleibt, wie der König, aber auch wie der rituell korrekte Brahmane oder der Hausvater, dem winkt ›nur‹ verbesserte Wiedergeburt. Zwar kann man den Konflikt zwischen innerweltlicher *karma*-Ethik und weltflüchtigem Erlösungsstreben durch die Theorie der inneren Weltflucht entschärfen, doch kann man ihn dadurch nicht beseitigen. Dies gilt auch dann, wenn man sich die gestuften Heilsziele sukzessive zugänglich macht, etwa dadurch, daß man die ›innerweltlichen‹ und die ›außerweltlichen‹ Rollen nacheinander im Lebenszyklus übernimmt. Mehr noch: Diese Relativierung nimmt dem erlösungsreligiösen Postulat auch seine Sprengkraft gegenüber dem innerweltlichen Traditionalismus. Das erlösungsreligiöse Postulat und der innerweltliche Pflichtenkanon werden dadurch nur äußerlich und innerlich *koordiniert*, was gerade nicht zu einer Veränderung der Alltagsnormen führt. In Indien wurden deshalb, anders als in China, das Eigenrecht und die Eigengesetzlichkeit der Wertsphären und Lebensordnungen durchaus konsequent entfaltet. Doch erfolgte deren Rationalisierung nicht ›von innen‹, von der ›religiösen Gesinnung‹, sondern ›von außen‹, von den Mitteln her. Weber hat immer wieder betont, Indien habe im politischen Bereich einen Machiavellismus entwickelt, wie man ihn in dieser Schärfe bei Machiavelli selbst und auch sonst im Okzident nicht finde.[106] Und was für die Techniken der Politik gesagt werden kann, gilt auch für andere Techniken, etwa für die Heilstechniken der Askese und der Kontemplation.

Diese vom Brahmanismus selbst herausgearbeitete und durch Relativierung ›gelöste‹ Spannung ist nun, strukturell gesehen, das Einfallstor für die ›heterodoxen‹ Bewegungen. Weber sieht sie nicht zuletzt auch als eine Reaktion auf die ungelösten Erlösungsprobleme der vornehmen Laienstände an. Die beiden wichtigsten ›heterodoxen‹ Bewegungen, der Jainismus und der Buddhismus, haben bei allen Unterschieden eines gemeinsam: Sie sind antibrahmanisch und antiritualistisch und entziehen damit der Kastenordnung den ideellen Unterbau. Was sich innerhalb der orthodoxen Tradition um den *śramaṇa* kristallisiert, eine religiöse Kultur individueller Weltentsagung, wird aufgenommen und zugleich in die Sozialform des Mönchtums eingebettet, die sowohl die individuellen Weltentsager untereinander wie auch die Weltentsager mit den Laien, mit den Vertretern der ›Welt‹, locker verbindet. Diese Weltentsager sind ursprünglich wandernde Bettelmönche. Dies unterstreicht ihre Alltagsenthobenheit. Sie verbinden äußere und innere Weltflucht. Letztere aber ist im Buddhismus, anders als im Jainismus, kontemplativ gewendet, und dies macht, angesichts der Gotteskonzeption, die buddhistische, nicht aber die jainistische Weltflucht konsequent und damit rational. Es ist freilich umstritten, ob Weber den Buddha, den er als exemplarischen Propheten, und den frühen Buddhismus, den er als eine »spezifisch unpolitische und antipolitische Standesreligion oder richtiger gesagt: religiöse ›Kunstlehre‹ eines wandernden, intellektuell geschulten, Bettelmönchtums« bezeichnet, insgesamt richtig einschätzt[107], noch umstrittener, ob er die Entwicklung des Buddhismus richtig diagnostiziert.[108] Doch für unseren Zusammenhang ist nicht dies, sondern ein anderer, unbestrittener Sachverhalt von Bedeutung: daß der Buddhismus sowohl in seiner frühen wie in seiner entwickelten Gestalt an der Differenz zwischen Mönchs- und Laienethik, also am Stufencharakter der religiösen Ethik, festgehalten hat. Typologisch gesehen stehen also die orthodoxen und die heterodoxen Erlösungslehren Indiens in einer Reihe mit dem mittelalterlichen Katholizismus, freilich mit dem kulturgeschichtlich entscheidenden Unterschied, daß die verschiedenen Moralen *nicht* über eine sakramentale Anstaltsgnade vermittelt sind.

Daran aber wird, noch jenseits aller inhaltlichen Fragen, die Sonderstellung des asketischen Protestantismus deutlich: Er hebt den Stufenbau der religiösen Ethik auf, und zwar so, daß dabei die Mönchsethik die Laienethik wird. Er folgt also nicht der Strategie der Relativierung, sondern der der Verabsolutierung. Dies heißt aber zugleich, daß die lex naturae, die ›natürliche Sittlichkeit‹ des innerweltlichen Handelns, dem religiösen Postulat nicht bloß äußerlich und innerlich zu koordinieren, sondern ihm zu unterwerfen und nach religiösen Kriterien umzuschaffen ist. Daß dies im Rahmen einer überweltlichen Gotteskonzeption und mit Hilfe von Askese geschieht, verstärkt noch die Tendenz zur Sprengung des innerweltlichen Traditionalismus. Sie wäre vermutlich noch stärker gewesen, hätte die okzidentale Gotteskonzeption die indische Idee von einer Erlösung ausschließlich aus eigener Leistung konsequent erlaubt. Dies aber ist bekanntlich nicht der Fall gewesen. Für keinen wirklich gläubigen Christen ist Erlösung selbstverdient. Gerade der konsequente protestantische Asket hatte unter diesem Sachverhalt zu leiden. Diese Spannung gefährdete immer wieder auch seinen heilsaristokratischen Anspruch. Wie in Indien die Relativierung den Grundkonflikt zwischen Wiedergeburt und Erlösung nicht beseitigen konnte, so im Okzident die Verabsolutierung nicht den zwischen Leistung und Gnade, zwischen einer aristokratischen Werkheiligkeit und einer demokratischen Anstaltsgnade.

Indien hat also tatsächlich die organische Relativierung, den Stufenbau der religiösen Ethik, konsequenter als der Okzident entwickelt. Ihre Prägekraft war so groß, daß, anders als im Okzident, selbst die heterodoxen Bewegungen davon nicht losgekommen sind. Indien hat auch das Eigenrecht und die Eigengesetzlichkeiten der innerweltlichen Wertsphären und Lebensordnungen konsequenter als der Okzident entwickelt. Doch hat dies nur zu ihrer Rationalisierung von außen, nicht, wie schließlich im Okzident, zu ihrer Rationalisierung von innen heraus geführt. Gerade weil in den indischen orthodoxen und heterodoxen Erlösungslehren Erlösung letztlich selbstverdient ist und in die reale Vereinigung mit dem Göttlichen mündet, fallen ›Welt‹ und ›Hinterwelt‹ auseinander: auf der einen Seite der religiöse Rationalismus des innerweltlichen Handelns im Rahmen einer organischen Sozialethik, auf der anderen Seite der religiöse Rationalismus des weltflüchtigen Erlösungsstrebens im Rahmen einer kontemplativen Mystik.

Weber sieht darin in meinen Augen die beiden großen Leistungen der indischen ›Religionsgeschichte‹. Gerade deshalb hat ihn der Versuch ihrer konsequenten Verbindung in der Bhagavad Gītā wohl besonders fasziniert. Diese Faszination hatte, wie mir scheint, neben der wissenschaftlichen auch eine persönliche Seite. Die innere Distanz mit der der indische Held das notwendige Werk vollzieht – darin ist ein Lebensgefühl ausgedrückt, das dem seinen wahlverwandt gewesen sein muß. Vielleicht mehr als alles andere hat Weber Distanzlosigkeit verachtet, in der Wissenschaft wie im persönlichen Leben. Und er hat sie, wo immer es möglich war, bekämpft. Gewiß: Als Lebenshilfe für andere oder gar für sich hat er seine Analysen nicht verstanden. Und hätte er Lebenshilfe gebraucht, so hätte er sie wohl eher beim späten Goethe als in der Bhagavad Gītā gesucht. Doch gerade seine Hinduismusstudie zeigt, wie sehr er dort, wo es um letzte menschliche Haltungen geht, sich auch von seinem eigenen kulturellen Erbe distanzieren konnte. Und es bleibt zumindest eine offene Frage, wem er mehr persönliche Sympathie entgegenbrachte: dem aktiven asketischen Protestanten, der in glücklicher Borniertheit auf alles Fragen verzichtet oder in glaubenskämpferischem Eifer mit sich und der Welt streitet, oder dem vornehmen indischen Intellektuellen, der, in innerer Ruhe, entweder das notwendige Werk tut oder aber dieser Welt entsagt.

Anmerkungen

Für die häufiger benutzten Arbeiten Max Webers werden folgende Abkürzungen verwendet:

WuG *Wirtschaft und Gesellschaft. Grundriß der verstehenden Soziologie*, hrsg. von Johannes Winckelmann, 4. Auflage, Tübingen 1956

RS I, II, III *Gesammelte Aufsätze zur Religionssoziologie*, photomechanisch gedruckte Auflage, Tübingen 1972 (I), 1972 (II), 1971 (III)

WL *Gesammelte Aufsätze zur Wissenschaftslehre*, hrsg. von Johannes Winckelmann, 2. Auflage, Tübingen 1958

PS *Gesammelte Politische Schriften*, hrsg. von Johannes Winckelmann, 2. erweiterte Auflage, Tübingen 1958

1 Zu den werkgeschichtlichen Zusammenhängen vgl. Wolfgang Schluchter, *Rationalismus der Weltbeherrschung. Studien zu Max Weber*, Frankfurt 1980, S. 208 ff. sowie ders., »Max Webers Religionssoziologie. Eine werkgeschichtliche Rekonstruktion«, in: *Kölner Zeitschrift für Soziologie und Sozialpsychologie*, 36 (1984), S. 342 ff. Es ist das Verdienst von Eduard Baumgarten, als erster auf die Unterschiede der drei Fassungen hingewiesen zu haben. Leider hat er dabei ungenau datiert und, wie ich meine, sachlich falsche Akzente gesetzt. Dies blieb nicht ohne Einfluß auf die Sekundärliteratur. Hier ist es, nicht zuletzt mit Bezug auf Baumgarten, zu einem

in meinen Augen völlig unzureichenden ›biographischen Reduktionismus‹ gekommen, den man freilich nicht ihm anlasten kann. Baumgarten sieht den Zusammenhang zwischen Werk und Person keineswegs reduktionistisch, wenngleich auch bei ihm eine überzeugende methodische Begründung seines Ansatzes fehlt. Vgl. Eduard Baumgarten, *Max Weber. Werk und Person*, Tübingen 1964, bes. S. 472 ff. Um nur einige Ungenauigkeiten zu nennen: Baumgarten behauptet, das Kapitel »Religiöse Ethik und ›Welt‹« sei nicht später als 1911 geschrieben. Einen Beweis dafür legt er nicht vor. Prüft man den Text, so stellt man fest, daß Weber Literatur verwendet, die erst 1912 erschienen ist, z. B. Hermann Levy, *Die Grundlagen des ökonomischen Liberalismus in der Geschichte der englischen Volkswirtschaft*, Jena 1912. Baumgarten behauptet, die »Zwischenbetrachtung« sei 1916 erschienen. Sie erschien aber im Novemberheft des *Archivs für Sozialwissenschaft und Sozialpolitik* aus dem Jahre 1915 und wurde vermutlich sehr viel früher konzipiert. Baumgarten behauptet, das Bild, das in der Fassung von 1911 über die Spannungen zwischen der ökonomischen und politischen Rationalisierung und der Gesinnungs- und Erlösungsreligiosität gezeichnet werde, habe sich in der Fassung von 1916 »außer in *einem* wichtigen Punkt – wenig verändert. In der Sphäre der Intellektualität, Erkenntnis und Wissenschaft gleichfalls wenig.« Diese Sphäre kommt aber in der ersten Fassung überhaupt nicht vor. Baumgarten möchte ›auf der Ebene der Texte‹ beweisen, Weber habe, wohl in Abhängigkeit von persönlichen Erfahrungen, vor allem seine Einschätzungen der Lebensmacht Sexualität und Erotik geändert. Auch dafür sehe ich keinen Beweis. Gewiß: Weber hat gerade diesen Abschnitt zwischen 1915 und 1920 nicht unerheblich bearbeitet. Aber es handelt sich nicht um *Umarbeitungen*, sondern, wie Baumgarten selbst ja richtig sieht, um *Ergänzungen*. Selbst für die neue, schöne Schlußpassage dieses Abschnitts in der Fassung von 1920 läßt sich eine ›wissenschaftliche‹, nicht ›persönliche‹ Motivation finden. Weber hat sich für die Überarbeitung der Protestantismusstudien, insbesondere der Sektenstudie, vermutlich noch einmal mit dem Puritanismus, insbesondere mit den Quäkern, beschäftigt und dafür vor allem auch das Buch von Gerhard von Schultze-Gaevernitz, *Britischer Imperialismus und englischer Freihandel zu Beginn des zwanzigsten Jahrhunderts*, Leipzig 1906 herangezogen, in dem man auf S. 48 f. über Penns Beziehungen zu seiner Frau ähnliches wie bei Weber lesen kann. Natürlich hat Weber nicht *nur* ergänzt, sondern auch umgearbeitet. Doch besteht der Kern der Umarbeitung zwischen 1915 und 1920 in einer Standardisierung der Begriffe. So wird aus Raffinierung Sublimierung (ein auch vor 1915 bei ihm schon gebrauchter Begriff), aus bestialisch animalisch und aus virtuosenhaft in einigen Fällen heldenhaft, aus dem Virtuosen in einigen Fällen der Held. Die Gründe für die letzte Änderung erläutert er selbst. Vgl. RS 1, S. 260, Fn. Ein Beispiel für biographischen Reduktionismus, der mit Baumgartens ›Erkenntnissen‹ arbeitet, ist Arthur Mitzman, *The Iron Cage. An Historical Interpretation of Max Weber*, New York 1969. Mitzmans Versuch, sein relativ simples psychoanalytisches Modell gleichsam wissens- und kultursoziologisch anzureichern, ändert am grundlegenden Sachverhalt nichts.

2 Vgl. RS 1, S. 267, Fn. 1, wo es heißt: »Die *Reihenfolge* der Betrachtung ist – um auch das zu bemerken – nur zufällig geographisch, von Ost nach West gehend. In Wahrheit ist nicht diese äußere örtliche Verteilung, sondern sind, wie sich vielleicht bei näherer Betrachtung zeigt, innere Zweckmäßigkeitsgründe der Darstellung dafür maßgebend gewesen.« So auch die Formulierung im *Archiv.*

3 RS I, S. 237, Fn. 1.

4 Dazu ausführlicher Wolfgang Schluchter, »Max Webers Religionssoziologie«.

5 Ebd., S. 513.

6 Ebd., S. 536.

7 Ebd., S. 263.

8 Über Webers Elitentheorie im Rahmen der Religionssoziologie später. Der Begriff ›Virtuose‹ ist, wie Weber ausdrücklich betont, ohne Wertbeigeschmack gebraucht. Er würde den Ausdruck ›heroistische‹ Religiosität vorziehen, »wenn er nicht für manche hierhergehörige Erscheinungen allzuwenig adäquat wäre«. Vgl. ebd., S. 260, Fn. 1, die 1920 eingefügt wurde. Weber geht es bei dieser Begriffswahl um den religionsgeschichtlichen Grundsachverhalt, daß fast alle Religionen für die ›religiös Musikalischen‹ Sonderethiken ausgebildet haben, die an diese höhere Anforderungen stellten als an den Durchschnittsgläubigen.

9 Vgl. dazu ausführlich Wolfgang Schluchter, »Max Webers Konfuzianismusstudie. Versuch einer Einordnung«, in: ders. (Hg.), *Max Webers Studie über Konfuzianismus und Taoismus. Interpretation und Kritik*, Frankfurt 1983, S. 15 ff. sowie die dort abgedruckten Beiträge.

10 Webers Einordnung des Islam ist unklar. Einerseits bezeichnet er ihn als eine weltangepaßte Religion, die, ähnlich dem Konfuzianismus, primär politisch motiviert ist, allerdings nicht für friedliche Verwaltung, sondern für Glaubenskampf. Er gilt ihm also, zumindest in seinem Ursprung, als eine »ständisch orientierte Kriegerreligion«, eine »Herrenreligion«, der »der Begriff der ›Erlösung‹ im ethischen Sinn des Worts ... direkt fremd« ist. Den Kern der Trägerschaft bilden Ritter, nicht vornehme Intellektuelle oder Bürger, und die Askese, die dieser Ritterorden ausbildete, ist allenfalls kriegerische Askese, »nicht mönchische und erst recht nicht bürgerliche asketi-

sche Systematik der Lebensführung.« Auch die Unterwerfung der Ungläubigen verbindet sich zunächst nicht mit dem Versuch ihrer Bekehrung. Andererseits ist der Islam eine der monotheistischen Religionen mit einer streng überweltlichen Gotteskonzeption und einer Prädestinationslehre, die allerdings – so Weber – eine Prädeterminationslehre darstellt und als solche »auf die Schicksale im *Diesseits*, nicht auf ein *jenseitiges* Heil bezogen« ist. Vgl. WuG, S. 375 f. und zum letzten Zitat RS 1, S. 102, Fn. 2. Es bleibt also offen, ob die Anpassung im Rahmen von Weltbejahung oder Weltverneinung erfolgt. Zu Webers Einschätzung des Islam ferner aus der Sekundärliteratur Byron S. Turner, *Weber and Islam. A Critical Study*, London und Boston 1974 und Wolfgang Schluchter (Hg.), *Max Webers Sicht des Islam*, Frankfurt 1986. Turner hält Webers implizite These, die islamische Kriegerethik habe sich hemmend auf die Entwicklung eines Kapitalismus im okzidentalen Sinn ›von innen heraus‹ ausgewirkt, für falsch, dagegen die Analyse des mittelalterlichen Islam im Rahmen der Theorie des orientalischen Patrimonialismus weitgehend für richtig. Die Aufsätze in dem Sammelband zeichnen teilweise ein anderes Bild.

11 RS 1, S. 237.

12 Das gilt nach Weber etwa für das Judentum nach dem Sturz des Zweiten Tempels und für den Islam.

13 RS 1, S. 536.

14 Der Begriff der objektiven Möglichkeit spielt in Webers Werk seit seinem Versuch, die ›Logik‹ des historischen Erklärens im Rahmen eines von Rickert beeinflußten kulturwissenschaftlichen Ansatzes zu klären, eine wichtige Rolle. Um so erstaunlicher ist es, daß diese ›Kategorie‹ weder werkgeschichtlich noch systematisch in der Sekundärliteratur die ihr gebührende Aufmerksamkeit gefunden hat. Hier beginnt sich eine Wende abzuzeichnen. Vgl. etwa Stephen P. Turner und Regis A. Factor, »Objective Possibility and Adequate Causation in Weber's Methodological Writings«, in: *Sociological Review*, 29 (1981), S. 5 ff. und Gerhard Wagner und Heinz Zipprian, »Methodologie und Ontologie – Zum Problem der kausalen Erklärung bei Max Weber« (erscheint demnächst in der *Zeitschrift für Soziologie*). Die Formulierung in der »Zwischenbetrachtung« bezieht sich auf Webers ›letzten‹ Erkenntnisstand in dieser Frage, wie er in den Eröffnungspassagen zu *Wirtschaft und Gesellschaft* niedergelegt ist. Es geht also dabei in erster Linie um die ›richtige‹ Konstruktion von sinnadäquaten Typen.

15 Eine interessante Studie zu Webers Rationalitätsbegriff, die auch auf die »Zwischenbetrachtung« eingeht, ist Roger Brubaker, *The Limits of Rationality. An Essay on the Social and Moral Thought of Max Weber*, London 1984, bes. S. 61 ff. Er schlägt zugleich eine Unter-

scheidung zwischen einem axiologischen, einem normativen und einem kausalen Verständnis von Wertkonflikten vor. Allerdings darf man die »Zwischenbetrachtung« nicht, wie er es tut, von den materialen Analysen isolieren. Dies versuche ich in der Folge zu zeigen.

16 WuG, S. 911.

17 Ebd., S. 878.

18 RS I, S. 253. Diese Stelle zeigt auch, welche Bedeutung die Musiksoziologie für die Entfaltung der Rationalismusproblematik im Weberschen Werk hat. Dazu Wolfgang Schluchter, »Max Webers Religionssoziologie«.

19 WuG, S. 919.

20 RS I, S. 264.

21 Ebd., S. 253.

22 Vgl. ebd., S. 62 (und *Archiv*, Band xx, S. 35), wo es heißt: »Man kann eben das Leben unter höchst verschiedenen letzten Gesichtspunkten und nach sehr verschiedenen Richtungen hin ›rationalisieren‹, der ›Rationalismus‹ ist ein historischer Begriff, der eine Welt von Gegensätzen in sich schließt ...« (Weber fügt 1920 nach »kann« ein: »– dieser einfache Satz, der oft vergessen wird, sollte an der Spitze jeder Studie stehen, die sich mit ›Rationalismus‹ befaßt –«.) Auch in den Antikritiken unterstreicht er diese Auffassung. Vgl. etwa Max Weber, *Die Protestantische Ethik II. Kritiken und Antikritiken*, hrsg. von Johannes Winckelmann, 4. Aufl., Gütersloh 1982, S. 156. Sie liegt auch noch einer Antwort auf einen Einwand von Lujo von Brentano zugrunde, die er 1920 gibt: »›Irrational‹ ist etwas stets nicht an sich, sondern von einem bestimmten ›rationalen‹ *Gesichtspunkt* aus. Für den Irreligiösen ist jede religiöse, für den Hedoniker jede asketische Lebensführung ›irrational‹, mag sie auch, an *ihrem* letzten Wert gemessen, eine ›Rationalisierung‹ sein. Wenn zu irgend etwas, so möchte dieser Aufsatz dazu beitragen, den nur scheinbar eindeutigen Begriff des ›Rationalen‹ in seiner Vielseitigkeit aufzudecken.« Vgl. RS I, S. 35, Fn. 1. Es handelt sich also um eine ›durchgehaltene‹ Position, die in der »Wirtschaftsethik der Weltreligionen« nicht etwa korrigiert, sondern konsequent entfaltet wird, und zwar durch ihre Anwendung im intra- und im interkulturellen Vergleich. Gerade dadurch soll die ›Vielseitigkeit‹ des Rationalen aufgedeckt werden. Dies heißt nicht, daß es beliebig viele letzte ›rationale‹ Gesichtspunkte gäbe, noch auch, daß dies beliebige Gesichtspunkte wären. Es heißt aber sehr wohl, daß, kulturhistorisch gesehen, mehrere davon existieren, über deren Wertverhältnis Webers kulturvergleichende Soziologie nichts sagen kann, die sie also als ›gleichrangig‹ behandeln muß. Jürgen Habermas hat darin eine Ambivalenz der Weberschen Position gesehen, ein Schwanken zwischen Universalismus und Kulturalismus bzw. Relativismus, die er zugunsten des Universalismus

auflösen will. Dafür verwendet er unter anderem die Unterscheidung zwischen kultureller und gesellschaftlicher Rationalisierung und die zwischen Struktur und Inhalt. Hätte Weber – so Habermas – »das Besondere des okzidentalen Rationalismus nicht auf eine *kulturelle Eigenart*, sondern auf das *selektive Muster* zurückgeführt . . ., den [!] die Rationalisierungsprozesse *unter Bedingungen des modernen Kapitalismus* angenommen haben«, so hätte er seine relativistischen Vorbehalte gegenüber der Moderne aufgeben können. Vgl. dazu Jürgen Habermas, *Theorie des kommunikativen Handelns*, Band 1, Frankfurt 1981, S. 255. Aber: Die Pointe der Weberschen Analyse liegt gerade in der Identifikation der *kulturellen* Eigenart des Okzidents, insbesondere des modernen Okzidents, die der gesellschaftlichen gleichsam vorausliegt. Der okzidentale Rationalismus ist ihm ein *historischer* Begriff, der die kulturelle und gesellschaftliche Ebene umfaßt. In dieser Vorstellung ist auch die Sozialismuskritik verankert. Denn die kulturelle Eigenart des modernen Okzidents ändert sich nicht dadurch, daß man die Rationalisierungsprozesse etwa unter Bedingungen des modernen Sozialismus stellt. Auch dieser bleibt ein kultureller Rationalismus der Weltbeherrschung. Er setzt diesen nur mit anderen ›Mitteln‹ fort. Vgl. dazu Wolfgang Schluchter, *Aspekte bürokratischer Herrschaft*, München 1972, bes. S. 301 ff. (Neuauflage Frankfurt 1985). Um in dem Bezugsrahmen von Habermas zu sprechen: Nicht nur die Rationalisierung ist doppelstufig (kulturelle und gesellschaftliche Rationalisierung), auch die selektiven Muster sind es (kulturelle Eigenart und deren selektive Nutzung durch Institutionalisierung und Internalisierung). Demzufolge stellt sich auch das Struktur-Inhalt-Problem doppelstufig. Ich glaube, daß die Herausforderung der Weberschen Kultursoziologie für eine Theorie *der* Rationalität, wie Habermas sie anstrebt, gerade in der historisch abgestützten ›Vermutung‹ besteht, die Unvereinbarkeit der historischen Ausprägungen des Kulturmenschentums habe mit der notwendigen Selektivität jeden Inhalts gegenüber den formalen Eigenschaften des Weltverständnisses und Weltverhältnisses zu tun. Habermas ›überwindet‹ dieses Problem, indem er dem Begriff des kommunikativen Handelns einen Doppelstatus einräumt. Damit identifiziert er letztlich die formalen Eigenschaften der Lebenswelt als solcher mit den Eigenschaften der modernen Lebenswelt, eine Variante der Theorie vom praktisch wahr werdenden Begriff.

23 RS 1, S. 536 f.

24 Vgl. Karl Jaspers, *Psychologie der Weltanschauungen*, Berlin 1919, Vorwort und S. 12 ff. Weber hat sich in der »Vorbemerkung« positiv über diesen Versuch geäußert (wie auch über Ludwig Klages, *Prinzipien der Charakterologie*, Leipzig 1910). Auch Karl Mannheim hat seine frühe Kultursoziologie nicht zuletzt mit Blick auf Weber als

eine Art Weltanschauungssoziologie angesetzt. Vgl. Karl Mannheim, *Strukturen des Denkens*, Frankfurt 1980, bes. S. 101 ff.

25 RS I, S. 253.

26 Dazu Karl Jaspers, *Psychologie der Weltanschauungen*, S. 198 ff. Er sieht Analogien zwischen der Erfahrung der Wertkollision und der Erfahrung der Grenzsituation.

27 Strenggenommen kennen also nur weltablehnende Religionen, d. h. Erlösungsreligionen, Theodizeen. Weber benutzt diesen Begriff freilich allgemeiner, wie insbesondere die »Einleitung« zeigt.

28 Wie bereits erwähnt, sind die ›Kataloge‹ der Wertsphären und Lebensordnungen in beiden Texten nicht identisch. Auch scheint Weber im früheren Text noch eine Präferenz für den Begriff ›Kosmos‹ (an Stelle von Wertsphäre und Lebensordnung) zu haben, woraus sich möglicherweise die Wortwahl akosmistisch erklärt.

29 Diese Formulierungen verwendet Weber in WuG, S. 351 ff.

30 So der bekannte Schluß in der Rede »Wissenschaft als Beruf«. Vgl. WL, S. 613. Dämon heißt hier offensichtlich Individualität, Charakter im Sinne Goethes. So jedenfalls hat dieser die erste Stanze seiner Urworte erläutert, auf die sich Weber wohl bezieht, vgl. Johann Wolfgang von Goethe, *Werke*, Hamburger Ausgabe, Band 1, S. 359 ff., S. 403 ff. Interessant für das Verständnis von Webers Haltung ist auch, daß Goethe bei seinen Erläuterungen den Bezug zur Apologie und den dort entwickelten Begriff des Daimonion herstellt. Vgl. Platon, Apologie, 31c-32a und 39c-40c. Dort heißt es über diesen Begriff: »eine Stimme, nämlich, welche jedesmal, wenn sie sich hören läßt, mir von etwas abredet, was ich tun will, zugeredet aber hat sie mir nie.« Ebd., 31d.

31 PS, S. 542.

32 RS I, S. 554.

33 Vgl. WuG, § 12. Johannes Winckelmann spricht in seinem Erläuterungsband zur 5. Auflage von WuG davon, Weber habe vier Religionen als weltzugewandt eingeordnet: den Konfuzianismus, den Calvinismus, das Judentum und den Islam (vgl. S. 80, S. 91 und S. 100 des Erläuterungsbandes).

34 RS I, S. 538.

35 Dazu Talcott Parsons, *The Structure of Social Action. A Study in Social Theory with Special Reference to a Group of Recent European Writers*, Glencoe 1949, bes. S. 43 ff. Parsons ›zerlegt‹ auf diese Weise das Webersche Zweck-Mittel-Schema.

36 Vgl. RS I, S. 106. Ich lasse natürlich die Einfügungen aus dem Jahre 1920 unbeachtet. Vgl. *Archiv*, Band 21, S. 21 ff.

37 Max Weber, *Die protestantische Ethik II. Kritiken und Antikritiken*, S. 155.

38 Vgl. dazu Max Weber, »Zur Lage der bürgerlichen Demokratie in

Rußland«, in: *Archiv für Sozialwissenschaft und Sozialpolitik*, Band 22 (1906), bes. S. 273 ff. sowie *Verhandlungen des Ersten Deutschen Soziologentages*, Tübingen 1911, S. 197 ff. und S. 210 f.

39 Vgl. dazu Ernst Troeltsch, *Die Soziallehren der christlichen Kirchen und Gruppen*, Aalen 1977, S. 39 ff. (zuerst erschienen 1912, aber zuvor schon in Artikelform veröffentlicht) und, zur Interpretation, Wolfgang Schluchter, *Die Entwicklung des okzidentalen Rationalismus. Eine Analyse von Max Webers Gesellschaftsgeschichte*, Tübingen 1979, S. 243 ff.

40 WuG, S. 326.

41 Der volle Text lautet: »Die Frage der certitudo salutis *selbst* aber war für jegliche nicht sakramentale Erlösungsreligion – mochte sie Buddhismus, Jainismus oder was immer sein – schlechthin zentral; das möge man nicht verkennen. *Hier* entsprangen alle psychologischen Antriebe rein *religiösen* Charakters.« Vgl. RS I, S. 103, Fn. 2 (Einfügung von 1920).

42 Man kann sogar sagen: je nach der Art der Abwendung wächst diese Abhängigkeit. Der arbeitsenthobene weltabgewandte buddhistische Mönch beispielsweise ist von der ›Welt‹ weit abhängiger als der okzidentale Mönch, für den ›Arbeit‹ Teil der asketischen Disziplinierung ist. Vgl. dazu auch die Bemerkungen über die Unterschiede zwischen buddhistischem und christlichem Mönchtum in dem Beitrag von Stanley Tambiah in diesem Band. Ferner WuG, S. 331.

43 Dazu RS I, S. 116 ff.

44 WuG, S. 330.

45 Ebd., S. 331.

46 Ebd., S. 333.

47 Ebd., S. 332 f.

48 Weber erwähnt in diesem Zusammenhang Tauler, das Luthertum, das Urchristentum, das orientalische Christentum und den slavophilen Gemeinschaftsbegriff, in dem sich der orientalische Kirchenbegriff säkularisiert fortsetzt.

49 Ebd., S. 334.

50 Vgl. RS II, S. 220. Bei der entsprechenden Stelle der »Einleitung« fehlt das »wie«. Vgl. RS I, S. 252.

51 WuG, S. 334 f.

52 RS I, S. 263.

53 Wie Gananath Obeyesekere in seinem Beitrag zu diesem Band ausführt, ist Webers Einordnung des Buddha als eines exemplarischen Propheten problematisch, überhaupt seine Unterscheidung zwischen ethischer und exemplarischer Prophetie unzureichend ausgeführt. Der Buddha habe nicht persönliche Nachfolge gesucht, sondern eine Lehre verkündet, die eine Art Richtschnur für ›richtiges‹ Leben sein wollte. Insofern sei der Buddha tatsächlich kein ethischer, aber eben

auch kein exemplarischer Prophet. Um ihn angemessener einordnen zu können, möchte er den Begriff exemplarische Prophetie durch ethisch geleitete Askese ersetzen. Dies scheint nun mir wiederum problematisch zu sein. Andererseits: Weber ist tatsächlich weder bei den Unterscheidungskriterien noch bei der Zuordnung der Typen zu Phänomenen eindeutig. Vgl. etwa WuG, S. 268, S. 273 und RS 1, S. 422 f. und S. 257 f. Ich möchte deshalb Obeyesekeres Überlegung aufgreifen, sie aber anders als er weiterführen. Weber verwendet nämlich in meinen Augen zwei Unterscheidungskriterien im Wechsel: Art der Botschaft (Ethik-Lehre, Gebot-Richtschnur) und Interesse der Anhängerschaft (an der Botschaft oder an der Person). Kombiniert man diese beiden Dimensionen, so kommt man zu folgender Typologie von charismatischen religiösen Führern:

Art der Botschaft / Interesse der Anhänger an	Ethik/Gebot	Lehre/Richtschnur
Botschaft	ethische Propheten Beispiel: vorexilischer Prophet (Jeremia)	lehrende Propheten Beispiel: Buddha
Person	ethische Heilande Beispiel: Zarathustra, Jesus, Muhammad	lehrende Heilande Beispiel: indischer Guru

Vgl. auch Wolfgang Schluchter, »Altisraelitische religiöse Ethik und okzidentaler Rationalismus«, in: ders., (Hg.), *Max Webers Studie über das antike Judentum. Interpretation und Kritik*, Frankfurt 1981, S. 19 ff.

54 RS 1, S. 538 f.

55 Vgl. Max Weber, PS, S. 61, Fn. 1 und *Kritiken und Antikritiken*, S. 155.

56 WuG, S. 334 und RS 1, S. 14.

57 Ebd., S. 141, Fn. 2.

58 Ebd., S. 252.

59 Ebd., S. 108.

60 Vgl. dazu Max Weber, »›Kirchen‹ und ›Sekten‹ in Nordamerika. Eine kirchen- und sozialpolitische Skizze«, in: *Die Christliche Welt*, Nr. 25, 21. Juni 1906, S. 580.

61 Die Evangelischen Räte waren zunächst Ratschläge, durch deren Befolgung man sich Verdienste erwarb. Sie wurden dann Bestandteil des Mönchsgelübdes, also in Forderungen umgewandelt. Daraus entstand eine Virtuosenethik, die sich von der Massenethik unterschied. Sie wurde nicht wegen ihres Anspruchsniveaus, sondern wegen der damit verbundenen Werkgerechtigkeit in der Reformation bekämpft.

62 Weber diskutiert ja an verschiedenen Stellen die Unvereinbarkeit dieser Voraussetzungen, etwa dort, wo er die Tertullian zugerechnete Formel vom credo quia absurdum gebraucht, um auf die Übervernünftigkeit, nicht: Widervernünftigkeit des erlösungsreligiösen Glaubens zu verweisen. Auch die Konsequenzen, die von diesen unvereinbaren Voraussetzungen aus gezogen werden, unterscheiden sich, wie etwa die unterschiedliche Bewertung des Freitods zeigt. Vgl. RS I, S. 570.

63 Die beiden Begriffe beziehen sich auf den Zugang zu den Heilsgütern. Sie werden von Weber häufig mit ›Heilspartikularismus‹ und ›Heilsuniversalismus‹ gleichgesetzt. Dies ist terminologisch unglücklich, da sich dieses Begriffspaar auf die Geltungsgrundlagen des Heilsguts bezieht. Zur Strategie der Öffnung und Schließung siehe bes. Frank Parkin, *Marxism and Class Theory. A Bourgeois Critique*, London 1979.

64 Es ist klar, daß man die Analyse darauf nicht einzuschränken braucht. Insbesondere Shmuel N. Eisenstadt hat seinen an Weber orientierten Ansatz dem politischen Lebensbereich gewidmet.

65 Vgl. Wolfgang Schluchter, *Die Entwicklung des okzidentalen Rationalismus*, S. 235 ff. Ich führe die dort entwickelten Überlegungen weiter. Zur Einordnung des Islam vgl. Anmerkung 10 oben.

66 WuG, S. 335.

67 RS II, S. 217.

68 Die folgende Klassifikation knüpft an an Wolfgang Schluchter, *Die Entwicklung des okzidentalen Rationalismus*, S. 217 ff. und vor allem ders., »Max Webers Konfuzianismusstudie – Versuch einer Einordnung«. Zu Webers religionssoziologischem Programm ders., »Max Webers Religionssoziologie«. Zur Typologie der Welthaltungen oder Welteinstellungen auch Jürgen Habermas, *Theorie des kommunikativen Handelns*, Band 1, bes. II, 2.

69 RS I, S. 537.

70 RS II, S. 220.

71 Vgl. dazu RS I, S. 551 f.

72 Dazu ebd. und WuG, S. 360 f.

73 Vgl. PS, S. 543.

74 RS I, S. 573.

75 So in der »Einleitung«.

76 Ebd., S. 257.

77 RS II, S. 4. Zu Webers Quellen vgl. den Beitrag von Karl-Heinz Golzio in diesem Band.

78 WuG, S. 180.

79 Zu diesen und zu den folgenden Passagen RS II, S. 32-109.

80 Vgl. WuG, S. 300.

81 RS II, S. 36 ff.

82 Zur Beeinflussung des europäischen Indienbildes durch den Kolonialismus, die sich auch bei Weber zeigt, vgl. Jakob A. Rösel, *Zur Hinduismus-These Max Webers. Eine kritische Würdigung*, München 1982. Zum problematischen Status des Zensus auch der Aufsatz von Jan C. Heesterman in diesem Band.

83 RS II, S. 50. Zur Schiedsrichterfunktion der Brahmanen siehe bes. J. Duncan M. Derrett in diesem Band.

84 RS I, S. 48.

85 Ebd., S. 13. Daß das Konzept der Hinduisierung, das Weber in diesem Zusammenhang entwickelt, auch noch für die heutige soziologisch orientierte Indologie nützlich sein könnte, zeigt unter anderem Hermann Kulke. Vgl. dazu seinen Beitrag in diesem Band und vor allem ders., »Hinduization, Legitimation and the Patrimonial State in the Context of Max Weber's Studies on India«, Manuskript, Heidelberg 1984.

86 RS II, S. 32. Zur *varṇa*-Theorie sowie zur *jāti*-Ordnung, durch welche die Kastenordnung letztlich auf kontradiktorische Prinzipien gestellt wird, vor allem Jan C. Heestermans Beitrag in diesem Band. Er zeigt, daß daraus eine Spannung in diese Sozialordnung hineingetragen wurde, die unlösbar ist und in deren Zentrum nicht eigentlich der Brahmane, sondern der König steht. Auch er unterstreicht den dynamischen Charakter der Kastenordnung.

87 RS II, S. 110. Nicht zufällig steht diese These im Zusammenhang einer Kritik an den Indienanalysen von Karl Marx.

88 Vgl. dazu RS II, S. 24. Natürlich ist der Hinduismus für Weber auch keine Kirche im westlichen Sinne. Weber meint wohl zu Recht, dem westlichen Religionsbegriff komme der Begriff *sampradāya* am nächsten. Zum Problem der funktionalen Äquivalente vgl. bes. den Beitrag von Krishna Prakash Gupta in diesem Band.

89 RS II, S. 118.

90 Ebd., S. 27.

91 Ebd., S. 31.

92 Vgl. ebd., S. 28 und Hermann Oldenberg, *Die Religionen des Veda*, Stuttgart o. J., bes. S. 275-306. Karl-Heinz Golzio schätzt die Bedeutung Oldenbergs für Weber geringer ein. Doch benutzt Weber Oldenbergs Arbeiten nicht nur als Quelle, sondern auch als eine ›kongeniale‹ religionsgeschichtliche und religionssoziologische Per-

spektive. Dies gilt auch für Oldenbergs Buddha-Buch.

93 RS II, S. 131 f. Diese These von der brahmanischen Theodizee und ihrer Stützfunktion für die Kastenordnung, die dadurch soteriologische Bedeutung gewinnt, ist vermutlich eine idealtypische ›Überzeichnung‹. Das jedenfalls legen die Beiträge von Jan C. Heesterman, Wendy O'Flaherty und David Shulman in diesem Band nahe. Man muß allerdings dabei die von Weber selbst immer wieder betonten Limitationen seiner Analyse beachten. Sie sind methodischer und sachlicher Natur. Methodisch wird dem wechselseitigen Anpassungsprozeß von Religion und Schichtung in den verschiedenen Kulturen nur soweit nachgegangen, »als notwendig ist, um die *Vergleichs*punkte mit der weiterhin zu analysierenden okzidentalen Entwicklung zu finden.« Vgl. RS I, S. 12. Sachlich beschränkt Weber seine Analyse zunächst ausdrücklich auf die religiösen Eliten. Die Anpassung der symbolischen Konstrukte der Intellektuellen an die Bedürfnisse der ›Massen‹ steht nicht im Mittelpunkt. Daß es diese Anpassung ständig gibt, hat gerade Weber gesehen. Und in seiner Analyse des Buddhismus führt er einen solchen Anpassungsprozeß vor, der zugleich ein Transformationsprozeß ist. Diese mag, wie Stanley Tambiah argumentiert, mißlungen sein. Aber sie zeigt, daß er sich der Bedeutung dieses Problems für die religionssoziologische Analyse voll bewußt war. Insofern lassen sich insbesondere die Beiträge von Wendy O'Flaherty und David Shulman weniger als eine Kritik an Weber, als vielmehr als eine Ergänzung seiner Hinduismusstudie lesen.

94 Über die Problematik der Unterscheidung von ›orthodox‹ und ›heterodox‹, bezogen auf den indischen Fall, vgl. bes. den Beitrag von Hermann Kulke in diesem Band. Sie ist natürlich nicht nur hier problematisch, weil Orthodoxie und Heterodoxie weder ohne Bezug aufeinander bestimmt werden können noch historisch konstante Größen sind.

95 Zur Problematik dieses Bildes bes. der Beitrag von Jan C. Heesterman. Er vermutet, darin komme Webers Bedürfnis nach der Ganzheit einer vollkommen geordneten Welt unter der Herrschaft einer rationalen Sozialethik zum Ausdruck, deren Konsequenz er jedoch zugleich fürchte. Ich versuche zu zeigen, daß Weber ›historische‹ Gründe hatte, sein geschlossenes Bild aufzubrechen.

96 Vgl. den Beitrag von Wendy O'Flaherty in diesem Band.

97 RS II, S. 134 ff. Weber vergleicht die Brahmanen mit den chinesischen Literaten und den griechischen Philosophen. Leider ist der zweite Vergleich nicht ausgeführt.

98 Vgl. zu diesen Affinitäten ausführlicher Wolfgang Schluchter, »Max Webers Konfuzianismusstudie – Versuch einer Einordnung«, bes. S. 23 ff.

99 RS II, S. 154.

100 Zu den ›Juristen‹, den *śāstrīs*, die eigentlich Gelehrte sind, und zu ihrer Beziehung zu den Sūtras vgl. den Beitrag von J. Duncan M. Derrett. Die Vielzahl der *śāstras* und die Vielzahl der Funktionen hängen zusammen. Für Weber vgl. RS II, S. 137 und S. 162 f.

101 Dazu außer dem Beitrag von Jan C. Heesterman die Analyse von Shmuel N. Eisenstadt in diesem Band, der diese Dreier-Beziehung der Zweier-Beziehung König – *saṅgha* im Buddhismus gegenüberstellt.

102 RS II, S. 189.

103 RS I, S. 537.

104 RS II, S. 196.

105 Ebd., S. 193. Weber sieht in dem Lehrgedicht zugleich den Übergang zur Glaubensreligiosität.

106 Vgl. ebd., S. 143 ff., bes. S. 145 und PS, S. 543, mit Bezug auf das Arthaśāstra des Kauṭiliya.

107 RS II, S. 220. Gananath Obeyesekere weist darauf hin, daß Webers Paradefall eines exemplarischen Propheten, der Buddha, zwar durchaus ein Beispiel gegeben habe, aber nicht im Sinne einer persönlichen Nachfolge. Im Mittelpunkt der buddhistischen Lehre stehe nicht die Buddhaschaft, sondern das *arhat*-Ideal. Im Unterschied zu den ethischen Propheten habe der Buddha allerdings nicht Gebote verkündet, sondern eine Richtschnur für richtiges Leben formuliert. Dies aber sei durch Webers Begriff der exemplarischen Prophetie nicht zureichend abgedeckt. Vgl. dazu auch Anm. 53 oben. Heinz Bechert beispielsweise hält Webers Analyse des frühen, des kanonischen Buddhismus im Grundsatz nach wie vor für gültig, Stanley Tambiah dagegen den dafür gewählten Ausgangspunkt bereits für verfehlt. Vgl. die Beiträge beider Autoren in diesem Band sowie die von ihnen im Literaturverzeichnis angegebenen Arbeiten. Gananath Obeyesekeres Einschätzung liegt in dieser Hinsicht gleichsam dazwischen.

108 Dies gilt besonders für Webers Ausführungen über den Theravāda-Buddhismus. Vgl. dazu den Beitrag von Heinz Bechert in diesem Band.

Jan C. Heesterman
Kaste und Karma

Max Webers Analyse der indischen Sozialstruktur

I.

In Max Webers Studie über den Hinduismus nimmt der Begriff der Kaste natürlich einen wichtigen Platz ein. Dennoch scheint er, obwohl auch sonst ziemlich oft erwähnt, nicht im Mittelpunkt seines Denkens zu stehen. Weber ist an der Kaste offenbar hauptsächlich interessiert als einem besonderen, ja extremen Fall des geschlossenen »Standes«, wobei »Stand« noch von »Klasse« unterschieden wird. Das Unterscheidungsmerkmal, das den »Stand« in seine extreme Form, die Kaste, verwandelt, besteht darin, daß letztere durch die rituelle Sanktion der Verunreinigung garantiert ist[1]. Mit Louis Dumont[2] möchten wir hier beiläufig zeigen, wie Weber auf dieser Basis zu einer bemerkenswerten Verbindung von Hierarchie, ethnischer Differenzierung und Arbeitsteilung gelangt. In einer Glanzleistung fügt er die auseinandergehenden Vorstellungen über Bedeutung und Ursprung der Kaste, die zu seiner Zeit gängig waren, in einer bündigen, logisch schlüssigen Formel zusammen. In Webers Sicht ist das Kastenwesen im Grunde eine umgreifende Vergesellschaftung, die »die ethnisch geschiedenen Gemeinschaften zu einem spezifischen, politischen Gemeinschaftshandeln zusammenschließt«[3]. Diese Formel kann als ein Schulbeispiel für seine Verwendung der Begriffe »Gemeinschaft« und »Gesellschaft«[4] gelten. Die Pointe liegt hier jedoch in der Unterscheidung zwischen zwei Situationen: einer, in der ethnische Gruppen, wie z. B. die Juden und Zigeuner in Europa, toleriert, manchmal wegen ihrer besonderen ökonomischen Funktion sogar privilegiert, aber einer politischen Vergesellschaftung nur angegliedert sind, und einer anderen, eben der Kastenordnung, die die ethnischen Gemeinschaften in einer Hierarchie sozialer Ehre so zusammenfügt, daß sie eine politische Vergesellschaftung bilden, in der jede durch ihre besondere Funktion dem allgemeinen Interesse dient. An der Formel ist kritisiert worden, daß sie zuviel enthalte, nämlich den Versuch, die hierarchische Gesellschaftsauffassung mit der Sondersituation von Minderheiten über die vermittelnde Annahme des rassischen Ursprungs der Kaste zu verknüpfen[5]. Ihr Vorteil dagegen liegt darin, daß sie den Begriff der Kaste im Rahmen vergleichender Analyse hält[6]. Aber in Webers Sicht ist es nicht die durch die Sanktion der Verunreinigung garantierte Hierarchie, die die Kaste zu einer spezifisch indischen oder hinduistischen Erscheinung macht, sondern ihre enge Verknüpfung mit der brahmanischen Karmalehre von der Vergeltung, der, wie er es ausdrückt, konsequentesten Theodizee, die je hervorgebracht wurde[7].

2.

Wie sehr sich Analysen des Kastensystems auch voneinander unterscheiden, in mindestens einem Punkt stimmen sie überein. Alle heben sie seine Unwandelbarkeit und seine totale Gewalt über die Gesellschaft hervor. So auch Webers Analyse. Eine Gruppe mag in die Kastengesellschaft eintreten – auf dem Wege der »Vergesellschaftung« –, oder ein Individuum mag sie durch Weltentsagung verlassen, aber das System als solches bleibt unveränderlich. Sein Raster kann endlos verfeinert, aber es kann nicht gebrochen oder umgeformt werden. Diesen Gedanken steigert und vollendet Weber, indem er die Karma-Theodizee einbezieht. Nach seiner Ansicht ist diese Lehre der Deckstein des Kastensystems, denn sie gebietet eine strenge Befolgung der Kastenpflichten und belohnt eine solche Befolgung mit der Aussicht auf immer bessere Wiedergeburten, die schließlich zum höchsten Ziel, der Erlösung, führen. In diesem Zusammenhang bezeichnet Weber die Verknüpfung von Kaste und Karma sogar als »Kastensoteriologie«[8]. Obwohl sich Weber vollkommen darüber klar ist, daß diese intellektuelle Lehre nicht im Kopf jedes einzelnen vorhanden gewesen sein kann, führt er doch aus, daß das Versprechen an die unteren Kasten, zu höheren und besseren Wiedergeburten fortzuschreiten, in erheblichem Maße zu ihrem oft beobachteten Konservatismus beigetragen haben muß[9].

Diese Verbindung von Kaste und Karma ist, wie Weber behauptet, allein das Produkt rationalen ethischen Denkens[10]. So wird die Kastenordnung letzten Endes erklärt aus der Verbindung von zwei Tendenzen, deren Gegensätzlichkeit in Webers Denken grundlegend ist. Einerseits sieht er die Kastengesellschaft magisch-religiös begründet und bestimmt sie als durchaus traditionalistisch und antirational[11]. Andererseits ist sie unauflöslich mit dem ethischen Rationalismus der brahmanischen Karma-Theodizee verknüpft. Bemerkenswerterweise macht er nun genau diese unbeständige Mischung für die außergewöhnliche Kohärenz und Stabilität des Kastensystems verantwortlich. Wenn hier ein Paradox vorliegt, scheint es ihm nicht bewußt gewesen zu sein.

Dies soll natürlich nicht heißen, Weber habe die beiden gegensätzlichen Prinzipien des magischen Ritualismus und des ethischen Rationalismus zu Unrecht nebeneinandergestellt. Er empfindet überdies die Spannungen sehr deutlich, die sich aus ihrer Konkurrenz und gegenseitigen Durchdringung ergeben[12]. Jedoch wird nach Weber diese Spannung in der Regel durch eine Haltung relativer Indifferenz oder Passivität gegenüber der weltlichen Ordnung entschärft[13]. Seines absoluten Anspruchs auf Veränderung der Welt beraubt, weicht der ethische Rationalismus dann den Relativierungen und Kompromissen einer »organischen« Sozialethik[14]. In Indien jedoch, so Weber, brachte die vollkommene Angemessenheit, die »sehr besondersartige Verknüpfung«[15], von Kaste und Karma nicht bloß eine relativistische Anpassung zustande, sondern eine absolute und unangreifbare soziale Ordnung. Weit davon entfernt, die weltliche Kastenordnung aufzubrechen, führte der ethische Rationalismus der Karma-Theodizee vielmehr zu ihrer Schließung und besiegelte sie mit der Aussicht auf die letzte Erlösung. Die Frage ist, ob wir dieses Bild aus einem Guß akzeptieren können.

3.

Weber erkennt sicher richtig, daß nach hinduistischer Auffassung die weltliche Ordnung nicht so weitgehend jedes soteriologischen Wertes entkleidet ist, wie es die herausgehobene Stellung der Weltentsagung nahelegen mag. Es ist jedoch mehr als zweifelhaft, ob dieser Wert in das Kastensystem verlegt werden kann. Zum einen wird die Verbindung von Kaste und Karma-Vergeltung nicht so allgemein und eindeutig behauptet, wie es bei der Wichtigkeit, die Weber ihr zumißt, erforderlich wäre. Es gibt nämlich nachdrückliche Aussagen von Autoritäten mit dem Inhalt, daß das Heil nicht nur dem Entsager, sondern gleichermaßen auch dem weltlichen Hausvater *(gṛhastha)* offensteht[16]. Dazu sollte bemerkt werden, daß der Ordnung des *gṛhastha* selbst – ungeachtet der Kaste – soteriologischer Wert verliehen ist, nicht der Kaste als solcher. Das mag wie eine Spitzfindigkeit erscheinen, aber daran wird klar, daß die Verbindung von Kaste und Karma bei weitem nicht eindeutig ist.

Wir wollen dies genauer betrachten. Man soll sich natürlich der Lebensweise und den Gewohnheiten der eigenen Kaste anpassen. Denn es ist besser, die Pflichten der eigenen Kaste, sein *svadharma*, mittelmäßig zu erfüllen, als die anderer Kasten mit Aus zeichnung. Was aber, wenn diese Bräuche und Pflichten, wie das Essen von Fleisch und unreine Tätigkeiten, den Vorschriften des Dharma zuwiderlaufen? Z. B. würde die Weigerung, Fleisch zu essen oder – im Falle eines königlichen Rājputen – an der Schweinejagd teilzunehmen, in der eigenen Gemeinschaft Anstoß erregen. Solch eine Weigerung wird deshalb als tadelnswert bezeichnet. Umgekehrt kann man nicht dafür getadelt werden, daß man dem besonderen Verhaltenskodex seiner Gemeinschaft folgt, selbst wenn das ein *a-dharma* bedeuten würde[17]. In ähnlichem Stil beschließt das anerkannte Mānava Dharmaśāstra seine Darlegung der *ahiṃsā* und des daraus folgenden Fleischverbots mit der Feststellung, daß im Essen von Fleisch im Grunde doch keine Sünde liege, weil dies eben weltliche Art sei (*pravṛtti eṣā bhūtānām*), daß aber Enthaltung (*nivṛtti*) mit religiösem Lohn erfüllt sei[18].

Oberflächlich betrachtet, mag diese Feststellung als ein ziemlich lahmer Harmonisierungsversuch erscheinen. Sie zeigt jedoch genau, wo das Problem liegt. *Ahiṃsā*, der Verzicht auf die Zerstörung von Leben, ist ein absoluter, transzendenter Wert, und aus diesem Grund übersteigt er die Fassungskraft der Welt und steht vollkommen im Widerspruch zur normalen Lebenspraxis, zur *pravṛtti*. *Pravṛtti* bedeutet demnach, daß man bei den Geschäften des Lebens den Gewohnheiten der Gemeinschaft folgt und sich dadurch gelegentlich den höchsten Forderungen des Dharma versperrt. Wie Robert Lingat ausgeführt hat[19], gibt es keine zeitlichen Sanktionen gegen dieses letztlich a-dharmische Verhalten, und es kann sie auch nicht geben. Aber man entgeht nicht der religiösen oder metaphysischen Sanktion seines Karma. Das heißt: Solange man weltlicher Art folgt, ist man verpflichtet, sich an die Bräuche der Gemeinschaft zu halten, und bleibt so von ihr umschlossen. Denn das unerbittliche Karma, das ein treues Kastenmitglied anhäuft, wird es von Wiedergeburt zu Wiedergeburt notgedrungen mit seiner Gemeinschaft in Einklang halten. Und diese Situation wird andauern, solange die Gemeinschaft als Ganzes – im Unterschied zu dem einzelnen Entsager – ihre Gewohnheiten nicht den Geboten des Dharma anpaßt – ein Schritt, der heute bei Soziologen unter der verwirrenden Bezeichnung Sanskritisierung bekannt ist. Jedoch diese Anpassung kann bestenfalls nur teilweise sein, denn *pravṛtti*, die Verrichtung der Lebensgeschäfte, die jeder Gemeinschaft obliegt, ist unvereinbar mit ihrem Gegenteil, *nivṛtti*, der Abkehr von weltlicher Art. Auf der anderen Seite würde ein einzelner, der der Lebensweise seiner Gemeinschaft entsagte, dadurch ihre Regeln brechen und von Schande bedroht sein. Von welcher Seite wir die Sache auch betrachten, das Dilemma bleibt bestehen.

In diesem Licht erscheint die Verbindung von Kaste und Karma nicht gerade als vielversprechender Weg zur letzten Erlösung, und es ist sicherlich ganz unzutreffend, von einer »Kastensoteriologie« zu sprechen. Im übrigen verstehen wir jetzt, daß die Erlösung, insofern die weltliche Sphäre einen Weg dorthin anbietet, nicht in erster Linie an Kaste und Hierarchie gebunden ist, sondern, wie wir sahen, an die getreue Erfüllung der Riten und Pflichten, die dem Hausvater von dem Veda auferlegt sind. Dies löst aber auch nicht das wesentliche Problem, sondern verschiebt es nur auf ein anderes Gebiet, nämlich das der Beziehung zwischen dem Veda und der profanen Welt[20]. Dieses Problem braucht uns hier nicht zu beschäftigen. An dieser Stelle genügt es zu bemerken, daß eine Verbindung von Kaste und Karma – sofern man sie anerkennt – kaum zur Erlösung führen kann. Die Kaste spielt eine Rolle nur in dem Sinne, daß das Erlösungsversprechen nicht so sehr in der getreuen Erfüllung der Kastenpflichten liegt, als vielmehr in dem Verzicht auf die »Früchte« des pflichtgetreuen Handelns, wodurch das unerbittliche Gesetz des Karma seine Wirkung verliert. Dieses Handeln ohne jegliches persönliche Interesse bedeutet eine innerweltliche Ablehnung der Welt. Dadurch ist jedoch die Welt von völliger Sinnlosigkeit bedroht – und so führt auch dieser Weg in ein unlösbares Dilemma.

4.

Wichtiger ist aber, daß das Dharma, wie wir sahen, sich nicht so sehr als eine geschlossene und feste Ordnung darstellt, sondern vielmehr als offenes Problem. Nun kann man versuchen, das Problem zu umgehen, indem man argumentiert, das Dharma sei ein Gesetz, nicht auferlegt, sondern nahegelegt, wie Robert Lingat es treffend ausdrückt[21]. Oder man kann mit Louis Dumont in Anlehnung an den bekannten Ausspruch über die konstitutionelle Monarchie sagen, »le dharma règne de haut sans avoir, ce qui lui serait fatal, à gouverner«[22]. Aber ob das Dharma nun nur nahegelegt und nicht auferlegt ist, oder ob es nur aus der Höhe herrscht, ohne die Welt wirklich zu lenken, es kann von seiner Aufgabe nicht zurücktreten, die Angelegenheiten der Welt zu ordnen. Hier stoßen wir, wie zuvor, auf den unversöhnlichen Zwiespalt zwischen weltlicher Sphäre und außerweltlicher Entsagung, zwischen *pravṛtti* und *nivṛtti*. Das Dharma ist transzendent und ewig und muß es sein, und aus demselben Grund ist es von der Welt geschieden. In die profane Welt hinabzusteigen und sie zu lenken ist deshalb für das Dharma verhängnisvoll. Doch es kann nicht anders bei Strafe, seine universale Gültigkeit zu verlieren.

Angeblich gab es einst ein goldenes Zeitalter, das *kṛta-yuga*, als das Dharma nicht nur aus der Höhe herrschte, sondern die Angelegenheiten der Menschen auf Erden auch ganz und gar lenkte. Aber selbst jenes goldene Zeitalter war nicht frei von Unstimmigkeiten. Denn wie konnte es geschehen, daß trotz der Lenkung durch das Dharma die Welt immer weiter von ihm abfiel, bis sie als viertes und letztes unser elendes Zeitalter, das *kaliyuga*, erreichte? Die Antwort, wie sie in einem Abschnitt des Mahābhārata gegeben wird[23], liegt in der Vollkommenheit der Dharma-Herrschaft selbst. Es wird berichtet, daß in jenen gesegneten Zeiten die Menschen sich mit Hilfe des (damals noch vollkommen wirksamen) Dharma allein *(dharmenaiva)* gegenseitig beschützten – ganz so, wie sie sollten. Aber eben hierdurch gerieten, nach der knappen Erklärung unseres Textes, die Menschen in Verwirrung, und eine heillose Unordnung kam in die Welt. Dies wiederum sollte die Notwendigkeit des Königtums erklären. Nun ist der König in der Tat der Mittler zwischen Dharma und Welt. Aber dies löste das Problem nicht, denn der König konnte wenig, wenn überhaupt etwas, dazu tun, die mit der Folge der Weltzeitalter fortschreitende Schwächung und schließliche Auflösung des Dharma aufzuhalten. Die Institution des Königtums konnte nur die ungelöste und ihrem Wesen nach unlösbare Spannung auf sich vereinigen. Der unaufhebbare Zwiespalt ist in mythischer Vorstellung nie verdeckt, sondern immer so gesehen worden, daß er von Anbeginn vorhanden war, um sich dann auf den König zu vereinigen. Wir erkennen nun, wie verhängnisvoll der Abstieg in die Welt für das Dharma ist. Denn um universal zu sein, muß es sein eigenes Gegenteil, das Prinzip der Verwirrung und Unordnung, in sich aufnehmen. Das ist im Grunde gemeint, wenn die Texte auf die äußerste Subtilität des Dharma hinweisen. Es ist nicht die Subtilität einer gelehrten Doktrin, sondern die Spannung, die nur der Weise bewältigen, wenn auch nicht lösen kann.

5.

Wenn das Dharma eine wesentliche »Bruchstelle« aufweist, ist zu erwarten, daß die Kastenordnung in ähnlicher Weise gebrochen ist. Dies ist in der Tat schon klargeworden aus der Erörterung der Verbindung von Kaste und Karma. Weit davon entfernt, ein ungespaltenes Ganzes zu bilden, befinden sich Kaste und Karma vielmehr an entgegengesetzten Polen und sprengen sich wechselseitig. Entscheidend ist, daß sich das Karma auf das Schicksal des *Individuums* bezieht, während sich die Kaste und ihr *svadharma* auf das *Kollektiv* beziehen. Wie wir sahen, bestimmt das Kollektiv das Karma des einzelnen und hindert ihn so daran, seine Erlösung selbst zuwege zu bringen. Nur wenn der Mensch seine Individualität in vollem Ausmaß verwirklicht und aus der Gesellschaft austritt, kann er den unerbittlichen Karma-Mechanismus anhalten. Dieses, und nicht eine organizistische Theodizee, ist der wirkliche Gehalt der Karma-Lehre. Sie drängt auf Losreißung von der Welt des Kollektivs und verweist auf den Weg zu individueller Erlösung. Hier befinden sich die organizistischen Beschränkungen der Kaste im Konflikt mit der rationalistischen Karma-Lehre. Das Nebeneinander von Kaste und Karma ist demnach fürwahr eine unbeständige Mischung. Denn die Konsequenz der Karma-Lehre ist nichts Geringeres als ein Aufruf zum Abbau der Welt. Es ist nicht zufällig, daß sie bei ihrer ersten Formulierung in den

Upanishaden[24] die Form einer Geheimlehre annimmt, die nicht öffentlich verbreitet, sondern privat, außerhalb der Versammlungen, besprochen werden soll. Ihre letzte Konsequenz, Weltentsagung, droht die Gesellschaft zu sprengen. Verständlicherweise ist Entsagung, trotz ihres transzendenten Prestiges, immer einer gedämpften, aber hartnäckigen Feindseligkeit begegnet[25].

Der Konflikt entstand dadurch, daß das individualistische Denken und die rationalistischen Werte des Entsagers in die im übrigen ent-wertete magisch-religiöse Welt der Kaste einflossen. Dies schuf einen unheilbaren Zwiespalt, nicht nur zwischen der außerweltlichen Sphäre des Entsagers und der weltlichen Kastenordnung, sondern gleichermaßen innerhalb der Kastenwelt selbst. Obwohl man gewöhnlich unterstellt, eine Kaste sei vollkommen geschlossen und innerlich kohärent, weist sie eben doch diese Spaltung auf. Wo sie offensichtlich ist, handelt es sich nicht bloß um Abweichungen von der Norm. Man kann sie auch nicht einfach abtun als ein weiteres Beispiel für Indiens sprichwörtliche Vielfältigkeit, wie es allzu oft geschieht. Vielmehr wird dieser Zwiespalt auch in den Dharma-Texten auf theoretischer Ebene klar und deutlich ausgedrückt. Dort finden wir mindestens zwei Ausdrücke – *varṇa* und *jāti* –, wo wir uns mit nur einem, Kaste, behelfen und damit die Vorstellung einer ungebrochenen Einheit erwecken. Zugegeben, *varṇa* und *jāti* werden oft austauschbar gebraucht, aber die Frage bleibt, wie die vier *varṇas* sich zu den praktisch unzähligen *jātis* verhalten. Man könnte natürlich die *jātis* einfach als die Untergliederungen der vier kanonischen *varṇas* auffassen. Die Erklärung der Dharma-Texte ist jedoch etwas anders. Wir erfahren dort, daß die *jātis* aus Ehen – das heißt: Mischehen – zwischen Mitgliedern der vier »ursprünglichen« *varṇas* entstanden[26]. Diese Erklärung hat natürlich viel für sich. Das Entscheidende ist aber, daß hier die ein für allemal festgelegte und unwandelbare Kastenordnung aufbricht. Mit einer Klarheit, die nichts zu wünschen übrigläßt, wird uns mitgeteilt, daß die Kastenordnung mit ihren unzähligen *jātis* aus dem Übel des *varṇasaṃkara*, der Vermischung der *varṇas* entstand. Die Kastenordnung mit ihren unzähligen *jātis* ist also von Beginn an untergraben, ist sie doch auf der »Bruchstelle«, die der *varṇasaṃkara* darstellt, errichtet.

6.

Nun kann man zeigen, wie es G. J. Held vor fast einem halben Jahrhundert schon getan hat, daß die *varṇa*-Idee, statt strenge Trennung vorzuschreiben, ursprünglich ein System von Ehetausch und anderen Tauschbeziehungen zum Inhalt hatte[27]. Der entscheidende Wendepunkt kam, als die Tauschbeziehungen zwischen den *varṇas* verworfen und durch die gegenteilige Regel ersetzt wurden, die die *varṇas* rigoros voneinander trennte. Es wird nicht möglich sein, diesen Wendepunkt in absoluten Zeitangaben zu datieren. Er kann jedoch mit der Rationalisierung des vedischen Rituals in den Brāhmanas in Beziehung gebracht werden. Hierin, wie auch in der Entstehung von Buddhismus und Jainismus, kommt die indische Spielart der »Achsenzeit« zum Ausdruck, oder, um mit Weber zu sprechen, es beginnt die »Entzauberung« und Transzendierung der Welt, ihre Aufspaltung zwischen zwei Prinzipien[28]. Die Einheit der Welt des Opfers, die durch potlatch-ähnlichen Wetteifer im Tausch aufrechterhalten wurde, ist unheilbar zerbrochen[29]. Das neue rational systematisierte Ritual schließt die Gemeinschaft aus und löst die mythische Gegenwart der Götter auf. Der Opfernde steht allein an seinem Opferplatz. Dort schafft er sich durch die Kunst eines durchrationalisierten und systematisierten Rituals sein eigenes streng geordnetes Universum, das von der profanen Welt abgesondert ist und sie transzendiert.

Das Motiv hinter dieser radikalen Veränderung war die Verwerfung des letztlich widersinnigen gewalttätigen Konflikts, der zum Wesen der ursprünglichen opfermäßigen Tauschhandlungen gehörte. Um Konflikt und Gewalt auszuschalten, mußte die Gemeinschaft zerbrochen und eine Partei von der andern getrennt werden. Dies – nicht ethnische »Apartheid« – ist der Grund, warum der *ārya varṇa* von dem *śūdra varṇa* abgesondert werden mußte. Ursprünglich hatten beide als gegnerische Parteien an dem Wettkampf des Opferfestes teilgenommen – eine Situation, die in verharmloster Form in dem vedischen *mahāvrata*-Ritual noch erhalten ist, wo im Verlauf des Rituals die beiden Parteien miteinander um die »Güter des Lebens« kämpfen[30]. Das rationalisierte vedische Ritual dagegen schließt die gegnerische Partei aus und versetzt den Opfernden in die Abgeschiedenheit seiner eigenen transzendenten Welt. Am Ende dieser Entwicklung steht dann der Opfernde als einzelner, der das Opferritual ohne Helfer und ohne Gegner vollzieht, in sich und durch sich selbst – kurz: das Ideal des Brahmanen, der sich in dieser Hinsicht nicht von dem Entsager unterscheidet.

Auf dieselbe Weise wie das vedische Ritual sprengt auch die *varṇa*-Theorie die Gesellschaft. Es ist ihr nicht genug, die Gesellschaft in vier streng getrennte Blöcke zu teilen, sie zerbricht weitgehend auch den inneren Zusammenhalt des einzelnen *varṇa*-Blocks. Dies wird klar, wenn man sich die Heiratsregeln ansieht. Man sollte natürlich innerhalb des eigenen *varṇa* heiraten, aber die Verbote, die sich auf bestimmte Verwandtschaftsgrade (*sapiṇḍa*-Verwandte) richten, sind derart, daß sie die sonst normale – praktisch sogar normativ gebotene – Heirat innerhalb des Kreises der bekannten Verwandten (etwa mit der Mutter–Bruder–Tochter) ausschließen. Bei strenger Befolgung – wie sie natürlich kaum vorkommt oder vorkommen kann – wäre die Konsequenz, daß sich ein Gewebe von Ehetauschbeziehungen nicht bilden und über Generationen erhalten könnte. Der Ausschluß der *sapiṇḍa*-Verwandten würde bewirken, daß mit jeder neuen Generation das verwandtschaftliche Netz weiter zerfiele, bis schließlich die einzelne patrilineale Gruppe isoliert und auf sich selbst zurückgeworfen wäre. Die klare Absicht ist, die Gesellschaft zu atomisieren.

7.

Natürlich kann keine Gesellschaft auf Trennung als einzigem Prinzip beruhen. Also muß der *varṇa* – wie das Dharma – sein eigenes Gegenteil umfassen, nämlich den *varṇasaṃkara*, die Vermischung der *varṇas*, aus der sich, wie wir sahen, die wuchernde Vermehrung der *jātis* ergibt. Die scheinbar unerschütterliche Kastenordnung wird also von zwei diametral entgegengesetzten Prinzipien zerrissen, strenger Trennung, wie sie von der *varṇa*-Theorie gefordert wird, und konfliktträchtiger Verkettung, wie sie in der tatsächlichen *jāti*-Ordnung gegeben ist. Diese ungelöste Spannung zu bewältigen ist die Aufgabe des Königs. Als Hüter und Mittler des Dharma ist der König aufgerufen, die *jāti*-Welt einzurenken, wenn Unordnung und Konflikt wieder einmal vorherrschen. Jedoch, da er selbst der *jāti*-Welt von Abhängigkeits- und Tauschbeziehungen angehört, fehlt ihm die dazu nötige transzendente Autorität. Diese Autorität muß aus der außerweltlichen Sphäre stammen und kann nur von dem Brahmanen (oder dem Entsager) verliehen werden[31]. Denn der Brahmane steht – dem Ideal nach – über und jenseits der *jāti*-Ordnung. Er ist in sich selbst vollständig und unabhängig von der Welt. Nur der Brahmane kann die Befähigung für alle sechs Dharma-Handlungen erwerben – den Vollzug des Rituals für sich selbst wie für andere, das Lernen wie das Lehren, das Geben wie das Empfangen von Geschenken. Die beiden anderen »zweimalgeborenen« *varṇas*, die Kśatriya und die Vaiśya, sind nur für einen Teil jedes Paares befähigt: Opfern, Lernen und Geben, während der Śūdra nur das Dienen erlaubt ist. Das heißt: Bis auf den Brahmanen sind alle von anderen abhängig. Nur er vereinigt in sich beide Seiten jedes der drei Handlungspaare, und so ist er – dem Ideal nach – vollkommen unabhängig von anderen und überschreitet dadurch die profane Ordnung des Konflikts und der Abhängigkeiten. Aus eben diesem Grund ist er jedoch – wie der Entsager – auch von der Welt des Königs abgeschnitten. Ja, der Brahmane sollte, wenn er sich seine transzendente Autorität bewahren will, den König und alle seine Werke, sogar seine Geschenke und Wohltaten, meiden[32]. Doch er kann nicht von Reinheit und Transzendenz allein leben. Für seinen Lebensunterhalt ist er offensichtlich, wenn auch widersinnigerweise von dem König abhängig, den er doch meiden sollte. So brauchen König und Brahmane sich gegenseitig, können sich aber nicht erreichen, weil der Brahmane aus dem notwendigen Pakt hinausstreben sollte.

So trifft die ungelöste Spannung innerhalb der weltlichen Kastenordnung das Doppelamt König – Brahmane mit voller Wucht. Auf der einen Seite finden wir die kollektivistische Welt der *jātis*, vom König notdürftig zusammengehalten oder vielmehr ständig neu eingerichtet; auf der anderen Seite steht der Brahmane, dessen individualistische *varṇa*-Idee auf die Zersetzung dieser Welt zielt. Innerhalb des Spielraums, den diese beiden entgegengesetzten und unvereinbaren Prinzipien offenlassen, müssen die Arrangements zur Bewältigung ihrer Spannung immer wieder neu zustande gebracht werden. Denn die Spannung ist unlösbar, und die Arrangements zu ihrer Bewältigung bleiben deshalb widerrufbar und ersetzbar. Mit anderen Worten: Die Unlösbarkeit der Spannung schafft eine Dynamik, die die Welt öffnet, zu neuen Bewältigungsweisen anregt und Pluralismus begünstigt.

8.

Eine letzte Frage bleibt. Wie kommt es, daß Weber, der sonst für die durch Transzendenzdenken und Weltablehnung hervorgerufenen Spannungen so sensibel war und den Weg zur ihrer Analyse wies, in seiner Untersuchung der Hindu-Gesellschaft diese Spannung nicht erkannt und ausgewertet hat? Die Antwort liegt, wenigstens zum Teil, in den Quellen, die er benutzen mußte, namentlich den Zensusveröffentlichungen und den darauf fußenden Studien. Dies bedeutet, daß er sich auf eine Auffassung von der indischen Gesellschaft und vom Kastenwesen im besonderen stützen mußte, die der moderne Staat für seine eigenen Zwecke erzeugt hatte. Der moderne Staat – im Gegensatz zu seinem Vorgänger, dem ancien régime – zieht sich von der Gesellschaft zurück und gibt vor, sie gleichsam durch Fernsteuerung zu regieren. Zu diesem Zweck braucht er vor allem ein umfassendes und unveränderliches Raster festumgrenzter und starrer Kategorien. Das Raster kann verfeinert, aber nicht verschoben oder verändert werden, soll es nicht seinen universalen Charakter und seine Nützlichkeit verlieren. Dieses Bedürfnis nach einem unveränderlichen Kategorienraster wurde bedauerlicherweise ganz offensichtlich durch das Kastenwesen erfüllt, das für diesen Zweck maßgeschneidert schien, besonders in seiner brahmanischen Form der streng voneinander getrennten *varṇas*. Umgekehrt konnte der moderne Staat mit seinem im Zensus verwendeten Kastenraster nur noch das Bild einer unwandelbar festgelegten Gesellschaftsordnung einfangen. Man mag sich fragen, ob und inwieweit die Vorstellung von einem sich nie ändernden, äußerst traditionsgebundenen und stagnierenden Indien sich nur deshalb gebildet hat, weil der moderne Staat die Gesellschaft so sah. Aber das ist ein anderes Thema. Für unseren augenblicklichen Zweck ist es vielleicht nützlich zu wissen, daß die offizielle Zensusdefinition von Kaste ihr Höchstmaß an Ausgefeiltheit bei den Zensus von 1901 und 1911 erreichte, das heißt: zu der Zeit, als Weber den Hinduismus studierte[33].

Bei diesem Material und seiner Herkunft können wir kaum erwarten, daß sich Weber auf einem Gebiet, das ihm fremd war, gegen den Strom der anerkannten Meinung stellte. Es ist dennoch eine höchst originelle Leistung, daß er auf der Basis der ihm vorliegenden Darstellungen zu einer schlüssigen Erklärung des Kastenwesens kam und diese in sein übergreifendes Denkschema einordnete.

Nebenbei bemerkt, hat vielleicht Webers »Durchrationalisierung« der immer noch ziemlich chaotischen und unausgewogenen Informationen, die ein unangreifbar kohärentes Kastensystem ergab, dazu beigetragen, daß er die volle Wirkung der »Zerspaltung der Welt in zwei Prinzipien« auf den Hinduismus und die daraus resultierenden Spannungen nicht oder nicht scharf genug erkannte. Er spricht zwar von einem ontologischen Dualismus von Vergänglichkeit der Welt und unwandelbarer ewiger Ordnung[34], bezeichnet aber die transzendente Sphäre wiederholt als »Hinterwelt«[35], womit er auf die ungebrochene Ganzheit der magisch-religiösen Weltsicht anspielt.

Um auf unsere Frage zurückzukommen: Die vom modernen Staat und dem Zensus erzeugte Auffassung des Kastenwesens kann nur zum Teil Webers monolithisches Bild von Kaste und Karma erklären – und dieses ist der leichtere Teil. Vielleicht hatte Weber in einer tieferen Schicht seines Wesens das emotionale Bedürfnis nach der Ganzheit einer vollkommen geordneten Welt unter der Herrschaft einer rationalen Sozialethik, während er gleichzeitig ihre einengenden Konsequenzen fürchtete. Der Hinduismus mag für ihn die Leinwand gewesen sein, auf die er dieses doppelte und widersprüchliche Bild projizierte. Er scheint dies im Sinn zu haben, wenn er am Ende seines Kapitels über das Kastenwesen darauf hinweist, daß sich mit der Vereinbarkeit von Kaste und Karma, wie er sie sah, gleichzeitig eine furchterregende Perspektive für denjenigen auftut, der nach dem Sinn eines Lebens fragt, das in den unerbittlichen Mechanismus von Tod und Wiedertod eingespannt ist[36]. Hier berührt Weber selbst die innere Gespaltenheit der Kastenordnung. Denn die von der Perspektive der Sinnlosigkeit erzeugte Spannung scheidet nicht nur die profane Welt von der Welt der Entsagung, sondern sie muß ebenso die Kastenordnung aufbrechen.

Anmerkungen

1 Max Weber, *Wirtschaft und Gesellschaft*, Studienausgabe, hrsg. von Joh. Winckelmann, Köln-Berlin 1964 (im folgenden: WuG), S. 684.

2 Louis Dumont, »Caste, Racism and Stratification«, in: *Contributions*

to Indian Sociology, 5 (1961), S. 23 f.

3 WuG, S. 685.

4 WuG, S. 29-31; Reinhard Bendix, *Max Weber: An Intellectual Portrait*, Garden City, N.Y.: Anchor Books, 1962, S. 476.

5 Siehe Anm. 2.

6 Dieser Vorteil macht sich bemerkbar, wenn man neben hinduistischen auch moslemische Kasten betrachtet. Die Verwendung des Begriffs ist auch im zweiten Fall durchaus gerechtfertigt, würde aber unnötig problematisch, wenn man Kaste zu eng, nur als spezifisch hinduistisches Phänomen, definierte. Vgl. Louis Dumont, *Homo Hierarchicus*, Paris: Gallimard, 1966, S. 255-263 (pars. 102, 103).

7 Max Weber, *Gesammelte Aufsätze zur Religionssoziologie*, Tübingen 1920 (im folgenden: RS), II, S. 117-122, 131 f., Zitat S. 120.

8 RS II, S. 367.

9 RS II, S. 120-122; WuG, S. 344.

10 RS II, S. 131.

11 RS II, S. 109.

12 Vgl. z. B. RS I, S. 540-542.

13 WuG, S. 462.

14 RS I, S. 551 f.; vgl. Wolfgang Schluchter, *Rationalismus der Weltbeherrschung*, Frankfurt 1980, S. 16.

15 RS I, S. 552.

16 P. V. Kane, *History of Dharmaśāstra*, 5 volumes, Poona: Bandarkar Oriental Research Institute, 1930-1962, II, S. 424. Zu dem *gṛhastha* als einem Beispiel von »innerweltlicher Askese« vgl. A. Wezeler, *Die wahren »Speiseresteesser«*, Mainz, Ak. der Wiss. u. der Lit., 1978, S. 118. Weber spricht über das von jedem persönlichen Interesse gelöste, daher karmafreie Handeln als einen innerweltlichen Erlösungsweg in RS I, S. 193-196.

17 Zur Vermeidung von Handlungen, die, obwohl sie dem Dharma entsprechen, Anstoß *(lokavikruṣṭa)* erregen, siehe Mānava Dharmaśāstra IV. 176 (übers. von J. Bühler, *Sacred Books of the East* 25); auch Robert Lingat, *Les Sources du Droit dans le système traditionel de l'Inde*, Paris: Mouton, 1967, S. 214. Zur Untadeligkeit der Ausübung lokaler Bräuche, auch wenn sie dem Dharma widersprechen, siehe Kane, a.a.O. (Anm. 16), III, S. 861; Lingat, a.a.O., S. 220 f.

18 Mānava Dharmaśāstra 5, 56. Vgl. L. Alsdorf, *Beiträge zur Geschichte von Vegetarismus und Rinderverehrung in Indien*, Mainz, Ak. der Wiss. u. der Lit., 1961, S. 17-21.

19 Robert Lingat, »Time and the Dharma«, in: *Contributions to Indian Sociology*, 6 (1962), S. 13 f.

20 Vgl. J. C. Heesterman, »Householder and Wanderer«, in: T. N. Madan, *Way of Life (Fs. Louis Dumont)*, N. Delhi 1981 (= *Contributions to Indian Sociology*, N. S. 15), S. 251-272.

21 Lingat, a.a.O. (Anm. 19), S. 12.
22 Dumont, a.a.O. (Anm. 6), S. 107.
23 Mahābhārata 12. 59. 14-15.
24 Bṛhad-Āraṇyaka-Upaniṣad 3. 2. 13.
25 Vgl. Kane, a.a.O. (Anm. 16), II, S. 424.
26 Mānava Dharmaśāstra 10, 5-56.
27 G. J. Held, *The Mahābhārata: An Ethnological Study*, Diss., Leiden 1935, S. 89-97.
28 WuG, S. 409 f.; RS I, S. 541. Vgl. Schluchter, a.a.O. (Anm. 14), S. 15 ff.
29 Zu dem Bruch zwischen dem »vorklassischen« Opfer und dem reformierten, »klassischen« vedischen Ritual siehe J. C. Heesterman, »Brahmin, Ritual and Renouncer«, in: *Wiener Zs. f. die Kunde Süd- und Ostasiens*, 8 (1964), S. 1-31; auch ders., »Vedisches Opfer und Transzendenz«, in: Gerhard Oberhammer (Hrsg.), *Transzendenzerfahrung*, Publ. der De Nobili Res. Libr. 5, Wien 1978, S. 28-44.
30 Vgl. Alfred Hillebrandt, *Ritualliteratur*, Straßburg 1897, S. 58. Weber erwähnt dieses Ritual in RS II, S. 58.
31 Zur problematischen Beziehung zwischen König und Brahmane siehe J. C. Heesterman, »Power and Authority in Indian Tradition«, in: R. J. Moore (ed.), *Tradition and Politics in South Asia*, New Delhi: Vikas Publ. House, 1979, S. 60-85; auch ders., »The Conundrum of the King's Authority«, in: J. F. Richards (ed.), *Kingship and Authority in South Asia*, Madison, Wisc.: University of Wisconsin, 1978, S. 1-27.
32 Vgl. J. C. Heesterman, »Priesthood and the Brahmin«, in: *Contributions to Indian Sociology*, new ser. 5 (1971), S. 43-47.
33 Die erste Autorität zu der Zeit war Sir Herbert Risley (vgl. RS II, S. 1, Fn. 1), der der Census Commissioner für den zehnjährlichen Census of India von 1901 war. Nach seinen Richtlinien wurden die Zensus von 1901 und 1911 durchgeführt. Interessanterweise empfand man zu der Zeit an seinem Werk *The People of India* (1908) »its modern, rigid form« als übertrieben (second, posthumous, edition, ed. by W. Crooke, Calcutta-Simla-London 1915, S. XVII). Schon früher neigten britische Beamte dazu »to emphasize the caste category at the expense of all others«, wodurch die Kaste umfassender und starrer erscheint, als es gerechtfertigt ist (vgl. C. A. Bayly, »Indian Merchants in a ›Traditional‹ Setting«, in: C. Dewey and A. G. Hopkins, *The Imperial Impact*, London: Athlone Press, 1978, S. 180, Fn. 54).
34 WuG, S. 410.
35 RS I, S. 366; RS II, S. 122, 374, 377.
36 RS II, S. 132 f.

Wendy O'Flaherty
Emotion und Karma

Überlegungen zu Max Webers Interpretation der indischen Theodizee

Der vielleicht größte Beitrag, den Max Weber für unser Verständnis des Theodizeeproblems leistete, ist seine Einsicht, daß eine Theodizee keine Antwort auf ein logisches, sondern auf ein existentielles Problem gibt. Dieses aber ist in seinen Augen universell. Vor ihm hatte man – unter dem Einfluß christlicher Apologeten – das Theodizeeproblem als ein Spezifikum monotheistischer Religionen angesehen (oder gar als ein Problem, das vom Monotheismus umgangen werde). Damit wich man aber im Grunde der eigentlichen Frage aus, ob man denn dem Bösen und dem Leiden in der Welt überhaupt mit rationalen, logischen Mitteln beikommen könne und ob man die Wahl hat, sich diesem Problem zu stellen, so wie man die Wahl hat, ins Theater zu gehen. Zwar hob gerade Weber immer wieder hervor, daß es rational geschlossene Lösungen des Theodizeeproblems gebe[1], doch verwies er zugleich auch auf das unausrottbare Bedürfnis nach einer Theodizee, d. h. auf die existentielle Not, die der Suche nach einer Erklärung der Diskrepanz von Schicksal und Verdienst zugrunde liegt.[2] Dadurch konnte er das Theodizeeproblem auch auf nichteuropäische Kulturen ausdehnen: Denn »auch eine sinnvolle unpersönliche und übergöttliche Ordnung der Welt stieß ja auf das Problem ihrer Unvollkommenheit.«[3] Die Erfahrung des Leidens und des Bösen in der Welt ist aber so beschaffen, daß sie eine religiöse Lösung nahelegt, die ihrer ganzen Natur nach irrational sein muß. Darauf macht Clifford Geertz aufmerksam. Das Sinnproblem, so schreibt er, »is a matter of affirming, or at least recognizing, the inescapability of ignorance, pain, and injustice on the human plane while simultaneously denying that these irrationalities are characteristic of the world as a whole. And it is in terms of religious symbolism, a symbolism relating man's sphere of existence to a wider sphere within which it is conceived to rest, that both the affirmation and the denial are made.«[4]

Indem Max Weber das Theodizeeproblem als ein existentielles Problem definierte, eröffnete er die Möglichkeit, es vergleichend zu untersuchen. Er behauptete sogar mit Nachdruck, daß hier ein wunder Punkt aller Religionen liege, der deshalb der beste Ansatzpunkt für eine vergleichende Soziologie, der Schlüssel für das Verständnis wichtiger Kulturen sei. Wie Mary Douglas ausführt: »A theodicy in the strict sense explains the experience of suffering, evil and death in terms of religious legitimations. Theodicy bestows meaning on life ... Berger ... recognizes that theodicies differ in degree of rational coherence and consistence in their explanations. This suggests that a typology based on degrees of rationality would be very interesting ... Anthropologists largely support Weber's idea that explanations of misfortune are the best key to cultural bias.«[5]

Es bleibt allerdings ein Paradox, daß Weber und Weberianer wie Berger dazu neigen, ihr Hauptaugenmerk auf die rationale Lösung des Problems zu richten, obgleich gerade Weber selbst seinen emotionalen und gerade nichtlogischen Charakter erkannte. Indem wir diese Komplikation auf sich beruhen lassen, die vermutlich aus Webers vieldeutigem Gebrauch des Wortes »rational« resultiert, und indem wir auch von den Gefahren absehen, die mit der Verwendung des Rationalitätsbegriffs in kulturvergleichenden Untersuchungen verbunden sind[6], wollen wir uns auf das von Weber erkannte unausweichliche und irrationale Problem des Leidens und des Bösen in der Welt konzentrieren, das jeder religiösen Sinngebung letztlich zugrunde liegt.

Mit dieser Erkenntnis ist Max Weber tatsächlich auf eines der ergiebigsten und sinnträchtigsten Problemfelder gestoßen. Er behauptet nun, daß die hinduistische Karmalehre die konsequenteste und am höchsten entwickelte Theodizee darstelle.[7] Während er aber das Besondere der Karmalehre vor allem in ihrer vermeintlichen »Rationalität« sieht, könnte man sie genausogut aus dem entgegengesetzten Grunde verteidigen – wegen ihrer Irrationalität, oder besser gesagt: weil sie nicht eine rational, sondern eine emotional befriedigende Antwort auf das emotionale Problem des Bösen gibt. Indem ich mich auf diesen Standpunkt stelle, korrigiere ich zugleich meine frühere Bewertung der von der Karmalehre gebotenen Lösung des Theodizeeproblems.[8] Bei der Vorbereitung eines Buches über die Lehre vom Karma[9] bin ich mehr und mehr zu der Überzeugung Webers gelangt, daß diese Lehre in der Tat ein brillanter und überaus menschlicher Versuch ist, das Problem des Bösen zu lösen.

Es ist natürlich ein Lösungsversuch, der, wie alle Theodizeen, letztlich zum Scheitern verurteilt ist. Dennoch erreicht er viel. Meine früheren Vorbehalte gegen die Angemessenheit der Karma-Theodizee waren die folgenden: Ich hatte den Eindruck, daß sie rational inkonsistent sei; daß sie lediglich logische, aber keine emotionalen Antworten auf ein primär emotionales Problem biete; daß ihre Unzulänglichkeit evident sei, weil man in Südasien nach wie vor andere Antworten auf das Problem des Bösen suche; und daß die Lehre von der Wiedergeburt ungeeignet sei, das Problem der moralischen Verantwortung für Taten, an die sich der Täter nicht erinnern kann, zu lösen.

Der erste dieser vier Einwände kann durch die anspruchsvolleren Verfeinerungen der Karma-Theorie in der hinduistischen und buddhistischen Philosophie des Mittelalters als entkräftet gelten.[10] Ich verzichte darauf, diese Geistesakrobatik hier zu rekapitulieren. Aber die übrigen Punkte bleiben, und sie hängen m. E. eng miteinander zusammen. Sie sollen in diesem Aufsatz kurz behandelt werden.

1. Die emotionale Dimension der Karma-Theorie

Von verschiedenen Gelehrten, darunter auch von Weber, ist der Standpunkt vertreten worden, das Karma funktioniere mechanisch, mit uhrwerksartiger, Leibnizscher Zwangsläufigkeit: »Die dogmatische Konsequenz liegt in der völligen Entbehrlichkeit und Undenkbarkeit eines in diesen Mechanismus eingreifenden allmächtigen Gottes: denn der unvergängliche Weltprozeß erledigt die ethischen Aufgaben eines solchen durch seine eigene Automatik.«[11] Diese Feststellung mag richtig sein, sofern man sie auf die *klassischen* Formulierungen der Karma-Lehre in gewissen philosophischen Texten einschränkt; würde man sie dagegen auf *alle* Aspekte der Karma-Theorie beziehen, so hätte man ohne Gewinn den Sinn der Textzeugnisse der Einheitlichkeit eines Arguments geopfert. In Wirklichkeit haben nämlich die Hindus diese unpersönliche Automatik dadurch verändert, daß sie sie in vielen nicht-philosophischen Texten personifizierten und vermenschlichten – und zwar so sehr, daß (um mit Karl Popper zu reden) aus den »Uhren« immer mehr »Wolken« wurden. Man kann das an zwei Geschichten demonstrieren. Die eine stammt aus einem Sanskrit-Text, die andere aus einer mündlichen Überlieferung. Die erste ist eine Geschichte, die im *Skanda Purāṇa* der weise Agastya dem Prinzen Rāma erzählt:

»One night I saw a chariot in the sky, and in it a handsome young man, who was blind. Descending from the chariot, he went up to the water of this shrine and drew out from it a corpse, and then he quickly began to eat the dead man with his teeth. Whatever part of the body he ate renewed itself. After a long time he was sated and happy again; he came out of the water and mounted his chariot, but I stopped him and asked him who he was and why he ate human flesh and how he had lost his sight. This is what he said:

›I used to be an evil king, who never gave anything to anyone or saved anyone who came to me for refuge. And whatever precious thing I saw, I took away by force. At last, when I was swallowed by old age, my own son took away my kingdom, and I wandered about, tormented by hunger, until I died of exhaustion in this very shrine. At that moment, servants took me to heaven in this chariot, and as I came to the palace of Brahma, I lost my eyes. And as they told more and more stories about the ways of the gods or Brahmins or men, I just got hungrier and hungrier, and I thought, »Am I going to eat stones or wood?« Finally I abandoned all decency and said to Brahma, »I am out of my mind with hunger, but I don't see anything like food. Give me something to eat. But why I am in such a state? I thought that people in heaven didn't suffer from things like hunger and thirst.« Brahma said, »You never gave food to anyone on earth, and that is why you keep getting hungrier and hungrier even here in heaven. And you took away whatever you saw that was precious, and that is why your sight was taken away as you entered my palace. But you came to my palace, even though you were fit to go to hell because of your evil soul, because you died in water so holy that it released you from all sins by its mere touch. Now, mount your chariot and go back to the water where you died and eat your own body, which will never perish, by my command.« And so I come here at night and eat my own corpse, which keeps me sated for the duration of a celestial day – a year for a human. But you, great sage, can do anything, since you drank the whole ocean in a single gulp. So pity me; protect me from doing this deed that is forbidden and despised, and give me my sight.‹

When I heard his speech, I was moved by pity, and I told him to give me the magnificent ornament that he wore on his neck, and his hunger would be destroyed; and I told him to make an offering of jeweled lamps here on the banks of the Sarasvatī river and his sight would be flawless forever. He did so, and he became instantly sated and sighted, and his dead body, that had been imperishable, was worn out and destroyed. Then he went back to the world of Brahma ...«[12]

In dieser Geschichte wird das Karma nicht erwähnt, es wird gelebt. Die abstrakte Formulierung der philosophischen Texte, wonach man nach dem Tode sein Karma im übertragenen Sinn »essen« muß, ist hier in die anschauliche, wenngleich grausige Metapher des Kannibalismus übersetzt. Man ißt buchstäblich sich selbst. Der Himmel, den der Sünder eigentlich nicht verdient – er erfährt ausdrücklich, daß er nach dem »universalen Vergeltungsmechanismus« in die Hölle gehörte – ist sein, und zwar auf ewig. Möglich wird dies durch die Einführung des Begriffes *»bhakti«* – einer irrationalen, emotionalen Liebe (des Menschen zu Gott, Gottes zum Menschen, des Weisen zum Sünder) –, die dem Rad des Karma gleichsam in die Speichen fällt. Nach dieser Auffassung kann nicht nur ein (persönlicher) Gott in den Ablauf des Karma eingreifen, sondern auch ein Weiser – sogar viele Weise, von denen Agastya nur einer ist. In vielen derartigen Mythen besitzt selbst das (unpersönliche) Heiligtum die Fähigkeit, den Sünder von seinem Karma zu erlösen.

Eine volkssprachlich überlieferte Erzählung führt uns eine andere Art der Personifizierung des abstrakten Karma vor, die zudem zeigt, wie verschiedene »Automatismen« einander lahmlegen können.

»(Once there were) two men, Sat (Good) and Asat (Bad). Sat was pious and led a righteous life, Asat was the opposite, drunken, lewd, and blasphemous. One night as Sat was returning from a public recitation of the Ramayana, he pierced his foot with a thorn. At that moment Asat emerging from a bawdy house found a purse full of gold. Thereupon he mocked Sat for leading a righteous life that was rewarded with pain, while his own wickedness was accompanied by good fortune. Deeply puzzled Sat asked a brahman (Narayana, i.e. Vishnu in disguise) to explain the apparent injustice. The brahman said that at the time of Sat's birth his previous *karma* had been so bad that he had been fated to receive the *sula* (impaling stake) on this day, but his pious conduct in this life had so counteracted the effect of his previous *karma* that he had received only a thorn in his foot. Asat, on the contrary, had lived so righteously in his former existences that he should have acquired a crown on that day, but his evil conduct since birth had reduced his reward to a purse full of gold. Thus the literal wording of the fate of each had been fulfilled, although neither had received the destiny originally intended.«[13]

Gut und Böse sind keine Uhren, die uns mechanisch messen, sie sind wie Menschen, die dem Rāmāyaṇa zuhören und in verrufene Häuser gehen. Weil sie lebendig sind, kann man sie hereinlegen, und sie können uns hereinlegen. Anders als in der Geschichte von dem König, der sich selbst ißt, einer Geschichte, in der das Karma durch äußere Faktoren wie das Mitleid des weisen Agastya beeinflußt wird, läuft hier der Karma-Prozeß von außen unbeeinträchtigt ab, trägt aber den Keim seiner eigenen Aufhebung in sich.

Selbst wenn man sich an die reine Philosophie hält, ist es möglich, die Karma-Theorie in stark personifizierten Begriffen zu lesen. Arthur Herman hat eine Lösung des Problems der Karma-Theodizee vorgeschlagen, die darauf beruht. Er regt an, das Karma-Gesetz als eine Person zu betrachten, genauer gesagt: als Gott, noch genauer: als Göttin. Denn – so argumentiert er – da das persönliche Karma-Gesetz Gedächtnis, Intelligenz und Empfindungsvermögen besitzt, ist es eine Person, und da es Güte, Wissen und Macht hat, ist es eine Göttin.[14] Dieser »schamlose Anthropomorphismus« erlaubt es ihm, das Problem des freien Willens zu lösen: »It can be argued that *karma* law can be prevented from doing Her duty, that I can escape the inevitable punishment or reward due to me.«[15] Zudem bietet dieser Anthropomorphismus selbst eine Theodizee (oder vielmehr, wie Herman lieber sagt, eine »Karmadizee«): »For now Īśvara, like any other anthropomorphic being, can follow any of the four ways of circumventing the fated or compelled results of *karma* law for mankind (and) you can appeal to *karma* law yourself without going through the intercessing intermediary, Īśvara.«[16] Man kann sogar zum Karma-Gesetz beten: »As a God, *karma* law can take cognizance of human prayer, and though historically this is not a real option, ... we have, with prayer, a possibility for escape. I know of no temples or prayers dedicated to *karma* law, but times may change.«[17] Wenn man Webers Idealtypen verwenden darf, obwohl sie »in Wirklichkeit« nie vorkommen, warum schließlich nicht auch eine Karma-Göttin in ihrem Tempel?

Hermans Betrachtungen entspringen dem Wunsch, eine logische Lösung des Karma-Problems zu finden (und insbesondere dem von mir vorgebrachten Einwand[18] zu begegnen, der auf die Unhaltbarkeit der Hypothese von der göttlichen Allgewalt angesichts des Karmas abhob). Aber es kommt natürlich zu einer höchst irrationalen (»schamlos anthropomorphen«) Lösung, ebenso irrational wie die Lösung, die der seinen eigenen Leichnam essende König bietet (eine Kombination aus Sisyphus und Tantalus und etwas Drittem, wie David Shulman meint), und ebenso irrational wie die dornenreiche Logik, auf der die Geschichte von Sat und Asat fußt. Alle diese Ausdeutungen der Karma-Lehre stimmen darin überein, daß sie auf den Vorrang der Gnade, ja der Laune vor der ewigen Gerechtigkeit verweisen, auf ein Gesetz also, das auf einer emotionalen, nicht auf einer mechanischen Basis funktioniert.

Max Weber ahnte etwas vom positiven Gefühlsgehalt auch der Karma-Lehre, von den emotionalen Gründen, die es für ihre Erfindung und Beibehaltung gab. Im Zusammenhang mit messianischen Eschatologien, die zwar nicht notwendigerweise dem Frommen, wohl aber seinen Nachkommen den diesseitigen Ausgleich bringen, formuliert er: »Der vielleicht nötige Verzicht auf eigenes Erleben der Erlösung schien nichts Befremdliches. Die Sorge für die Kinder war überall ein organisch gegebenes Streben, welches über die eigenen persönlichen Interessen auf ein ›Jenseits‹ wenigstens des eigenen Todes hinwies.«[19] Darin dokumentiert sich eine Weigerung loszulassen, spannungsvoll verbunden mit der Bereitschaft, Opfer für die Unsterblichkeit in den Nachkommen zu bringen. Gewiß, dies ist nichts, was für Indien spezifisch wäre. Dennoch sind Todestrauer und die Weigerung, den Tod als etwas Endgültiges hinzunehmen, Gefühlsregungen, die den Geist, aus dem die Karma-Lehre entstanden ist, bewegt haben müssen.[20]

Doch weit deutlicher sieht Weber den negativen Gefühlsgehalt der Karma-Lehre, den Schmerz, den sie verursacht (oder widerspiegelt), nicht den Schmerz, aus dem sie geboren ist: »So sicher und eindeutig das Kastensystem und die Karmanlehre den Einzelnen in einen klaren Pflichtenkreis einbettete und ein so abgerundetes, metaphysisch befriedigendes Bild der Welt sie darbot, so furchtbar konnte diese ethisch rationale Weltordnung empfunden werden, wenn der Einzelne begann, nach dem ›Sinn‹ seines Lebens innerhalb dieses Vergeltungsmechanismus zu fragen. ... Aber für jedes denkende Sichbesinnen mußte ein solches zu ewiger Wiederholung bestimmtes Leben leicht als völlig sinnlos und unerträglich erscheinen. Und zwar ist es wichtig, sich klar zu machen: daß nicht in erster Linie das stets neue Leben auf dieser trotz allem doch schönen Erde es war, was gefürchtet wurde, sondern: der stets neue unentrinnbare Tod. Immer wieder wurde die Seele verstrickt in die Interessen des Daseins, mit allen Fasern ihres Herzens gekettet an Dinge und, vor allem, an geliebte Menschen, – und immer erneut sollte sie sinnlos von ihnen losgerissen und durch Wiedergeburt in andere unbekannte Beziehungen verstrickt werden, mit dem gleichen Schicksal vor sich. Dieser ›Wiedertod‹ war, wie zwischen den Zeilen mancher Inschriften und auch der Predigten Buddhas und anderer Erlöser erschütternd zu spüren ist, das, was in Wahrheit gefürchtet wurde.«[21]

Diese sensible und einfühlsame Anmerkung trifft zwar den emotionalen Hintergrund derjenigen Erlösungsreligionen, die die Menschen lehrten, sich dem Kreislauf des Karma zu entwinden, aber sie trifft nicht diejenige Form der Karma-Theorie, die für den nicht auf Erlösung gerichteten (klassischen oder Kasten-)Hinduismus charakteristisch ist. Denn diese Lehre, der die meisten Hindus bis zum heutigen Tage anhängen, behauptet, daß man *sehr wohl* wiedergeboren werden möchte: in ein besseres Leben, in dem es mehr von dem Guten und weniger von dem Bösen unserer jetzigen Welt gibt. Es ist diese Lehre, die die Macht der Karma-Theodizee im purāṇischen (und sogar vedischen) Hinduismus begründet.[22]

Das Karma ist eine Tatsache für alle Südasiaten. Für Hindus der Purāṇa- und der Dorftraditionen (und für Leute wie Sat und Asat) handelt es sich dabei um eine gute Tatsache, für Buddhisten (und Hindus der vedāntischen und vieler orthodoxer Traditionen) dagegen um eine schlechte. Für diejenigen, die den Übeln entrinnen wollen, die sie im Leben wahrnehmen, ist Karma ein Ausweg; für diejenigen, die mehr von dem Guten haben wollen, das sie im Leben wahrnehmen, ist Karma ein Weg, um dieses Gute zu erlangen. In beiden Fällen aber wird Karma als ein dramatischer, unvorhersagbarer und im wesentlichen unbegreiflicher Prozeß aufgefaßt, in dem sich die emotionalen Bedürfnisse und Sehnsüchte des einzelnen widerspiegeln.

2. Alternativen zum Karma

Man könnte den Standpunkt vertreten (den auch ich früher vertreten habe), daß die Inder nicht all die anderen Ansätze zu einer Theodizee entwickelt hätten, wenn sie die Karma-Theorie emotional wirklich befriedigt hätte. Daß sich die Dinge jedoch anders verhalten, geht aus einer interessanten Untersuchung über die Art und Weise hervor, wie indische Dorfbewohner die Karma-Theorie um weitere Erklärungsversuche ergänzen. Hier folgt Sheryl Daniels Schilderung eines Vorfalls, der ein wenig an die »hypothetischen Fälle« erinnert, die man Jura-Studenten in einem Seminar über Schadensersatzrecht vorlegt:

»Three men stole five chickens from the village schoolmaster. They feasted in secret on the chickens but carelessly left the telltale feathers scattered around their houses. The schoolmaster soon traced the theft to them and reported the incident to the village Munsif. The three men were called before the Munsif and each was fined 50 rupees, a staggering sum for such poverty-stricken men. The schoolmaster's son, however, was not satisfied with the punishment and publically complained that they had not also been whipped in the village square.

The wives and relatives on the men pawned their jewelry to come up with the money to pay the fine. Kandasamy, one of the thieves, was reportedly upbraided by his wife who denounced him as an irresponsible fool who gave no thought to his responsibilities toward his wife and three children. She, however, did eventually help him pay the fine.

The next day Kandasamy's wife and mother left as usual to work in the fields. In their absence Kandasamy, who felt utterly humiliated by the incident, ate neerium seed paste, a poison. When his wife and mother returned from the fields at mid-day they discovered him unconscious and frothing at the mouth. The mother ran for assistance and managed to find a few men to help carry her son to the local hospital. There, unattended by the village doctor who was having her afternoon siesta, he died half an hour later.

A crowd of villagers had gathered around the hospital and in the street outside. Those gathered openly discussed the case with little regard for the feelings of the family and friends who were present.« ...[23]

Einige tadelten Kandasamy für seine Vermessenheit und sahen in seiner Tat seine freie Entscheidung, andere sagten, er sei das Opfer des Schicksals geworden und hilflos gewesen, wieder andere, Gott habe sich mit ihm einen grausamen Scherz erlaubt. Dieselben Argumente lassen sich auch für jede andere der an diesem Drama beteiligten Personen verwenden. Daniel sieht darin einen »pragmatischen Relativismus«, der es Menschen erlaubt, Erklärungen wie Werkzeuge aus einem »Werkzeugkasten« für alles zu haben, und der es sogar ermöglicht, daß ein und dieselbe Person zu verschiedenen Zeiten auf verschiedene Erklärungen zurückgreifen kann. Wie Charles Keyes zu diesem Vorgang bemerkt: »Ideas that have explanatory and predictive value are not always used with the logical consistency of theology.«[24] Aber nicht einmal die Theologie selbst hat immer die Konsistenz der Theologie, zumindest nicht in Indien. Als ein Student sich auf die Cambridge Modern History als »verläßliche Quelle« berief, bemerkte Arnaldo Momigliano: »Cambridge Modern History ist nicht die Bibel. Auch die Bibel ist nicht die Bibel.«[25]

Sheryl Daniels Datenmaterial und der Schluß, den sie daraus zieht, stützen eine Hypothese, die auch aus den Daten des Buches hätte abgeleitet werden können, in welchem ich die Karma-Lösung des Problems der Theodizee erstmals kritisierte (ohne ihre Bedeutung freilich zu erkennen). Südasiaten neigen nämlich dazu, zahlreiche einander widersprechende Erklärungen für ein interessantes Problem zu entwickeln und diese nebeneinander stehenzulassen. Daß sie dies auch beim Problem des Bösen taten, bedeutet deshalb nicht, daß sie die Karma-Lösung unbefriedigend gefunden hätten, sondern nur, daß sie wie gewöhnlich den Vorrat ihrer Erklärungen vergrößern wollten.

3. Das Problem der persönlichen Identität und moralischen Verantwortung

Ein letzter Einwand gegen die emotionale Tragfähigkeit der Karma-Idee stützt sich auf die Behauptung, mit ihr sei letztlich ein Identitätsbruch verbunden. Charles Keyes hat dieses Problem in Wendungen formuliert, die ich einmal völlig überzeugend fand: »There still remains, I maintain, a more fundamental reason for the departures in popular ideas of karma from theories that have been made logically consistent and from which unequivocal ethical orientations have been derived. . . . Unless one is omniscient and can know the details of one's past existences, there is no practical way whereby karmic destiny could in any meaningful way be linked to one's personal actions or to actions of some previous ›self‹. It is not simply that there is a ›psychological uncertainty‹ about one's previous karma, as Obeyesekere has observed,[26] but there is also cognitive uncertainty; one cannot know why one has the karmic destiny that one has come to realize, through experience, that one has. . . .«[27]

Das aber heißt: Wenn man die Verantwortung für Taten in einem früheren Leben *nicht* fühlen kann, weil man sich an dieses Leben nicht erinnert (und deshalb, wie man behaupten könnte, nicht dieselbe Person ist), dann kann man auch die Gerechtigkeit der Strafe für die begangenen Verbrechen *nicht* fühlen. Man kann davon *erzählt bekommen* und es auch glauben, aber das ist nicht dasselbe. Die Geschichte von Sat und Asat läßt sich sogar als eine Satire auf die mangelnde Überzeugungskraft dieser Überlegung verstehen.

Heute bin ich jedoch der Meinung, daß dies für Südasiaten kein Problem darstellt. Zum einen ist, wie McKim Marriott[28] gezeigt hat, das Konzept der persönlichen Identität in Indien so flüssig, daß man sich sehr wohl als Teil eines anderen *Menschen* fühlen kann (eines Vorfahren oder eines Kindes oder auch eines Mitmenschen, mit dem man in irgendeiner Weise interagiert und dadurch »kodierte Substanz« austauscht) – ein Vorgang, den wir begrifflich kaum nachvollziehen können. Wenn der Mensch schon im alltäglichen Umgang mit Fremden ein Teil von ihnen wird, Teile von sich selbst hingibt, könnte die erlebnismäßige Wirklichkeit einer Übertragung von Karma über die Grenze von Tod und Wiedergeburt hinweg tatsächlich sehr stark sein. Zum anderen begegnen wir selbst im Ṛg-Veda einer Vorstellung von persönlicher Identität, die es erlaubt, die Schuld nicht nur für Taten, von denen man Kenntnis hat, sondern auch für solche, die von Personen begangen wurden, mit denen man nicht einmal durch Wiedergeburt verknüpft ist, auf sich zu nehmen (»Wiedergeburt« ist natürlich selbst noch kein klarer Begriff im Ṛg-Veda). Diese Auffassung findet sich besonders in den Hymnen an Varuṇa:

»Ich frage mich neugierig nach der Sünde, ich wende mich an die Kundigen, sie zu befragen. Auch die Weisen sagen mir ganz dasselbe: Dieser Varuṇa grollt dir.

Was war das größte Vergehen, Varuṇa, daß du deinen Freund, den Sänger, töten willst? Sage mir das an, du Untrüglicher, Eigenmächtiger! Ich möchte (dem) zuvorkommend von Sünde befreit unter Verbeugung dir Abbitte tun.

Erlaß uns die väterlichen Sünden, erlaß uns, was wir selbst getan. Laß, o König, den Vasiṣṭha los, (der gebunden ist) wie ein Dieb, der Vieh stiehlt, laß ihn los wie das Kalb vom Stricke. Nicht ist die Verfehlung eigener Wille, o Varuṇa; es ist der Branntwein, der Zorn, der Würfel und Unverstand. Der Ältere ist an der Verfehlung des Jüngeren (schuld). Selbst der Schlaf ist kein Ablenker des Unrechts.«[29]

Dieses Gebet beginnt mit einer Gefühlsaufwallung, die wir zu verstehen glauben: Der Betende möchte wissen, was er Böses getan hat. Im weiteren Fortgang des Hymnus wird jedoch deutlich, daß seine Übeltat (eine kleine Verfehlung oder ein entsetzliches Verbrechen) von *einem anderen* begangen worden sein könnte – von einem Vorfahren (der ausdrücklich dem »eigenen Leib« des Betenden gegenübergestellt wird) oder von einem jüngeren Bruder. Die Sünde mag sogar vom Wein oder vom Zorn oder vom schlafenden Bewußtsein stammen. Dieser Zusammenhang zwischen dem wachen Beter und seinem Leib, der dem Einfluß eines fremden Bewußtseins unterliegt, ist in diesem vedischen Hymnus vielleicht die genaueste Analogie zu dem Zusammenhang zwischen dem wachen Beter in diesem Leben und seiner *Seele*, die in einer früheren Inkarnation dem Einfluß eines fremden Bewußtseins unterlag. Obgleich der Betende sehnsüchtig zu erfahren wünscht, womit er die Gottheit beleidigt hat, nimmt er die Tatsache seiner Schuld hin, selbst wenn er sie nicht wissen kann:

»Wenn wir wie Spieler bei dem Spiele betrogen haben, ob wir es gewiß wissen, ob nicht, all das löse von uns wie lockere (Bande), o Gott! So mögen wir deine Lieblinge sein, o Varuṇa.«[30]

Es ist gewiß möglich, Reue (in einem bestimmten Sinn des Wortes) für eine Missetat zu empfinden, selbst wenn man nicht weiß, worin diese Missetat bestand. (Ähnlich dem jüdischen Spruch: »Schlag deinen kleinen Sohn jeden Abend, wenn du heimkommst. *Er* wird wissen, warum.«) Aber die Karma-Theorie gründet nicht auf dieser Möglichkeit, sie geht weiter und behauptet, daß es eine Art von Gedächtnis gibt, das die Vergangenheit, selbst über die Grenze des Todes hinweg, mit der Gegenwart verbindet. Für jeden von uns gibt es die *vāsanās*, die karma-eigenen Gedächtnisspuren oder »Düfte«, die am Gewebe der Seele haften bleiben, während diese von einem Körper in den anderen wandert. Bei Ausnahmemenschen existieren auch ausdrückliche Erinnerungen an ein früheres Leben, wie sie etwa jener König bewies, der sich selbst aß. Dieses Fortbestehen der Persönlichkeit wird sogar in ziemlich abstrakten Gleichnissen über den Prozeß von Karma und Reinkarnation vorausgesetzt:

»There was once a king named Purañjana (›City-dweller‹), who had a friend named Unknown. He wandered over the earth until he came upon a glorious city, where he married a beautiful woman and raised children and grandchildren for many years. One day, the city was attacked and burnt, and the king was captured and killed. As he was dying, he held in his mind nothing but the memory of his wife, and so he himself was reborn as a beautiful woman, and he lost his memory. This woman married a king and had children and grandchildren, and when the king died she wept and prepared to mount the pyre with his corpse. But then the Brahmin who had been ›her‹ friend in the previous life came there and said, ›Don't you remember your friend Unknown? You are not the daughter of a king, nor were you king Purañjana.‹ And as the Brahmin spoke, the soul who had been Purañjana won back his memory.«[31]

Die kaum greifbare Qualität des Gedächtnisses in dieser Geschichte verleiht einem ansonsten recht durchsichtigen metaphysischen Gleichnis seine Pointe: die »Stadt«, in der der König residiert, ist der Leib, bewohnt von der Seele, der Freund »Unbekannt« ist die universale Weltseele, und so fort – alles im Text selbst erläutert. Hier haben wir die »ideale« Karma-Theorie in all ihrer kalten Eleganz und Rationalität. Doch dann beginnt der Text, mit der Zweideutigkeit des individuellen Gedächtnisses zu spielen. Der König selbst weiß nichts von seinen früheren Leben, so wie die meisten von uns. Wir erfahren, daß er sein Gedächtnis im Augenblick der Wiedergeburt verlor und es wiedererlangte, als er gegen Ende der Geschichte von der Weltseele (die bezeichnenderweise »Unbekannt« heißt) aufgeklärt wird. Trotzdem ist die Erinnerung an die Liebe zu seiner Frau (die für uns in rührenden menschlichen Einzelheiten und sehr ausführlich heraufbeschworen wird) die Ursache dafür, daß er als Frau wiedergeboren wird, und daher ist er für sein neues Leben verantwortlich. Er weiß es nicht, aber *wir* wissen es, und er wird es später auch wissen. Die karma-eigenen Spuren *(vāsanās)* flackern wie Irrlichter durch das Bewußtsein; sogar die Lexikondefinition von *vāsanā* gibt etwas von der Rätselhaftigkeit des Phänomens wieder: »*Vāsanā*, f. the impression of anything remaining unconsciously in the mind, the present consciousness of past perceptions, knowledge derived from memory; fancy, imagination, idea, notion, false notion, mistake.«[32] Die Geschichte von Purañjana lehrt uns, daß Dinge, auch wenn wir sie vergessen, sehr wohl sind, und zwar in einer Art von Universum ähnlich der Popperschen dritten Welt[33], in der mentale Konstrukte auch dann existieren, wenn sie nicht aktualisiert werden. Die Dinge, die man in einem früheren Leben getan hat, *sind da*, nichts geht jemals verloren. Wie David Shulman vom

Tamil-Epos Manimekalai bemerkt hat: Der König weiß es nicht, aber sein Leben wird durch die Vergangenheit bereichert: »It will be the task of Manimekalai, the insistent, ascetic heroine of the book, to lead the king back through the maze of his lost memories. This desire to recover the lost but haunting fragments of the distant past recurs as a leitmotif throughout this gentle and ingenious book«.[34] Psychologisch gesehen, erinnern sich nur die wenigsten von uns an ihre früheren Leben; ontologisch gesehen, sind es aber – darauf beharren die Texte – unsere »unerinnerten« Erinnerungen an jene früheren Leben, die unser jetziges Leben recht eigentlich *machen* – ob wir uns ihrer bewußt werden oder nicht.

Ist es rational, das Schicksal des Menschen durch unerinnerte Erinnerungen zu erklären? Hätte Max Weber das gebilligt? Ich glaube, daß es möglich ist, auf beide Fragen eine positive Antwort zu geben. Für diejenigen unter uns, die nicht gewohnt sind, ihr Leben unter Karma-Gesichtspunkten zu betrachten, gibt es einen Trost in Gestalt einer verbreiteten, rationalisierten Version der Karma-Theorie, die den Sprung über die Grenze von Tod und Wiedergeburt abschwächt. Danach können wir aus der Karma-Theorie lernen, daß die Vergangenheit wie die Gegenwart ist; daß wir die Gegenwart aus sich selbst verstehen können, obgleich wir wissen, daß sie von der Vergangenheit abhängt. Es gibt ein Tamil-Sprichwort, das lautet:

»Im Kali Yuga brauchst du nicht auf ein anderes Leben zu warten, damit dein Karma reift.«[35] Kali Yuga ist das gegenwärtige Zeitalter. Darin lassen unsere Bosheit und unsere Ungeduld die Karma-Maschine so schnell laufen, daß der ganze Prozeß auf die Länge eines einzigen Lebens komprimiert wird. Dies dürfte unserem weltlichen Geist gewiß als »rational« erscheinen.

Wollten wir diese rationalisierte Version des Karmas allerdings so auffassen, als ob damit frühere Leben das jetzige nicht mehr affizierten, würden wir die Erklärung für die Diskrepanz von ungewußten Taten und gewußten Folgen gerade verfehlen, welche diese Karma-Theorie leisten soll. Wer bei ihrer Interpretation die Bedeutung früherer Leben einfach ignoriert, geht in die Irre. Denn das Tamil-Sprichwort bedeutet nicht, daß die Vergangenheit, sondern lediglich, daß die Zukunft in gewisser Weise gleichgültig ist. Die Behauptung einer moralischen Gleichzeitigkeit von Vergangenheit und Gegenwart weist also darauf hin, daß sich die

Vergangenheit aus der Gegenwart *erkennen* läßt. Damit ist vielleicht ein letztes Bindeglied gegeben, mit dem das Karma rational zu machen ist. Eine bewußte Prüfung der Gegenwart könnte uns die Vergangenheit in einer Weise offenbaren, die die gleiche Bedeutung hätte wie die freilich weit geheimnisvollere Art, in der begnadete Weise sich angeblich ihres früheren Lebens erinnern. Obwohl diese Konzeption in intellektueller Hinsicht vielleicht überzeugender wäre als die klassische Karma-Theorie, ist sie doch zweifellos emotional weniger zwingend und deshalb im Sinne Max Webers weniger wirkungsvoll als die indische Karma-Lehre mit all ihren Ungereimtheiten und Widersprüchen.

Anmerkungen

1 Max Weber: *Gesammelte Aufsätze zur Religionssoziologie II. Hinduismus und Buddhismus.* Tübingen: J. C. B. Mohr (Paul Siebeck) 1978[6], S. 120, 122, 367. – Abkürzung: *RS II.*
2 RS I, S. 246 f.
3 Max Weber: *Wirtschaft und Gesellschaft.* Fünfte, revidierte Auflage, besorgt von Johannes Winckelmann. Tübingen: J. C. B. Mohr (Paul Siebeck) 1976, S. 315. – Abkürzung: *WuG.*
4 Clifford Geertz: »Religion as a Cultural System«. S. 87 bis 125, in: *The Interpretation of Cultures.* New York: Basic Books 1973; hier S. 108.
5 Mary Douglas: »The Effects of Modernization on Religious Change«. *Daedalus* (Winter 1982), S. 1-19; hier S. 7-8, unter Verweis auf Peter Bergers *The Social Reality of Religion*, S. 53 und 60, sowie Evans-Pritchards *Nuer Religion*, S. 315.
6 Siehe die Essays in Bryan R. Wilson (ed.), *Rationality*, Oxford: Basil Blackwell 1970.
7 Er nannte die indische Karma-Lehre »die formal vollkommenste Lösung des Problems der Theodizee«; *WuG*, S. 318; vgl. auch *RS II*, S. 117 ff.
8 Wendy Doniger O'Flaherty: *The Origins of Evil in Hindu Mythology.* Berkeley: University of California Press 1976; 1981[2], S. 14-15.
9 Wendy Doniger O'Flaherty (Hrsg.): *Karma and Rebirth in Classical Indian Traditions.* Berkeley: University of California Press 1980.
10 Siehe etwa die Essays von James P. McDermott, Padmanabh S. Jaini, Karl H. Potter und Wilhelm Halbfass in *Karma and Rebirth in Classical Indian Traditions* (Anm. 9).
11 *WuG*, S. 318/319.

12 *Skanda Purāṇa* 6.103. Auf diese Geschichte machte mich dankenswerterweise David Shulman aufmerksam.

13 Diese Geschichte, die auch im Midrasch vorkommt, erzählt W. Norman Brown in »Escaping One's Fate: A Hindu Paradox and its Use as a Psychic Motif in Hindu Fiction«. *Studies in Honor of Maurice Bloomfield.* New Haven 1920, S. 89-104; wieder abgedruckt in: *India and Indology. Selected Articles.* Hrsg. Rosane Rocher. Delhi 1978, S. 153-160. Brown zitiert (S. 160) eine Geschichte, die Mukharji in *Indian Folklore*, 122, wiedergibt; eine Variante davon findet sich bei McCulloch: *Bengali Household Tales*, 7.

14 Arthur L. Herman: »Free will and compulsion in *Bhagavad Gītā* 18.14, 59, 61«. *The Journal of Studies in the Bhagavad Gītā* (1981:1), S. 61-99; hier S. 88.

15 *Ebd.*, S. 89.

16 *Ebd.*, S. 98, Anm. 14.

17 *Ebd.*, S. 90.

18 O'Flaherty: *The Origins of Evil*, S. 14.

19 *WuG*, S. 315.

20 O'Flaherty: *Karma and Rebirth*, S. 15.

21 *RS II*, S. 133.

22 Die Sache ist komplizierter, als diese schlichte Formulierung vermuten läßt. Der puraṇische Hinduismus betont ebenfalls den Wert der *mokṣa*, aber es ist ein Wert, der häufig keine direkte Rolle bei den Lebensentscheidungen des einzelnen spielt.

23 Sheryl B. Daniel: »The Tool-Box Approach of the Tamil to the Issues of Moral Responsibility and Human Destiny«. In: Charles Keyes und E. Valentine Daniel (Hrsg.): *Karma in Contemporary South and Southeast Asia.* University of California 1982.

24 Charles Keyes in der Einleitung zu *Karma in Contemporary South and Southeast Asia.* (Anmerkung 23).

25 Persönliche Mitteilung von Arnaldo Momigliano.

26 Gananath Obeyesekere: »Theodicy, Sin, and Salvation in a Sociology of Buddhism«. In: Edmund Leach (Hrsg.): *Dialectic in Practical Religion.* Cambridge Papers on Social Anthropology, Nr. 5; Cambridge University Press 1968, S. 7-40, S. 21.

27 Charles Keyes, Einleitung (siehe Anmerkung 24), S. 25.

28 McKim Marriott: »Hindu Transactions: Diversity without Dualism«. *Transaction and Meaning*, hrsg. von Bruce Kapferer. Institute for the Study of Human Issues, Philadelphia 1976.

29 *Der Rig-Veda.* Aus dem Sanskrit ins Deutsche übersetzt und mit einem laufenden Kommentar versehen von Karl Friedrich Geldner. Cambridge (Ma.) – London – Wiesbaden 1951, Band II, S. 257 (= Ṛg-Veda 7. 86. 3-6).

30 *Ebd.*, II, S. 89. (= Ṛg-Veda 5. 85. 8).

31 *Bhāgavata Purāṇa* 4. 25-28.

32 Sir Monier Monier-Williams: *A Sanskrit-English Dictionary.* Oxford 1899, sub verbo *vāsanā*, S. 947.

33 Karl Popper: *Objektive Erkenntnis.* Ein evolutionärer Entwurf. Hamburg: Hoffmann und Campe 1973. Siehe auch meinen Aufsatz »The Dream Narrative and the Indian Doctrine of Illusion«, in: *Daedalus* (Winter 1982).

34 S. 24 eines Typoskripts »Royal Masks«, eines Kapitels aus einem im Entstehen begriffenen Buch über südindisches Königtum.

35 Hier bin ich zum dritten Male in diesem Essay David Shulman zu Dank verpflichtet.

David Shulman

Die Integration der hinduistischen Kultur durch die Brahmanen

»Große«, »mittlere« und »kleine« Versionen des Paraśurāma-Mythos

I.

»... ohne den penetranten, alles beherrschenden Einfluß der Brahmanen würde dies in aller Welt seines Gleichen nicht findende soziale System in seiner Geschlossenheit nicht entstanden oder doch nicht herrschend geworden und geblieben sein ... Die in ihrer Art geniale Verknüpfung der Kastenlegitimität mit der Karmanlehre und also mit der spezifisch brahmanischen Theodizee ist schlechterdings nur ein Produkt rational ethischen Denkens, nicht irgendwelcher ökonomischer ›Bedingungen‹. Und erst die Vermählung dieses Gedankenprodukts mit der realen sozialen Ordnung durch die Wiedergeburtsverheißungen gab dieser Ordnung die unwiderstehliche Gewalt über das Denken und Hoffen der in sie eingebetteten Menschen, das feste Schema, nach dem die Stellung der einzelnen beruflichen Gruppen und Pariavölker religiös und sozial geordnet werden konnte.«[1]

In der folgenden Untersuchung beschäftigen wir uns mit der »Ordnung«, der Integration, die im letzten Satz von Webers scharfsinnigen Bemerkungen über die Rolle des Brahmanen angedeutet wird. Seine Argumentation beruht hier auf seiner Theorie der Rationalisierung, genauer gesagt, auf der Frage nach einer rationalen Theodizee. Anders als jene Gelehrten, die bestritten, daß Indien das Problem des Bösen überhaupt kenne, hat Weber – dessen Indienkenntnisse sich auf auszugsweise Übersetzungen von Primärquellen und eine ziemlich unzulängliche Sekundärliteratur stützten[2] – klar gesehen, daß die Auseinandersetzung mit dem Bösen ein Eckstein des brahmanischen Denkens war. Doch mag die Karma-Theorie auch noch so sehr »die formal vollkommenste Lösung des Problems der Theodizee«[3] sein, im Laufe der Zeit hat sich immer deutlicher herausgestellt, daß sie gerade dort versagt, wo sie am dringendsten benötigt wird – bei dem Bemühen des indischen Dorfbewohners, mit dem Problem des Bösen zurechtzukommen.[4] Man kann sogar bezweifeln, ob in der brahmanischen Theorie die Karma-Theodizee wirklich so viel Raum einnimmt, wie Weber (verständlicherweise) annahm: Immer mehr erkennen wir die Vielfalt der Ansätze, mit der die brahmanischen Texte, oft anscheinend *ad hoc*, an die Erforschung des Bösen herangehen.[5] Was bleibt dann aber als Basis für die brahmanische Integration indischer Kultur und Gesellschaft übrig? Oder ist diese Integration weniger eine Realität denn ein Vorurteil – eine von den Brahmanen geschaffene Illusion, die den Blick der auf die Texte fixierten Gelehrten ähnlich umhüllt, wie die brahmanischen Götter unsere Erfahrung angeblich mit *māyā* umhüllen?

Diese Frage mag für die einen ketzerisch, für die anderen von vornherein entschieden sein. Zu den letzteren gehören viele Anthropologen, die in Bereichen Indiens arbeiteten, die nicht von Brahmanen geprägt sind. Robert Miller beispielsweise vertritt, nicht ohne Schärfe, den Standpunkt: »The Brahman was engaged in a gigantic ›cut and paste‹ job, attempting to continually revise and propagate an orthodox version of *the* Great Tradition.«[6] Wie dem auch sei: Mit diesem Zitat sind wir auf die Unterscheidung zwischen großer und kleiner Tradition gestoßen, die einer ganzen Generation von Anthropologen und Indologen geholfen hat, kulturelle Ebenen in Indien – wirkliche oder vermeintliche – zu unterscheiden. Tatsächlich ist dieses analytische Instrument auf Indien öfters in geradezu klassischer Weise angewandt worden.[7] Naturgemäß geriet aber diese Unterscheidung wie auch der damit eng verbundene Begriff der Sanskritisierung[8] immer wieder unter Beschuß.[9] Ohne uns noch einmal ausführlich auf die Geschichte dieses Meinungsstreits einzulassen,[10] können wir unser Problem ziemlich einfach und zudem in einer Weise formulieren, die sich unmittelbar auf Webers Einschätzung des Beitrags der Brahmanen für die kulturelle und soziale Einheit Indiens bezieht: Inwieweit sind wir berechtigt, analytisch zwei ›Ebenen‹ einander gegenüberzustellen, eine Hochkultur mit von Brahmanen in Sanskrit verfaßten Texten, Riten und Ideen und eine sanskritlose gelebte Lokalkultur? Existieren diese beiden Ebenen wirklich? Und wenn ja, wie hängen sie miteinander zusammen?

Formuliert man das Problem auf diese Weise, so zeigt sich sogleich die Schwäche dieser Unterscheidung. Wie immer wieder gesagt wurde, und wie auch Redfield sehr wohl wußte,[11] sind die

Begriffe große und kleine Tradition künstliche, theoretische Konstrukte. Jeder authentische kulturelle Ausdruck – sei es in einem Text, in einem dörflichen Ritual, in einem brahmanischen Heiligtum oder in der Hütte eines Unberührbaren – liegt dazwischen, so daß wir es mit einer unendlichen Reihe von Zwischenstufen zu tun haben. Selbst die abstrakten Konzepte verweisen auf eine eingebaute Dynamik: Die große Tradition, wenn sie denn überhaupt existiert, bildet sich nur in ständigem Austausch mit den kleinen Traditionen.[12] Auch die größten Texte der großen Tradition haben ihren Weg als »kleine« Verkörperungen einer Lokalkultur begonnen: das *Mahābhārata* gehört größtenteils zur Ganges-Yamunā-Region, so wie seine tamilische Adaption durch Villiputtūrālvār im 15. Jahrhundert zum Süd-Arcot-Distrikt gehört. Tatsächlich ist unsere Unkenntnis solcher kultureller Kontexte vieler klassischer Texte ein Hindernis für ihr Verständnis. Umgekehrt sind selbst die lokal begrenztesten kleinen Traditionen selten frei von Elementen der großen Tradition.

Das alles ist seit Jahren bekannt und hat für gewöhnlich zu dem naheliegenden, freilich unbefriedigenden Schluß geführt, daß die indische Tradition »hoch komplex« sei; »groß« und »klein« scheinen sich auf eine verwirrend vielfältige Weise zu durchdringen. Doch hilft dieser Schluß bei der Beantwortung von Webers Frage nach der brahmanischen Integration kaum weiter, abgesehen davon, daß damit auch wenig Licht auf diese Tradition selbst geworfen ist. In der Praxis haben sich die alten Dichotomien überdies als äußerst zählebig erwiesen – die einen klammern sich an ihre Texte und die anderen an ihre Ebenen, während nur ein paar Unentwegte wie Dumont und Gombrich versuchen, gleichsam als lebende Brücken die Kluft zu schließen, so wie der Held im *Mahākapijātaka*. Dumont hat dabei gemäß seinem strukturalistischen Ansatz den *Beziehungs*aspekt der indischen Tradition betont: Es gibt keine isolierten Elemente, sondern nur Beziehungen und deren innere Dynamik und Instabilität.[13] Gleichwohl bestätigt er am Ende die Unterscheidung zwischen einer hohen und einer niederen Ebene, einer Sanskritkultur und einer Volkskultur, obwohl er zugleich anmerkt, diese seien in Wirklichkeit eher ›homogen‹ als ihrem Wesen nach einander entgegengesetzt. Damit vertritt er letztlich die These, daß der indischen Zivilisation eine einzige, einheitliche Struktur zugrunde liege, die sich aus isomorphen Elementen auf verschiedenen Ebenen oder in unterschiedlichen Kontexten zusammensetze – eine These, die freilich nicht ausführlich bewiesen oder erklärt wird.

Wenn man die Unterscheidung in »groß« und »klein« überhaupt retten will, so muß man Dumonts Einsichten viel konsequenter weiterdenken, als er es selbst zu tun bereit war. Für ihn hängt die Sanskrit-Ebene unmittelbar mit dem ehernen Grundsatz der Reinheit des Brahmanen zusammen, einem Grundsatz, den er in seinem Werk zum Kriterium der Hierarchie, der organisatorischen Grundlage der indischen Gesellschaft, verabsolutiert. Wir dürfen aber nicht vergessen, daß wir es mit einer indischen und nicht mit einer europäischen Hierarchie zu tun haben. Vielleicht könnte nur Indien die Orwellsche Satire ganz ernst nehmen, nach der alle Menschen gleich sind, aber einige gleicher als die anderen. Es gibt zwar eine Skala, auf der man einzelne Segmente der Gesellschaft einordnen kann – aber es ist immer eine gleitende Skala. Zudem besitzt jedes soziale Segment seine eigene Legitimität, welchen Rang es in einem gegebenen Zusammenhang auch einnehmen mag: Man denke an die berühmte Empfehlung der *Gītā*, jeder Mensch solle die seiner Kaste zukommende Pflicht erfüllen, denn *svadharma* sei der Königsweg zur Erlösung.[14] »Groß« und »klein« werden damit kontextabhängige Begriffe, die grundsätzlich relativ sind. Nehmen wir beispielsweise ein Sanskrit-*kāvya* wie das *Sītārāmavihāra* des *Organṭi Lakṣmaṇādhvari*, das wahrscheinlich gegen Ende des 16. Jahrhunderts in Andhra entstanden ist und eine Fülle von lokalen literarischen Elementen (in diesem Falle in Telugu) enthält. Der Text ist zwar Sanskrit; aber das allein reicht keineswegs aus, um ihn in jeder Hinsicht »groß« zu machen. Wenn wir das Sanskrit-*kāvya* mit einem mittelalterlichen Telugu-Epos wie dem *Palnāṭi vīrula katha* vergleichen, wird jenes vermutlich in *fast* jeder Hinsicht höher rangieren – so wie sein brahmanischer Verfasser wahrscheinlich den Vorrang vor den einer niederen Kaste angehörenden Sängern des Telugu-Epos beanspruchen würde. Wenn wir dagegen unser südindisches *kāvya* etwa neben Vālmīkis *Rāmāyaṇa* stellen, wird das *Sītārāmavihāra* plötzlich »klein« oder »niedrig«. Vālmīki ist natürlich alt, klassisch und in ganz Indien verbreitet; das *Sītārāmavihāra* ist außerhalb Andhras praktisch unbekannt und für jeden, der nicht in den literarischen Techniken des Telugu bewandert ist, so gut wie unverständlich.

Inzwischen hat unser *pūrvapakṣin*, der Verfechter der

»groß«/»klein«-Unterscheidung, zweifellos seinen energischen Protest angemeldet: Haben wir nicht soeben einen unzweifelhaft »großen« Text entdeckt, nämlich *Vālmīki* (und andere nicht weniger klassische Quellen wie die vedische Literatur, das *Mahābhārata*, die Gesetzbücher usw.)? Ja und nein, müssen wir erwidern. Natürlich gibt es allgemein anerkannte, angesehene Werke in Sanskrit, die im Verhältnis zu anderen kulturellen Äußerungen immer »groß« erscheinen werden. Doch erstens ist diese Einordnung nur als relationale möglich, indem man die Texte immer wieder mit anderen Texten konfrontiert; und zweitens ist es nicht schwer, im klassischen Sanskrit-Korpus eine eingebaute Ambivalenz gegenüber dem Veda nachzuweisen.[15] Diese ambivalente Einstellung ist kaum ein Zufall; vielmehr hängt sie wohl mit der Struktur des brahmanischen Weltbilds zusammen, d. h. mit der antinomischen Seite des Brahmanismus, die wir weiter unten untersuchen wollen.

Damit soll nicht bestritten werden, daß die Sanskritisierung überall in Indien tatsächlich stattfindet, und zwar aufgrund des Prestiges und der Legitimationskraft von Sanskrit-Vorbildern. Dieser Prozeß war sogar ein wesentlicher und stetiger Faktor der indischen Geschichte. Aber er blieb immer kontextgebunden und von anderen kulturellen Faktoren beeinflußt (etwa dem Vorhandensein einer lokalen »großen« Tradition ohne Sanskrit[16]). Selbst die klassischsten Texte dürfen wir nicht zum absoluten Maßstab erheben. Vielleicht sollte man von stabilen »Verdichtungen« des Prestiges – bei Begriffen wie Veda, Sanskrit, Gewaltlosigkeit und Reinheit – innerhalb eines fluiden und sich selbst ständig verändernden Systems sprechen. Innerhalb dieses Rahmens müssen wir dann spezifische »Kontexte« oder »Milieus«[17] definieren und analysieren, mit ihren Parametern und Werten, ihren Stilen und Weltbildern, und zwar weit gründlicher, als dies bisher geschehen ist. So betrachtet, dürfte die Sanskritisierung nur *ein* Prozeß unter vielen sein, die dazu beitrugen, ein bestimmtes Milieu herauszukristallisieren.

Die Sanskritisierung wird dann auch weniger wichtig bei der Klärung des Problems, von dem wir ausgegangen sind, der brahmanischen Integration der hinduistischen Kultur. Dieses Konzept besitzt weit weniger heuristische Kraft, als bisher allgemein angenommen wurde. Man kann damit beispielsweise – abgesehen von gewissen oberflächlichen Ähnlichkeiten – nicht erklären, wieso sich die tamilischen Töpferkasten als Brahmanen betrachten, obwohl sie offenkundig bestimmte klassische brahmanische Normen verwerfen.[18] Man kann damit nicht die faszinierenden Veränderungen erfassen, die ein Kulturheros wie Allama Prabhu, der Liṇgāyat-Dichterphilosoph, bei seiner ›Wanderung‹ durch die verschiedensten Milieus durchmacht.[19] Es sagt uns sehr wenig darüber, warum eine zentrale Institution wie beispielsweise das Königtum auf den verschiedenen Ebenen (Dorf, lokaler Umkreis, überörtliche Region) in erstaunlich ähnlicher Weise funktionierte.[20] Kurzum, es genügt einfach nicht, hierarchische Ebenen in der indischen Tradition zu isolieren und von der sanskritgebundenen zu behaupten, sie halte die übrigen kraft eines mysteriösen Prestiges zusammen. Die integrative Kraft des Brahmanen bedarf weiterer Analyse.

Ich schlage vor, dafür Mythen zu verwenden, die gleichsam quer zur »groß«/»klein«-Unterscheidung liegen. Ich behaupte, daß der brahmanische Anspruch, die Grundlagen der hinduistischen Kultur zu vertreten, zu Recht besteht und daß wir zumindest eingrenzen können, wie dieses Brahmanenprivileg funktioniert und warum es so erfolgreich ist. Die konkrete Analyse der Veränderungen, die ein bestimmter Mythos in verschiedenen sozialen Kontexten erfährt, müßte uns hier weiterbringen. Dafür eignet sich ein Mythos, der die Brahmanen-Problematik als solche anspricht, der aber auch in wichtigen nicht-brahmanischen Varianten (selbst bei Unberührbaren) vorkommt – der berühmte Mythos von Paraśurāma, der Mythos von »Rāma mit dem Beil«, Viṣṇus blutrünstigem sechsten *avatar.* Zwar hat dieser Mythos allem Anschein nach niemals die ungeheure Popularität etwa des Kṛṣṇa- oder des Rāmacandra-Zyklus erlangt, doch ist er in Südindien seit langem beim »Volk« und bei den unteren Kasten in einer Reihe von Varianten verbreitet, die mit dem Kult der Dorfgöttin zusammenhängen. Daß überhaupt der Paraśurāma-Mythos für Zwecke des dörflichen Kults gewählt wurde, ist an sich schon erstaunlich. Und was könnte mehr Licht auf die Dynamik der »groß«/»klein«-Beziehung werfen als ein Mythos, der sowohl in sanskritischen Varianten als auch bei Unberührbaren vorkommt – jeweils mit besonderen Akzentsetzungen und unterschiedlichem Anliegen? Man könnte einwenden, die kleine Tradition sei besser mit einem Mythos zu erfassen, der keine Beziehung zu einer der bekannten Sanskritgeschichten aufweist – falls es einen solchen

Mythos überhaupt gibt. Man könnte etwa an die *vilpaṭṭu*-Lieder denken, die kürzlich von Stuart Blackburn untersucht wurden.[21] Ich behaupte jedoch, daß solche ›reinen Geschichten‹ weder am oberen noch am unteren Ende der Skala existieren und daß die *vilpaṭṭu*-Geschichten, genauso wie die meisten anderen tamilischen Dorferzählungen, keineswegs ohne jeden Bezug zu sanskritischen (oder nach Blackburns Sprachgebrauch »purāṇischen«) Mustern sind.[22] Man unterschätzt nur allzu leicht die Spannweite des literarischen Korpus des Sanskrit.

Tatsächlich hat A. K. Ramanujan die volkstümlichen Paraśurāma-Mythen als eine geeignete Metapher für die »groß«/»klein«-Beziehung angesehen. Hier die Geschichte, die er anführt:

> ... Mariamma was the mother of Paraśurāma ... and wife of Jamadagni, a famous Ṛishi (Vedic seer). She was so chaste in mind that she could carry water in a mass without any vessel, and her wet cloth would fly up into the air and remain there till it was dry. One day, as she was coming home from bathing, some of the Gandharvas, or heavenly singers, flew over her, and she saw their reflection in the ball of water in her hand. She could not help admiring their beauty; and through this slight lapse from the perfect ideal of chastity, she lost her power, the water flowed down to the ground, and her cloth fell from the sky. So she arrived home with no water and with a wet cloth. The Ṛishi questioned her as to the meaning of this and she confessed her fault. Her stern husband ordered her son Paraśurāma to take her into the wilderness and cut off her head. So the son took his mother away, but when they came to the appointed place Mariamma met a Pariah woman, and in her longing for sympathy embraced her in her arms. So Paraśurāma cut off both their heads together and went back in great sorrow. His father promised him any reward he chose to ask in return for his obedience: so Paraśurāma asked that his mother might be restored to life. The father granted his request and gave him some water in a vessel and a cane, telling him to put his mother's head on her body, sprinkle the water on her, and tap her with the cane. In his eager haste he put his mother's head on the body of the Pariah woman and *vice versa*, and restored them both to life. The woman with the Brāhman head and Pariah body was afterwards worshipped as Mariamma; while the woman with the Pariah head and Brāhman body was worshipped as the goddess Yellamma. To Yellamma buffaloes are sacrificed; but to Mariamma goats and cocks, but not buffaloes.[23]

Dies ist eine seltsame Geschichte, voller rätselhafter Einzelheiten und vertrauter Motive (von denen das berühmteste die vertauschten Köpfe sind). Auf die Interpretation Whiteheads, der in diesem Mythos ein Symbol für die Synthese von »Arischem« und »Drawidischem« in Südindien erkennen wollte, brauchen wir wohl heute nicht mehr einzugehen; brauchbarer ist Ramanujans Hinweis, die Geschichte könnte die »transpositions in the ›great‹ and ›little‹ traditions«[24] repräsentieren. Doch muß dieser Vorschlag systematisch, im Lichte anderer Versionen der Erzählung, entfaltet werden. Wir werden auf die Dorfversionen und ihren Paria-Kontext noch zurückkommen; beginnen wollen wir am oberen Ende der Skala mit einem Text, der sich selbstbewußt als klassisch versteht.

Ich beabsichtige natürlich nicht, den Weg unseres Mythos durch die vielen Texte zu verfolgen, in denen er überliefert ist – Adalbert Gail hat das mit großer Gründlichkeit in seiner Monographie über Paraśurāma getan. Auch ist hier nicht der Ort, seine ›Wanderungen‹ über Südindien ausführlich zu erörtern. Wir haben das viel begrenztere Ziel, charakteristische Veränderungen in der Geschichte mit Kontextveränderungen in Beziehung zu setzen. Wir werden nicht nach Strukturen im Sinne von Lévi-Strauss suchen, sondern vielmehr nach stabilen semantischen Elementen, die geeignet scheinen, die verschiedenen »Ebenen« der Tradition sowohl zusammenzuhalten wie – anhand ihrer Veränderungen – unterscheiden zu helfen. Zu diesem Zweck habe ich vier Versionen ausgewählt, von denen drei ungefähr demselben Kulturgebiet (Tamil Nadu) angehören: eine klassische purāṇische Version des Mythos; eine lokale tamilische Version aus einem berühmten Heiligtum; den Dorfzyklus (aus dem oben schon eine Probe gegeben wurde); und, gleichsam als »Kontrollgruppe«, eine muslimische Version, die auf Persisch erhalten ist. Diese Liste folgt in etwa einer einfachen hierarchischen Ordnung.

2. Sanskrit-Text: Bhāgavatapurāṇa 9.15-16

Obgleich das *Bhāgavatapurāṇa* verschiedene Elemente der Geschichte umstellt und in eine andere Reihenfolge bringt,[25] bietet es eine hinlänglich vollständige Schilderung, die im wesentlichen der »hohen« purāṇischen Entfaltung der Geschichte folgt. Der viṣṇuitische *(Vaiṣṇava)* Charakter dieser Fassung steht natürlich außer ßer Zweifel (Hinweise auf Śiva fehlen). Die Haltung der *bhakti* bestimmt den ganzen Text. Vergessen wir nicht den Hintergrund des *Bhāgavata:* ein südindisches (fast mit Sicherheit tamilisches)[26] *Vaiṣṇava*-Milieu, das zeitlich noch nicht allzu weit von dem sektiererischen Bruch entfernt ist, durch den der viṣṇuitische *sampradāya* seine Eigenständigkeit erstrebte und erlangte. Daher – wie van Buitenen zeigt[27] – die bewußt »archaisierenden« Tendenzen im Text, der durch einen selbstbewußten Gebrauch der vedischen Sprache sich vedisch zu legitimieren trachtet. Als einziges der *mahāpurāṇas* verrät das *Bhāgavata* die Redaktion einer einzigen Hand (oder einer einheitlichen Gruppe). Der geschliffene, prägnante, häufig elliptische Stil zeigt, daß es aus »hohen«, literarisch gebildeten Kreisen stammt. Was aber machten die gelehrten brahmanischen Autoren, die, angesichts ihrer offensichtlich einigermaßen unsicheren Situation, eine übertriebene Sorge um die Reinheit und den hohen Status des Brahmanen umtrieb, aus dieser Geschichte eines brahmanischen Asketen, der sich in Gewalt und Unreinheit verstrickt?

Sie beginnen mit der bekannten Geschichte von Paraśurāmas ›gemischter‹ Geburt: seine Großmutter war die *kṣatriya*-Prinzessin Satyavatī, seine Mutter die *kṣatriya* Renukā.[28] Damit ist bereits in rein genealogischen Begriffen die Szenerie für Paraśurāmas verwirrende Karriere abgesteckt: Dieser Brahmanenjunge wird sich in einer *kṣatriya*-Rolle bewähren, und zwar ganz gewaltig. Die Autoren des *Bhāgavata* verweisen schon zu Beginn ihrer Erzählung auf dieses Element des Übermaßes in der Laufbahn ihres Helden:

Rāma, who is called a portion *(aṃśa)* of Vāsudeva, the destroyer of the Haihayas, thrice seven times cleared the earth of *kṣatriyas;* he destroyed the evil *kṣatra,* the non-Brahmanical burden on the earth, covered as it was with *rajas* and *tamas,* although their (the *kṣatriyas'*) fault was but a small one (*phalguny api kṛte 'ṃhasi,* 15.15).

Wohl werden die Könige mit den nicht-brahmanischen *guṇas* von *rajas* und *tamas* assoziiert – wie es durchaus naheliegt –, aber ihr Vergehen scheint ihre Vernichtung kaum zu rechtfertigen. Jedenfalls lassen unsere Autoren das von Anfang an durchblicken. Wir werden sehen, daß dies ein Schlüsselthema in dem Mythos bleibt.

Der Erzähler beginnt dann, in größerer Ausführlichkeit die vier Hauptepisoden des Mythos wiederzugeben:

1. *Die Tötung Kārtavīryas.* Der Haihaya-König Arjuna (= Kārtavīryārjuna) hatte von Dattatreya, einem Teil Nārāyanas (!), tausend Arme und praktisch grenzenlose Kräfte empfangen, mit denen er – wie die meisten der bedrohlichen purāṇischen Könige – Mißbrauch trieb. Er kam zum *āśrama* von Ramas Vater Jamadagni, wo man ihn gastfreundlich aufnahm; doch er begehrte die Zauberkuh des weisen Mannes zu besitzen und schickte seine Männer aus, um die Kuh samt ihrem Kalb zu nehmen und in seine Stadt Māhiṣmatī zu führen. Als Rāma von diesem Verbrechen erfuhr, war er empört *(cukrodha)* wie eine getretene Schlange; er nahm sein furchtbares Beil *(paraśu)*, seine Rüstung, Pfeil und Bogen und eilte gen Māhiṣmatī, um dem König zu folgen. Als Arjuna seiner ansichtig wurde – ein Weiser, gekleidet in Tierfell, strahlend wie die Sonne mit seinen langen, dichten Haaren, bewaffnet mit Bogen, Pfeilen und Beil –, erschrak er und schickte ihm sein ganzes Heer entgegen; aber Rāma, begabt mit der Kraft des Geistes und des Feuers *(mano'nilaujas)*, hieb sie alle in Stücke, so daß sich der Boden in einen blutgetränkten Sumpf verwandelte. Da stürzte sich Arjuna selbst in den Kampf und schleuderte Berge und Bäume gegen seinen Feind; doch Rāma hieb ihm mit seinem scharfen Beil die tausend Arme und den Kopf ab.

Dann kehrte Rāma mit der unglückseligen Kuh nach Hause zurück, um seinem Vater und seinen Brüdern von seiner erfolgreichen Rache zu berichten. Man fragt sich, ob ihn die mißbilligende Reaktion seines Vaters erstaunt oder enttäuscht:

»O Rāma, Rāma, great-armed one – you have committed an evil deed *(pāpa)* by slaying, for nothing, a king who comprises all the deities. We are Brahmans, my son, revered for our patience *(kṣamā)* ... the Lord, Hari, is pleased with those who are patient. The slaying of an anointed king is more serious than the killing of a Brahman. Expiate your evil in a pilgrimage«. (Bhāgavata 9.15,41).

Solchermaßen von seinem Vater gezüchtigt, ging Rāma – stets der gehorsame Sohn – ein Jahr lang auf Wanderschaft und besuchte heilige Stätten.

2. *Der Muttermord.* Reṇukā, die Mutter Rāmas, ging hinab zum Ganges, wo sie den Gandharva-König Citraratha gewahrte, wie er mit den himmlischen Nymphen spielte und scherzte. Sie fühlte sich ein wenig zu Citraratha hingezogen (*kiṃcic citrarathaspṛhā,*

16.3) und vergaß darüber, daß es Zeit zum Opfer war. Als sie endlich zurückeilte, war es bereits zu spät: Ihr Gatte hatte alles geahnt, was geschehen war, und befahl seinen Söhnen, ihre verruchte Mutter zu erschlagen. Nur Rāma tat, wie sein Vater befohlen hatte: Er tötete seine Mutter sowie seine ungehorsamen Brüder, die sich geweigert hatten, den grausigen Befehl Jamadagnis auszuführen; aber er tat es, weil er die Fähigkeit seines Vaters zu *samādhi* und *tapas* kannte, und mit der Absicht, diese Kräfte zu gebrauchen, um die Folgen seiner Tat rückgängig zu machen. Und als ihm sein Vater, hocherfreut über Rāmas blinden Gehorsam, einen Beweis seiner Gnade versprach, bat Rāma ihn darum, die Toten wieder zum Leben zu erwecken, ohne eine Erinnerung an ihr gewaltsames Ende von seiner Hand. Und so standen Reṇukā und Rāmas Brüder wieder auf, als ob sie geschlafen hätten.

3. *Jamadagnis Tod und der Kampf mit den Söhnen des Kārtavīrya.* Nach dem Tod ihres Vaters hatten die Söhne Arjunas keinen Frieden. Eines Tages, als Rāma mit seinen Brüdern in den Wald gegangen war, überfielen sie den *āśrama* und töteten Jamadagni, der in der Hütte saß, wo das Opferfeuer brannte, versunken in seine Meditation über Gott. Reṇukā zerriß verzweifelt ihre Kleider und rief nach ihrem Sohn Rāma. Er eilte zurück und fand seinen Vater erschlagen, und er wurde verwirrt vor Kummer, Gram und Trauer (*tadduḥkharoṣāmarṣārtiśokavegavimohitaḥ*, 16.16). Er ließ den Leichnam seines Vaters bei seinen Brüdern, nahm sein Beil und eilte, entschlossen, allen *kṣatriyas* den Garaus zu machen, nach Māhiṣmatī, wo er aus den abgeschnittenen Köpfen von Arjunas Söhnen einen großen Berg auftürmte. Er schuf auch einen furchtbaren Fluß, in dem Blut floß; und nachdem er die *kṣatriyas* einundzwanzigmal vernichtet hatte, schuf er Seen aus Blut in Samantapañcaka.

4. *Das Geschenk der Erde.* Nach Hause zurückgekehrt, fügte Rāma den Kopf seines Vaters dem Leib wieder an und brachte Gott ein großes Opfer dar, bei dem er die ganze Erde an die brahmanischen Priester verteilte (den Osten an die *hotṛ*, den Süden an die *brahman*, den Westen an die *adhvaryu*, den Norden an die *udgātṛ*, die Gebiete dazwischen an die übrigen, das Zentrum an Kaśyapa, Āryāvarta an die *upadraṣṭṛ*, den Rest an die *sadasyas*). Danach vollzog er das *avabhṛtha*-Bad im Fluß Sarasvatī und

wurde dadurch von dem ihm noch anhaftenden Bösen *(kilbiṣa)* befreit. So erhielt Jamadagni seinen Leib zurück und stieg als einer der Sieben Weisen in den Himmel auf.[29] Der lotusäugige Rāma aber setzte sich zur Ruhe: Im künftigen Manvantara wird er vedische Rede *(vartayiṣyati bṛhat)* enthüllen, doch in der Zwischenzeit wohnt er auf dem Berge Mahendra, die Arme zur Ruhe gelegt *(nyastadaṇḍaḥ)*, während seine Gedanken still geworden sind *(praśāntadhīḥ)*; Siddhas, Gandharvas und Cāraṇas künden im Gesang von seiner Geschichte.

Welchen Sinn hat diese blutrünstige Geschichte vom rächenden Brahmanen? Wie passen die verschiedenen Teile zueinander? Forscher haben im allgemeinen den anomalen Charakter dieses Mythos betont: Paraśurāma ist ein höchst unbrahmanischer Brahmane, eine so unglaublich extreme Ausnahme, daß er gerade dadurch die Regel beleuchtet und bestätigt. Robert Goldman hat den Mythos mit den sogenannten »Bhārgava«-Stoffen in Zusammenhang gebracht, die den Epen bekannt sind und sich durch eine höchst problematische Vorliebe für blutrünstige Themen auszeichnen. Nach Goldmans Ansicht ist die Assimilierung dieser Geschichten an die epische Tradition des Sanskrit das erste nachweisbare Beispiel einer Sanskritisierung.[30] Diese Überlegung könnte hilfreich sein, wenn wir nur wüßten, was »Sanskritisierung« am Ende des ersten Jahrtausends v. Chr. bedeutete. Madeleine Biardeau, die diesem Mythos in seinen verschiedenen Versionen eine Reihe bedeutender Studien gewidmet hat, sieht in Paraśurāma eine typische Verkörperung des avatār, der ihrer Ansicht nach stets eine paradoxe Kombination aus Gegensätzen ist (schöpferisch und destruktiv, Brahmane und *kṣatriya*, »viṣṇuïque« und »rudraïque«). Doch diese Entfaltung der avatār-Thematik ist laut Biardeau nur die eine Seite des Mythos; die andere, nicht weniger eindringliche, besteht in der Warnung, daß der wahre Brahmane der Gewalt in jeder Form abschwören muß. So verweist Jamadagnis passives Erdulden des Todes auf seine Verwandlung vom zunächst zornigen, *kṣatriya*-artigen Weisen, der den Befehl zur Hinrichtung seiner Frau geben kann, zu einem wahren Musterbild brahmanischer Tugenden.[31] Biardeaus Interpretation ist aus textlichen Gründen von Gail[32] und van Buitenen[33] angegriffen worden. Letzterer legte auch eine sehr überzeugende Rekonstruktion der textlichen »Vorgeschichte« der Geschichte vor, die auf ihren Verbindungen zur Erzählung von

Aurva im ersten Buch des *Mahābhārata* beruht.

Da die Aurva-Geschichte so eng mit dem Paraśurāma-Mythos verbunden ist, sei sie hier kurz zusammengefaßt.

There was a king called Kṛtavīrya, who gave rich gifts to the Brahman Bhṛgus. When he died, his impoverished relations demanded that the Bhṛgus return some of this wealth; but some of these Brahmans buried their treasure in the earth, and others gave it away to other Brahmans. One day one of the kings uncovered some of this wealth by chance, while digging in the earth in the home of one of the Bhṛgus. At this the kings ranged over the entire earth, slaughtering the Bhṛgus everywhere down to embryos in the womb. One of the Bhṛgu wives hid her unborn child for a hundred years in her thigh, so that her husband's line might not be wiped out. When the *kṣatriyas* found her at last, the child burst from her thigh *(ūru)* in a blinding light which robbed the kings of their vision. They begged the young Bhārgava to pardon them, and he gave them back their sight.

But this Bhārgava – known as Aurva, since he was born from his mother's thigh – was still filled with burning anger, and he strove to bring about the destruction of the entire world. At length his ancestors appeared from the world of the fathers and pleaded with him to restrain his wrath: they had not died helplessly, so they informed him, at the hands of the *kṣatriyas,* but had, in fact, engineered their own massacre through weariness with their long lives on earth. Aurva remained angry: whatever the Bhṛgus' motivation may have been, he could not make peace with a world in which kings and rulers had not endeavoured to save his ancestors. However, pressed by the fathers, he at length cast his anger into the ocean, where it burns the waters in the form of a great horse's head. (*MBh* 1.169-171).

Der Kampf zwischen Brahmanen und *kṣatriyas* im Paraśurāma-Zyklus, symbolisiert durch die Gewalttätigkeit eines Bhārgava-Nachfahren gegen die Familie eines *»Kṛtavīrya«*, tritt uns hier in allen wesentlichen Einzelheiten entgegen,[34] zusammen mit einem thematischen Muster, welches frappierende Ähnlichkeit mit dem Paraśurāma-Mythos aufweist: Aurvas Ungeduld mit einer unvollkommenen Welt, einer Welt, in der Väter von übermächtigen Herrschern grundlos erschlagen werden, erinnert an das Aufbegehren des halbwüchsigen Paraśurāma gegen *alle* Könige der Welt. Entscheidend ist dabei offensichtlich, daß der Protagonist ein (junger) Brahmane ist, der seine angeborene Gewalt in den Dienst eines gefährlich totalistischen (vielleicht sogar idealistischen) Zieles stellt. In beiden Fällen steht nicht weniger auf dem Spiel als der Fortbestand des Lebens auf der Erde.

Wenn wir jedoch noch einmal einen Blick auf die oben zusammengefaßte *Bhāgavata*-Version werfen, so sehen wir, daß Biardeau recht hat, wenn sie den anomalen, gewalttätigen Brahmanen-Helden als ein Kernproblem des Mythos ansieht. Man spürt das sogleich an der liebevollen, quasi-ikonischen Beschreibung des wilden Brahmanen mit dem dichten Haar und den furchtbaren Waffen, der in die Stadt seiner Feinde einzieht.[35] Irgend etwas hat die Autoren unseres Textes hieran offenbar fasziniert. Man erkennt dasselbe Motiv in der schockierten, geradezu rührenden Reaktion Jamadagnis gegenüber seinem Sohn, der anscheinend noch in einem Ton ermahnt werden muß, mit dem man für gewöhnlich zu einem noch unaufgeklärten Kind spricht: »*Wir* sind Brahmanen, mein Sohn ...« Die Handlungen Rāmas entsprechen zweifellos nicht dem brahmanischen Ideal (und verraten sein *kṣatriya*-Erbe). Der Mythos berichtet von einem schwerwiegenden Verstoß, oder besser gesagt: von einer ganzen Reihe von Verstößen gegen die wohlbegründeten brahmanischen Werte der Gewaltlosigkeit und Distanziertheit. Und doch: Wirkt dieser Krieger, der ganz ungeniert die ihm zuteil gewordene brahmanische Kraft ausnutzt, nicht brahmanisch? Wir hören sogar, daß Paraśurāma »die Kraft des Geistes und des Feuers« besitzt. Die Kraft ist offenbar dazu da, genutzt zu werden. Die Frage ist nur, wie man ihre blutige Umsetzung zu beurteilen hat.

In diesem Zusammenhang sei auf die Farbgebung der Geschichte hingewiesen – auf die intensiven Rot- und Gelbtöne (die blutgetränkte Erde; der Fluß aus Blut in Māhiṣmatī; die Blutseen in Samantapañcaka; der strahlende Glanz des zornigen Rāma, der den Kampfplatz betritt; das Opferfeuer, bei welchem er seine Untaten sühnt) und als Kontrast zu diesen kräftigen Farben die ruhigeren Töne anderer Szenen (das friedliche Grün der Einsiedelei, der Ganges, an dessen Ufer Reṇukā Citraratha erblickt, Rāmas letzte Zuflucht auf dem Berg Mahendra). Es ist, als ob die gewalttätigen Ereignisse in der Geschichte immer wieder durch die trügerisch stille Oberfläche durchbrächen. In dieser Hinsicht ist die Ähnlichkeit zwischen Rāmas Kämpfen und der Reṇukā-Episode besonders schlagend: die Gewalt, die sich – zu Recht oder zu Unrecht – *außerhalb* der Einsiedelei ereignet, bricht plötzlich *in ihrer Mitte* auf, mit entsetzlichen, wenn auch nicht ganz irreversiblen Folgen. Rāmas Vernichtung der *kṣatriyas* und sein Muttermord scheinen also parallel zueinander zu verlaufen, und zwar in einer Weise, die vielleicht ihre Verknüpfung im Mythos erklärlich macht und uns einen gewissen Einblick in die Vorstellung erlaubt, die die Autoren mit dieser Geschichte verbanden.

In unserem Text wie auch in seiner ›Urfassung‹ in *MBh* 3.115-116 (ja überhaupt in der ganzen Sanskrit-Tradition) bleibt der Mord an Reṇukā im großen und ganzen unentwickelt – so sehr, daß es schwerfällt, die Einstellung der Autoren dazu zu ermessen. Immerhin gibt es einen verräterischen Zusatz zu der Wiedergabe der Geschichte in unserem Text. Nicht nur wird ausdrücklich festgestellt, daß Paraśurāma über die Macht seines Vaters – ihn zu verfluchen? die Toten zum Leben zu erwecken? – Bescheid wußte, sondern die Episode schließt auch mit einer Überlegung, die denselben Gedanken noch einmal wiederholt: »Knowing the powers of his father's tapas, Rāma slew his relatives« (*pitur vidvāṃs tapovīryam rāmaś cakre suhṛdvadham*, 16.8). Es bleibt ungewiß, ob Rāma einfach Angst vor der Fähigkeit seines Vaters hat, ihn zu bestrafen, oder ob er darauf baut, daß sein Vater die Folgen seines (Rāmas) Gehorsams rückgängig machen wird, oder ob beides zutrifft. Der tiefere Sinn der Stelle scheint in jedem Falle eine Ambivalenz gegenüber dem Muttermord zu sein. Wir werden noch sehen, wie dieser Gedanke in den volkstümlichen Varianten entwickelt wird. Was die übrigen Gewalttaten Rāmas betrifft, so kann über die Ambivalenz, die sie hervorrufen, kein Zweifel bestehen. Im *Bhāgavata* geht dies aus der Notwendigkeit hervor, daß Rāma sühnen muß, und zwar durch ein Opfer, bei welchem er die ganze Erde fortgibt. Sogar dieser Vorfall ist problematisch, denn die *dharma*-Literatur verbietet ausdrücklich, die ganze Erde als Opfergabe hinzugeben, auch wenn solche Opfer in anderen Geschichten bezeugt sind.[36] Aber der ganze Umfang des Widerstandes gegen Rāmas blutrünstige Rache wird in anderen Versionen deutlich, in denen die *pitṛs*, der endlosen Blutopfer überdrüssig, die Rāma ihnen aufgezwungen hat, ihn bitten, von seiner Rache abzulassen – genauso wie die *pitṛs* von Aurva verlangen, daß er seinen tödlichen Zorn ablege.[37]

Dies alles scheint Biardeaus Interpretation zu stützen, die die Geschichte als »Warnung« versteht: Der gewalttätige Brahmane wird verurteilt und zuletzt verwandelt (Jamadagni entledigt sich seines Zorns und läßt sich erschlagen, ohne Widerstand zu leisten; Rāma zieht sich, nachdem er den Seelenfrieden gefunden hat, in seine Bergeinsamkeit zurück). Aber selbst wenn wir uns auf diese beiden Beispiele beschränken, bleibt die Stoßrichtung der Geschichte unklar. Wir wissen, daß Rāma die beunruhigende Angewohnheit hat, wieder zu erscheinen, und zwar in seiner alten, gewalttätigen Gestalt, nicht im mindesten friedlich geworden *(praśānta)*[38] – so, als ob die scheinbare Lösung des Mythos in der *Bhāgavata*-Version nicht ernst zu nehmen wäre. Und wenn wir Jamadagnis Tod betrachten, den angeblichen Beweis dafür, daß er das traditionelle Brahmanenideal letztlich doch akzeptierte: liegt darin nicht ein erhebliches Maß an Ironie – der friedliche Weise, in dessen passivem Hinscheiden sich die gewalttätige Torheit seines königlichen Mörders widerspiegelt? Man denke beispielsweise an Vasiṣṭhas Widerstand gegen die heftigen Attacken des *kṣatriya Viśvāmitra,* ein Widerstand, wie er einem Brahmanen durchaus geziemt.[39] Außerdem hat der Tod seines Vaters nur den Effekt, Öl in die Flammen von Paraśurāmas Zorn zu gießen. Irgend etwas stimmt an der Geschichte nicht. Es bleibt eine bohrende, ungelöste Schwierigkeit, die eine theoretisch harmonische Auflösung jederzeit über den Haufen werfen kann – gerade so, wie die blutigen Ereignisse, von denen der Mythos erzählt, immer wieder durch die oberflächliche Ruhe hindurchbrechen.

Und in der Tat: Wäre das nicht der Fall, so wäre der Mythos wohl eines wohlverdienten Todes gestorben, lange bevor sich die brahmanischen Autoren des *Bhāgavata* an ihre Aufgabe machten. Ich möchte die These vertreten, daß unser offenbar anomaler Brahmanen-Krieger in einem zugegebenermaßen abstrakten und übertragenen Sinne, wie er dem indischen Mythos entspricht, auch als Vorbild verstanden werden kann. Paraśurāma stellt einen dauernden brahmanischen Konflikt in extremer Weise dar: einerseits Selbstbeherrschung, Reinheit, Gewaltlosigkeit, Distanziertheit, andererseits angeborene Kraft und die immer aufs neue wiederkehrende Versuchung, diese Kraft für die gewaltsame Durchsetzung einer Vision zu gebrauchen. Der gewaltsame Brahmane ist eine viel zu gängige Gestalt, um als rein anomal betrachtet werden zu können. Die historisch belegten königlichen Dynastien in Südindien, die brahmanischer Abstammung zu sein behaupteten, sind – wie übrigens auch die militanten Asketenorden im mittelalterlichen Norden Indiens – ein beredtes Zeugnis für die Macht dieser scheinbar paradoxen Gestalt.[40] Der Mythos besagt, daß der Brahmane niemals völlig frei von Gewalt sein kann, aber er sagt nichts über die genaue Beschaffenheit dieser

Gewalt: Ist es die unentrinnbare Gewalt des Opfers, das den brahmanischen Priestern zukommt? Oder ist es (wie eine verbreitete purāṇische Auffassung will[41]) die Gewalt, welche die brahmanischen Ideale – absolute Reinheit, völlige Distanziertheit – dem tätigen Vollzug des Lebens auf Erden zufügen?[42] Wir haben bereits bemerkt, wie sich der Aurva- und der Paraśurāma-Mythos in dieser »anti-idealistischen« Position zu treffen scheinen. Sowohl der Muttermord als auch die Vernichtung der *kṣatriyas* – ersterer resultierend aus dem blinden Gehorsam gegen eine väterliche Autorität, die im Dienste eines übermenschlich strengen Ideals weiblicher Keuschheit geübt (oder besser gesagt: mißbraucht) wird, letztere beruhend auf einem nicht minder absolutistischen Maßstab für die Welt – spiegeln, so gesehen, inhärente, problematische Aspekte der Brahmanen-Identität wider. Weder das Ideal noch die Kompromisse können letztlich preisgegeben werden.

Vielleicht verstehen wir jetzt, warum der Paraśurāma-Mythos als eine Art symbolischer »Schlüssel« zum *Mahābhārata* dienen könnte.[43] Die Seen von Blut in Samantapañcaka sind (an der Grenze zwischen dem Tretā- und dem Dvāpara-*yuga*) sowohl geographische als auch thematische Vorläufer der blutigen Schlacht, die während des Mahābhārata-Krieges an eben diesem Ort »Kurukṣetra« stattfindet. Paraśurāmas Schwanken zwischen dem brahmanischen Ideal der friedlichen *persona* und der Identität des kriegerischen *kṣatriya* verweist auf den im Epos wiederholt auftauchenden Konflikt zwischen dem mit Gewalt und Opfer verbundenen *dharma* (besonders dem königlichen *dharma*) und der universalistischen Tendenz zur Weltentsagung. Und Paraśurāma ist ebensowenig fähig, diesen Konflikt zu lösen, wie Yudhiṣṭhira. Der Unterschied liegt in Paraśurāmas Identität als Brahmane – der Konflikt ist in sein Erbe in einer Weise eingebaut, wie dies bei Yudhiṣṭhira nicht der Fall ist. Und wenn der König, zumindest zeitweilig, gezwungen werden kann, sich mit seiner Rolle abzufinden, d. h. zu herrschen, wenn auch widerstrebend, und die Last des Bösen zu tragen, die daraus erwächst, scheint der Brahmanen-Krieger niemals Ruhe zu finden.[44] Wieder und wieder säubert er die Erde von Königen, um dann den für ihn peinlichen Preis *in toto* den Priestern zu vermachen. Jedesmal heißt es »alles oder nichts« – oder, wenn wir die Geschichte als ein Ganzes nehmen, »alles *und* nichts« – in einem paradoxen, unablässigen Ringen mit den Anforderungen der Wirklichkeit und des Ideals.

Wir werden auf diese Probleme zurückkommen, nachdem wir unsere anderen Versionen durchgesprochen haben. Vorderhand können wir uns fragen, ob es an der Sanskrit-Version, die wir zitiert haben, irgendwelche typisch brahmanischen Züge gibt. Man kann eine Antwort auf diese Frage dadurch versuchen, daß man die Neuerungen des Textes (gegenüber früheren Versionen wie etwa der des *MBh*) prüft; die am meisten ins Auge springende ist sicherlich die Wiedererweckung Jamadagnis und sein Aufstieg in den Himmel.[45] Jamadagnis Schicksal im *Bhāgavata* verläuft also parallel zum Schicksal seiner Frau in der früher zitierten volkstümlichen Version. In beiden Fällen gelingt es Paraśurāma, den Toten zum Leben zu erwecken, und in beiden Fällen hat die auferstandene Gestalt eine unsichtbare Schranke überschritten, die sie von der Menschheit trennt – Jamadagni gesellt sich den Sieben Weisen im Himmel zu, Reṇukā wird eine Dorfgöttin. Diese Parallelität hat nichts Geheimnisvolles. Es ist nämlich durchaus möglich, daß die Autoren des *Bhāgavata* – vermutlich waren sie selber tamilische Dorfbewohner – eine Version kannten, die mit unseren aufgezeichneten Volksmythen verwandt war und die sie benutzten, wobei sie lediglich das Geschlecht der wiedergeborenen, vergöttlichten Gestalt veränderten. Und doch hat bereits dies weitreichende Folgen: In krassem Gegensatz zum Dorfmythos, der von »tragischen« Untertönen geprägt bleibt – die gefährliche, nach Blut dürstende Göttin sieht uns am Ende der Erzählung mit einem starren, unversöhnlichen Blick an –, haben die Autoren des *Bhāgavata* ein typisch purāṇisches »happy end« erfunden. Die gegen den reinen Brahmanen Jamadagni gerichtete Gewalt hat eine völlig andere Bedeutung; selbst die bösen Taten seines fanatischen Sohnes werden durch das Opfer gesühnt, und Paraśurāma ist, zumindest zeitweilig, als ruhig dargestellt. Außerhalb der purāṇischen Versionen hat Paraśurāma, wie Aśvatthāman, das Zeug zu einem tragischen Helden, der aus den richtigen Motiven die falsche Entscheidung trifft und die furchtbaren Konsequenzen seiner Handlungsweise auf sich nehmen muß.[46] Der Sanskrit-Text sucht jedoch einen Schluß, in welchem der Konflikt zumindest teilweise überdeckt und zurückgedrängt ist. Dieselbe Tendenz bekundet sich auch auf andere Weise, z. B. in dem eigentümlich verhaltenen Protest gegen Paraśurāmas Extremismus. Nur andeutungsweise gibt der Text seine Mißbilligung gegenüber dem Muttermord und der Rache an den Königen zu erkennen. Es handelt sich also um einen extremen inneren Konflikt, der aber nur in höchst ambivalenten Begriffen formuliert ist, während die Reinheit und Friedlichkeit des Schlusses der Geschichte das Fehlen einer wirklichen Lösung verdeckt. Die treibende Kraft hinter all dem ist der auf dem Brahmanen lastende innere Druck, rein zu sein, seine Unzufriedenheit mit den Spannungen, die seine eigene Tradition so schlagend enthüllt hat.

3. Tempel-Version: Kāñcippurāṇam 45-46

Können wir die *Bhāgavata*-Version als eine Art »klassische« purāṇische Umgestaltung der Geschichte ansehen, so ändert sich die Situation dramatisch, wenn wir uns in ein lokales Milieu begeben. Unsere zweite Version des Mythos stammt aus dem *Kāñcippurāṇam* des Civañāṉayokikaḷ, einem Text, der der Verherrlichung der heiligen Śaiva-Stätten in Kāñcipuram und der Deutung der Śaiva-Rituale dient. Das zentrale Śaiva-Heiligtum in Kāñci, Ekāmbareśvara[47], erscheint als Brennpunkt aller Mythen dieser Stadt. Und so befinden wir uns nach wie vor in einer durchaus brahmanischen Umwelt, in der unübersehbaren Gegenwart brahmanischer Gelehrter und Tempelpriester. Der aus dem 18. Jahrhundert stammende Autor unseres Textes, Civañāṉayoki, war andererseits – wie die meisten der tamilischen Śaiva-Siddhāntin-Gelehrten – ein Veḷāḷa, d. h., er gehörte der führenden agrarischen (und natürlich nicht-brahmanischen) Kaste in Tamil Nadu an. Manche Forscher haben in der mittelalterlichen Śaiva-Siddhānta-Bewegung generell den bewußten Versuch einer nicht-brahmanischen kulturellen und sozialen Selbstdarstellung sehen wollen.[48] Ich kann diese Einschätzung zwar nicht teilen, doch ist es immerhin möglich, unserem Text eine Mittelstellung zwischen dem *Bhāgavatapurāṇa* und den Paria-Mythen einzuräumen, jenen Mythen, die uns noch beschäftigen werden. Zugespitzt formuliert: Wir haben hier einen Veḷāḷa-Mythos vor uns, d. h. eine tamilische Anpassung eines wichtigen Sanskrit-Mythos an die kulturellen Gegebenheiten eines nicht-brahmanischen Milieus. Die Wahl der Sprache – Tamil statt Sanskrit – ist somit an sich schon bezeichnend.

Das *Kāñcippurāṇam* erzählt die Geschichte Paraśurāmas in zwei Gesängen, in welchen die natürliche Reihenfolge der Ereignisse umgekehrt wird: Gesang 45 beschreibt Paraśurāmas Kampf mit Kārtavīrya und den *kṣatriyas,* Gesang 46 befaßt sich mit den vorangegangenen Ereignissen, nämlich dem Muttermord und dem Tode Jamadagnis. Diese Umkehrung spiegelt möglicherweise die relative Bedeutung der beiden im Text beschriebenen Nebenheiligtümer wider – Paracirāmeccaram und Ireṇukeccaram. Wie wir sehen werden, ist das zweite Heiligtum ein »Volks«-Heiligtum innerhalb eines brahmanischen Tempelkomplexes und von den Priestern mit etwas schelen Augen angesehen. Bei der Nacherzählung der beiden Gesänge habe ich die »ursprüngliche« Reihenfolge im Interesse der Kohärenz wiederhergestellt (einer Kohärenz, die auch der tamilische Autor trotz seiner anderen Anordnung gespürt haben muß, wie konfus diese uns auch vorkommen mag!). Dadurch kann man auch diese Version mit den anderen besser vergleichen. Ich beginne also mit Gesang 46:

Reṇukā, the daughter of King Varma, was the ultimate in earthly beauty. She married Jamadagni and lived a flawless, chaste domestic life with him. One day she was seen by Kārtavīrya – by the power of *karma* – when she went to fetch water. He was immediately seized by desire, but she had her eyes fastened on the ground and thus failed to notice him. He then hovered in the sky above the lake, and Reṇukā, at last, caught sight of him. Then Kāma revealed his power to a slight extent: but the good lady at once forced her mind back to the way of truth, filled her pot with water, and headed home.

But her husband in his wisdom had divined the reason for her delay – the action of that cruel idiot, Kārtavīrya. Angry as the mare's-head fire,[49] he turned to his son: »O glorious Rāma – that poisonous Kārtavīrya has approached your mother lustfully, desiring her beauty which is as great as the sea. With his youth, his kingly power, and his incurable foolishness, he will now come to take her, thinking nothing of us. Go and quickly cut off her head!«

Rāma obeyed the word of his *guru* and went out, taking his mother. Sorrow it is to be born a woman; even greater sorrow, to be young; even greater, to be endowed with beauty; even greater, to be the refuge of those who seek boons!

Rāma cut off his mother's head with his sharp sword and returned to bow at the sage's feet. Said Jamadagni in his grief: »Today I have seen that you are indeed the son of a *kṣatriya* princess, and that you love me. You have accomplished my command. Matricide, however, is not a good thing *(tāykŏlai naṉmaiy aṉṟu);* the world will condemn it. So now follow this command: go there and join her head to her body; worship her golden feet, praise her, and say, ›Mother, go wherever you may wish‹. Remove her thus from that place, and return.«

Jamadagni thought to himself: »Anger makes for bad *karma.* Anger destroys good characteristics, *tapas,* and vows; anger ruins knowledge. There is no enemy worse than anger«. So he abandoned his anger and was dwelling in peace and quiet when that evil king (Kārtavīrya), having heard all that had happened, cut off his head and went away.

Restored to life by her son, Reṇukā was stricken by grief at the loss of her good husband. She went to Kāñci, where her son had worshipped, and set up a *śivaliṅga* there. Śiva and Pārvatī appeared to her. Said Reṇukā: »I have been disgraced; now you must protect me. They say a husband is sweeter than anyone else, and that he is master of his wife's body. Śiva is husband, father and mother to all living beings. My husband instructed me in these things day after day. You are like him; numberless are those who have been saved by worshipping you. Now that I have fallen from high estate to innumerable sorrows, let me flourish as a deity worshipped by the people; let me give them their delights (*pokam* = Skt. *bhoga*).« In this way Reṇukā became a divinity *(tĕyvatam),* equipped with serpent-ornaments, shield and sword, surrounded by Potarācaṉ and other attendants in Kāñcipuram; she grants low-caste people their desires in the Kaliyuga.

Die erschreckende Fortsetzung dieser Ereignisse wird in dem längeren, heiteren Gesang 45 erzählt:

Viṣṇu was born through Bhṛgu's curse as the son of Jamadagni and Reṇukā; obeying his father's command as *dharma,* and because of her own fault, he killed the mother who had given him birth und nurtured him. Thus he suffered an unhappy fault; but, by the sage's grace, he revived her. Jamadagni joyfully abandoned anger and entered *samādhi,* in which state he was slain by the enraged Kārtavīrya.

Now Rāma was furious; he wished to destroy the entire race of kings. He went to Kāñci and worshipped Śiva, his senses controlled, absorbed in *tapas.* The god felt pity for him and came down to earth as an Untouchable Pulaiyaṉ, a slaughterer of cows – wearing leather sandals, a tattered garment, und with a body darker than darkness itself – together with Umā, Gaṇapati and Murukaṉ, and with the four Vedas as sharp-clawed dogs.

He approached the young Brahman at noon, as he was beginning his rites on the riverbank. Rāma, who was concentrating his mind on worship, suddenly became drunk on the smell of toddy. When he saw the approaching Untouchable, he waved at him with the flowers he had brought for worship, hoping to scare him off; but the Pulaiyaṉ came ever nearer to that pure sage. Now Rāma addressed him angrily: »What impudence is this, you low-down Pulaiyaṉ, eater of cow-flesh, you who are far from *dharmic* truth? Do you think there is no one here to use force against you?«

Śiva set the dogs on him, and Murukaṉ and Gaṇeśa seized his hands;

Pārvatī intervened, saying, »O poor Brahman beggar – you are in trouble now«. And Rāma was enraged: »Why did you touch me? This is not *dharma;* it is evil for you!« Said Śiva: »Can you say if the evil is yours or mine? Who are you anyway? You look as if you are related to me.«

»What are you saying?« cried Rāma; »I am the good son of Jamadagni; you are a Pulaiyaṉ. Are you not ashamed to pretend that you are related to *me*?« »If you are indeed the son of the incomparable Jamadagni,« replied the Untouchable, »then we are *extremely* closely related – no doubt about that. Your mother Reṇukā is very much beloved by my flawless wife – therefore I love you too!«

By this point Rāma was beside himself with fury. »There is no punishment for you, who spoke thus to a Brahman, except to have your tongue cut out«. Said Śiva: »Evil one, you who willingly committed the horrible crime of killing your mother – cut out my tongue if you are able, cut off my head. Listen, shameless one: who would not embrace a relative? Even if one's relatives are as sour as the tamarind, a sophisticated person will not abandon them«. And again he set his dogs upon Rāma, who took up his staff and threw it at the lord; Gaṇeśa cut it in two. The god who danced with Kālī was angry now: »You son of a Pulaiyaṉ's maidservant, you threw your staff at my son; you have no mercy *(aruḷ)*, you were not even afraid of matricide. I shall kill you at once«. As he approached the sage, Rāma took to his heels in fear, but the moon-crested god pursued him and touched him with his hand. At this touch, Rāma's hairs bristled in great joy, though he was confused and anxious because of the pollution he had incurred. »Alas«, he cried, »I have been seized by a Pulaiyaṉ, with whom one should not even speak! I and my *tapas* are ruined«.

Śiva addressed him: »You claim to belong to a family of flawless Brahmans – but you are the lowest of Brahmans *(pārppaṉakkaṭaiyaṉ)*, lower than me; my work entails destruction, but you slew your thinwaisted mother. You are lower than the low; you are my servant. Rejoice, for I shall support you«. So spoke the god, and Rāma, angry as a serpent, struck the lord with his lotus-like hands. The god slapped him on his face, bound his hands and legs, and kicked him far away under a thickly-leafed tree.

Rāma opened his eyes and lamented his lot: »I was born in the family of the best of Vedic Brahmans; I studied the Veda, Vedāṅgas, and logic, and all kinds of weapons. Now, through evil *karma* from a former birth, I must suffer. I beheaded my mother, and I bear the disgrace *(paḻi);* my father died at the hands of that foolish king. On top of this, I have been touched and humiliated by that Pulaiyaṉ. How is it that I am still alive? They say that those who praise Śiva feel no sorrow; but, strange to say, though I cling to his feet, I see no end to my disgrace. I have erred greatly; let me now praise Śiva again and remove my fault«.

Hearing his praises sung by the sage, the lord was pleased and revealed his true form together with Pārvatī and their sons. Rāma sank into a sea of joy and confusion. He asked Śiva for the power to destroy the race of him who killed his innocent father, so that he might offer his blood to his father. Śiva glanced at his axe, which created a portion of itself; this weapon Śiva bestowed on Rāma along with the name ›Paraśurāma‹. The god disappeared after promising that he would grant boons to those who worshipped him there on Mondays. Rāma, filled with anger, slaughtered the anointed kings, performed his obligation to his fathers with rivers of blood, and experienced true bliss *(iṉpam)*.

Es sollte auf Anhieb deutlich sein, daß wir uns in ein kulturelles Umfeld begeben haben, das sich von dem des Sanskrit-*purāṇa* erheblich unterscheidet: Die Beschreibung hat, trotz des hohen literarischen Stils, Unmittelbarkeit und Frische – es ist, als habe sich der Autor bewußt das Ziel gesetzt, das nackte Skelett der Erzählung mit menschlichem Fleisch auszufüllen; die farbigen Dialoge bringen die mythischen Figuren auf die Erde herab und enthüllen ihre seelische Komplexität; man spürt die persönliche Anteilnahme des Autors an seiner Geschichte, die Bereitschaft, einen Standpunkt zu beziehen und Werte zu formulieren; die Erzählung ist in das gleißende Mittagslicht Südindiens getaucht, das eine ganz und gar wirkliche Welt enthüllt, und diese Welt ist einer Vielfalt emotionaler Regungen und vor allem der heiteren, reflexiven Haltung ihrer Beobachter ausgesetzt. Die konkrete Gegenwart des Heiligtums und die weniger greifbare, aber nicht weniger reale Präsenz seiner Gottheit prägen das mythische Geschehen. Neben diesen veränderten Akzenten gibt es noch eine Reihe weiterer auffallender Unterschiede zwischen dieser Version und der des *Bhāgavatapurāṇa*. Wir werden die wichtigsten dieser Unterschiede herausarbeiten und dann prüfen, ob sie zusammen mehr ergeben als die Summe der Einzelteile. Gail hat auf die mögliche Abhängigkeit unseres Textes vom *Brahmāṇḍapurāṇa* hingewiesen, wo Paraśurāma einer ähnlichen Prüfung durch den (als Kirāta-Jäger) verkleideten Śiva unterworfen wird.[50] Dies bestätigt einen bekannten historischen Zusammenhang zwischen der Kāñci-Tradition und dem *Brahmāṇḍa*-Text.[51] Gleichwohl ist Civañāṉayoki weit über die einschlägigen Kapitel des *Brahmāṇḍapurāṇa* hinausgegangen; die Begegnung Paraśurāmas mit Śiva in Kāñci hat einen neuen, dynamischen Charakter angenommen, der der Beschreibung im Sanskrit-Text völlig fehlt. Natürlich handelt es sich um eine Śaiva-Version des Mythos, die zwangsläufig mit sektiererischen Veränderungen befrachtet ist. Wenn wir freilich nichts anderes sehen als die auf die Sekte zurückgehende Färbung oder aber den durchsichtigen Versuch, den Kult einer volkstümlichen Göttin in einem Brahmanen-Heiligtum zu legitimieren, bleibt uns die eigentliche Absicht des Autors zweifellos verborgen. Auch die tamilische Version ist noch deutlich in die Probleme verstrickt, welche die Sanskrit-Versionen unseres Mythos ansprechen.

Beginnen wir mit der Muttermord-Episode. Man beachte, daß Reṉukās Schwierigkeiten hier nicht mit ihrem gewöhnlichen Versucher, dem Gandharva-Fürsten Citraratha, in Zusammenhang gebracht werden, sondern mit Kārtavīrya, dem üblichen Widersacher Jamadagnis. Dies strafft die Geschichte und gibt dem Muttermord einen neuen Hintergrund. Das alte Motiv der Rivalität um die Zauberkuh des Weisen ist fallengelassen worden, so daß sich der Konflikt nun ganz allein um die Frau dreht, deren vollkommene Keuschheit die Sicherheit der männlichen Bewohner des *āśrama* verbürgen muß. Hiermit ist ein typisches südindisches Schema in den Mythos eingedrungen.[52] Angesichts dieser Umformung der Geschichte ist es interessant zu beobachten, wie der Text die Verantwortung Reṇukās darstellt: Sie nimmt ihren Versucher zuerst überhaupt nicht wahr – ihr Blick ist dorthin gerichtet, wohin er gerichtet sein soll: auf den Boden. Sie gibt damit eine eindrucksvolle Illustration des südindischen Weiblichkeitsideals. Als sie den Versucher schließlich über sich in der Luft schweben sieht, bedeutet dies, daß sie sich für einen Augenblick nicht in der Hand gehabt hat (wie im *Bhāgavatapurāṇa,* wo sie *kiṃcic citrarathaspṛha* ist). Wie unser Autor mit bewunderungswürdigem Feingefühl feststellt: »Kāma offenbarte ein wenig von seiner Macht« *(kāmaṉuñ ciṟitu taṉ matukai kāṭṭiṉāṉ).* Doch Reṇukā besinnt sich sogleich, zwingt ihren Geist zur Ordnung zurück und schenkt dem König keine weitere Beachtung. Hat sie schwer gefehlt? Nicht einmal ihr Gatte scheint dies in dieser Version der Geschichte zu glauben. Jamadagni erwähnt die in seiner Frau flüchtig erwachte Begierde mit keinem Wort, doch können wir aus seiner Panik einen gewissen Mangel an Vertrauen herausspüren – so als ob er sich nicht völlig sicher wäre, daß Reṇukā diese Prüfung noch einmal bestehen würde, wenn sie dem leibhaftigen Kārtavīrya im Inneren des *āśrama* gegenüberstünde. Doch wird das nirgends ausdrücklich gesagt, selbst dann nicht, als Jamadagni seinem Sohn befiehlt, Reṇukā zu töten. Der einzige Grund, den er angibt, ist das Entsetzen über die drohende Schändung der Einsiedelei durch Kārtavīrya.

Wir erfahren nichts über Rāmas Gefühle, während er sich daran macht, seine Mutter zu enthaupten – wie so oft, ist das mythische Schweigen beredter als jede explizite Aussage. Doch erlaubt sich der Erzähler in einem Vers eine Sentenz über das Leid, ein Weib zu sein, besonders ein junges und schönes. Dieser Vers verrät etwas über den Standpunkt des Erzählers zum Muttermord überhaupt, der viel deutlicher ausgesprochen ist, als im *Bhāgavata*. Unser Autor ist offensichtlich entsetzt über Reṇukās Schicksal (selbst Śiva wird im Gesang 45 eine schreckerfüllte Äußerung in den Mund gelegt). Auch Jamadagni bedauert die Tat, sobald sie vollzogen ist. Wie er mit entwaffnender Direktheit zu seinem Sohne sagt: Muttermord ist keine gute Sache. Nicht, daß er um seiner verstorbenen Frau willen besonders irritiert wäre – was ihm angeblich zu schaffen macht, ist die öffentliche Meinung. Hinter dieser kraftlosen Äußerung des Bedauerns verbirgt sich jedoch noch eine andere, stärkere Sorge. Der Weise schickt seinen Sohn aus, um Reṇukā zum Leben zu erwecken und sie zu bitten, sich aus der Gegend zu entfernen, vermutlich weil er weiß, was jeder tamilische Dorfbewohner weiß: daß die Geister derjenigen, welche vorzeitig oder ungerecht sterben, zurückkehren, um die Überlebenden heimzusuchen.[53] Dies ist sicherlich der Grund für die fromme Tat Jamadagnis in dieser Version. Man beachte, wie weit wir uns vom Sanskrit-Text entfernt haben, in welchem es Rāma, der Muttermörder, ist, der die Auferweckung seiner Mutter in die Wege leitet. Nunmehr haben wir es mit einem typischen Fall des Übergangs vom gewöhnlichen menschlichen zum gefährlichen göttlichen Zustand zu tun – eines Übergangs, der fast immer auf Gewalt und auf einem Opfer beruht.[54] Denn: Schließlich wurde eine Dorfgöttin geboren.

Doch hat der Text noch mehr über diese Episode zu sagen. Erstens hat Jamadagni etwas über die bösen Folgen des Zorns gelernt, und er gelobt, dieser Gefühlsregung zu entsagen – ganz ähnlich wie in der von Biardeau untersuchten Version des *Reṇukāmāhātmya*, wo der Muttermord ein Schlüsselereignis in Jamadagnis »Bekehrung« zur wahren Brahmanenschaft ist. Doch die Lehre, die aus unserem Text zu ziehen ist, scheint eine völlig andere zu sein als die, welche Biardeau zieht, die bekanntlich in

Jamadagnis Verwandlung eine Bestätigung des Brahmanen-Ideals sieht. Noch mehr als die *Bhāgavata*-Version strotzt der tamilische Text von Ironie, wie an der knappen Schilderung von Jamadagnis Tod offenbar wird. Kaum hat er seinen impulsiven Zorn ein für allemal abgelegt, da verliert er den Kopf, und zwar in einem sehr wörtlichen Sinn. Für Civañāṉayoki zumindest spricht dies nicht gerade für brahmanische Distanziertheit.

Reṇukā, die bereits *Witwe* ist, als sie zum Leben erweckt wird – übrigens eine einzigartige Fortentwicklung des Mythos, die sie unmittelbar mit den tamilischen Dorfgöttinnen verknüpft – möchte ihre neu errungene Göttlichkeit absichern. Die Ironie verschärft sich gnadenlos: Man sagt, so bemerkt sie, ein Gatte sei süßer als irgendein anderer Mensch auf der Welt. Zweifellos denkt sie dabei an ihren eigenen sanftmütigen Gemahl. Sie wird noch immer von brennender Scham verzehrt, und es ist dieser Umstand – ihr Sturz von der Höhe in unverdientes Leid, ein Schicksal, das in ihr ein Übermaß an gewalttätiger emotionaler Energie freisetzt –, der sie von Śiva verlangen läßt, sie möge im Kaliyuga als tätige, gnadenspendende Göttin verehrt werden. Der Autor liefert uns eine Beschreibung der Dorfgöttin (mit Schwert und Schild und begleitet von ihrem gewohnten Diener Poturāja[55]), die vom Mythos ausdrücklich gedeckt ist. Aber die Wohltätigkeit der neuen Göttin täuscht kaum über ihre im Grunde tragische Situation hinweg. Sie verfällt in regelmäßigen Abständen in heftige Zornesausbrüche – die sie dann gewöhnlich an jenen Gläubigen ausläßt, denen sie Wohltaten erwies. Sie ist einsam und voll Bitterkeit: durch ihre Göttlichkeit ist ihre persönliche Tragödie nicht gelindert, sondern ausgedrückt. Welcher Kontrast zum heiteren Schluß des *Bhāgavata!*

Wie zu erwarten, findet sich diese Betrachtungsweise des Muttermordes in der Beschreibung von Paraśurāmas späterer Geschichte wieder. Welche Lehre vermittelt Śivas Erscheinen in Paria-Gestalt vor dem jungen Brahmanen, der vom Gedanken an Reinheit besessen ist? Wir finden offenbar das genaue Gegenteil von Biardeaus Ideallösung: Der Text läßt nicht nur den allgemeinen Königsmord kommentarlos durchgehen (bis auf die freimütige Bemerkung, daß Paraśurāma offenbar seine Freude daran hatte), sondern er macht auch deutlich, daß der brahmanische Rächer, der sich auf diesen Holocaust vorbereitet, dabei eine andere Seite seiner Identität entdeckt – die zornige, die gewalttätige, die unreine Seite, die all seine Prätensionen auf Reinheit und hohen Stand dem Gespött aussetzt. Das soll nicht heißen, daß das Gemetzel an den Königen letzten Endes entschuldigt würde. Es wird ebensowenig entschuldigt wie der Muttermord.[56] Aber der Text betont in erster Linie Paraśurāmas Zwang, mit der eigenen, dunkleren *persona* zu Rande zu kommen. Und dazu gehört auch, daß er sich der bekannten Beziehung des Brahmanen zum Unberührbaren bewußt ist.[57] Śiva, der auf das uralte Band zwischen Rudra und dem brahmanischen Opferpriester verweisen kann,[58] ist für diese Lektion der ideale Lehrer: Śiva ist sowohl der Hüter der schicklichen Ordnung (Vratapā, Vāstoṣpati) als auch ihr wilder Zerstörer.[59] Der Brahmane hat diese beiden klassischen Rollen ererbt. Die erste verpflichtet ihn auf eine auf das Reinheitsprinzip gegründete Hierarchie, die zweite auf eine Revolution für ein Ideal, für eine Vision von absoluter Ganzheit und Freiheit. Ebenso wie in der *Bhāgavata*-Version ist Paraśurāmas Verhältnis zu diesem Erbe zweideutig: Ist die in ihm schlummernde Gewalt Folge des subversiven Ideals, wie es sich im blinden Gehorsam des Muttermörders und im Drang zu Verwirklichung einer von Königen befreiten Welt ausdrückt? Oder ist sie Reflex der brahmanischen Stärke, die mit Opfer und *dharma* verknüpft ist? Eines ist klar: Paraśurāmas Anspruch auf die übliche rituelle Reinheit – das mittägliche Bad im Fluß, die Reinheit seines *pūjā*, die Meidung des verunreinigenden Kontaktes mit niedrigeren Kasten – wird vom Gott als hohl entlarvt. Paraśurāma wird, nach den Worten des Textes, ein »Brahmanen-Paria« *(pārppaṉakkaṭaiyaṉ)*, niedriger als die niedrigste aller sozialen Kategorien. Das moralische Verbrechen des Muttermordes wird hier benutzt, um eine Affinität zu rationalisieren, die von zahllosen Texten bestätigt wird. Diese Beziehung zwischen dem Brahmanen und dem Unberührbaren – eine Beziehung, die sich nicht, wie man behauptet hat, auf einen strukturellen Gegensatz gründet, sondern auf eine echte Ähnlichkeit – kann man sogar als das symbolische Kernstück der tamilischen Version ansprechen.

Unser *»Veḷāḷa«*-Text begnügt sich also nicht damit, das Betragen eines einzelnen anomalen Brahmanenkriegers anzuprangern. Er enthüllt vielmehr schonungslos die Doppelnatur des Brahmanen, attackiert seinen Anspruch auf Reinheit und ideales Verhalten und verweist auf die andere Seite des Brahmanismus: Auf seine śivaartige »Außenseiter«-Qualität, sowie auf die Schwierigkeit, die es dem Brahmanen normalerweise bereitet, diese Seite seiner Identität zu akzeptieren (Paraśurāma muß buchstäblich gezwungen werden, sie anzuerkennen). Wir erkennen die Nähe, in der der Brahmane und der Unberührbare zueinander stehen, ihr Potential, sich von einer Kategorie in die andere zu verwandeln.[60] Hier ist der Brahmanismus nicht länger ein fernes Ideal – das ohnehin mehr Schein als Sein ist –, sondern ein in sich gespaltenes Gefüge aus widersprüchlichen Trieben und Kräften. In Paraśurāmas gewalttätigen Handlungen scheint sich ein normaler Teil seiner Identität auszudrücken, ist erst einmal seine Beziehung zu Rudra-Śiva hergestellt. Um es kurz und schematisch zu sagen: In diesem Text werden die obere und die untere Grenze der Gesellschaft aus der Mitte gleichzeitig in den Blick genommen – und von diesem Standpunkt aus scheinen die beiden Grenzen mitunter zu verschmelzen.

4. Die Paria-Varianten

Eine der südindischen Volksvarianten des Paraśurāma-Mythos haben wir bereits ausführlich zitiert (siehe Anmerkung 23 oben). Die dort mitgeteilte Geschichte findet sich mit denselben wesentlichen Elementen in vielen südindischen Dörfern.[61] Wir wollen uns kurz den Anfang einer weiteren Version ansehen, die Moffat in einer Paria-Gemeinde im nördlichen Tamil Nadu aufgezeichnet hat:[62]

»Once Siva took the form of the great (Brahmin) *rishi* Nilakandar, and Parvati took the form of his wife Renukai. They had four sons. Every morning Renukai would go to a pond, swirl her fingers in the water, and a mud pot full of water and flowers would emerge from the pond. This she would carry to Nilakandar for his morning *puja*. One morning, however, as she was leaning over the pond, she saw the reflection of a divine messenger of the gods passing overhead (a Gandharva), and admired his figure. Because of this mere thought, she lost her chastity . . . and she was unable to make the pot and the flowers emerge from the pond. When she returned home to Nilakandar and told him what had happened, Nilakandar cursed her and sent her away from his house.

Nilakandar then called his four sons to him and asked, »which one of you will behead your mother?« Three refused, but the fourth, Parasaraman *(sic)*, agreed to do so, saying »you are my father, and there is nothing above a father's word.« Parasaraman then chased his mother with a long knife ... until he caught up with her at an (Untouchable) Chakkiliyan house. Out of fear, Renukai embraced the Chakkiliyan woman, and at that moment Parasaraman swung his knife and beheaded both women.«

Die Geschichte geht weiter mit der uns schon vertrauten Wiederbelebung der beiden Opfer und der Vertauschung ihrer Köpfe (von Paraśurāma wird sogar gesagt, daß er zunächst den abgetrennten Kopf seiner Mutter zu seinem Vater getragen habe – ganz ähnlich wie Śiva, der mit dem abgeschnittenen Kopf Brahmas umherwandert). Beim Anblick seiner zusammengesetzten, zum Leben erweckten Frau schickt »Nīlakaṇṭha« sie in die Welt hinaus, wo sie durch Opfergaben ihr Dasein fristen soll – Opfergaben in Form von Gemüse und von Fleisch, da sie Brahman und Cakkiliyaṉ in sich vereinigt. Eine Volksetymologie (von tamilisch *māṟu*, verändern, verwandeln) verbindet diese erstaunliche Verwandlung des keuschen Brahmanenweibes zu einer zweideutigen Göttin mit einem ihrer geläufigsten Namen, Māriyammaṉ.

Zweifellos steht diese Verwandlung im Zentrum der volkstümlichen Varianten. Wie in der Tempel-Version erleidet Reṇukā einen tragischen, anscheinend unnötigen Tod, der sogar noch krasser und deutlicher geschildert wird als in den literarischen Texten. Wie Richard Brubaker in einer sensiblen und eingehenden Untersuchung gezeigt hat, spiegelt Reṇukās Schicksal außerdem einen impliziten ethischen Standpunkt wider: »You victimize a woman, and in her place you get a goddess that you don't dare trifle with.«[63]

Es unterliegt keinem Zweifel mehr, wie der Muttermord hier aufgefaßt wird: der Mythos ist jetzt eine Horror-Geschichte, die von törichtem Extremismus im Dienste unmenschlicher Ideale erzählt, und sein zentrales Bild ist dementsprechend das Bild einer unwiderruflichen Spaltung:

»According to these village myths, if you kill your dutiful wife you don't get her back again the next day ready to go right on being a dutiful wife. And if unswerving obedience to paternal authority becomes an ethical absolute, then you've got no business expecting to have your mother and kill her too. And boons are fine things, but in the hands of flawed men the likely result is a monstrous parody: when you know all about perfection and nothing about wholeness, you can never get the head and body together right.«[64]

Sowohl Jamadagni als auch Paraśurāma stehen damit letzten Endes als Schuldige da, während Reṇukā eine neue Statur gewinnt

– eine noch größere als selbst im *Kāñcippurāṇam*. Sie faßt die dynamischen Züge der anderen Versionen gleichsam in sich zusammen: Es ist nun eher Reṇukā als Paraśurāma, die das Paria-Element in ihre brahmanische Existenz absorbiert, und zwar in viel entschiedenerer, klarerer Weise als dieser, indem sie sich der Opfer und der Wiedergeburt unterzieht. Die Göttin und ihre Kräfte, ihre zweideutige Natur und ihr Verhältnis zu den dörflichen Gläubigen stehen im Mittelpunkt der Volksversionen. Im Paria-Mythos, wie ihn Moffatt zusammenfaßt, wird Reṇukā zweimal von ihrem verachtenswerten Gatten verbannt – einmal vor und einmal nach ihrem Tod. Jamadagni ist nun mit Śiva identifiziert – die Umkehrung der Kāñci-Version, in der sich Śivas Erscheinen als Paria in offenkundiger Spannung zu dem Brahmanen-Ideal befindet, wie es Rāmas Vater personifiziert. Doch steht diese Entwicklung ganz im Einklang mit Śivas Charakter, der, wie wir gesehen haben, sowohl das Ideal als auch dessen Vernichtung in sich schließt. Das Epitheton »Nīlakaṇṭha«, welches dem Weisen beigelegt wird, mag uns auch an die berühmte tamilische Hagiographie über Nīlakaṇṭanāyaṉār gemahnen, an den asketischen Töpfer und Heiligen, der sich wie Jamadagni seiner Sexualität im unerbittlichen Licht der brahmanischen Werte der Weltentsagung und Keuschheit gegenübersieht. Doch im Vergleich zu Jamadagni löst der Töpfer dieses Problem in einer weniger extremen Weise.[65]

Wie aber steht es mit unserem früheren Protagonisten, dem Muttermörder Paraśurāma? Die Dorf-Versionen fügen seinem Charakter nicht viel Neues hinzu – auch wenn der Paria-Mythos seiner Tat insofern eine noch grausigere Färbung gibt, als er Paraśurāma mit einem langen Messer hinter der schon verbannten Mutter herrennen läßt. In Whiteheads Darstellung heißt es, er sei über die Ereignisse, zu denen er beitrug, wenigstens tief betrübt. In den Volksvarianten findet man überraschenderweise keinerlei Interesse an seinen späteren Abenteuern, auch nicht an seinem Krieg gegen Kārtavīya und die anderen *kṣatriyas* – an jenen Ereignissen also, die in den Sanskritversionen der Geschichte im Mittelpunkt stehen. In der Dorf-Tradition beruht Paraśurāmas Ruhm einzig und allein auf seiner Beziehung zur Mutter, der Göttin.[66] Doch reicht diese Beziehung aus, um ihm die Rolle eines südindischen Dorf-Jedermanns zu erhalten, den die ererbte Tradition in eine Konfrontation mit der tieferen Wirklichkeit treibt, die die Göttin symbolisiert. Man braucht sich nur seine Situation in den konkreten Begriffen des dörflichen Publikums vorzustellen, um mit seiner Verwirrung und seiner ungeschickten Hilflosigkeit zu sympathisieren – man denke sich nur den muttermörderischen Sohn, der zum Schauplatz seines Verbrechens zurückkehrt, nur um dort zwei abgeschnittene Köpfe und zwei blutdurchtränkte, leblose Körper vorzufinden, die auf seine heilsame Berührung warten! Selbst wenn die auferstandene Reṇukā, wie in den Sanskrit-Darstellungen, keine Erinnerung an ihre Ermordung mehr haben sollte: wie soll ihr Sohn mit sich selbst und seiner eigenen Erinnerung an seine Tat weiterleben? Ist es ein Wunder, wenn er in seinem Schrecken und Entsetzen die beiden Köpfe vertauscht?

Der überraschende Gipfelpunkt dieser Entwicklungen zeigt, daß die Dorf-Versionen die »reflektiertesten« der von uns verglichenen Texte darstellen. Sie enthüllen die Unzulänglichkeit des von Jamadagni repräsentierten Ideals und die furchtbaren Konsequenzen, die das blinde Beharren darauf in der realen Welt hat. Gleichzeitig halten sie sich aber im Rahmen der Problematik, die die literarischeren Versionen abstecken. Die brahmanischen Ideale sollen nicht abgeschafft werden – der Brahmanen-Kopf Māriyammaṉs garantiert dieser zusammengesetzten Gottheit nach wie vor einen überragenden Platz in der Hierarchie des Kultes –, sie werden nur mit der Wirklichkeit in all ihrer Zweideutigkeit in Beziehung gesetzt. Überdies findet die Nähe des Brahmanen zur Unberührbarkeit (eine Nähe, welche die Unberührbaren selbst deutlich empfinden und in vielen Geschichten beschreiben[67]) ihren ikonischen Ausdruck in der zusammengesetzten Brahmanen-Paria-Göttin. Für den Dorf-Mythos ist die Affinität des Brahmanen zu Gewalt und Unreinheit selbstverständlich, während die Sanskritversionen diese Affinität mühsam zu kaschieren oder zu beschönigen suchen. Der in den purāṇischen Versionen betonte Konflikt – brahmanisches Vollkommenheitsstreben in einer Welt, die diesem Trachten feindlich gegenübersteht – entrollt sich vor unseren Augen auf der Dorf-Ebene als tragisches Drama, das schließlich in der grimmig-gespaltenen Gestalt der Schutzgöttin erstarrt. Gewalt wohnt der Tradition ebenso inne wie der realen Welt. Zwar akzeptieren die Dorf-Mythen diese Auffassung keineswegs leichten Herzens – diese bildet vielmehr die Grundlage für das Gefühl eines tragischen

Schicksals –, aber sie versuchen doch wenigstens, sich ihr direkt zu stellen. Aus der Perspektive derjenigen Kasten, welche täglich mit den Unreinheiten des Lebens zu tun haben, kann der Brahmane der Realität von Konflikt, Gewalt und Unreinheit ebensowenig entrinnen wie sein Paria-Pendant.

5. Jenseits der Tradition: das Muğmal at-Tawāriḫ

Alle bisher untersuchten Versionen zeigen eine gemeinsame Welt des Diskurses, so verschieden die Akzente im einzelnen auch gesetzt sein mögen. Was geschieht aber, wenn wir uns außerhalb der Hindu-Quellen nach einer Version unseres Mythos umsehen? Eingefleischte Strukturalisten behaupten gerne, daß *jede* Version eines Mythos legitim sei und Teile derselben Struktur zum Vorschein bringen werde. Wir wollen sehen, wie sich diese Theorie bewährt, wenn wir sie mit einer islamischen Umarbeitung der Paraśurāma-Geschichte konfrontieren.

Die folgende kurze Version stammt aus einem Geschichtskompendium in persischer Sprache mit dem Titel *Muğmal at-Tawāriḫ wa'l-qiṣaṣ*, das 1126 (520 der Hiğra-Ära) von einem Anonymus oder sogar erst 1196 (592 der Hiğra-Ära) von einem Unbekannten aus Hamaḏān kompiliert wurde. Dieser Kompilator teilt mit, daß das Kapitel über Indien von einem gewissen Abū Ṣāliḥ ibn Šuʿaib ibn Ğamiʿ aus der Hindwānī-Sprache (Sanskrit) ins Arabische übersetzt wurde. Der Hofbibliothekar von Manūčihr, dem Herrscher von Ğurğān am Kaspischen Meer (reg. 1012-1029), namens Abū'l-Ḥasan ʿAlī ibn Muḥammad al-Ğīlī, habe diese arabische Übersetzung im Jahre 1026 (417 der Hiğra-Ära) wiederum ins Persische übertragen.

Dieses Kapitel über Indien beginnt mit einem faszinierenden Abriß des Mahābhārata, der uns hier nicht aufzuhalten braucht. Unser Autor schließt aber seine Zusammenfassung des Hindu-Epos mit dem folgenden Absatz:

»A story about ... a king from the descendants of Pāṇḍu (Persian *Fān*), and the story of Barahmīn: and what happened to the Pāṇḍava dynasty was because of injustice. Indeed, every kingdom which grows weak becomes unjust in the end. One day they took a cow from that Brahman[68] in order to kill it. After preaching to the king, the Brahman said: ›I have read in books that the kingdom of the Pāṇḍavas will perish when they kill a Brahman for a cow. Do not kill me‹. They paid no heed, and the cow and the Brahman were slain. Afterwards, this Brahman had a son named Barahmīn, a man of strength and a powerful body who lived on a mountain. When he learned of that evil affair, he arose and said to himself: ›I shall go and seize the kingdom from the Pāṇḍavas, for they have slain the cow of a Brahman, and the word of the wise must not be made false, and the time has come for their kingdom to perish‹. People laughed at him. But a mixed multitude of people gathered about him, and he captured the city. From day to day his power grew, until with a great army ...[69] he took many cities until he arrived at the city of Hatnā (= Hastināpura), the capital. And Kavyāhūrt (? = Kārtavīrya) came out to attack and was slain. And Barahmīn took the kingdom, and wherever he found anyone from the lineage of Pāṇḍu, he killed him – except for those who hid their birth; and *they* became butchers and bakers and people of similar occupations. So Barahmīn conquered all of Hindustan. And they say that a daughter of Nakula[70] ibn Pāṇḍu came before him and advised him, until he ceased from slaying the Pāṇḍavas and (instead) cast them into prison, until many were assembled there. And ...[71] he warned them that no-one should give them a woman in marriage nor take one from them, nor mix with them. And they announced this matter throughout the kingdom. Their situation reached the point where they took up the profession of singing; they say that the Hindu musicians are from that lineage. But only Allah knows.«[72]

Über die Quellen dieser eigenartigen Version können wir sehr wenig sagen – nur, daß sie offensichtlich auf authentischen Versionen des Pāraśurāma-Mythos beruhen, die auf vielfältige Weise verzerrt worden sind.[73]

Paraśurāma erscheint nicht unter seinem gewöhnlichen Namen, sondern als »Barahmīn« – vielleicht ein unbewußtes Eingeständnis der zentralen Bedeutung seiner brahmanischen Identität, obgleich die problematische Natur dieser Identiät – der Angelpunkt der hinduistischen Versionen! – im muslimischen Text nirgends angedeutet wird. Wir finden verstümmelte Schilderungen vom Raub der Zauberkuh, vom Mord an Jamadagni und von Paraśurāmas Rache; der Muttermord fehlt ganz (oder ist vielleicht verkürzt auf seine symbolische Entsprechung, den Überfall auf die Kuh). Die ursprüngliche Abfolge der Ereignisse im Mythos gerät dadurch ein wenig durcheinander, daß »Barahmīn« in seine Bergeinsamkeit (in den hinduistischen Versionen ist es der Berg Mahendra) versetzt wird, *bevor* er an die blutige Eroberung der Welt geht (bzw. an die Eroberung Hindustans, das von unserem muslimischen Autor keineswegs mit dem ganzen Universum gleichgesetzt wird). Kārtavīrya hat nur einen kurzen Auftritt und erscheint ohne seine tausend Köpfe. Die frappierendste Veränderung besteht vielleicht darin, daß dieser König – Kārtavīrya – zu einem Abkömmling Pāṇḍus gemacht wird, so daß Paraśurāmas Kriege nunmehr den Abschluß des Mahābhārata-Kampfes darstellen; der allgemeine Königsmord (nach hinduistischem Verständnis ein Angelpunkt der Geschichte) besiegelt hier den endgültigen Sturz einer einzelnen Dynastie, der Dynastie der Pāṇḍavas. Diese Kombination hat die unerwartete Folge, die weiter oben angedeutete Verbindung zwischen dem Epos und dem Paraśurāma-Mythos zu bestätigen – eine thematische Verbindung, die im Epos selbst angesprochen wird und hier in den Fortgang der Geschichte eingearbeitet ist.

Tatsächlich kennzeichnet diese Version vielleicht am meisten, daß darin die thematische Geschlossenheit durch eine ausufernde und verwirrende Erzählung ersetzt ist. Nichts ergibt wirklich noch einen Sinn, am allerwenigsten Paraśurāmas Brahmanen-Kriege. Am nächsten kommt unser Autor der ganzen Frage der Kastenidentität dort, wo er – nach dem Eingreifen einer bisher unbekannten Enkelin Pāṇḍus, die an die Stelle der blutigen *pitṛs* in den klassischen hinduistischen Versionen getreten ist –, »Barahmīn« dem überlebenden Pāṇḍavas die Heirat mit jeder anderen Familie als ihrer eigenen verbieten läßt. Das ist eine matte muslimische Abwandlung des hinduistischen Entsetzens vor der *varṇasaṇkara,* der Vermischung von *varṇas,* die ja die Grundlage für Paraśurāmas Charakter zu bilden scheint. Das letztendliche Schicksal der überlebenden Pāṇḍavas – sie werden Metzger, Bäkker und zuletzt Musiker – ist eine obskure muslimische Zutat zu der Geschichte. Das letzte Element, die königlichen Sänger, reflektiert vielleicht eine Ahnung von der Funktion des hinduistischen Epos in der mündlichen Tradition Indiens.

Der ganze zitierte Abschnitt sowie andere Teile dieses Textes verraten, wie ungläubig der fromme muslimische Autor vor den unheimlichen Begebenheiten stand, die in den hinduistischen Mythen festgehalten sind. Immer wieder fügt er den verschrobenen Zweifel ein: *wa'llahu a'lam,* nur Allah weiß, ob es stimmt. Vielleicht mehr als alles andere zeugt diese Haltung von dem weiten Weg, den wir zurückgelegt haben: Die dynamischen Konflikte der hinduistischen Versionen, die furchtbaren Probleme des gewalttätigen Eintretens des Brahmanen für seine Ideale, die geheimen Bezüge zwischen den sozial Höchsten und den Niedrigsten, das Verhältnis des reinen Brahmanen zur zweideutigen Wirklichkeit der Göttin – das alles ist verschwunden oder auf die vergleichsweise simple Frage der »historischen« Wahrheit des mythischen Stoffes reduziert. Der muslimische Autor ist neugierig, ob das alles denn »wirklich« geschehen ist. Dies ist wohl die letzte Frage, die der Hindu an seine Quellen gerichtet hätte.

6. Zusammenfassung: Das Problem des Brahmanen

Was haben wir über die Existenz unterschiedlicher »Ebenen« in der hinduistischen Tradition und über die Funktion des Brahmanen bei der Vereinigung dieser Ebenen zu einem Ganzen gelernt? Können wir noch immer der Behauptung Raghavans zustimmen, eine in Sanskrit verfaßte und von den Brahmanen getragene »große Tradition« habe »reduced a bewildering mass of cultural elements to some homogeneity and synthesis«?[75] Und wenn ja, auf welcher Grundlage kam diese zustande? Fügen sich die Versionen des Paraśurāma-Mythos, die wir untersucht haben, zu einem einzigen System zusammen, trotz ihrer Verschiedenheit?

Zunächst einmal zeigt sich eine gewisse Gemeinsamkeit darin, daß dieselbe Geschichte in so unterschiedlichen Milieus benutzt und angeeignet wurde. Wir haben einige der charakteristischen Veränderungen analysiert, die jedes Milieu an dem Mythos vornahm: das Interesse der Brahmanen an einem ›reinen‹ Schluß, die direkte Konzentration auf die paradoxen, gespaltenen Identitäten im Dorf usw. Aber was transzendiert diese Unterschiede und was verbindet die verschiedenen Versionen untereinander? Ist es nicht das Problem des Brahmanen, der Gewalt anwendet, oder genauer gesagt, der Umstand, daß dies als inhärentes Problem der Brahmanen-Identität empfunden wird? Paraśurāma ist nur die extreme, mythische Verkörperung eines allgemeinen, immer wiederkehrenden Konflikts. Schließlich ist es nicht so überraschend, daß es von diesem Brahmanen-Krieger gelegentlich heißt, er nehme *ausschließlich brahmanische* Jünger an, die die Kunst des Krieges zu erlernen wünschen.[76] Paraśurāma stellt eine Möglichkeit dar, die niemals ganz verloren geht.

Die Kraft dieser Geschichte – und, wie ich behaupten möchte, das Beispiel, das der Brahmane allgemein darin gibt –, liegt in ihrem extremen Charakter. Der Brahmane vereint in sich die obere und die untere Grenze der Gesellschaft – sowohl die Vorrangstellung, die auf seiner Reinheit und auf der Erfüllung der höchsten Werte der Weltentsagung, Gewaltlosigkeit und Distanziertheit beruht (die ihrerseits den Anspruch auf Reinheit begründen), als auch die Verstrickung des Unberührbaren in die Welt mit ihren Unreinheiten. Das ganze Spektrum der Möglichkeiten ist somit in dieser einzelnen, zusammengesetzten Gestalt enthalten. Der obere wie der untere Grenzbereich sind in sich noch gebrochen oder weiter gespalten, denn sie können einander durchdringen und zusammenfallen: der *sannyāsin* und der Outcast zeigen in mancher Hinsicht eine frappierende Ähnlichkeit.[77] Wir können zwei brahmanische Symbole der Gewalt- und Todverhaftetheit des Brahmanen feststellen: Paraśurāma, der der impliziten Gewaltverbundenheit des Brahmanen-Idealismus insgesamt näher zu stehen scheint, und Aśvatthāman, den brahmanischen Opferer *par excellence*, den exemplarischen Mörder im Mahābhārata-Krieg. Beide Gestalten demonstrieren die paradoxe Existenz einer anomalen mythischen Norm.

Kurz gesagt, wir müssen wohl das Dumontsche Ideal des reinen und gewaltlosen Brahmanen, das einem sehr realen Teil der Brahmanen-Theorie durchaus nahesteht, aufgeben und uns statt dessen mit einer weit komplexeren, in sich gespaltenen Gestalt abfinden. Heesterman hat in den Opfer- und Gesetzestexten ein uraltes Muster des Wechsels zwischen Brahmanen- und *kṣatriya*-Rolle enthüllt: König und Brahmane tauschen regelmäßig ihre Identität.[78] Der brahmanische »Durchbruch« zu einer transzendenten Orientierung, die auf den absoluten Werten der Weltentsagung beruhte, zielte darauf ab, diesem ewigen Identitätstausch Einhalt zu gebieten und die beiden Rollen voneinander zu sondern. Aber der Mythos von Paraśurāma zeigt die Hartnäckigkeit des alten Musters, selbst noch im Rahmen einer transzendenten Orientierung: Tatsächlich sind die absoluten Werte nun in den alten zyklischen Austausch einbezogen worden, so daß wir jetzt weltentsagende Könige und brahmanische Krieger einander in endloser Selbstverwandlung gegenübergestellt sehen. Solange wir diese Transformationen, ja dieses transformative Potential des Systems insgesamt, nicht berücksichtigen, werden wir Mühe haben, die eigentümlichen Konstellationen historischer mittelalterlicher Hindu-Königreiche zu verstehen.

Um aber auf die brahmanische Komponente in diesem Prozeß zurückzukommen: was wir vorfinden, ist ein dynamisches, instabiles Amalgam, ein extremer Ausdruck des Konflikts zwischen dem gewaltdurchherrschten Leben und dem Drang zu einer transzendenten Ganzheit. Der Brahmane oszilliert zwischen diesen Polen hin und her, wobei dieser Prozeß durch seine Beziehung zu anderen Gestalten, namentlich zu seinem königlichen Gönner und Beschützer, aktiviert wird. Er symbolisiert die gegensätzlichen Ansprüche der Gesellschaft insgesamt, ja er schließt sie in sich ein – weniger durch seine Bindung an die alles umfassende Kraft des reinen Ganzen, des *Brahman*, als vielmehr durch seine Bindung an die beiden Enden der Skala. Wie Rudra-Śiva ist er außen und innen, unberührbarer Abfall und symbolischer Mittelpunkt, das Ideal und seine Antithese, Hüter und Vernichter. Ein revolutionärer Anti-Brahmanismus ist unabdingbarer Bestandteil seiner Identität.[79] Man beachte, daß diese Betrachtungsweise *nicht* das »nicht-dualistische« Konzept bestätigt, welches von Marriott und Inden[80] so eloquent vertreten wird: Die Vereinigung gegensätzlicher Tendenzen im Brahmanen selbst bleibt auf allen Ebenen – der persönlichen, gesellschaftlichen, philosophischen usw. – ein tiefgründiges Problem.[81] Die Betonung einer theoretischen Überlegenheit des Brahmanen im Rahmen der Kastenhierarchie kann dieses Problem weder lösen noch beseitigen – diese Überlegenheit ist selbst nur eine extreme Reformulierung dieser Spannung.

Die problematische innere Spaltung des Brahmanen ist allem Anschein nach der symbolische Kern seiner integrativen Funktion. Sie dient dazu, einen Bereich für jede Gruppe innerhalb des Systems abzugrenzen, die Parameter ihres Verhältnisses zu den wesentlichen Werten der Tradition zu definieren. Sie erlaubt jeder Gruppe innerhalb ihrer Grenzen ein dynamisches Oszillieren zwischen Ordnung und Unordnung, idealer Hierarchie und zweideutiger Realität. Daher das Replikative, das bei Analysen südasiatischer Systeme (sozialer, politischer, kultureller Systeme) zutage tritt. Immer aufs neue stößt man auf ähnliche Muster, ob man sich nun von oben nach unten oder vom Zentrum zur Peripherie vorarbeitet. Das ist nicht einfach eine Frage der Imitation (Kopie eines brahmanischen Beispiels etwa durch die »linkshändigen« Kasten der Handwerker oder der Töpfer), sondern darin zeigt sich der natürliche Nachvollzug der brahmanischen Dynamik. So ahmt der Vaḷḷuvar, der brahmanenartige *purohita* der

Paria-Kasten, nicht so sehr den Brahmanen nach, sondern er lebt in sich selbst dessen Spannungen aus.[82] Angesichts dieser auf einem ungelösten Konflikt beruhenden Struktur können wir nun darangehen, in verschiedenen Teilen der Gesellschaftsordnung Variationen auszumachen. So scheinen die mittleren Ränge (z. B. die Veḷāḷa), die auf beiden Seiten von brahmanischen Gegensätzen (idealer Brahmane und echter Paria) eingerahmt sind, in ihrer symbolischen Identität sehr viel gefestigter zu sein. Zugleich sind sie sehr viel realeren Status-Konflikten ausgesetzt.[83] Die Extreme, und vor allem der Brahmane, sind in bezug auf ihre reale Einstufung verhältnismäßig stabil (der Brahmane wird ohne weiteres für gewöhnlich als der Rangoberste in einem dörflichen Kastensystem anerkannt), sind aber einem heftigen Oszillieren ihrer symbolischen Natur ausgeliefert. Unterscheidungen dieser Art können noch um einiges präzisiert werden, wenn wir die Details der sozialen Situation von bestimmten Gruppen ins Bild eintragen.

Die formale Flexibilität der sanskritischen Tradition – eine Eigenschaft, die schon oft als einer der Gründe für die Assimilationskraft des Brahmanismus angeführt wurde[84] –, ist somit Teil eines tieferen strukturellen Musters, das man als offen in dem Sinne bezeichnen kann, als es Grundkonflikte ungelöst läßt, und zwar mehr oder weniger aus Prinzip. Die verschiedenen Versionen des Paraśurāma-Mythos, die wir untersucht haben, zeugen von diesem Muster und der Art und Weise, wie es in verschiedene Milieus eindringt. Solche symbolischen Formulierungen von Werten sind – in Indien wie anderswo – Instrument und zugleich Ausdruck einer kulturellen Integration.

Anmerkungen

1 *RS* II, S. 131 f.

2 Eine Erörterung des buddhologischen Materials, das Weber zur Verfügung stand, bietet S. J. Tambiah: *The Weberian Perspective and the Study of Buddhism.* Ms., 1981.

3 *WuG* S. 318.

4 Siehe die gesammelten Beiträge in Wendy O'Flaherty (Hrsg.): *Karma and Rebirth in Classical Indian Traditions.* Berkeley: University of California Press 1980; ferner A. K. Ramanujan: *The Relevance of Folklore,* im Druck, wo die relative Gleichgültigkeit südindischer

Volksquellen gegenüber dem Thema *karma* behandelt wird.

5 Wendy O'Flaherty: *The Origins of Evil in Hindu Mythology*. Berkeley: University of California Press 1976, *passim*.

6 Robert J. Miller: »Button, Button ... Great Tradition, Little Tradition, whose Tradition?« *Anthropological Quarterly* 39 (1966), 27.

7 Siehe vor allem M. Singer (Hrsg.): *Traditional India: Structure and Change*. American Folklore Society: Philadelphia 1959; M. Marriott: »Little Communities in an Indigenous Civilization.« In M. Marriott (Hrsg.): *Village India. Studies in the Litte Community*. Chicago: Chicago University Press 1955, S. 171-222; V. Raghavan: »Variety and Integration in the Pattern of Indian Culture.« *Far Eastern Quarterly* 15 (1956), S. 497-505. Entfaltet wurde diese Theorie erstmals von R. Redfield: »The Social Organization of Tradition.« *Far Eastern Quarterly* 15 (1955), S. 13-21; *The Little Community* und *Peasant Society and Culture*. Chicago: University of Chicago Press 1969 (Nachdruck der Ausgabe von 1956). Es besteht hier eine Verbindung zu Webers Unterscheidung zwischen der »rationalisierten« Religion der intellektuellen Elite und der Religion der zaubergläubigen Massen.

8 Erstmals ausgearbeitet von M. N. Srinivas: *Religion and Society among the Coorgs of South India*. Oxford: Oxford University Press 1952.

9 Z. B.: Miller: *op. cit.;* George L. Hart III: *The Poems of Ancient Tamil, their Milieu and their Sanskrit Counterparts*. Berkeley: University of California Press 1975, S. 132-133; J. R. Marr: Besprechung von H. Kulke: *Cidambaramāhātmya*. Wiesbaden: Otto Harrassowitz 1970, in *Bulletin of the School of Oriental and African Studies* 35 (1972), S. 639-640; Richard Gombrich: »The Consecration of a Buddhist Image.« *Journal of Asian Studies* 26 (1966), S. 23-26; S. J. Tambiah: *Buddhism and the Spirit Cults in North-east Thailand*. Cambridge: Cambridge University Press 1970, S. 367-377; M. Biardeau: »Brahmanes et potiers.« Article liminaire, *Annuaire de l'école pratiques des hautes études*. v^{e} section: Sciences religieuses 7 (1971/72): S. 31-55; *idem:* »Narasiṃha, mythe et culte.« *Puruṣārtha* 1 (1975), S. 31-48; D. Shulman: »The Green Goddess of Tirumullaivāyil.« *East and West*, im Druck; über die kritischen Einwände Dumonts und Pococks siehe unten.

10 Einen guten Überblick bietet J. F. Staal: »Sanskrit and Sanskritization.« *Journal of Asian Studies* 22 (1963), S. 261-275.

11 Redfield: *Little Community*, S. 57.

12 Siehe Raghavan, *op. cit.* Es muß darauf hingewiesen werden, daß die *dharma*-Literatur ausdrückliche lokale *ācāra* beinhaltet und zuläßt. Vgl. Medhātithi über *Manusmṛti* 2.6.

13 Siehe L. Dumont und D. Pocock (Hrsg.): »For a Sociology of India.« *Contributions to Indian Sociology*, 1 (1957): S. 7-22; »On the Different

Aspects or Levels in Hinduism.« *ibid.* 3 (1959), S. 40-54; vgl. die Erörterung bei Tambiah: *Buddhism and Spirit Cults,* S. 368-370.

14 *Bhagavadgītā* 18. 45-48.

15 Siehe D. Shulman: *The Enemy Within: Idealism and Dissent in South Indian Hinduism,* Beitrag zum Seminar über »Heterodoxy and Dissent in India«, Jerusalem 1979; erscheint im Sammelband der Seminarbeiträge. Überdies ist, wie bereits angedeutet, der Veda selbst teilweise »klein-traditionell«; vgl. Staal: *op. cit.,* S. 268: »The extensive Brāhmaṇa literature abounds in popular magical elements, and the Vedic sacrifices themselves are rich in materials a modern anthropologist would regard as ›non-Sanskritic‹.«

16 Zu Beispielen für diesen Prozeß vergleiche D. Shulman: *Tamil Temple Myths: Sacrifice and Divine Marriage in the South Indian Śaiva Tradition.* Princeton: Princeton University Press 1980, *passim.* Um nur ein einziges Beispiel anzuführen: das Auftreten eines Upamanyu in Cidambaram ist zweifellos, wie Kulke hervorgehoben hat (*op. cit.* – siehe Anmerkung 5, oben – S. XIV), der Versuch, eine Verbindung zur »großen«, pan-indischen Tradition herzustellen; es spiegelt aber auch ein sehr mächtiges tamilisches Kulturmuster wider (die Symbolik von Blut und Milch, verknüpft mit Vyāghrapāda, dem »Tigerfüßigen«, bzw. seinem Vater Upamanyu, der berühmt dafür wurde, daß er das Meer von Milch austrank).

17 Den letzteren Begriff hat mit gutem Erfolg F. Hardy eingeführt: *Emotional Kṛṣṇa Bhakti.* D.-Phil.-Dissertation. Oxford 1976. Ich habe eine solche Analyse versucht in »Sita and Śatakaṇṭharāvaṇa in a Tamil Folk Narrative.« *Journal of Indian Folkloristics* 2 (1979), S. 1-26.

18 Eine Studie über die tamilischen Töpfer bereitet zur Zeit Stephen Inglis vor. Vgl. auch Biardeau: »Brahmanes et potiers.«

19 Ich bereite zur Zeit eine kulturelle »Biographie« dieses mittelalterlichen Kannada-Dichters und seines Auftretens in verschiedenen literarischen Hauptquellen vor.

20 Hier ist Hocarts Einsicht in das Funktionieren des politischen Systems als eines Instruments der kulturellen Transmission nach wie vor zentral: *Kings and Councillors.* Chicago: University of Chicago Press 1970, S. 81-101. Siehe Erörterung bei Tambiah: *Buddhism and Spirit Cults,* S. 373-374.

21 Stuart H. Blackburn: »Oral Performance: Narrative and Ritual in a Tamil Tradition.« *Journal of American Folklore* 94 (1981), S. 207-227.

22 Vgl. D. Shulman: »On South Indian Bandits and Kings.« *Indian Economic and Social History Review* 17 (1980), S. 283-306.

23 Henry Whitehead: *The Village Gods of South India.* 2. Aufl. Calcutta: Oxford University Press 1921, S. 116-117. Es mag dies der bekannteste Dorfmythos Südindiens sein. Von ihm existieren zahlreiche Versio-

nen, siehe Adalbert Gail: *Paraśurāma, Brahmane und Krieger.* Wiesbaden: Otto Harrassowitz 1977, S. 111-115; Richard L. Brubaker: »Lustful Woman, Chaste Wife, Ambivalent Goddess: A South Indian Myth.« *Anima* 3 (1977), S. 59-62; *idem: The Ambivalent Mistress: A Study of South Indian Village Goddesses and their Religious Meaning.* Ph.-D.-Dissertation, University of Chicago 1978; Shulman: *Tamil Temple Myths,* S. 264-266 und weitere dort angegebene Quellen (Anmerkung 181).

24 A. K. Ramanujan: *Speaking of Śiva.* Harmondsworth: Penguin Books 1973, S. 24.

25 Gail: *op. cit.*, S. 111-112.

26 F. Hardys Arbeit hat zu der Gewißheit beigetragen, daß dieses purāṇa in Tamil Nadu entstand. Der Text strotzt von »Tamilismen«.

27 J. A. B. van Buitenen: »On the Archaism of the Bhāgavata Purāṇa.« In Milton Singer (Hrsg.): *Krishna: Myths, Rites, and Attitudes.* Chicago: University of Chicago Press 1971, S. 23-40. Van Buitenen hat auch nachgewiesen, daß Yāmunas *Āgamaprāmāṇya* in beredter Weise für das Streben des Srīvaiṣṇava nach Legitimität zeugt.

28 Der Text enthält noch die Geschichte von der Geburt Viśvāmitras, des Onkels von Jamadagni, dessen Lebensweg in vieler Hinsicht das Gegenteil von Paraśurāmas Weg ist. Die beiden Geschichten sollen offenkundig aufeinander verweisen. Paraśurāma, der königliche Brahmane, kontrastiert mit Viśvāmitra, dem *kṣatriya,* der nach der Brahmanenschaft strebt.

29 Diese Erweckung Jamadagnis zum Leben ist eine Neuerung im *Bhāgavata.*

30 Robert Philip Goldman: *Gods, Priests, and Warriors: The Bhṛgus of the Mahābhārata.* New York: Columbia University Press 1976.

31 M. Biardeau: »Brahmanes combattants dans un mythe du sud de l'Inde.« *Adyar Library Bulletin* 31-32 (1967-68), S. 519-530; »La Decapitation de Reṇukā dans le mythe de Paraśurāma.« In J. C. Heesterman, G. H. Schokker und V. I. Subramoniam (Hrsg.): Pratidānam. (Festschrift Kuiper.) Den Haag: Mouton 1968, S. 563-572; »The Story of Arjuna Kārtavīrya without Reconstruction.« *Purāṇa* 12 (1970), S. 286-303; »Études de mythologie hindoue (IV).« *Bulletin de l'école française d'extrême-orient* 63 (1976), S. 185-190.

32 Gail: *op. cit.*, S. 210-211.

33 J. A. B. van Buitenen (Übersetzer und Hrsg.): *The Mahābhārata.* Band III. Chicago: University of Chicago Press 1978, S. 146-150.

34 *Ebd.* mit einer eingehenden Analyse. Man kann noch eine weitere Verbindung zum Paraśurāma-Zyklus anführen: Der Aurva-Mythos wird im Citrarathaparvan mitgeteilt, benannt nach dem Gandharva-König, der, wie erinnerlich, eine katalytische Rolle bei dem Muttermord spielt.

35 Siehe Zusammenfassung oben. Solche liebevollen ikonischen Schilderungen Paraśurāmas sind in der Sanskrit-Literatur nicht selten; siehe beispielsweise »Bhāsas« *Karṇabhāra,* Vers 9:

36 Vgl. Biardeau: »Arjuna Kārtavīrya«, S. 293-294; *Aitareya Brāhmaṇa* 8. 21. 8.

37 *MBh* 3. 117; vgl. *Skandapurāṇa* 6. 66-68.

38 *MBh* 5. 174-187 (das *ambopākhyāna,* das den Kampf Bhīṣmas mit Paraśurāma beschreibt, der durch das Eingreifen der *pitrs* wieder einmal gezwungen wird, die Waffen niederzulegen); *Rām.* 1. 74-76 (Paraśurāmas Wettstreit mit Rāmacandra).

39 *Rām.* 1. 52-56.

40 Sowohl die Kadambas als auch die Pallavas pflegten eine Tradition, derzufolge sie brahmanischer Abstammung waren (letztere über den Brahmanen-Krieger Aśvatthāman). Denken wir auch an die brahmanischen Generäle *(brahmādira ja)* in den Chola-Heeren: siehe T. V. Mahalingam: *South Indian Polity.* 2. Aufl. Madras: University of Madras 1967, S. 263. Dieses Muster hielt sich lange bis in Vijayanagar-Zeiten hinein: so war Kopaṇṇa, der brahmanische Minister und Befehlshaber Kampana Ụdaiyārs II. aus der Dynastie der Saṅgama, entscheidend beteiligt am Eindringen der Vijayanagar in tamilisches Gebiet. Vgl. Arjun Appadurai: »Kings, Sects and Temples in South India, 1350-1700 A. D.« In B. Stein (Hrsg.): *South Indian Temples: An Analytic-Reconsideration.* New Delhi: Vikas 1978, S. 47-73. Über die religiösen Kriegerorden *(ākhāḍās)* siehe David Lorenzen: *The Kapalikas and the Kalamukhas.* New Delhi: Thomson Press 1972. Die wohl klassischste Beschreibung des Typus des Brahmanen-Kriegers findet sich *MBh* 1. 179-181, wo die Pāṇḍavas, als Brahmanen verkleidet, wegen Draupadīs gegen die vereinigten *kṣatriyas* kämpfen. Auch Kalkin wird ein Brahmanen-Krieger sein: siehe Biardeau: »Études«, S. 184.

41 Vgl. D. Shulman: »Mirrors and Metaphors in a Medieval Tamil Classic.« *Hebrew University Studies in Literature* 8 (1980), S. 234-236.

42 Biardeau hat überzeugend über diese Vorstellung in bezug auf Aśvatthāman geschrieben, der im Epos noch das beste Analogon zu Paraśurāma ist: »Études«, S. 210-212.

43 Der Sūta-Erzähler bezieht sich zweimal auf unseren Mythos, und zwar ganz zu Anfang seiner Erzählung (1. 1. 11 und vor allem 1. 2. 1-12). Sein Publikum sollte eine Kontinuität zwischen der Paraśurāma-Geschichte und den Ereignissen im Epos wahrnehmen. Man beachte übrigens, daß sich Duryodhanas Tod – ein Höhepunkt in der Geschichte – in Samantapañcaka abspielt: 9. 54. 3-8.

44 Dasselbe gilt Wort für Wort von Paraśurāmas Double Aśvatthāman, der nach dem *MBh*-Kampf ruhelos durch die Welt wandern muß. Immer, wenn das *MBh* zitiert oder erörtert wird, wird die Gegenwart Aśvatthāmans mitgedacht.

45 Siehe Gail: *op. cit.*, S. 112.

46 In dieser Hinsicht weisen sowohl Paraśurāma als auch Aśvatthāman interessante Verbindungen zum epischen Helden Karṇa auf (der natürlich *kein* Brahmane ist) – doch wird die persönliche Tragödie Paraśurāmas niemals mit derselben eingehenden Sorgfalt ausgebreitet wie jene Karṇas.

47 Siehe D. Shulman: »Murukaṉ, the Mango, and Ekāmbareśvara-Śiva: Fragments of a Tamil Creation Myth?« *Indo-Iranian Journal* 21 (1979), S. 27-40.

48 Burton Stein: »Social Mobility and Medieval South Indian Sects.« In James Silverberg (Hrsg.): *Social Mobility in the Caste System of India: An Interdisciplinary Symposium.* (Comparative Studies in Society and History. Supplement III.) Den Haag: Mouton 1967, S. 78-95.

49 Siehe den Schluß des oben zitierten Aurva-Mythos.

50 Gail: *op. cit.*, S. 212-214; vgl. *Brahmāṇḍapurāṇa* 2. 3. 22-23.

51 So ist der Schlußabschnitt dieses Purāṇa, das *lalitopākhyāna*, der Göttin Lalitā gewidmet, die in Kāñcipuram mit Kāmākṣī identifiziert wird. Siehe Shulman: *Tamil Temple Myths*, S. 169-176; V. R. Ramacandra Dikshitar: *The Lalitā Cult.* Madras: University of Madras 1942, *passim.*

52 Über die Frau als Brennpunkt des inneren Konflikts in Südindien siehe Dennis Hudson: »Śiva, Mīnākṣī, Viṣṇu – Reflections on a Popular Myth in Madurai.« In Stein (Hrsg.): *South Indian Temples* (Anm. 40 oben), S. 107-118.

53 Whitehead: *op. cit.*, S. 20-21.

54 Vgl. Shulman: »Bandits and Kings«, S. 298-299; *idem:* »Tamil Mythology.« *Splendours of Tamil Nadu.* Bombay: Marg Publications 1980, S. 25-27.

55 Vgl. Alf Hiltebeitel: »The Indus Valley ›Proto-Śiva‹, Reexamined through Reflections on the Goddess, the Buffalo, and the Symbolism of *vāhans.*« *Anthropos* 73 (1978), S. 775, 785-786; Whitehead: *op. cit.*, S. 24, 40.

56 In vielen südindischen Heiligtümern (z. B. Tirukkovalūr; Tiruvañcaikkaḷam in Cranganore) wird behauptet, Paraśurāma habe hier den Frevel des Mutter- oder Königsmordes gesühnt.

57 Siehe ausführliche Erörterung bei Shulman: »Enemy Within.«

58 Vgl. *Śat. Brāh.* 1. 7. 3. 28, 1. 7. 4. 19. Man könnte sagen, daß der *brahman* Rudras Rolle im Opfer übernimmt.

59 Siehe S. Kramrisch: *The Presence of Śiva.* Princeton: Princeton University Press 1981, S. 3-26.

60 Über Transformationen bei sozialen Kategorien in der indischen Folklore siehe Brenda E. F. Beck und A. K. Ramanujan: »Social Categories and their Transformations«; erscheint in einem Sammelband, den das Zentralinstitut für indische Sprachen der Universität Mysore vorberei-

tet. Dieses Transformationspotential innerhalb der symbolischen Systeme harrt einer genaueren Analyse im Lichte historischer indischer Königreiche.

61 Gail: *op. cit.*, S. 112-115.

62 Michael Moffatt: *An Untouchable Community in South India. Structure and Consensus.* Princeton: Princeton University Press 1979, S. 248-249.

63 Brubaker: »Lustful Woman«, S. 62.

64 *Ebd.*

65 *Pĕriya purāṇam* des Cekkiḻār, 1. 2. 2. 1-44.

66 Das gilt sogar dann, wenn die ganze Geschichte umgedreht wird, wie in einer Variante, die mir in einem Reṇukā-Heiligtum in Mantaivĕḷipākkam, Madras, am 14. 12. 1975 erzählt worden ist: Ein als Paraśurāma verkleideter Dämon beunruhigte die *tapas* Jamadagnis, und so schnitt Jamadagni seinem Sohn den Kopf ab; dann erschien Reṇukā und erweckte den Knaben wieder zum Leben. (Die symmetrischen Umkehrungen in dieser Variante hätten Lévi-Strauss zweifellos entzückt.)

67 Vgl. Moffatt: *op. cit.*, S. 125 (eine Geschichte , in der der Brahmane und der Unberührbare Brüder sind).

68 Richtig hier *barahmīn* (der Titel Paraśurāmas in diesem Text) gegenüber dem gebräuchlicheren *barahman*?

69 Text verderbt.

70 Lies *nawl* statt *bawl/būl* (= Nakula im ganzen Text).

71 Text unklar. Ich übersetze unter Zugrundelegung einer Textverbesserung, die Dr. S. Soroudi vorgeschlagen hat: *wa-zinhār kard* statt des unverständlichen . . . *(wa-berāy-i ğustan-i) wazīrhā kard* . . .

72 Der Text wird mitgeteilt in Joseph T. Reinaud: *Fragments arabes et persans inédits relatifs à l'Inde antérieurement au XIe siècle.* Paris 1845; photomechanischer Nachdruck Amsterdam: Oriental Press 1974, S. 13-14.

73 Die meisten der vielen existierenden muslimischen Versionen der indischen Epen harren noch der näheren Untersuchung.

74 Diese Enkelin erinnert auch ein wenig an Aurvas brahmanische Mutter sowie an die *kṣatriya*-Prinzessinnen, von denen es in manchen Versionen (etwa *Skandapurāṇa* 6. 69) heißt, aus ihnen gehe die nächste Generation von Königen hervor.

75 Raghavan: *op. cit.*, S. 505.

76 ›Bhāsa‹, *Karṇabhāra*, nach Vers 9 (auf der Grundlage von *MBh* 12. 2).

77 Siehe die Erörterung in Shulman: »Enemy Within.«

78 J. C. Heesterman: »The Conundrum of the King's Authority.« In J. F. Richards (Hrsg.): *Kingship and Authority in South Asia.* Madison: University of Wisconsin 1978, S. 1-27; *idem:* »Brahmin, Ritual and

Renouncer.« *Wiener Zeitschrift zur Kunde Süd- und Ostasiens* 8 (1964), S. 1-31; vgl. auch Charles Malamoud: »Conférence.« *Annuaire de l'école pratique des hautes études.* v[e] section: Sciences religieuses. 85 (1976/77), S. 178-179.

79 Kein Wunder, daß es so schwierig ist, in Indien Ketzer zu werden und zu bleiben.

80 M. Marriott: »Hindu Transactions: Diversity without Dualism.« In Bruce Kapferer (Hrsg.): *Transaction and Meaning: Directions in the Anthropology of Exchange and Symbolic Behavior.* Philadelphia: ISHI Publications 1976, S. 109-142; R. Inden: *Marriage and Rank in Bengali Culture: Caste and Clan in Middle Period Bengal.* Berkeley: University of California Press 1976; siehe auch die Bemerkungen T. Trautmanns in seiner Rezension über Indens Buch in *Journal of Asian Studies* 39 (1980), S. 519-524.

81 So sieht Jonathan Parry die brahmanischen Begräbnis-Priester von Benares in einer anhaltenden und unüberwindlichen »moralischen Krise« gefangen: »Ghosts, Greed, and Sin: The Occupational Identity of the Benares Funeral Priests.« *Man* (new series) 15 (1980), S. 88-111.

82 Siehe Moffatt: *op. cit.*, S. 102-109.

83 *Ebd.*, S. 28 (dort wird eine Beobachtung Dumonts zitiert).

84 Raghavan: *op. cit., passim;* vgl. R. Lingat: *The Classical Law of India.* Übersetzt von J. Duncan M. Derrett. Berkeley: University of California Press 1973, S. 14-17 (über *sad-ācāra* als eine Quelle des *dharma*).

Krishna Prakash Gupta

Probleme der Bestimmung des Hinduismus in Max Webers Indienstudie

Max Weber behandelt den Hinduismus vom begrifflichen Standpunkt des Christentums aus. Die entscheidende Prüfung seiner These besteht darin, daß er zuerst auf analytischer Ebene eine funktionale Äquivalenz zwischen Hinduismus und Christentum als religiösen Systemen behauptet und dann zeigt, daß diese beiden Systeme in Wirklichkeit in ihrem jeweiligen historisch-kulturellen Kontext keine äquivalenten Funktionen erfüllen. Dieser Ansatz stellt Weber vor eine Reihe methodologischer Probleme, die an seinem Umgang mit literarischen und ethnographischen Daten aus Indien sichtbar werden. Einige dieser Probleme möchte ich im folgenden untersuchen und dabei auf die verschiedenen Formen eingehen, die sie an verschiedenen Stellen seiner intellektuellen Auseinandersetzung mit dem Hinduismus annehmen.

Webers soziologisches Interesse am Hinduismus tritt erst ziemlich spät in seiner intellektuellen Entwicklung auf. In seinen frühen Schriften findet sich praktisch nichts über Indien, und die Protestantismusstudie ist zweifellos ursprünglich nicht so angelegt, daß das Fehlen des kapitalistischen Geistes in nicht-westlichen Religionen hätte bewiesen werden müssen. Die Fußnoten in diesem Werk, die Indien ins Spiel bringen und den Hinduismus dem Puritanismus gegenüberstellen, sind spätere Einfügungen[1]. Ursprünglich gilt Webers Interesse nur den Gegensätzen zwischen Katholizismus und Protestantismus und, innerhalb des letzteren, zwischen Luthertum und Calvinismus. Die Logik seiner Argumentation erfordert keinen interkulturellen Vergleich.

Die akademischen Kontroversen, die seine These auslöst, beschränken sich ebenfalls auf Daten, die ausschließlich aus westlichen Quellen stammen. Erst viel später führt Weber den Hinduismus in die Debatte ein, und in der Rückschau sieht es so aus, als habe er dies erst getan, nachdem die westlichen Beispiele allein zur Verteidigung seiner These nichts mehr hergaben. Angesichts der von den Kritikern hartnäckig ins Feld geführten Fälle, die seine These zweifelhaft erscheinen lassen[2], hat sich Weber offenbar entschlossen, die Debatte auf eine ganz andere Generalisationsebene zu heben. Entsprechend verändert er die ursprüngliche ›Anlage‹ seines ›Experiments‹ und beginnt sich zum erstenmal außerhalb der westlichen Religionsgeschichte nach »negativen Fällen« umzusehen.

Dies ist nicht gerade ein vielversprechender Ausgangspunkt für das Studium des Hinduismus. Aber als Weber einmal begonnen hat, scheint er weit über seine ursprünglichen engen Interessen hinausgetragen zu werden. Als er anfängt, sich ernsthaft mit der nicht-westlichen religiösen Wirklichkeit auseinanderzusetzen, muß er ein Begriffsschema aufbauen, das es ihm erlaubt, das Christentum und die anderen Religionen in ein und denselben Bezugsrahmen zu stellen. Es hängt viel davon ab, wie er diese anderen Religionen begrifflich faßt. In dem intellektuellen Zusammenhang seiner Zeit bedeutet sein Vorgehen einen entscheidenden theoretischen Fortschritt.

Für die begriffliche Erfassung des Hinduismus standen Weber drei Vorbilder zur Verfügung. Das erste war die vorherrschende Perspektive in der Ethnographie. Darin wurden die sozialen Institutionen im Hinduismus als »natürliche« Gruppen charakterisiert, deren religiöse Bindungen als identisch mit den sozialen verstanden wurden. Das zweite war die übliche Perspektive der Missionare. Darin erschienen die Glaubenssysteme und Rituale als niedrige, abergläubische Kulte, die in die fortgeschrittene Glaubensgemeinschaft einer Kirche zu überführen waren. Das dritte war die vorherrschende Perspektive in der Indologie. Darin wurde das Textsystem des Hinduismus als rein philosophische Konstruktion behandelt und seine Beziehung zur historisch-sozialen Wirklichkeit Indiens unbestimmt gelassen.

Nach diesen Ansätzen, einzeln oder in Verbindung angewandt, wäre der Hinduismus entweder aus dem Strom der Weltgeschichte hinausgedrängt, auf einer niedrigen, primitiven Entwicklungsstufe eingefroren oder in ein leeres theoretisches Paradigma ohne realen Bezug zur hinduistischen Gesellschaft verkehrt worden. Keiner dieser Ansätze hätte Webers neu entwickelten Anforderungen an eine historische und vergleichende Analyse genügt[3]. Weber stellt deshalb den Hinduismus in eine Reihe mit den anderen »Weltreligionen«, einschließlich dem Christentum: Jeder wird Eigenständigkeit zugesprochen, und die Unterschiede werden als evolutionäre Besonderheiten mit entsprechenden sozioökonomischen Konsequenzen für die Anhänger aufgefaßt.

Uns mag diese Auffassung heute einfach erscheinen[4], Weber jedoch stellt sie vor eine hochkomplizierte Aufgabe. Er mußte aus einer überaus heterogenen Datenmasse zu ganz verschiedenen Aspekten einer undifferenzierten sozialen Wirklichkeit begrenzte und definierbare Merkmale der hinduistischen Religion *und* der hinduistischen Gesellschaft isolieren und systematisch verbinden. Weber löst diese Aufgabe nicht befriedigend, aber er unternimmt die ersten entscheidenden Schritte in dieser Richtung.

Vieles daran ist verwirrend, faktisch falsch oder von zweifelhaftem Nutzen. Mit diesen Problemen werde ich mich hier jedoch nicht befassen. Vielmehr werde ich eine strukturelle Analyse von Webers Schriften versuchen. Dabei soll die Logik sichtbar werden, nach der er durch die Gegenüberstellung mit dem Christentum aus dem Hinduismus eine Religion ›macht‹. Außerdem sollen die methodologischen Probleme hervortreten, die sich ihm bei diesem Vorgehen stellen; sie lassen sich an seinem Umgang mit den verschiedenen Daten über Indien ablesen.

Ich werde bei Weber drei Betrachtungsweisen in bezug auf den Hinduismus unterscheiden. Die *erste* Betrachtungsweise besteht darin, daß Weber den Hinduismus in scheinbar universale Kategorien der Religionsentwicklung einordnet – wobei jedoch das Entwicklungsmuster unausgesprochen an gewissen konkreten historischen Ausprägungen des Christentums abgelesen ist. Webers Schema läßt zwar eine ungewöhnliche Breite an kulturellen Variationen zu, aber man wird doch das Gefühl nicht los, als zeichne er den Hinduismus immer unter dem Gesichtspunkt, daß er den von ihm eindeutig bevorzugten Rationalisierungsprozeß nach Art des Puritanismus nicht in Gang bringen konnte.

In seiner *zweiten* Betrachtungsweise räumt Weber der hinduistischen Religionsentwicklung ein beträchtliches Maß an Autonomie und Eigendynamik ein. Er versucht sogar, den Hinduismus immanent, aus seinen Glaubens- und Handlungssystemen heraus, zu verstehen. Aber dabei identifiziert er mehr oder weniger willkürlich eine Anzahl von Elementen aus der historisch-sozialen Wirklichkeit Indiens als religiös, nur weil sie in christlichen Augen so aussehen, und fügt sie zu einem fingierten Ganzen zusammen, das die hinduistische Religion sein soll.

In seiner *dritten* Betrachtungsweise versucht Weber, über den bisher für notwendig gehaltenen engen Vergleich von Hinduismus und Christentum hinauszugehen, indem er in seinen theoretischen Umkreis allmählich die gesamte asiatische und westliche Entwicklung einbezieht. Darüber hinaus gibt er zu, bei seiner Analyse nicht-westlicher Religionen von gewissen westlich geprägten Voraussetzungen ausgegangen zu sein. Aber er räumt immer noch nicht ein, daß im Hinduismus bedeutsame orthogenetische Innovationen möglich waren, die den Bann des aller ›Entzauberung‹ widerstehenden Traditionalismus Indiens hätten brechen können. Webers Eingeständnis eines westlichen Standpunkts kommt nachträglich, aber es macht doch eine gewisse Veränderung in seiner Sichtweise aus.

Diese drei Betrachtungsweisen kommen in Webers Werk nicht in einer glatten zeitlichen Folge vor[5]. Ich werde zum Beleg für die erste Betrachtungsweise das Kapitel »Religionssoziologie« in *Wirtschaft und Gesellschaft* heranziehen[6], für die zweite Betrachtungsweise den Band »Hinduismus und Buddhismus«[7] und für die dritte Betrachtungsweise die »Einleitung«[8], die »Zwischenbetrachtung«[9] und die »Vorbemerkung«[10] aus den *Gesammelten Aufsätzen zur Religionssoziologie*.

Diese Quellenangabe sollte jedoch nur als eine erste Orientierung verstanden werden, denn die meisten der Themen, die unter die verschiedenen Betrachtungsweisen gruppiert wurden, überschneiden sich in diesen Schriften immer wieder[11]. Man könnte deshalb diese ›Betrachtungsweisen‹ ebensogut als ›Dimensionen‹ bezeichnen.

Die erste Dimension

Weber wendet sich zuerst dem Hinduismus nur deshalb zu, weil er einen Streitpunkt, der sich aus seiner Interpretation der westlichen Geschichte ergeben hat, beilegen will. Es interessiert ihn nur der Nachweis, daß eine bestimmte Form des Christentums an einem bestimmten Punkt ihrer inneren Entwicklung eine besondere Rolle gespielt hat. Bis dahin hat er westliches Beweismaterial benutzt. Wenn er sich nun dem Hinduismus und anderen Religionen zuwendet, so hauptsächlich zu dem Zweck, seine These zu bestätigen. Er will zeigen, daß in ungefähr gleichen historischen Entwicklungsphasen im Christentum ein spezifisches Moment vorhanden war, das in anderen, nicht-christlichen Religionen fehlte. Dazu muß er eine Folge von Entwicklungsstufen formulieren, auf denen verschiedene Religionen einander zugeordnet und damit vergleichbar gemacht werden können.

Nach Webers eigenen methodologischen Vorschriften, die er damals schon in verschiedenen Zusammenhängen dargestellt hatte[12], mußte sich diese Übung in vergleichender Analyse auf die im strengen Sinne »ökonomisch relevanten« Aspekte der verschiedenen Religionen beschränken. Sodann durfte dieser Vergleich nur als heuristisches Mittel benutzt werden, um die Besonderheit der verschiedenen Religionen ursächlich zu erklären; die Analyse durfte aber keinesfalls Kulturstufen nach Art der biologischen Evolution, also keinen determinierten Entwicklungspfad, postulieren. Schließlich durften über die verschiedenen Religionen keine Werturteile anhand angeblich universaler Fortschrittskriterien gefällt werden.

In der Forschungspraxis hat Weber jede dieser Vorschriften zumindest teilweise übertreten. Seine Analysen des Hinduismus und anderer Religionen greifen auf Themen über, die mehr als bloß ökonomisch relevant sind. Es gibt auch gelegentlich Formulierungen, die einen Determinismus in der Religionsentwicklung andeuten. Schlimmer noch: Weber zeigt sich seiner eigenen Idee der Wertfreiheit nicht gewachsen. Werturteile über Kulturen sind überall eingestreut, oft unbeabsichtigt, oft versteckt hinter Kategorien, die reine Beschreibung und Klassifikation vortäuschen.

Zum Teil ergeben sich diese Übertretungen aus Webers allgemeiner Sicht der sozialen Wirklichkeit: Für ihn sind bestimmte Strukturen allen Kulturen gemeinsam[13]. Dieser Sicht liegt ein elementares funktionalistisches Paradigma zugrunde: Jede Gesellschaft braucht, um zu bestehen, die fortwährende und wirksame Erfüllung bestimmter Funktionen, und das wiederum führt zur Entstehung und Erhaltung entsprechender institutioneller Strukturen. Unter diesem Paradigma der funktionalen Differenzierung schreibt Weber der Religion einen Satz von Rollen zu, die sie im Dienst der Gesellschaft zu erfüllen hat. Religionen unterscheiden sich untereinander, weil sie entweder trotz desselben Rollensatzes andere Funktionen erfüllen oder, bei Erfüllung derselben Funktionen, andere organisatorische oder historische Formen mit verschiedener Reichweite, Intensität und Konsequenz aufweisen. Ausgehend von diesem Ansatz, findet man Religionen, die bestimmte Funktionen überhaupt nicht erfüllen, und obwohl dies innerhalb ihres kulturspezifischen Zusammenhangs nur natürlich erscheint, stellt man in solchen Fällen doch, gemessen an dem erwarteten Rollensatz, einen gewissen ›Mangel‹ fest.

Webers Hinduismus paßt in die Kategorie solcher Religionen. Obwohl Weber es an diesem Punkt nicht deutlich zugibt, sind doch die Erwartungen, an denen gemessen der Hinduismus nicht gut abschneidet, alle von gewissen Aspekten des Christentums und von seiner subjektiven Interpretation dieser Aspekte hergeleitet. Eine kurze zusammenfassende Besprechung des Kapitels über Religionssoziologie in *Wirtschaft und Gesellschaft* wird diese Analyse bestätigen. Diese Besprechung wird sich auf die Aussagen über den Hinduismus beschränken, der hier in den Kontext der allgemeinen Theorie religiöser Rationalisierung hineingestellt ist.

Der erste größere Durchbruch in der Religionsentwicklung ist nach Weber[14] der Übergang vom animistischen Geisterglauben zum symbolistischen Götterglauben. Wo dieser Übergang unvollständig bleibt, erhält sich eine naturalistische Gottesvorstellung, wie in den Veden, die noch nicht einen ausreichenden Abstraktionsgrad erreichen. In einigen Abschnitten dieses frühen hinduistischen Textes wird z. B. noch das Feuer selbst als ein Gott bezeichnet – ein besonderer Gott des Feuers war noch nicht erdacht[15]. Wo sich diese Anthropomorphisierung aber durchsetzt, führt die darauf folgende Rationalisierung des religiösen Denkens dazu, daß die Götter mit gleichbleibenden Attributen und funktional differenzierten Zuständigkeiten ausgestattet werden.

Auf der Ebene des Gemeinschaftshandelns entstehen aus dieser Differenzierung auch Spezialgötter, die einer Hausgemeinschaft oder Verwandtschaftsgruppe, einem Siedlungsgebiet, einem Berufsverband oder einer politischen Einheit ausschließlich zugehören. Insbesondere die Lokalgötter und ihre Kultgemeinschaften gelangen dort zur vollen Entwicklung, wo Städte als autonome politische Gemeinwesen, unabhängig von dem Apparat eines Herrschers, gegründet werden können. Um es noch einmal zu sagen, in Indien fand eine solche Entwicklung nicht statt, und das vedische Pantheon hat keine Spezialgötter oder Spezialheilige für Berufs- oder politische Verbände aufzuweisen[16].

Nach Webers Darstellung wird dieser Prozeß der Götterbildung noch gefördert durch eine weitergehende rationale Systematisierung des Denkens über die möglichen Beziehungen zwischen Menschen und Göttern. Wo die Gottesvorstellungen nicht die volle anthropomorphe Abstraktion erreichen, wie im Hinduismus, behält das religiöse Verhalten seine früheren magischen Eigenschaften. Während die Götter, die gesteigerte menschliche Attribute erhalten haben, durch verschiedene Formen des Bittens verehrt werden, sucht der Hinduismus weiterhin, seine Götter magisch zu zwingen. Hier ist die Anrufung des Gottes nicht Gebet, sondern magische Formel, und die Opferrituale gehen über bloße Zauberei nicht hinaus[17].

Eine derartige Gottesvorstellung begünstigt den Glauben an eine feste Ordnung des religiösen Zeremoniells und an eine feste Ordnung des Kosmos. Dies steht in scharfem Gegensatz zu der Vorstellung eines persönlichen, transzendenten und ethischen Gottes, welche sich wiederum für die Entwicklung einer rationalen religiösen Ethik als entscheidend wichtig erweist. Wo die Götter nur gezwungen werden können, gibt es keinen Grund zu der Idee, daß die Götter den Menschen ethische Forderungen auferlegen. Die hinduistische religiöse Ethik bleibt deshalb bei rein magischen Verhaltensnormen stehen. Das hervorragendste Beispiel dafür sind die völlig irrationalen Annahmen, die den Tabus der Kastenordnung zugrunde liegen[18].

Diese anfänglichen Unterschiede in den Orientierungen bestimmen in der Folge den Gang der religiösen Entwicklungen. Die ethische Gottesvorstellung macht einen besonderen Personenkreis erforderlich, der den an bestimmte Normen, Orte und Zeiten gebundenen religiösen Betrieb dauernd aufrechterhält. Dies führt zur Institution des Priestertums. Im Hinduismus gelingt es dem Stand der brahmanischen Zauberer dagegen nicht, ein echtes Priesteramt zu schaffen[19]. Später entwickelt sich, besonders im indischen Volksglauben, zwar die Konzeption eines persönlichen Gottes, aber sie wird bald wieder pantheistisch umgedeutet[20]. Dementsprechend kann keine ethische Prophetie entstehen. Die einzige Art der Prophetie, die in Indien hervortritt, bleibt an die Nachahmung exemplarischer Menschen gebunden; niemals jedoch erheben sich Propheten, die Gehorsam als ethische Pflicht fordern[21].

Auf der institutionellen Ebene hat dies zur Folge, daß sich keine dauerhafte Organisation bildet. Den hinduistischen Propheten und anderen Heilsspendern gelingt es zwar, eine große Zahl von

Anhängern anzuziehen, aber die Gläubigen können nicht aktiv an einer religiös bestimmten Gemeinschaft mit festen Rechten und Pflichten teilnehmen[22]. Es fehlt nicht nur die Lebensregulierung durch eine Gemeinde, sondern auch die Festlegung religiöser Normen in kanonischen Schriften und Dogmen; nur die mündliche Tradition gilt[23]. Die einzelnen erfahren keine kontinuierliche religiöse Pflege durch Seelsorge[24], sondern institutionalisiert ist nur die gelegentliche Predigt der *gurus.*

Diese Entwicklungen verhindern die systematische Durchdringung des Alltagslebens mit der hinduistischen Religion. Selbst diejenigen Laienschichten, die die natürlichen Vermittler der religiösen Rationalisierung sein müßten, bleiben im hinduistischen Kontext unlösbar an magisches religiöses Verhalten gebunden. Weder die soziale Lage der negativ Privilegierten noch die rationalistischen Neigungen der ›bürgerlichen Schichten‹ führen in Indien mit fortschreitender Religionsentwicklung zu einer nennenswerten Internalisierung ethischer Normen[25]. Der vornehme Intellektualismus der religiösen Funktionäre, für die »Erleuchtung« durch gnostisches Wissen gewöhnlich die höchste Stufe der Religiosität bezeichnet, verhindert noch dazu jeden sichtbaren Einfluß der Religion auf die Moral der Massen[26].

Diese Losgelöstheit der Religion von den Alltagsinteressen spiegelt sich in dem typisch hinduistischen Erlösungsstreben wider. Weber dokumentiert diesen Punkt ausführlich. Er stellt den Hinduismus in einen allgemeinen theoretischen Rahmen, der Erlösungstypen, die Formen ihrer historischen Institutionalisierung und die »praktischen« Konsequenzen der verschiedenen Soteriologien umfaßt[27]. Gemäß der inneren Logik religiöser Verfeinerung hat auch der Hinduismus langsam die primitive ökonomische Einstellung zugunsten außerökonomischer Ziele abgewertet[28]. Als diese Ziele in der religiösen Erfahrung der Gläubigen beherrschend werden, gerät auch der Hinduismus in eine Spannung zur Welt. Er legt eine Distanz zwischen den höchsten religiösen »Sinn« und die Unvollkommenheit des Selbst und der sozialen Ordnung[29]. Bei einer schöpferischen Nutzung dieser Spannung hätte sich die Religion zur Rationalität hin weiterentwickeln können. Voraussetzung wäre gewesen, daß die Gläubigen das Heil in der und durch die inspirierte Erfüllung ihres irdischen Berufs gesucht hätten – und in dem unablässigen Versuch, die gegebene unvollkommene Welt im Licht eines höheren ethischen

Ideals zu bearbeiten und sogar umzugestalten. Im Gegensatz dazu führen die Theodizeen und Heilslehren des Hinduismus eine halb-magische sakramentale Soteriologie fort, nach der die Welt ewig »gegeben« ist und die »Erlösung« nur in einem fortschreitenden Rückzug von der Welt liegen kann.

Zur Bestätigung seines Urteils bringt Weber mehrere Beispiele von Heilstechniken, die die Hindu-Religion entwickelt hat. Auf einer Stufe sind diese Techniken auf Selbstvergottung gerichtet, die über verschiedene Zustände intellektueller Ekstase vermittelt wird. Dabei besteht das religiöse Virtuosentum oft in einer methodischen Entleerung des Bewußtseins, die ihren reinen Ausdruck in äußerst strengen körperlichen und geistigen Exerzitien findet[30]. Auf einer anderen Stufe wird das Gewicht auf die monotone Erfüllung eines ununterbrochenen Zyklus von Ritualvorschriften gelegt. Diese fast restlose Reglementierung des Lebens eines frommen Hindu läßt keine Zeit für irgendeine rationale ökonomische Tätigkeit[31]. Schließlich gibt es die Volksreligiosität, die im allgemeinen in einfache »Glaubens«-Soteriologien abgleitet. Diese verlangen entweder eine völlig passive Unterwerfung unter das sakramentale Gnadengeschenk eines *guru* oder, wenn die Heilssuche ein aktives Element enthält wie im Krishnakult, nur eine erotisch gefärbte mystische Hingabe[32].

An diesen Beispielen stellt Weber fest, daß im Hinduismus alle Formen des religiösen Handelns, obwohl die Ausgangspunkte verschieden sind, in einem einzigen Thema zusammentreffen: der Weltablehnung. Nicht daß ein Hindu weniger ökonomisch eingestellt oder sein Erwerbstrieb schwächer wäre – aber seine Religiosität erzeugt in ihrer Hauptwirkung immer wieder eine Aura von Unwirklichkeit um Leben und Welt, wie sie hier und jetzt existieren[33]. Kurz, nach einer Theorie der Religionsentwicklung, wie Weber sie ansatzweise formuliert, muß es der hinduistischen Religiosität ständig mißlingen, sich zu entwickeln. Überdies weist die unter dieser Theorie angenommene Richtung der Rationalisierung stets auf einen Weg, den in der Geschichte nur das Christentum beschritten hat.

Von hier ist es für Weber nur ein kleiner Schritt zu erkennen, daß seine vermeintlich objektive Entwicklungsfolge, mit kulturspezifischen Variationen an einigen Stellen, vielleicht doch nur einen ganz besonderen Fall beschreibt, der nur in der Geschichte der westlichen Welt vorkommt. Religionsgeschichte ist nicht nur

»fließend« – so Webers Lieblingsausdruck –, sondern es gibt möglicherweise auch gar keine Universalgeschichte der Religion. Das scheint Weber durch die Überzeugungskraft seiner eigenen Daten allmählich zu lernen. Er stellt fest, daß der Okzident eine Einzigartigkeit besitzt, da nur hier ethische Prophetie, Gemeindereligion und innerweltliche Askese entstanden sind – alles Phasen in dem von ihm gezeichneten religiösen Rationalisierungsprozeß[34]. Unvermeidlich muß er zu dem Schluß kommen, daß der Hinduismus einfach nicht zu dieser Gattung von Religion gehört.

Die zweite Dimension

Schon in den letzten Teilen des Kapitels »Religionssoziologie« in *Wirtschaft und Gesellschaft* nimmt der Gebrauch von Analogien und Parallelen ab. Weber vermeidet es zusehends, Einzelereignisse der Religionsgeschichte anzuführen und in einer unterstellten Entwicklungsfolge anzuordnen. Statt dessen kommen in zunehmender Häufigkeit Kontraste vor, Kontraste zwischen kulturellen Gesamterfahrungen. Die funktionale Äquivalenz von Religionen scheint nicht länger an Funktionen zu hängen, die alle Religionen in gleicher Weise erfüllen sollten. Statt dessen rückt allmählich die Eigenart der verschiedenen Religionstypen in den Blickpunkt, und sie werden verglichen in bezug auf die Unterschiede in der Gesamtorientierung. Für den Hinduismus gipfelt diese Vorgehensweise in der umfangreichen monographischen Studie »Hinduismus und Buddhismus«.

In dieser Studie betrachtet Weber den Hinduismus in seinem Eigenrecht als eine selbständige religiöse Wirklichkeit und stellt ihn in seinen spezifischen historisch-sozialen Kontext. Während seine zentrale These noch unverändert bleibt, ändert sich doch die Art der Beweisführung zu ihrer Bestätigung. Da ist nicht mehr derselbe Drang zu beweisen, daß an einem bestimmten Punkt der Entwicklung es das Christentum geschafft, der Hinduismus dagegen versäumt hat, sich auf eine entscheidende Phase religiöser Rationalisierung zuzuentwickeln. Statt dessen liegt das Schwergewicht nun auf der Argumentation, daß der Hinduismus eine gänzlich andere Religion ist, die ihre eigene Entwicklung nimmt. Die Folgen des Hinduismus für die indische Gesellschaft werden immer noch als äußerst traditionalistisch beurteilt, aber dieses Urteil geht nun aus den Zeugnissen für die historische Eigenart des Hinduismus selbst hervor.

Diese veränderten methodologischen Voraussetzungen spiegeln sich in der begrifflichen Anlage von Webers Studie über Hinduismus und Buddhismus wider. Hier setzt sich Weber zum erstenmal mit dem Problem auseinander, den Hinduismus zu definieren und seine Beziehungen zur Hindu-Gesellschaft herauszuarbeiten. Diese Aufgabe erfordert eine sorgfältige neue Einordnung der textlichen und ethnographischen Daten aus Indien in die analytisch getrennten, aber interagierenden Abteilungen Religion und Gesellschaft. Weber hat dafür keine unmittelbaren Vorbilder, und seine eigene Arbeit verrät die Spannungen und Ambivalenzen, die ein solches Unternehmen mit sich bringt.

Webers Hauptproblem entsteht daraus, daß sich seine unausgesprochene Definition von Religion, auf der auch seine Vorstellung von der Äquivalenz aufbaut, allein von der Erfahrung des Christentums herleitet – dies, obwohl er versucht, Hinduismus und Christentum als gleichwertige Religionen nebeneinanderzustellen, deren Glaubenssysteme gleich bedeutsam sind und die sich nur in den Konsequenzen für ihre Anhänger unterscheiden. Der Hinduismus wird nun zu einer vollwertigen Religion erhoben[35] und nicht mehr als eine, verglichen mit der religiösen Rationalität des Puritanismus, unterentwickelte Form behandelt; aber diese Vollwertigkeit ist doch definiert an Kriterien, die vom Christentum herkommen. Dies schafft für Weber eine Reihe methodologischer Probleme. Das wichtigste liegt darin, daß er seine Daten in analytische Kategorien einordnet, die diesen Daten wesentlich fremd sind. Weber tut dies mit größter Einfühlung, obgleich nicht immer mit entsprechenden Ergebnissen.

Bei fast jedem Schritt sieht sich Weber vor unlösbaren Problemen. Nur zwei davon sollen hier kurz besprochen werden: Das eine ist die Beschreibung der genauen Lehrinhalte des Hinduismus; das zweite ist die Abgrenzung des spezifisch religiösen Handelns im Hinduismus. Die Erörterung soll sich wieder auf gewisse formale Probleme bei Webers Begriffswahl beschränken, ohne auf die Frage der Richtigkeit seiner sachlichen Analysen einzugehen. Ferner werden nur ausgewählte Beispiele benutzt, um damit auf einige der wichtigsten Unklarheiten, die Weber selbst zu Bewußtsein gekommen sind, hinzuweisen.

Um die der Hindu-Religion zugrunde liegende Lehre einzukreisen, muß Weber einem ausgetretenen Pfad folgen: Man scheidet zuerst die hinduistischen religiösen Texte von dem weltlichen Wissen Indiens; aus den als religiös ausgewählten Texten isoliert man das ›heilige Buch‹ der Hindus; die verbleibenden religiösen Texte bringt man in eine sinnvolle Ordnung, Hierarchie und Reihenfolge; schließlich zieht man auf der Basis der vorhergehenden Analyse die Hauptdogmen der hinduistischen Orthodoxie heraus. Weber tut jeden dieser Schritte, obwohl nicht unbedingt in dieser Reihenfolge, und er scheint bei jedem Schritt zu merken, daß seine Verallgemeinerungen durch seine eigene Darstellung der Fakten nicht immer abgestützt sind.

Weber tut den ersten Schritt, indem er aus dem verfügbaren Bestand an Hindu-Literatur das auswählt, was ihm nach der üblichen Dichotomie religiös – weltlich einen deutlich religiösen Anstrich zu haben scheint. Am klarsten gelingt das für die Texte über den Ritus, aber Schriften zu Philosophie und Moral werden als Sonderfall mit einbezogen. Was eindeutig weltlich zu sein scheint, z. B. Grammatik, Mathematik, Musik, Astronomie, oder sozialwissenschaftlich, wie Texte über Fragen von Reichtum und Macht, wird aus dem Kreis des Religiösen ausgeschlossen[36]. Aber mit dieser Differenzierung stimmt etwas nicht, wie Weber bald merkt. In vielen Fällen kann in Indien das offensichtlich ›Religiöse‹ nicht vom Weltlichen in seiner derbsten Form unterschieden werden. Viele Hindu-Götter verhielten sich höchst untugendhaft, und doch wurden ihre Taten, auch die untugendhaften, immer in die Heilslehren aufgenommen[37]. Oft scheint die hinduistische Religion das Weltliche mit zu umfassen. Weber merkt das am stärksten, als er das Problem der hinduistischen Realpolitik berührt. Er sieht z. B., daß »das Fürstentum aus der rein weltlichen Politik herausgewachsen« ist und »machiavellistisch theoretisiert« wird; aber dieser völlig weltliche Charakter ist schon in der brahmanischen Rationalisierung enthalten, die den Fürsten als Status-Dharma auferlegt, den Schutz und die Vergrößerung der staatlichen Macht unerbittlich zu verfolgen. Im Prinzip gibt es auch ein »Berufs-Dharma für Prostituierte, Räuber und Diebe«, und selbst die Götter »setzen sich im Epos um des Erfolges halber höchst unbekümmert auch über die elementarsten Regeln ritterlichen Kampfes hinweg«[38]. Das bedeutet für Weber, daß sich Machiavelli mitten in den Hinduismus hineingeschlichen hat, und doch bleibt für ihn die Artha-Literatur – das, was er eine »polizeiliche und kameralistische Kunstlehre« nennt[39] – außerhalb der eigentlichen Sphäre, in der sich der Hinduismus als Religion Ausdruck verschafft hat.

Dieses Problem spitzt sich zu, als Weber *das* heilige Buch der Hindus zu bestimmen sucht. In Übereinstimmung mit der in der zeitgenössischen Indologie herrschenden Überzeugung bedenkt Weber die Veden mit dieser Auszeichnung, aber er merkt schnell, daß dieses heilige Buch »dem Dharma des Hinduismus geradezu ins Gesicht (schlägt)« und »von den für den Hinduismus grundlegenden göttlichen und menschlichen Dingen nahezu gar nichts enthält«[40]. Um dieses offensichtliche Paradox zu erklären, kommt Weber mit drei in gewisser Weise unvereinbaren Begründungen. Zuerst argumentiert er, daß die Veden die Fortsetzung der hinduistischen Religionsentwicklung nicht wiedergeben, weil sie auf der Stufe primitiver Magie eingefroren blieben[41]. Aber dies ist keine befriedigende Erklärung für ihre dauernde Behauptung des ersten Platzes in der Rangordnung des religiösen Wissens. Diese Spitzenstellung ist vielleicht ein symbolischer Ausdruck von Verehrung, nicht bloß Folge der Tatsache, daß die Veden die Magie »hieratisch stereotypiert« enthalten. Von hier geht Weber zu seinem zweiten Argument über, der Analogie zu der Anerkennung der Bibel durch die Protestanten. Er deutet an, daß vom christlichen Standpunkt die offizielle Anerkennung der Veden – unter dem Vorbehalt, daß sie nicht schlechthin unentbehrlich ist – als ein »Formalprinzip«, im Gegensatz zu den »rituellen Materialprinzipien« des Hinduismus, verstanden werden könnte[42]. Aber auf diesem Weg gelingt es immer noch nicht, das Fehlen des Dharma in den Veden zu erklären, und Weber bietet schließlich eine weitere Parallele an, die Beziehung des Christentums zum Deuteronomium[43]. Unter dieser Parallele könnten die Veden als alte Texte betrachtet werden, als heilig, aber überholt, die nur selektiv zur Legitimierung einer neuen Religion verwendet wurden. Aber Weber weiß, daß die Veden auch diese Funktion nicht wirklich erfüllen. Das Kastensystem wird darin nicht einmal erwähnt, und er hält dies für »die schwerwiegendste Lücke« in den Veden[44]. Doch scheint er einzusehen, daß die Vorstellung von einer »Lücke« in einem heiligen Text nur von unangebrachten Erwartungen herrühren kann. Am Ende führt keiner dieser Versuche zu einer endgültigen Ansiedlung der Veden auf dem religiösen Kontinuum des Hinduismus, und Weber läßt die losen Fäden in seiner Argumentation unverknüpft.

Webers Behandlung anderer dem Anschein nach religiöser Texte ist von ähnlichen Überdehnungen gekennzeichnet. Einer seiner Versuche, diese Texte in eine Ordnung und Rangfolge zu bringen, besteht darin, sie kastenspezifisch zu machen. Da das Dharma der Hindus wesentlich aus Kastenpflichten besteht[45], schlägt er vor, die weiten Unterschiede in und zwischen verschiedenen Texten in bezug auf religiöse Orientierungen als Folge der unterschiedlichen Kastenforderungen zu sehen. In Webers Augen ist die Weltsicht der Upaniṣaden im Einklang mit der kontemplativen und asketischen Lebensweise der Brahmanen und die der Bhagavad Gītā mit der Kriegerethik der Kshatriyas[46]. Er dehnt dieses Argument jedoch nicht so weit, daß er auch spezifische Texte für die religiösen Bedürfnisse der Vaishyas und Shudras ausfindig macht – immerhin weist er aber auf eine gewisse innere Affinität zwischen den Lehren des Jainismus und der Ethik bestimmter Händlerkasten in Indien hin[47]. In Webers Schema kommt der Buddhismus in erster Linie den privilegierten Schichten entgegen[48], während die religiösen Bedürfnisse des einfachen Volkes von den Erlösungssekten des Shaivismus und Vaishnavismus erfüllt werden[49]. Doch diese Klassenanalyse wird in gewisser Weise von Weber selbst zurückgedrängt, als er einen philosophischen Grundsatz benennt, der über all die verschiedenen Status-Dharmas hinweg gültig ist. Das Hauptziel des religiösen Strebens eines Hindu, gleich welcher Kaste, ist nach Weber, die Seele »der Verstrickung in die Karman-Kausalität . . . (zu entziehen)«[50]. Der Weg dazu hebt noch einmal jeden Kastenpartikularismus auf, weil der Hinduismus, wie Weber selbst bemerkt, eine positive Relativierung der Heilswege zuläßt: Jedem der Heilsweg, den er bevorzugt[51]. Letztlich bleibt also in Webers Schema die relative Bedeutung der verschiedenen religiösen Texte im Hinduismus zerstückelt und unentschieden. Den kastenspezifischen Ansatz, mit dem er begonnen hat, scheint er auf halbem Wege aufzugeben.

Eine ähnliche Unsicherheit kennzeichnet Webers Versuch, aus diesem schwer handhabbaren Bestand religiöser Texte die spezifisch dogmatischen Lehren der hinduistischen Orthodoxie herauszufiltern. Gewiß, das Bild ist verworren und erlaubt keine klaren Antworten. Auch hier setzt sich Weber mit dem Problem auf verschiedenen Ebenen auseinander, kommt aber zu keinem allgemeinen Schluß. Schon in seinen ersten Bemerkungen fällt ihm die Existenz »zahlreicher philosophischer Schulen und religiöser Sekten von fast allen überhaupt möglichen soziologischen Typen« innerhalb des Hinduismus auf, die alle nebeneinander bestehen und ihre Botschaften ungehindert verkünden dürfen[52]. Im Umkreis einer solch »absoluten« religiösen Toleranz entdeckt Weber natürlich, »daß der Begriff eines ›Dogma‹ für (den Hinduismus) überhaupt fehlt«, und er fährt mit Nachdruck fort, wichtige Lehrstücke des Christentums »könnte ein Hindu einfach akzeptieren, ohne deshalb aufzuhören ein Hindu zu sein«, »z. B. die ganze Christologie«[53]. Er fügt hinzu, »im Hinduismus (könne) eine Lehre als ›orthodox‹ und dennoch nicht als ›verbindlich‹ gelten«[54]. Nur etwas später scheint er jedoch einer populären Annahme über ›verbindliche‹ Glaubenssätze des Hinduismus zu erliegen. Zu diesen zählt er den Glauben an die unwiderrufliche Autorität der Veden und »das absolute Verbot der Kuhtötung«. »Wer sich daran ausdrücklich nicht bindet, ist kein Hindu.«[55] Aber diese Glaubenssätze sind doch nicht dogmatisch im Sinne einer unumstößlichen Lehre. Schließlich kommt Weber nach fortgesetzter Suche dazu, den Seelenwanderungsglauben und die Karma-Theorie als »wirkliche ›dogmatische‹ Lehrstücke des gesamten Hinduismus« festzuhalten[56]. Nach diesen Kriterien definiert er dann die Häresie innerhalb des Hinduismus; aber bei der Beschreibung der »ketzerischen« Sekten in anderem Zusammenhang[57] zeigt sich seine Einsicht, daß »die ihnen eigenen Heilsgüter und Heilswege sich von solchen, die auch der orthodoxe Hinduismus kennt, ... keineswegs grundsätzlich unterscheiden«.

Es gibt also keinen Weg, den Lehrinhalt des Hinduismus befriedigend zu bestimmen. Weber sieht, daß die begrifflichen Grenzen zwischen religiösen und nicht-religiösen Ausdrucksformen im Hinduismus fließend sind. Diese Uneindeutigkeit zeigt sich erneut, wenn man von der Sphäre des Ausdrucks zu der des Handelns übergeht. Weber muß diesen Schritt tun, denn sein Schema enthält die Annahme, daß es in jeder Religion den Glaubensinhalten entsprechende Rituale gibt. Die Natur der Rituale mag sich wesentlich von den Sakramenten des Christentums unterscheiden, aber das Auferlegen und Durchsetzen religiös gebotenen Verhaltens ist für das Leben jeder Religion unentbehrlich. Nur in diesem theoretischen Rahmen stellt Weber implizit eine Äquivalenz zwischen den rituellen Anforderungen des Christentums und den Kastenpflichten des Hinduismus auf, wobei im Hindu-Kontext das Kastensystem die Rolle der christlichen Kirche spielt.

Aber diese Analogie bringt, wie die meisten Analogien, ernste methodologische Schwierigkeiten mit sich. Weber weiß, daß eine Kaste sowohl mehr als auch weniger ist als eine Kirche, und die Frage ihrer genauen Verknüpfung mit dem Hinduismus wirft das große Problem auf, wie sich der soziale und der religiöse Bereich der indischen Gesellschaft analytisch differenzieren lassen. Eine Kaste ist eine Kirche nur in dem Sinne, daß sie eine gewisse ›kirchliche‹ Jurisdiktion über ihre Mitglieder hat, aber in erster Linie schafft sie eine soziale Rangordnung, nicht eine religiöse Glaubensgemeinschaft. Auf der anderen Seite besteht der Hinduismus nicht bloß in der Befolgung der Kastendisziplin, denn seine höchsten religiösen Bestrebungen sind auf die Verwirklichung einer Geistigkeit gerichtet, die die Kastenschranken und in diesem Sinne die Sozialordnung hinter sich läßt. Gewiß, es kommen mehrere mögliche Theorien über die Verknüpfung der Hindu-Religion mit der Kastengesellschaft in Frage, und Weber hat sie, wie seine Analyse offenbart, beliebig benutzt, ohne das Problem ihrer Unvereinbarkeit zu lösen.

Man kann mindestens drei verschiedene Verknüpfungen in Webers Darstellung ausmachen. In einem Fall wird das Kasten-Dharma unter das religiöse Handeln subsumiert; in einem anderen wird die Religiosität unabhängig von den Kastenzwängen gedacht; und schließlich werden das Kastenwesen und der Hinduismus als das soziale und das religiöse Subsystem der indischen Gesamtkultur analytisch differenziert.

Die erste Verknüpfung tritt hervor, als Weber versucht, das Wesen der Hindu-Religion vor allem über das Kastensystem zu bestimmen. Er behauptet, daß ein Hindu erst durch seine Kaste sein Dharma entdeckt: »Ohne Kaste gibt es keinen Hindu«[58]. Diese Festlegung durch die Kaste gehe so weit, daß sie die Entstehung universeller ethischer Normen im Hinduismus ausschließe; es könne nur eine Vielzahl von Ethiken geben, die, oft im Konflikt miteinander, für die verschiedenen Status- und Berufsgruppen den konkreten Inhalt des richtigen religiösen Handelns bestimmten[59]. Tatsächlich lasse sich die territoriale Ausbreitung des Hinduismus daran messen, wieweit die Stämme in Kasten umgewandelt wurden. Oft sei die Verbreitung der Heilsgüter des Hinduismus unter den »negativ privilegierte(n) Schichten, Gast- und Pariastämme(n)« erst dadurch möglich geworden, daß unter ihnen eine Kastenordnung errichtet wurde[60]. Diese alles durchdringende Kastenmentalität ergreift sogar die Nicht-Hindus, und Weber stellt fest, daß eine gewisse Kastenordnung sogar in den moslemischen und christlichen Gemeinschaften Indiens entstanden ist[61].

Aber diese zentrale Stellung der Kastenordnung wird von Weber selbst untergraben, als er nach den unabhängigen Wirkungen der hinduistischen Religion fragt, um seine Kausalbeziehung umzukehren. Nach seiner Darstellung ist die *Idee* des Kastensystems nicht ein Produkt bestimmter ökonomischer Substrukturen, sondern wurde vom Hinduismus ›hervorgebracht‹. Ohne Zweifel spielt die zufällige Konstellation historischer und institutioneller Kräfte eine Rolle[62], aber die besondere Wirkungsweise dieses Systems in Indien muß das Ergebnis systematischer gedanklicher Konstruktionen der Brahmanen sein[63]. Insofern Weber die religiöse Variable als unabhängige betrachtet, sieht er im Hinduismus eine gewaltige soziale Macht, die manchmal sogar der Kaste trotzt. Hier also zieht Weber die zweite Verknüpfung zwischen Kaste und Hinduismus heran, wobei ihm hauptsächlich die sektiererischen Ausprägungen der Hindu-Religiosität als Beispiele dienen. Sekten seien im Hinduismus normal und würden ohne weiteres anerkannt: »Ein eigentlich frommer Hindu ist nicht bloß Hindu, sondern Mitglied einer Hindu-Sekte.«[64] Aber eine Hindu-Sekte entreißt einen Mann stets seinen Kastenpflichten, indem sie oft über eine nicht-vermittelte Frömmigkeit direkte Erlösungswege eröffnet[65]. In solchen Fällen ist die Kaste als Zeichen der religiösen Identität eines Hindu nicht nur entbehrlich, sondern die Absage an sie mag geradezu als Voraussetzung für die Sektenmitgliedschaft angesehen werden.

Es ist vielleicht diese doppelte Orientierung des religiösen Handelns, die Weber veranlaßt, dem Hinduismus neben einigen Merkmalen einer Kirche auch die »Exklusivität« einer Sekte zuzusprechen[66]. Auf einigen Gebieten spielt die Kirche – Weber meint: Kaste – eine beherrschende Rolle, während auf anderen die Sekten – Weber meint: sampradaya – für das religiöse Handeln entscheidend sind. Aber diese Formulierung läßt noch die Frage unbeantwortet, welche Beziehung diese Handlungsorientierung zur Entstehung und Fortdauer des Traditionalismus in Indien hat.

Sie beschreibt die Geschlossenheit und Offenheit der hinduistischen Religiosität, aber sie erklärt allein noch nicht, wie ein solches System unvermeidlich zur Nicht-Entwicklung einer rationalen ökonomischen Ethik führen mußte. Diese Frage ist Webers Ausgangspunkt, als er sich zuerst Indien zuwendet, und nun, da er vor der außerordentlichen Komplexität der Daten steht, ist die Antwort nicht einfach. Eine Teilantwort gibt er, indem er die Verknüpfung von Kaste und Hinduismus anders faßt. Beide werden nun als typische Subsysteme, das soziale und das religiöse, mit eigenen Bedeutungs- und Existenzbereichen analysiert. Das Kastensystem wird nun ohne weiteres als Empfänger und Träger des religiösen Einflusses angenommen, nicht viel anders als die Stadt in Europa und die Staatsbürokratie in China. An dieser Stelle in Webers Ausführungen scheint die Kausalkette mit dem Traditionalismus des hinduistischen Glaubenssystems zu beginnen, das den Traditionalismus der Kastenstruktur verstärkt, der wiederum die Entstehung des modernen rationalen kapitalistischen Systems verhindert[67].

In anderen Zusammenhängen setzt Weber das Kastensystem als vermittelndes Glied gar nicht ein, und zuweilen stellt er eine direkte, psychologisch definierte Beziehung zwischen der Hindu-Religion und Indiens versäumter Entwicklung auf[68]. Aber die Zweifel haben begonnen. Der Umweg nach Indien führt Weber langsam zu einer Umformulierung seiner ursprünglichen Fragen, die er zu seinen Fakten und zu seiner Theorie in eine neue Beziehung bringen muß. Der Hinduismus benimmt sich nicht wie eine gute, isolierbare religiöse Variable, und die Weise, in der er seine Rolle faktisch spielt, scheint weitgehend von spezifischen Merkmalen der Kastengesellschaft in Indien bestimmt zu sein.

Die dritte Dimension

Natürlich glaubt Weber an keinem Punkt, daß die Religion allein in irgendeinem historischen Kontext eine entscheidende Rolle beim Zustandekommen einer rationalen ökonomischen Ethik gespielt haben könnte. Sein Ansatz hat immer ausdrücklich eine Erklärung aus mehreren Variablen zugelassen[69]. Aber seine Bearbeitung des umfangreichen Materials über Indien wirft die methodologische Frage auf, wie sich der Gehalt einer Religion an

Rationalität genau abschätzen läßt. Er zweifelt immer noch nicht daran, daß der Puritanismus eine ungewöhnliche Art innerweltlicher Askese begünstigte, die sich dann in einer »Wahlverwandtschaft« mit dem rationalen bürgerlichen Kapitalismus des Westens zusammengefunden hat. Nichts in seiner Darstellung des indischen Materials deutet auch nur auf die geringste Aussicht für eine ähnliche orthogenetische Entwicklung in Indien hin. Aber die historische Eigenart des Hinduismus scheint einige Risse in seiner Argumentation bloßgelegt zu haben.

Zum einen muß Weber wiederholt erkennen, daß der Hinduismus nicht eine Religion im westlichen Sinn des Wortes ist[7a]. Die Texte, die er als religiöse behandelt hat, erweisen sich oft als Werke von Dichtern und Philosophen[71], Werke, in denen »alles, was das Leben enthält, zu seinem Recht (kommt)«[72]. Allgemeine Aussagen über den Hinduismus sind nicht sicher möglich, nicht ohne eine Menge einschränkender Bemerkungen[73]. Und selbst wenn es einem gelänge, diese Komplexität zu ordnen, so fände man doch, daß das Endprodukt, *die* hinduistische Religion, unauflöslich mit der indischen Gesellschaft verflochten ist. Es scheint keine Methode zu geben, ihre Bedeutung zu isolieren und ihre Einwirkungen auf die Gesellschaft so zu zeigen, als ob sie von außen, als isolierte Variable, wirkte.

Weber stellt konsequent fest, daß die traditionalistische Rolle des Hinduismus in Indien wesentlich durch die Struktur des Kastensystems vermittelt ist. Die genaue Parallele zu China muß ihm sofort aufgefallen sein, denn er hatte gerade vorher gesehen, wie dort der Traditionalismus primär durch die Staatsbürokratie vermittelt wird[74]. In beiden Fällen scheint die andere Seite der Kausalbeziehung entscheidender zu sein, in beiden Fällen scheint es, als ob ein größeres *Ganzes* den ›religiösen‹ *Teil* in eine festgelegte traditionalistische Bahn lenkte. Nach der Theorie können in jedem einzelnen Fall mehrere historische Entwicklungslinien hypothetisch angenommen werden, und wenn nur eine tatsächlich eintritt, so liegen die Gründe in der Gesamtheit des gegebenen kulturellen Zusammenhangs. Auch die ›Religion‹ hat ihren Part in dieser Gesamtheit, aber an diesem Punkt scheint in Webers Perspektive das Ganze eine stärkere Stellung erlangt zu haben.

Von Indien geht Weber zum Judentum über, und seine veränderte Denkweise schlägt sich schon in der veränderten Anlage dieser Studie nieder[75]. Das Judentum wird nicht mehr als eine

›Religion‹ behandelt[76], sondern nur als eine für das Verständnis der westlichen Entwicklung unerläßliche historische Voraussetzung – haben doch in der jüdischen Prophetie wichtige Züge ihren Ursprung, die sich schließlich im calvinistischen Protestantismus voll entfalten[77]. In diesem Szenario ist schon ein dem Westen eigentümlicher historischer Entwicklungspfad vorgezeichnet, der kontinuierlich, wenn auch nicht geradlinig verläuft. In einem so determinierten kulturellen Kontext tritt dann der Calvinismus auf. Als Folgerung daraus müssen auch die Eigenarten des Hinduismus anders verstanden werden, nämlich als durch die Gesamtheit der indischen Kulturgeschichte determiniert. Demnach unterscheidet sich nicht nur der Hinduismus vom Calvinismus[78], sondern auch alles, oder fast alles in Indien von allem im Westen.

Ein wichtiger Hinweis auf diesen Umschwung in Webers Denken findet sich in der 1920 geschriebenen »Vorbemerkung«, die in die gesamte Aufsatzreihe zur Religionssoziologie, einschließlich der Studie über Hinduismus und Buddhismus, einführen soll[79]. Hier äußert Weber eine neue Auffassung von den Äquivalenzen und Unterschieden zwischen Indien und dem Westen. In dem Band über Hinduismus und Buddhismus nennt Weber am Anfang die vergleichbaren Entwicklungen in Politik und Kriegführung, Handel und Gewerbe, bei der Stadt und den Rechtsinstitutionen, und er behauptet, die indischen Entwicklungen kämen den entsprechenden im Westen gleich, überträfen sie manchmal sogar. Aber, so Weber: »Moderner Kapitalismus ist innerhalb des Indertums ... (nicht) entstanden, sondern erst Importprodukt.« Deshalb will er untersuchen, »in welcher Art an diesem Ausbleiben der kapitalistischen Entwicklung (im occidentalen Sinn) etwa – als ein Moment neben sicher zahlreichen anderen – die indische Religiosität beteiligt sein kann«[80]. In der »Vorbemerkung« ist jedoch von den Äquivalenzen nichts mehr vorhanden, Weber sieht vielmehr nur eine tiefe Kluft, die die indische von der westlichen Entwicklung radikal trennt. Diese Trennung betrifft auch soziale und politische Organisationsformen, Religion und Wissenschaft und sogar Kunst und Musik[81], und sie wird für die einzigartige Entwicklung im Westen verantwortlich gemacht, die nicht nur einen bestimmten Typus von Kapitalismus, sondern auch einen bestimmten Typus von Sozialismus hervorgebracht hat[82].

Ihrem Ansatz nach gehören die »Vorbemerkung«, die »Einleitung« und die »Zwischenbetrachtung« zusammen, denn alle drei stellen gewissermaßen die Summe von Webers Nachdenken über Religion dar. Obwohl diese drei Arbeiten als einführende Vorworte veröffentlicht sind, wurden sie doch teilweise als ›Nachträge‹ geschrieben. Diese ›Nachträge‹ enthalten nicht nur einen systematischen Überblick über die Themen, die in den Fallstudien aufgegriffen und erörtert werden, sondern bieten Weber auch eine Gelegenheit, noch einmal darzutun, was er mit diesen Studien auf welche Weise erreichen wollte. In diesen neu überdachten Absichtserklärungen tritt ungewollt die Kluft zwischen dem tatsächlich Erreichten und dem von Weber Gewollten zutage. Sie lassen einen Rückzug in die Defensive erkennen, denn Weber ist nicht einmal bereit, sich zu dem ganzen Reichtum des schon geschaffenen Werkes zu bekennen; statt dessen möchte er seine Leistung herabsetzen und seine Ansprüche zurücknehmen, nur um sich gegen mögliche Kritik an dem, was unterblieb, abzusichern.

In seinen ›Nachträgen‹ behauptet Weber z. B., daß diese Studien auch bestimmt waren, den Abschnitt »Religionssoziologie« in *Wirtschaft und Gesellschaft* »zu interpretieren und zu ergänzen« und »in vielen Punkten durch ihn interpretiert zu werden«[83]. Tatsächlich jedoch haben diese Studien in vielen wichtigen Hinsichten das in *Wirtschaft und Gesellschaft* enthaltene Folgeschema der universalen Religionsentwicklung überflüssig gemacht. Sie stellen einen wichtigen theoretischen Fortschritt dar, weil sie die historische Eigenart der Religionen betonen. Zudem deutet Weber in seinen ›Nachträgen‹ nun an, daß diese Studien »›unhistorisch‹« gedacht sind, da ihr einziger Zweck sei, die in einer Religion vorherrschende Ethik zu vereinheitlichen und zu systematisieren, wobei notgedrungen Gegensätze und Zweigentwicklungen beiseite gelassen werden müßten[84]. Auch dies ist, strenggenommen, nicht wahr, denn obwohl das beherrschende Thema häufig vorkommt, läßt die Fülle der Daten doch auch keinen Zweifel daran, daß Weber unvermeidlich dazu getrieben wurde, diese Religionen in ihre eigenen großartigen historischen Zusammenhänge zu stellen und dabei viele Episoden, Parallelströmungen und interessante kleine Einzelheiten mit darzustellen. Der letzte in den ›Nachträgen‹ gemachte Vorbehalt verrät noch deutlicher Webers gedämpfte Stimmung. Er sagt nun, diese Studien seien absichtlich so angelegt, daß sie nur diejenigen Züge der einzelnen Religionen herausheben und beleuchten, die in direktem Gegensatz zu bestimmten Entwicklungen im Westen stehen[85]. Zweifellos hat Weber mit einer derartigen Absicht begonnen, aber in ihrer fertigen Form beweisen diese Studien, daß er, vom Darstellungsfluß mitgerissen, ständig auf Themen übergreift, die für den gewählten Vergleichsbereich nicht direkt relevant sind. In diesem Sinne hat sein Werk, fast ohne daß er es wollte, die Dimension einer Kulturanalyse angenommen.

Bemerkenswerterweise stellt sich Weber in seinen ›Nachträgen‹ noch einmal dem Dilemma, das sich ergibt, wenn man eine fremde religiöse Wirklichkeit von innen heraus verstehen will, aber zugleich ein Schema von außen an sie heranträgt. Weber scheint nun zu erkennen, daß diese Unausgewogenheit wegen der zeitlichen und räumlichen Standortgebundenheit des Betrachters zwar unvermeidlich ist[86], man ihr aber eine neue Existenzberechtigung geben kann, wenn man sich ohne Zögern die eigene Verankerung eingesteht und dann den Analyserahmen so formuliert, daß er auf die Daten paßt und keine Werturteile gefällt werden. Webers letzte Betrachtungen des Hinduismus scheinen primär von dieser veränderten Auffassung gelenkt zu sein.

In seinen ›Nachträgen‹ behauptet Weber mehrfach, daß es bei dem Problem der Rationalisierung darauf ankomme, wie und von welchem Standpunkt man sie definiere[87]. Der Hinduismus wird dementsprechend nun als eine Religion behandelt, die auf höchst systematische Weise die ihr eigentümliche Richtung der Rationalisierung verfolgt hat[88]. Die alte Gegenüberstellung von hinduistischem Traditionalismus und puritanischer Rationalität wird nun abgelöst durch die Vorstellung, daß es verschiedene Rationalisierungsprozesse gebe. Trotz dieser veränderten Sichtweise bleiben die letzten Konsequenzen dieselben.

Doch wie es zu diesen Konsequenzen kommt – das wird neu interpretiert. Weber erkennt nun direkt, daß Religionen ihre Rolle erst spielen, nachdem sie durch die Dynamik der spezifischen »Interessen«lagen gefiltert sind[89]. Selbst der Protestantismus hat seine dunklen Punkte, besonders in seiner Einstellung zu wissenschaftlichem Fortschritt. Er hat »von reiner Wissenschaft wenig wissen wollen, außer wo sie den realen Bedürfnissen des Alltags entgegenkam«[90]. In Indien scheint der wirklich entscheidende Faktor für das Ausbleiben einer bestimmten Art von Kapitalismus primär in dem System traditionsgebundener Kasten zu liegen. Die »Weltbilder« des Hinduismus bestimmen vielleicht nur die Bahnen, auf denen dieser Traditionalismus sich erhalten und fortbewegen darf[91].

Indiens Industrialisierung hängt von dem langsamen, aber unvermeidlichen Zusammenbruch des Kastensystems ab. Weber sieht ihn schon kommen[92], obgleich vermittelt durch die britische Herrschaft. Der Hinduismus hätte aus sich heraus nicht eine Ethik erzeugen können, die die psychologischen Voraussetzungen dieses Übergangs erfüllt hätte[93]. Eine Befreiung aus dem »Zaubergarten« ist Indiens einzige Hoffnung – so jedenfalls scheint es Weber jetzt – selbst wenn sie unter einer fremden Verwaltung kommen muß[94]. Wird diese Befreiung Indien dann endgültig in ein »Gehäuse der Hörigkeit« führen? Diese Frage liegt denn doch zu weit entfernt, und Weber hat sie auch in seinen ›Nachträgen‹ nicht untersucht.

Anmerkungen

Abkürzungen

WuG = Max Weber, *Wirtschaft und Gesellschaft*. Grundriß der verstehenden Soziologie, 5., revidierte Aufl., mit textkritischen Erläuterungen hrsg. von Johannes Winckelmann, Tübingen 1976

RS I, II, III = Max Weber, *Gesammelte Aufsätze zur Religionssoziologie*, photomech. gedruckte Aufl., Tübingen 1972 (I), 1972 (II), 1971 (III)

1 Vgl. Max Weber, *Die protestantische Ethik und der Geist des Kapitalismus,* RS I, S. 173, Fn. 1; S. 70, Fn. 1. Der Jainismus wird erwähnt ebd., S. 27 f., Fn. 3; S. 40, Fn.

2 Zu der Kontroverse vgl. R. W. Green (ed.), *Protestantism and Capitalism: The Weber Thesis and its Critics,* Boston: D. C. Heath & Co., 1959, bes. S. 107-114. Zu Webers Problemen bei der Erwiderung auf die Kritiken siehe Kurt Samuelson, *Religion and Economic Action: A Critique of Max Weber,* trans. E. G. French, New York: Harper Torchbooks, 1957, bes. S. 61-67. Vgl. ferner »Introduction« by Guenther Roth, in: Max Weber, *Economy and Society,* ed. G. Roth and C. Wittich, Berkeley: University of California Press, 1978, vol. 1, S. LXXI.

3 Weber baut ohne Zweifel auf Materialien auf, die von diesen Arbeiten

geliefert wurden, und dabei macht er sich wohl auch einige von deren Annahmen zu eigen. Jedoch verliert er seine eigenen methodologischen Forderungen nicht aus dem Auge und setzt sich zuweilen deutlich von anderen zeitgenössischen Arbeiten ab. Z. B. weigert er sich, der »modernen Wissenschaft« zu folgen, von der »die vier Kasten der klassischen Lehre ... lange Zeit als rein literarische Konstruktionen angesehen worden« sind (RS II, S. 57). Zu seiner Kritik an gewissen englischen Darstellungen, die sich über »›abominable practices‹« perorieren, ebd., S. 324, Fn. 1; und zu seiner Zurückweisung der angeblichen »›Monotonie‹« des asiatischen Lebens ebd., S. 371, Fn. 1.

4 Die meisten Interpretationen von Webers Studie über Hinduismus und Buddhismus haben gemeinsam, daß sie dem Hinduismus ein gewisses Maß an Eigenständigkeit zusprechen. Er wird als differenziertes religiöses System gesehen, das, wie von außen, auf die Hindu-Gesellschaft einwirkt. Strittig sind nur Natur, Größe und Folgen dieser Einwirkung, aber nicht mehr die Annahme selbst, daß man eine bestimmte Variable, wie die Hindu-Religion, als eigenständige Kategorie zur Erklärung bestimmter Aspekte des sozialen Verhaltens identifizieren kann. Diese Annahme stammt von Weber selbst. Obwohl die Forschung nach ihm diese Annahme von den sie ursprünglich begleitenden Unklarheiten befreit hat, löst auch sie das eigentliche methodologische Problem nicht.

5 Zur zeitlichen Einordnung der Texte vgl. Guenther Roth and Wolfgang Schluchter, *Max Weber's Vision of History. Ethics and Methods*, Berkeley: University of California Press, 1979, S. 59-64; und Wolfgang Schluchter, *Rationalismus der Weltbeherrschung. Studien zu Max Weber*, Frankfurt 1980, S. 208-214.

6 »Kapitel v. Religionssoziologie (Typen religiöser Vergemeinschaftung)«, in: WuG, S. 245-381.

7 Eine erste Fassung der Studie »Hinduismus und Buddhismus« wurde wahrscheinlich vor 1913 geschrieben. Zuerst veröffentlicht wurde die Studie unter dem Titel »Die Wirtschaftsethik der Weltreligionen. (Dritter Artikel). Hinduismus und Buddhismus«, in: *Archiv für Sozialwissenschaft und Sozialpolitik*, 41. Band (1916), Heft 3, S. 613-744. Sie bildet den 2. Band der *Gesammelten Aufsätze zur Religionssoziologie*.

8 Die »Einleitung« erschien zuerst im *Archiv für Sozialwissenschaft und Sozialpolitik*, 41. Band (1916), Heft 1 (ausgeliefert Okt. 1915), S. 1-30, Dann in: RS I, S. 237-275.

9 Die Abhandlung mit dem Titel »Zwischenbetrachtung: Theorie der Stufen und Richtungen religiöser Weltablehnung« wurde von Weber zwischen die Studie über China und die über Indien gestellt und ist also als Einführung in den Band über Indien gemeint. Eine erste Ver-

sion wurde veröffentlicht im *Archiv für Sozialwissenschaft und Sozialpolitik*, 41. Band (1916), Heft 2 (ausgeliefert Dez. 1915), S. 335-421.

10 Die »Vorbemerkung« wurde 1920 zur Einführung in die *Gesammelten Aufsätze zur Religionssoziologie* geschrieben. Siehe RS I, S. 1-16.

11 In gewisser Weise sind die Themen, die hier auf die verschiedenen Betrachtungsweisen aufgeteilt werden, im Ansatz alle schon in Kap. V von WuG vorhanden, aber man kann eine Akzentverschiebung feststellen. Mein Interesse gilt dem Themenwechsel. Dabei lassen sich die Themen, die ich hervorhebe, den einzelnen Texten nur schwerpunktmäßig zuordnen.

12 Zur Einschränkung der Fragestellung in seinen Religionsstudien siehe Max Weber, *Gesammelte Aufsätze zur Wissenschaftslehre*, hrsg. von Johannes Winckelmann, Tübingen ^{3}1968, S. 162. Über Webers Stellung zum evolutionistischen Ansatz siehe Wolfgang Schluchter, *The Rise of Western Rationalism: Max Weber's Developmental History*, Berkeley: University of California Press, 1981, S. 1-5. Vgl. auch Guenther Roth, »Max Weber's Comparative Approach and Historical Typology«, in: *Comparative Methods in Sociology*, ed. Ivan Miller, Berkeley: University of California Press, 1971, S. 78-85; und ders., »Introduction«, a.a.O., S. XXXVI-XLVI.

13 Zu Webers Gesellschaftsbild siehe Reinhard Bendix, *Max Weber: An Intellectual Portrait*, New York: Anchor Books, 1960, S. 259-268, 473-478. Vgl. auch Wolfgang Schluchter, a.a.O., S. 27-39, der besonders die funktionalistischen Annahmen in Webers Gesellschaftssicht hervorhebt.

14 Diese Darstellung stützt sich hauptsächlich auf Kap. V in WuG.

15 Kap. V in WuG, S. 250.

16 Ebd., S. 255.

17 Ebd., S. 257 f. An dieser Stelle (S. 259) unterscheidet Weber Religion und Kultus von Zauberei und Götter von Dämonen. Unausgesprochen folgt daraus für den Hinduismus, daß seine Ritualhandlungen in die Kategorie der Zauberei und seine ›Götter‹ in die Kategorie der Dämonen gehören. Diese Typologie läßt Weber später fallen.

18 Kap. V in WuG, S. 266 f.

19 An dieser Stelle behandelt Weber die Brahmanen noch als einen »Stand ursprünglicher Zauberer« (ebd., S. 260).

20 Ebd., S. 273.

21 Ebd., S. 268-270, 273 f.

22 Ebd., S. 276 f.

23 Weber erklärt das Überdauern der mündlichen Tradition in Indien unter Hinweis auf Geheimwissen, das im »Zunftinteresse« der Zauberer, hier: der Brahmanen, liegt (ebd., S. 279).

24 Interessanterweise betrachtet Weber die brahmanischen *purohits* und die hinduistischen *gurus* als funktionale Äquivalente der katholischen

Beichtväter und der protestantischen Seelenhirten (ebd., S. 283), weil sie alle von Privatpersonen in Lebensfragen um Rat gefragt werden. Aber die religiösen Funktionäre im Hinduismus können nicht einen äquivalenten Einfluß auf die private Lebensführung ausüben, weil ihnen eine ethische Kasuistik, verknüpft mit der Praxis kirchlicher Bußen, fehlt. Stattdessen versucht der Hinduismus ständig, der Volksreligiosität entgegenzukommen, und dabei zeigt er die »Tendenz, zunehmend stärker zur Magie ... hinüberzugleiten« (ebd., S. 284 f.).

25 Weber erörtert die religiösen Neigungen der verschiedenen Klassen und Stände ebd., S. 285-314. Hier erwähnt er häufig Ähnlichkeiten zwischen Indien und anderen Kulturen in bezug auf die religiösen Dispositionen bestimmter Klassen (ebd., S. 287, 289, 291 f., 294, 296-298, 300 f., 304). Jedoch das Kleinbürgertum und die Pariaintellektuellen, die *natürlicherweise* einer intensiv emotionalen ethischen Religion zuneigen, spielen in Indien diese Rolle nicht, und zwar wegen der Kastenzwänge und des Religionsmonopols der vornehmen Intellektuellen (ebd., S. 294 f., 306, 308 f.).

26 Als primäre Religionsträger stellt Weber den »wandernden Handwerksburschen« des Christentums neben den »weltordnenden Magier« des Hinduismus (ebd., S. 311). Er behauptet, der vornehme Intellektualismus lasse den Hinduismus nicht zu einer Religion der Glaubensfrömmigkeit werden (ebd., S. 304-307, 342-346).

27 Zu den Erlösungstypen siehe ebd., S. 321-328, 337-348.

28 Ebd., S. 259.

29 Weber glaubt, daß alle Religionen an den Punkt gekommen sind, diese grundsätzliche Spannung auszudrücken (ebd., S. 275, 315 f.), sich die Größe dieser Spannung aber ungleich entwickelt hat. Wo die Spannungen nicht scharf gefaßt sind, wie im Hinduismus, wird die soziale Ordnung in dem Glauben, sie sei etwas fest Gegebenes, unbedingt akzeptiert, und es gibt keinen Ansatzpunkt für Wandel (ebd., S. 348, 360 f., 377 f.).

30 Ebd., S. 326.

31 Ebd., S. 322.

32 Ebd., S. 345 f.

33 Zu den unterschiedlichen Richtungen des Heilsstrebens in den »morgenländischen« und den »okzidentalen« Religionen siehe ebd., S. 334 bis 337.

34 Bei vielen Gelegenheiten weist Weber auf die einzigartige Faktorenkonstellation im Westen hin, die dazu führte, daß es allein im Christentum zu religiöser Rationalisierung kam (vgl. z. B. ebd., S. 282, 288, 311). Überdies finden sich all die Züge, mit denen er das Endstadium dieses Rationalisierungsprozesses beschreibt, nur im Protestantismus verwirklicht (siehe z. B. ebd., S. 266, 336 f., 340, 342, 344 f., 346 f., 354, 370-373, 378 f.). Aber auch dort gibt es einige ›negative‹ Aspekte (ebd.,

S. 258, 296), doch bleibt der Westen die »Stätte des ökonomischen Rationalismus« (ebd., S. 292 f.).

35 Weber betrachtet Hinduismus, Buddhismus, Konfuzianismus, Islam und Christentum als die fünf »Weltreligionen« (RS I, S. 237 f.).

36 Zu der Trennung von Heiligem und Weltlichem siehe RS II, S. 371; zu der entsprechenden Literatur finden sich unsystematische Bemerkungen ebd., S. 3 f., 164-167.

37 Ebd., S. 171, 200.

38 Ebd., S. 3, 139, 142, 145, 190.

39 Ebd., S. 166.

40 Ebd., S. 27-31.

41 Ebd., S. 28-30.

42 Ebd., S. 29.

43 Ebd., S. 30.

44 Ebd., S. 31.

45 Dies bedeutet auf der anderen Seite, daß der Hinduismus keine allgemeine Ethik enthält, sondern nur kastenbezogene Ethiken (ebd., S. 26 f., 142, 178).

46 Ebd., S. 154, 189-194.

47 Ebd., S. 212, 215. Interessanterweise spricht Weber die Analogie zwischen Puritanismus und Jainismus bei mehreren Gelegenheiten an (ebd., S. 212-214), obwohl er keine logischen Folgerungen daraus zieht.

48 Ebd., S. 245-247.

49 Ebd., S. 195-197, 202.

50 Zu dem zentralen Anliegen des Hinduismus siehe ebd., S. 147, 170-173, 175 f. Im letzten Kapitel der Indienstudie versucht Weber, den »allgemeinen Charakter der asiatischen Religiosität« zu bestimmen und nimmt dabei auch Themen aus Kap. V in WuG wieder auf (siehe Anm. 33 oben).

51 RS II, S. 24-26, 181-185, 199 f.

52 Ebd., S. 3.

53 Ebd., S. 22.

54 Ebd., S. 23.

55 Ebd., S. 27, 29.

56 Ebd., S. 116 f. Im Kap. V von WuG, S. 282 sagt Weber, daß in Indien die kosmologischen und sonstigen metaphysischen Spekulationen eine Angelegenheit der Philosophenschulen bleiben. Es ist nicht klar, warum er nun zwei davon zu Dogmen erhebt. Eine wohlwollende Erklärung wäre, daß er nun den Hinduismus zu einer voll entwickelten Religion machen will, besonders in Beziehung auf das Christentum.

57 Siehe bes. RS II, S. 25.

58 Ebd., S. 31.

59 Siehe Anm. 45 oben.
60 RS II, S. 8-19.
61 Ebd., S. 31.
62 Zu Webers Erklärung dafür, daß ein Kastensystem nur in Indien entstand, siehe ebd., S. 122-133.
63 Vgl. ebd., S. 131.
64 Ebd., S. 24 f.
65 Siehe bes. ebd., S. 216, 238 f., 333 f., 343; auch S. 20 f.
66 Ebd., S. 6.
67 Ebd., S. 109-113.
68 Siehe bes. ebd., S. 120-122, 142-144, 146 f., 171 f., 359-362.
69 Weber betont das mehrmals. Siehe bes. RS I, S. 205. Auch: Max Weber, »Antikritisches Schlußwort zum ›Geist des Kapitalismus‹«, in: Max Weber, *Kritiken und Antikritiken. Die protestantische Ethik II*, hrsg. von Johannes Winckelmann, Gütersloh [3]1978, S. 303. Weber hoffte, auch die andere Seite der Kausalbeziehung zu untersuchen. Dazu RS I, S. 192, Fn. 1. Aber er hatte Gründe, es nicht zu tun. Dazu ebd., S. 206, Fn. 1; S. 239; auch S. 24.
70 RS II, S. 24.
71 Vgl. ebd., S. 162 f., 191-194, 320 f.
72 Ebd., S. 201.
73 Ebd., S. 6, Fn. 1.
74 Die Studien über China und Indien sind so angelegt, daß Weber auf den ›Staat‹ (in China) und die ›Kaste‹ (in Indien) als Hauptfaktoren kommen muß. An einer Stelle in der Chinastudie macht Weber beinahe die »Staats*struktur*« für Chinas Versäumnis, einen »rein bürgerliche(n), gewerbliche(n) Kapitalismus« zu entwickeln, verantwortlich (RS I, S. 390 f.). Für die entsprechende Rolle der Kaste in Indien siehe Anm. 67 oben.
75 Vgl. RS III, S. 6 f.
76 Weber erklärt später, daß er das Judentum nicht als »Weltreligion« in seine Studien mit aufnehme, sondern wegen seiner »historischen Eigenbedeutung für die Entfaltung der modernen Wirtschaftsethik des Okzidentes« (RS I, S. 238).
77 Der werkgeschichtliche Zusammenhang, in dem Weber diese Entwicklungslinie formuliert, und die Folgen, die sich daraus für das Verständnis seiner übergreifenden Perspektive ergeben, haben eine Kontroverse ausgelöst. Siehe Benjamin Nelson, »Max Weber's ›Author's Introduction‹ (1920): A Master Clue to his Main Aims«, in: *Sociological Inquiry*, vol. 44 (1974), S. 269-278; Friedrich H. Tenbruck, »Das Werk Max Webers«, in: *Kölner Zeitschrift für Soziologie und Sozialpsychologie*, 27 (1975), S. 663-702; Wolfgang Schluchter, *Rationalismus der Weltbeherrschung*, Kap. 1; Stephen Kalberg, »The Search for Thematic Orientations in a Fragmented Oeuvre: The Dis-

cussion of Max Weber in Recent German Sociological Literature«, in: *Sociology*, vol. 13 (1979), S. 127-139.

78 Das ist Webers Ausgangspunkt und bleibt sein Interesse auch noch im Schlußkapitel der Indienstudie (RS II, S. 363-378).

79 Siehe Anm. 10 oben.

80 RS II, S. 3 f. In späteren Teilen der Indienstudie schwächt Weber diese Äquivalenz schon ab (z. B ebd., S. 142-144, 165-167).

81 RS I, S. 1-11.

82 Siehe ebd., S. 9.

83 Ebd., S. 237, Fn. 1.

84 Ebd., S. 267.

85 Ebd., S. 265; auch S. 13.

86 Ebd., S. 1.

87 Ebd., S. 265 f.; siehe auch S. 35, Fn. 1.

88 Ebd., S. 241, 246 f., 258 f. Als Beispiel siehe Webers Beschreibung der Brahmanen – zuerst: »weltordnende Magier« (Kap. V in WuG, S. 311), jetzt: »ein(e) erblich(e) Kaste literarisch Gebildeter« (RS I, S. 239). Dieses Umdenken ist schon sichtbar in RS II, S. 148 f., 153-155, 167 f., 184, 198.

89 RS I, S. 252.

90 Siehe Max Weber, *Wirtschaftsgeschichte. Abriß der universalen Sozial- und Wirtschaftsgeschichte,* aus den nachgelassenen Vorlesungen hrsg. von S. Hellmann und M. Palyi, 3. durchgesehene und ergänzte Auflage von Johannes Winckelmann, Berlin 1958, S. 314.

91 Ebd., S. 308 f.

92 Ebd., S. 117, 308. Zum »unaufhaltsamen Prozeß« der Kasten-Desintegration in Indien siehe RS II, S. 6-8, Fn. 1, S. 32, 110 f., 121 f., 358 f.

93 Siehe Anm. 68 oben. Weber glaubt, daß gewisse neuere Entwicklungen im Hinduismus von verwestlichten indischen Intellektuellen hervorgerufen wurden, »einer Erscheinung, welche dem hier zu schildernden bodenständigen Indertum notwendig fremd war« (RS II, S. 363, auch schon Kap. V in WuG, S. 314).

94 Zur rationalistischen Richtung der britischen Herrschaft vgl. RS II, S. 32, 356, 359.

J. Duncan M. Derrett
Die Entwicklung des indischen Rechts*

Wieviel ist an Webers Darstellung des hinduistischen Rechts noch relevant und nützlich? Hat er hinduistische Rechtsquellen richtig benutzt? Falls gegen seine Perspektive überhaupt etwas einzuwenden ist, können wir es besser machen? Wir sollten dabei allerdings gar nicht erst eine Synthese versuchen, die nur ein Denker von Webers Format mit der Hoffnung auf Erfolg in Angriff nehmen könnte, zumal dann nicht, wenn wir uns nur auf hinduistische Quellen stützen.

Max Weber arbeitete als einzelner über die Beziehungen zwischen Religion und Recht in einem räumlich und zeitlich weit gesteckten Rahmen. Dabei interessierte ihn besonders der Zusammenhang mit Wirtschaft und Gesellschaft. Vergleichende Studien waren der Schlüssel zu seiner Leistung, und er ließ sich nicht beirren durch die Schwierigkeiten, die darin liegen, das fast Unvergleichbare zu vergleichen. Er betrachtete Kulturen, über die man damals fast nichts wissen konnte oder die zumindest zu wenig bekannt waren, um eine Basis für umfassende Theorien abzugeben. Zwar kann man, wenn man verwegen genug ist, auch bei einem unvollkommenen Verständnis fremder Kulturphänomene eine allgemeine Theorie vorlegen. Aber selbst ernsthafte Versuche in dieser Richtung erwecken Skepsis. Man erinnere sich an das Schicksal von Toynbees Werk *Study of History*, das von unzähligen ›Spezialisten‹ angegriffen wurde, darunter einigen, von denen man sonst nie etwas gehört hätte. Weber setzte sich über solche Skepsis souverän hinweg.

Webers Bedeutung wird immer mehr anerkannt. Einer seiner Zeitgenossen, der allerdings sehr viel weniger bekannt war, Giuseppe Mazzarella[1], versuchte in seinen Studien, das hinduistische Recht als eine Komponente der Weltgeschichte des Rechts zu behandeln, mit der auch Soziologie und Anthropologie zu rechnen hätten. Mazzarella war, wie Weber, psychologisch und intellektuell gesehen, ein Einzelgänger: Bewundert wegen seiner Vielseitigkeit und Originalität, gehörte er doch niemals ganz zum akademischen Establishment, obwohl er lange Zeit ununterbrochen Universitätslehrer war. Viele werden mir zustimmen, daß ein Temperament selten ist, das auf der Grundlage genauester, ins Einzelne gehender Untersuchungen weit auseinander liegender Materialien eine allgemeine Theorie vorlegt. Reputation erwirbt sich leichter und stetiger durch Spezialisierung; und ein strebsamer Generalist leidet unvermeidlich unter einer gewissen Unvereinbarkeit zwischen den Anforderungen einer Karriere und den Einflüsterungen seines (man könnte sagen, optimistischen) wissenschaftlichen Gewissens. Doch Webers Reputation wächst.

Weber studierte die hinduistischen Quellen nicht in der Originalsprache: Sind darum seine Ansichten ohne Belang? Die Frage ist nicht leicht zu beantworten. Allgemeine Theorien haben kein Eigenleben, dem sich die Phänomene beugen müßten; und falls Weber sich irrte, müssen seine Theorien neu bedacht werden. Doch es mag sich herausstellen, daß seine Ideen bloß neu dargestellt, vielleicht neu ausgedrückt werden müssen. Rationale *Versuche*, einen Stoff zu durchdringen, besonders einen seit je so verwirrenden wie den hinduistischen, dürfen nicht abgetan werden, nur weil es zu einem bestimmten Zeitpunkt den Anschein hat, als hätten sie das Ziel verfehlt. Indische Juristen, die eilig jedes in Mode gekommene westliche Verfahren aufgreifen, schenken Webers Analyse der hinduistischen Religion nur wenig und seinen Ansichten über das hinduistische Recht überhaupt keine Beachtung. Auch wenn Webers Ideen dort besser bekannt wären, blieben sie leider doch vermutlich unberücksichtigt, vor allem deshalb, weil seine Sicht der Brahmanen als ebenso peinlich empfunden würde, wie sie ungenau ist. Andererseits müssen wir froh sein, daß Weber, wie Mazzarella, dem hinduistischen Recht soviel Aufmerksamkeit widmete und dabei versuchte, es als einen Beitrag für das Verständnis der menschlichen Gesellschaft heranzuziehen. Ein moderner Forscher mit dieser seltenen Intuition ist Wolfgang Fikentscher.

Weber benutzte die Arbeiten von Henry S. Maine, von denen die frühen ebenso irreführend wie anregend sein konnten. Er verwendete auch Julius Jollys Standardwerk *Hindu Law and Custom*, das selbst von der erdrückenden Gelehrsamkeit eines P. V. Kane nicht gänzlich verdrängt worden ist. Ein späterer Autor, den er mit Gewinn hätte verwenden können, ist Luís da Cunha Gonçalves[2], der wegen seines gepflegten Stils und seiner hinduistischen Abstammung bemerkenswert ist. Ebensowenig standen

Weber natürlich die Sichtweise und die Arbeiten von R. Lingat zur Verfügung[3]. Diese beiden letztgenannten Autoren werden heute vor allen anderen zu Rate gezogen, wenn man Einblick in diesen undankbaren Gegenstand gewinnen will. Weber selbst las hinduistische Quellen in englischer oder deutscher Übersetzung; seine Bemerkungen sind tiefschürfend und wirken auf einen Neuling beeindruckend. Er geht einsichtsvoll mit dem hinduistischen Material um, ohne die üblichen Versuche, den nicht ins Bild passenden Elementen auszuweichen. Man kann es nicht ihm anlasten, wenn das Bild, das er von dem alten und dem zeitgenössischen hinduistischen Recht gewann, einseitig war. Diejenigen, die das Phänomen des hinduistischen Rechts deuteten, gingen mit westlichen Vorstellungen daran, gewohnt, in Kategorien des römischen Rechts oder in der englischen Rechtsterminologie zu denken – wobei damals die alte hebräische Kultur unweigerlich im Hintergrund stand. Aufgrund ihres Temperaments fällt es Indern sehr schwer, falsche Auffassungen der Europäer von Indien zu berichtigen, und daher fehlte eine wertvolle Korrekturquelle. Weber war gezwungen, sich von europäischen Denkern in das hinduistische Material einführen zu lassen, ohne Korrekturen, so daß eine doppelte Brechung eintrat. Die Inder mögen wohl oft darüber erstaunt sein, was ihnen ihre europäischen Kollegen über indische Angelegenheiten erzählen, aber sie bemühen sich nicht unbedingt, deren Auffassungen zu verbessern. Weber mochte mit seinen Ergebnissen noch so sehr westliche Vorurteile bestärken, Einwendungen von indischer Seite hatte er nicht zu erwarten. Korrekturen an Weber sind deshalb keine verschwendete Mühe.

Die Geschichte, wie man im *dharmaśāstra* eine Wissenschaft ›entdeckte‹ und wie es in Recht umgewandelt wurde, hat Lingat glänzend erzählt. Die Rätselhaftigkeit dieses Systems wurde und wird noch gesteigert durch die Mißverständnisse, zu denen es Anlaß gibt. Dazu kann man auch die Briten anführen, die sich zwar ihre Grundkenntnisse sehr weitgehend von den Brahmanen holten, dann aber selbst bestimmten, in welchem Bereich die lehrhafte (normative) Literatur des Landes als Recht *angewendet* werden könnte. So war die Einigkeit zwischen den beiden so verschiedenen Kulturen eine Täuschung: Das Erreichte unterschied sich von dem, was die traditionsverbundenen Brahmanen gelehrt hatten und noch lehrten. Im Gegensatz zu den oben genannten Briten hat Henry S. Maine niemals bei einem hinduistischen ›*pan-*

dit‹ studiert; auch Julius Jolly hatte seine Kenntnis der Sanskrit-Quellen erworben, lange bevor er die Bekanntschaft von *pandits* machte. Zweifellos wurden dagegen Henry Colebrooke und Sir William Jones wirklich von *pandits* unterrichtet: Aber keiner von beiden spielte eine wichtige Rolle in den Studien, die wir hier betrachten.

Der Vergleich zwischen der islamischen *shari'a,* der jüdischen Thora und dem hinduistischen *dharmaśāstra* ist ein weites und würdiges Feld. Weber war, soweit ich weiß, der erste Forscher, der es kühn betrat (abgesehen von denen, die sich für bestimmte *Institutionen* interessierten). Ob er Hebräisch und Arabisch konnte, vermag ich nicht zu sagen. Aber am Beginn eines großen Unternehmens darf man sich nicht durch den Mangel an Spezialkenntnissen abschrecken lassen. Schließlich sind die Leistungen der Spezialisten selten von weittragender Bedeutung! Es lohnt sich, darüber zu spekulieren, was Weber wohl aus Indien herausgeholt hätte, wenn seine Kenntnis der indischen Gesetze ebenso gut gewesen wäre wie seine Kenntnis der religiösen Szene. Denjenigen, die Informationen über die Religionen Indiens sammelten, war daran gelegen, ihren Gegenstand herabzuziehen, und ihre Darstellung war scharf; denjenigen, die auf dem Gebiet des indischen Rechts arbeiteten, war daran gelegen, es zu festigen, aber ihre Darstellung war verschwommen und verzerrt.

1. Bestandsaufnahme

Unsere erste Aufgabe ist es, die verschiedenen und an manchen Stellen widersprüchlichen Aussagen, die Weber zu unserem Thema macht, zusammenzustellen. Es bietet sich an, dies in sechs Punkten zu tun.

1. Das hinduistische Recht wird als ein Beispiel für ›heiliges Recht‹ behandelt

Weber stand unter dem Eindruck von zeitgenössischen protestantischen Auffassungen des Christentums. Er stellte einen wesentlichen Unterschied zwischen zwei Typen von Religion fest. Die Religion des einen Typs besitzt eine »Gesinnungsethik«; »sie kennt kein ›heiliges Recht‹, sondern eine ›heilige Gesinnung‹, welche je nach der Situation verschiedene Maximen des Verhaltens sanktionieren kann, also elastisch und anpassungsfähig ist.« Die Religion des anderen Typs, die Weber rituelle oder Gesetzesreligion nennt, übt eine stereotypisierende Wirkung auf das gesamte Gebiet der Rechtsordnung und der Konventionen aus. Die Akkumulation, Investition und Verwertung von Kapital werden am günstigsten beeinflußt unter Rechtsverhältnissen, die durch Reli gion sehr wenig eingeengt sind und ›rationale‹ Entwicklungen fördern.

»Die heiligen Bücher sowohl der Inder wie des Islâm, der Parsen wie der Juden und ebenso die klassischen Bücher der Chinesen behandeln Zeremonial- und Ritualnormen und Rechtsvorschriften völlig auf gleicher Linie. Das Recht ist ›heiliges Recht‹. Die Herrschaft religiös stereotypierten Rechtes bildet eine der allerwichtigsten Schranken für die Rationalisierung der Rechtsordnung und also der Wirtschaft.«[4]

»Die Herrschaft religiös stereotypierten Rechtes . . .«: Hat Weber das hinduistische Recht wirklich so gesehen? Ist der Satz über die »heiligen Bücher der Inder« eine angemessene Beschreibung einer Literatur, die ihrerseits eine Kultur charakterisiert, die so lange Bestand hatte und so verschiedene Ausprägungen des Menschseins umfaßte? Wenn wir einen Teil der Inhalte als ›juristisch‹, einen anderen Teil als ›zeremoniell‹ oder ›rituell‹ klassifizieren und dann beide mit einem Kunstgriff in eine Nachbarschaft zueinander bringen – folgt daraus schon, daß das Recht ›heiliges Recht‹ in diesem Sinne ist? Der Einfluß von Maine ist hier deutlich, eines Maine, dessen Wissen damals noch alles andere als tiefgehend war.

2. Hinduismus als ein Beispiel für die Übernahme allgemeiner Tugenden

Weber spricht davon, daß in den verschiedenen Religionen die Tugenden verschieden akzentuiert werden.

»Oder etwa die strengere Wahrheit[spflicht] der indischen und zarathustrischen Ethik gegenüber der des jüdisch-christlichen Dekalogs (Beschränkung auf die gerichtliche Zeugenaussage) . . .«[5] »Oder das . . . in animistischen (Seelenwanderungs-)Vorstellungen begründete, absolute

Verbot der Tötung irgendeines lebenden Wesens ... bei aller spezifisch indischen Religiosität im Gegensatz zu fast allen anderen.«[6]

»Im übrigen ist der Inhalt jeder, über magische Einzelvorschriften und die Familienpietät hinausgehenden, religiösen Ethik zunächst bedingt durch die beiden einfachen Motive, welche das nicht familiengebundene Alltagshandeln bestimmen: gerechte Talion gegen Verletzer und brüderliche Nothilfe für den befreundeten Nachbarn. ... Daß man den Feinden Böses mit Bösem vergelte, versteht sich für die chinesische, vedische und zarathustrische Ethik ebenso wie bis in die nachexilische Zeit für die der Juden.«[7]

Hiermit hat unser Held eine Gesellschaft beschrieben, die auf weitgehend urwüchsigen Gemeinschaften aufbaut. Weber bemerkt zum Almosen, es sei im Hinduismus das

»›gute Werk‹ schlechthin, im alten Buddhismus ursprünglich die einzige Leistung des frommen Laien, auf die es wirklich ankommt«.

Und außerdem:

»In den indischen religiösen Rechtsbüchern gilt wenigstens für die beiden höchsten Kasten« (nämlich die Brahmanen und die Kshatriya- oder Herrscherkaste oder -klasse) »das Zinsnehmen als verpönt.«[8]

Und Weber gibt seine eigene scharfsinnige Erklärung für das Zinsverbot.

3. Naturrecht und Berufsethik

»Das allgemeine Schema, nach welchem eine Religion, wenn sie in einem politischen Verbande die vorherrschende, von ihm privilegierte, und namentlich dann, wenn sie eine Religiosität der Anstaltsgnade ist, die Spannungen zwischen religiöser Ethik und den anethischen oder antiethischen Anforderungen des Lebens in der staatlichen und ökonomischen Gewaltordnung der Welt zu lösen pflegt, ist die Relativierung und Differenzierung der Ethik in Form der ›organischen‹ (im Gegensatz zur asketischen) *Berufsethik.*«

»Providentiell sind nun die Berufe oder Kasten derart eingerichtet, daß jedem von ihnen seine spezifische unentbehrliche, gottgewollte oder von der unpersönlichen Weltordnung vorgeschriebene Aufgabe zufällt und damit für jeden andere ethische Anforderungen gelten. Sie gleichen den einzelnen Teilen eines Organismus. Menschliche Gewaltverhältnisse, die sich daraus ergeben, sind gottgewollte Autoritätsbeziehungen ...«[9]

».. . die indischen Rechtsbücher (statuieren) die organisch traditionalistische Berufsethik im Schema ähnlich, nur konsequenter als die mittelalterlich katholische Lehre und vollends als die höchst dürftige lutherische Doktrin vom status ecclesiasticus, politicus und oeconomicus. Und in der Tat ist die ständische Ordnung in Indien ... gerade als Kastenethik mit einer spezifischen Erlösungslehre vereinigt: der Chance des immer weiteren Aufstiegs in einem künftigen Erdenleben eben durch die Erfüllung der, sei es auch sozial noch so verachteten, Pflichten der eigenen Kaste. Sie hat dadurch am radikalsten im Sinne der Akzeptierung der irdischen Ordnung, und zwar gerade bei den niedrigsten Kasten, gewirkt, welche bei der Seelenwanderung am meisten zu gewinnen haben.«[10]

Die Hindus würden die ewige Verlängerung der Klassenunterschiede in die jenseitige Existenz hinein als absurd betrachten.

4. Rechtspersönlichkeit und hinduistische Verhältnisse

In dem Abschnitt, in dem Weber »Die Formen der Begründung subjektiver Rechte« abhandelt, vergleicht er viele Korporationstypen, ihre Bildung und Regulierung.

»Das russische und das orientalische einschließlich des indischen Rechts kennen leiturgische Kollektivhaftung und entsprechende Kollektivrechte von Zwangsgenossenschaften, vor allen Dingen von Dorfgemeinden, aber auch von Handwerkern. ... Aber ein differenziertes Genossenschaftsrecht nach Art des mittelalterlichen Okzidents ist ihnen unbekannt geblieben und erst recht der rationale Korporationsbegriff, wie ihn das römische und das mittelalterliche Recht zusammenwirkend erzeugt haben.«

»Daß die okzidentale mittelalterliche Entwicklung anders verlief, hatte seinen Grund zunächst und vor allem darin: daß hier der Patrimonialismus ständischen und nicht patriarchalen Charakter trug, was, wie später zu erörtern, wesentlich politisch, speziell militärisch und staatswirtschaftlich bedingt war. Dazu trat ferner die Entwicklung und Erhaltung der dinggenossenschaftlichen Form der Justiz ... Wo sie fehlt, wie z. B. in Indien seit der übermächtigen Stellung der Brahmanen, da hat sich auch der tatsächliche Reichtum der Körperschafts- und Genossenschaftsformen nicht in einer entsprechend reichen Rechtsentwicklung niedergeschlagen. Das langdauernde Fehlen rationaler und überhaupt starker Zentralgewalten, welches mit nur zeitweiligen Unterbrechungen immer wieder eintrat, hat zwar auch dort die Autonomie der kaufmännischen, beruflichen und landgemeindlichen Verbände erzeugt, welche das Recht ausdrücklich anerkennt. Aber eine Rechtsbildung von der Art der deutschen ist daraus nicht entstanden.«[11]

Hauptsächlich in dem Abschnitt seines Werkes, der den »Rechtshonoratioren« und den »Typen des Rechtsdenkens« gewidmet ist, befaßt sich Weber mit der Frage der Rechtsschulung. Wenn wir uns nun der akademischen Rechtsschulung mit Recht als einer ›Wissenschaft‹ und somit ihren Ursprüngen im ›heiligen Recht‹ zuwenden, müssen wir uns den wahren Charakter des hinduistischen Rechts klarmachen, das ein herausragendes Beispiel in einer kleinen Gruppe von Fällen darstellt.

Die Rechtslehre in einer Priesterschule tendiert nach Weber dazu, rationalen Charakter anzunehmen. Dieser besteht in einer Vorliebe für eine rein theoretisch konstruierte Kasuistik, die weniger an den praktischen Bedürfnissen der Rechtsinteressenten als an den Bedürfnissen eines ungehemmten Intellektualismus der Gelehrten orientiert ist. Rechtsschulen, die an ein ›heiliges Recht‹ gebunden sind, führen zu ähnlichen Konsequenzen.

»Alle ›heiligen‹ Rechte nähern sich in der Form, in welcher sie sich rein äußerlich darstellen, einem Typus, welchen namentlich das indische Recht sehr deutlich wiedergibt... Dies ist einer der wesentlichen Gründe für die Ablehnung der schriftlichen Tradition ...: die Tradition muß unmittelbar von Mund zu Mund durch verläßliche heilige Männer gegangen sein; ein Vertrauen auf schriftliche Aufzeichnungen würde bedeuten, daß man Pergament und Tinte glaubt statt den charismatisch qualifizierten Menschen, den Propheten und Lehrern ...

Für den Hinduismus sind die Veden die heiligen Bücher. ›Recht‹ enthalten sie wenig, noch weit weniger als der Korân und namentlich die Thora... Die wichtigsten Kategorien der sekundären Literatur, die Dharmasûtras und Dharmashâstras ..., sind dagegen Kompendien der Dogmatik, Ethik und Rechtslehre und stehen als solche neben der Tradition über die als exemplarisch geltende Lebenspraxis und die Lehre heiliger Männer... Die indischen Dharma-Bücher dagegen konnten im Islâm, dem Charakter der Buchreligion mit nur einer heiligen Schrift entsprechend, ebensowenig wie im Judentum und Christentum eine Analogie haben. Als ›Rechtsbücher‹, d.h. Privatarbeiten von Rechtsgelehrten, sind sie, namentlich eines der späteren von ihnen – das Rechtsbuch des Manu –, lange Zeit in den Gerichten maßgebend gewesen, bis sie durch die systematischen Kompilationen und Kommentare der Gelehrtenschulen so völlig aus der Praxis verdrängt wurden, daß zur Zeit der englischen Eroberung eine solche tertiäre Quelle: die Mitâksharâ (aus dem 11. Jahrhundert) tatsächlich die Praxis bestimmte... Die rabbinische Rechtsbildung lag aber ..., und die islâmische liegt in starkem Maße bis heute in der Hand respondierender theologischer Juristen, während weder der Hinduismus, noch die christliche Kirche ... etwas derartiges gekannt haben. Aus entgegengesetzten Gründen. Nach indischem Recht gehört der Hauspriester des Königs dessen Gericht an und büßt falsches Urteil durch Fasten. Alle wichtigen Sachen sind Königsgerichtssachen. Die Einheit der weltlichen und religiösen Justiz ist also gewahrt und für einen konzessionierten Stand von respondierenden Rechtshonoratioren ist kein Raum.«[12]

»Die hinduistische Rechtsgelehrsamkeit war daher sehr stark rein schulmäßig-theoretisch und systematisierend, in den Händen von Philosophen und Theoretikern liegend und trug die typischen Züge eines sakral gebundenen theoretischen und systematischen, aber sehr wenig an der Hand der Praxis sich entwickelnden Rechtsdenkens in besonders hohem Grade an sich, wesentlich stärker jedenfalls als das kanonische Recht. Alle eigentlich typischen ›heiligen‹ Rechte, also namentlich das indische, sind Produkte der Schullehre. In allen ihren Bearbeitungen wird daher eine Fülle von Kasuistik längst veralteter Institute vorgetragen (z. B. die Ordnung der vier Kasten bei Manu ...). Nicht selten pflegt, infolge des Primats des Lehrzwecks und der rationalen Natur des priesterlichen Denkens, die Systematik derartiger Rechtsbücher eine rationalere zu sein als diejenige von priesterfreien Schöpfungen ähnlicher Art. Indische Rechtsbücher sind wesentlich ›systematischer‹ als etwa der Sachsenspiegel. Aber die Systematik ist keine juristische, sondern eine solche nach Ständen oder nach praktischen Lebensproblemen. Denn diese Rechtsbücher sind, da ihnen das Recht im Dienst heiliger Zwecke steht, Kompendien nicht nur des Rechts, sondern zugleich auch des Rituals, der Ethik und unter Umständen der gesellschaftlichen Konvention und Höflichkeitslehre. Kasuistische und deshalb unanschauliche und unkonkrete, dabei aber doch weitgehend juristisch *un*formale und nur relativ rational systematisierte Behandlung des Rechtsstoffs ist die normale Folge. Denn in allen diesen Fällen ist weder, wie beim reinen Rechtspraktiker, der Geschäftsbetrieb mit seinem konkreten Anschauungsmaterial und seinen Bedürfnissen, noch, wie beim reinen juristischen Doktrinär, die dogmatisch, nur an fachmäßige Voraussetzungen gebundene Logik die treibende Kraft, sondern [es sind] jene anderen, jedem Fachbetrieb der Rechtspflege heterogenen materialen Grundlagen.«[13]

6. *Formale und materiale Rationalisierung des Rechts*

Der Konflikt zwischen profanem und heiligem Recht, der in Griechenland und Rom auftrat, bestand in Indien nicht,

»wo eine herrschende Priesterschaft das gesamte Leben ritualistisch zu reglementieren vermochte und das gesamte Recht weitgehend unter ihrer

Kontrolle behielt ... Dort ist der Theorie nach das gesamte Recht in den Dharmasûtras enthalten. Die rein profane Rechtsbildung blieb daher auf die Entwicklung von Partikularrechten für die einzelnen Berufsstände: Kaufleute, Handwerker usw., beschränkt. Das Recht der Berufsverbände und Kasten, sich ihr Recht selbst zu setzen, also der Satz: Willkür bricht Landrecht, war von niemandem bezweifelt, und fast alles praktisch geltende profane Recht entstammt diesen Quellen. Da aber dies praktisch für die meisten profanen Lebensverhältnisse allein in Betracht kommende Recht nicht Gegenstand der Priesterlehre und der philosophischen Schullehre und also überhaupt gar keiner berufsmäßigen Pflege war, entbehrt es jeglicher Rationalisierung und, trotz praktisch oft weitgehender Unbekümmertheit um die sakralen, der Theorie nach auch hier absolut zwingenden Normen, doch in Abweichungsfällen der sicheren Geltungsgarantie.«[14]

»Die indische Rechtsfindung verleugnet die eigentümliche Mischung aus magischen und rationalen Elementen nicht, welche dem Charakter der Religiosität einerseits, der theokratisch-patriarchalen Lebensreglementierung andererseits entspricht. Der Formalismus des Rechtsganges ist im ganzen gering; dinggenossenschaftlichen Charakter besitzen die Gerichte nicht ... (V)on den organisierten Gerichten der Verbände (ist) prinzipiell die Berufung an die öffentlichen Gerichte zulässig ...

... (D)ie magischen Zwangsvollstreckungsmittel (Verhungern des Gläubigers vor der Tür des Schuldners) (standen) neben der amtlichen Exekution und neben legalisierter Selbsthilfe. Ein ziemlich vollständiger Parallelismus sakralen und profanen Rechts bestand im Kriminalverfahren; aber auch die Tendenz zur Verschmelzung beider fand sich entwickelt, und im ganzen waren sakrales und profanes Recht praktisch eine ungeschiedene Einheit geworden, welche die Reste des alten arischen Rechts überdeckte, ihrerseits aber wieder durch die autonome Justiz der Verbände, vor allem aber durch die Kastenjustiz durchbrochen wurde, die über das wirksamste aller Zwangsmittel verfügte: die Ausstoßung aus der Kaste.«[15]

11. Kritik

Max Weber kann nicht für die Eindrücke verantwortlich gemacht werden, die er aus den Sekundärquellen erhalten mußte, oder aus den in Übersetzung vorliegenden Primärquellen, die ihm nur vermittelt über jene Sekundärquellen zugänglich wurden. Der Gegenstand war und ist verworren, und man kann Weber wohl kaum vorwerfen, daß er diese ungeordnete und ziemlich anspruchsvolle Masse, die da vor ihm lag, eigenen Ordnungsgesichtspunkten unterwarf. Zu seiner Zeit wurde das hinduistische Recht schon seit vielen Jahren auf bestimmte ›zugelassene‹ Gegenstände wie Ehe, Adoption, Erbschaft, die Großfamilie, religiöse Institutionen angewandt, und zwar von britischen Richtern und den Justizbeamten der Native States, die entweder selbst Briten waren oder von den Briten oder im anglo-indischen Rechtssystem ihre Ausbildung erhalten hatten. Diese Phase begann 1772 in Bengalen, Bihar und Orissa und endete praktisch erst 1955-1976, als das hinduistische Ehe- und Erbschaftsrecht, das überlebt hatte, schrittweise radikal modernisiert wurde. Da die Briten die wenigen ihnen bekannten Werke des *dharmaśāstra* als maßgebend behandelten und zuerst die offiziellen *pandits,* später die Richter selbst die anerkannten Texte auf die ihnen vorliegenden praktischen Probleme anwandten, entwickelte sich fast zwangsläufig die Vorstellung, das *dharmaśāstra* sei als Rechtsliteratur gemeint. Man suchte nach einer überkommenen einheimischen Rechtsliteratur, und man fand sie hier. Nun würde es in vielen Zusammenhängen tatsächlich genügen, die Rolle des *dharmaśāstra* so zu beschreiben, aber kaum von Webers Standpunkt aus. Seine Folgerungen sind zu wichtig und weitreichend, als daß man ihm solche ungenaue Bestimmungen durchgehen lassen dürfte. Wie sehen die Tatsachen aus?

(a) Die *pandits* (an anderer Stelle *śāstrīs* genannt) waren nicht eine Brahmanenclique, die das Rechtssystem beherrschte. Weber selbst zeigt ganz richtig, daß die tatsächlichen Kasten- und Zunftgesetze von den *pandits* unbeachtet blieben. Auch der *purohit* (Hauspriester) übte weder durch seine Anwesenheit im Palast noch als nominelles oder wirkliches Mitglied des Königshofes irgendeine imaginäre Herrschaft aus. Wie Weber durchaus erkannte, spielt das *dharmaśāstra* für das Rechtssystem des hinduistischen Indien eine ganz spezielle Rolle. Es stellt ein Gedankensystem dar, das Individuen und Gruppen Verhaltensnormen zur *freiwilligen* Befolgung vorgibt. Darin werden Methoden der sozialen Kontrolle beschrieben, gerechtfertigt und zu systematisieren versucht, wobei eine vermeintliche klassische hinduistische Lebensanschauung als Maßstab dient. Weil die Schlichtung von Streitigkeiten als eine in hohem Maße technische Aufgabe angesehen wurde, sollte der Herrscher bei der Ausübung seiner Funktionen jenen Lehren gehorchen – ob man unter ›Herrscher‹ nun den Kaiser in der Hauptstadt oder im Lager, einen kleinen Fürsten, seinen Bevollmächtigten oder Untergebenen versteht. Das *śāstra* versuchte zwar, die geistige ›Herrschaft‹ über das Rechtswesen zu gewinnen, aber nur in begrenztem Umfang. Auf seiner Grundlage wurden Schüler in der Kunst des vernünftigen Argumentierens unterwiesen und zu Ratgebern in Fragen des relativen Werts von Verhaltensweisen ausgebildet. Gesetze gab es natürlich vor dem *śāstra* und haben es überdauert. Tatsächlich konnte das *śāstra* das Recht auch niemals ganz unter seinen Einfluß bringen, denn es existierte eine Schwesterwissenschaft, die erst nach Weber vollständig wiederentdeckt wurde, das *arthaśāstra*. Zwischen beiden gab es nur wenige Berührungspunkte. Das *arthaśāstra* ist die Wissenschaft von den praktischen Zielen, von Mitteln und Wegen. Ihr widmete sich eine eigene Gruppe von Gelehrten. Auch sie lehrt Streitschlichtung neben vielen anderen Gegenständen. Ihre Lehren sind vollkommen weltlich, stimmen aber bei manchen Themen durchaus mit dem *dharmaśāstra* überein. Recht wird dort als Teil der Regierung, nicht als Ausdruck von Tugendhaftigkeit *(dharma)* gesehen.

Die alte Vorstellung, nach der die Brahmanen in der indischen Kultur wie Kinderschrecke herumgeistern, wird heute wohl von niemand mehr geteilt. Die Literatur über den *dharma* taucht mit den *dharma-sūtras* auf und lebt bis in die Gesetzessammlungen und Abhandlungen des 19. Jahrhunderts fort. Wir verdanken sie den geistigen Anstrengungen einiger Mitglieder der Brahmanenkaste. Sie dehnten ihre Erörterungen, die anfangs Handbücher für die – wie Weber es genannt hätte – ›magische‹ Praxis waren, auf ethische und soziale Angelegenheiten aus. Sie als Priester zu bezeichnen ist irreführend. Sie waren *gurus,* aber bezeichnenderweise keineswegs in dem charismatischen Sinn dieses Wortes. Sie waren Lehrer, und bis heute findet man sogar nicht-brahmanische Gemeinschaften, die eine Brahmanenfamilie als ihre *gurus,* d. h. ihre Ratgeber in geistigen und disziplinarischen Fragen unterhalten.

Wir wollen die Anschauungen der *śāstrīs* kurz illustrieren. In dem Kapitel über die Justiz erörtert das *dharmaśāstra* auf breitem Raum und in vielen Einzelheiten die Ordale. Dies ist ein Gebiet, auf dem Aberglaube und Verführbarkeit sicherlich eine Rolle spielen. Die *śāstrīs* arbeiten die religiösen Aspekte der Ordale aus (was Weber selbst andeutet), aber sie behalten auch Lehren bei, die eine durchaus praktische Auffassung von dem wirklichen

Zweck der Ordale verraten[16]. Das Hungern des Gläubigers vor der Tür des Schuldners *(dharna)* und andere Methoden, Aufmerksamkeit zu erzwingen[17], sind ohne Zweifel abergläubische Praktiken. Von den Autoren des *śāstra* werden sie zwar erwähnt, aber weder empfohlen noch systematisiert.

(b) Es stimmt einfach nicht, daß alles ›heilige‹ Recht in den *sūtras* zu finden sei. Weber selbst stellt fest, daß Gemeinschaften ihre eigene innere Disziplinargewalt hatten, deren Details früher oder später von den Autoren des *śāstra* entweder übersehen oder bewußt übergangen wurden. Ebensowenig wie die *sūtras* alles Recht enthalten, ist es in irgendeinem späteren Text oder Kompendium des *śāstra* zu finden, das sich zwar auf Bräuche bezieht, aber nur um eine Lehre des *śāstra* entweder zu verdeutlichen oder zu bestätigen. In keinem Werk des *śāstra* wird der Versuch unternommen, das Recht, das in den Gemeinschaften galt, oder gar das Recht, wie die Herrscher es verstanden, zu kodifizieren. Andererseits konnten Gemeinschaften, und sogar bestimmte Städte, eine Entscheidung in Streitfragen, die aus den Bedürfnissen der Selbstverwaltung erwuchsen, dem König zur Bestätigung vorlegen[18]. Das Dokument, das als Antwort darauf den Antragstellern ausgehändigt wurde, war dann gewiß eine Rechtsquelle. Es gibt in der Tat Weber unbekannt gebliebene Materialien, die beweisen, (1) daß Rechtsinstitute existierten, die keine Wurzeln in *sūtra* oder *smṛti* hatten[19]; (2) daß bestimmte Sekten Normen folgten, die denen des *śāstra* zumindest ähnelten, obwohl sie weder aus ihm stammten noch ihm verpflichtet waren[20].

(c) Weber liest aus den Texten heraus (obwohl sie dies nicht ausdrücklich sagen), daß die Gerichtsentscheidung einer Gemeinschaft zur Berufung an ein Königsgericht überwiesen werden konnte. Tatsächlich gab es eine Art konkurrierender Rechtsprechung zwischen Gerichten. Berufungen konnten deshalb kostspielig und schwierig sein *(res judicata)*, andererseits konnte etwa ein Fall von Totschlag vor einem Kastengericht erledigt werden, so daß ein Prozeß vor einem Königsgericht überflüssig wurde. Es ist ziemlich unwahrscheinlich, daß der König selbst oder auch nur sein Stellvertreter die Zeit fand, Streitfälle anzuhören, selbst wenn die Kontrahenten soziale Einheiten, wie Kasten, waren und die Sache das ganze Land anging. Es scheint, daß nur ganz verzwickte Angelegenheiten auf diese Entscheidungsebene gelangten. Durch ein solches System konnten weltliches und ›heiliges‹ Recht nicht vereinheitlicht oder überwacht werden.

Es ist ein Mißverständnis anzunehmen, daß die Brahmanen, die in gegenseitigem Einvernehmen die rituellen Aspekte des hinduistischen Lebens für die vier Kasten und die ›Lebensstadien‹ regelten, dadurch ›Recht‹ setzen konnten, es sei denn insofern, als der Staat ihre Disziplinarmaßnahmen gegen Abweichler von ihren Regeln ausdrücklich billigte. Zudem war es die Pflicht des Königs sicherzustellen, daß derjenige, der die Kastenpflichten verletzt hatte, Buße tat und dadurch wieder in seinen alten Status eingesetzt werden konnte[21]. Diese Aufgabe des Königs war bis zur britischen Zeit eine wirkliche Ergänzung der eigentlichen Rechtsordnung.

(d) Der *śāstrī* (in anderm Zusammenhang habe ich ihn ›Jurist‹ genannt, muß aber nun mit dieser Bezeichnung vorsichtig sein) hatte keineswegs die Aufgabe, die Entscheidungen der Richter zusammenzutragen: Richter sind nicht in die Geschichte eingegangen, ebensowenig einzelne Urteile. So spielen denn auch Erzählungen von Rechtsfällen in der indischen Literatur eine sehr geringe Rolle. Dagegen existiert noch, was Weber unbekannt war, eine Fülle von Zeugnissen dafür, daß *Responsen* abgegeben wurden[22]. Die wichtigsten stammen seltener von einzelnen Gelehrten als von Gelehrtenkomitees, und diese beschränkten sich bei der Wahl ihrer Autoritäten nicht auf die Texte des *śāstra.* Sie warfen ihr Netz weiter aus[23].

(e) Wie andere antike Denksysteme wertete auch der Hinduismus eine heilige Schrift durchaus als Rechtsquelle. Aber die Ableitung des Rechts aus der ›Quelle‹ hatte eine besondere Note. In Bezug auf die Weisen, die angeblich die *sūtras* und *smṛtis* zusammengetragen hatten, glaubte Weber fälschlicherweise, nur ihrem gesprochenen Wort sei Wahrheitsfähigkeit zuerkannt worden und die Texte hätten ihr Gewicht aus der Kette der mündlichen Tradition erhalten (wie im Islam). Nun ist das *dharmaśāstra* durchaus ein heiliger Text – die höchste Autorität wurde einem vedischen Text zugemessen, danach kamen die den Veden nicht widersprechenden *sūtras* und *smṛtis.* Die Theorie besagt – wie Weber richtig entdeckt –, der Schöpfer habe für jede Kaste einen idealen Lebensplan geschaffen und dessen Geheimnisse seien Weisen offenbart worden, die das ihnen angeblich offenbarte Wissen nach und nach verdichteten und verfeinerten. Gewiß, dies gibt, wie Weber erkennt, den geschulten Interpreten schiedsrichterliche (aber keineswegs unumschränkte) Gewalt. Und ein gelehrter Brahmane leugnete niemals die Rechtswirksamkeit einer Lösung, die ein autorisierter Streitschlichter nur aufgrund seiner manipulativen Geschicklichkeit zustande gebracht hatte. Man muß wissen, daß es im Hinduismus Sekten und Bewegungen gab, die behaupteten, der Schriftenkanon sei nicht geschlossen, und gefälschte Texte, in denen die Verfasser ihren Zeitgenossen nützliche Normen anbieten, kommen im Laufe der Jahrhunderte immer wieder vor. Aber weder in ihrem Fall noch im Fall der *śāstrīs* lag die Verantwortung für das *Urteil* bei den Gelehrten. Ihre Aufgabe war es vielmehr Argumente zu finden. Dabei übten sie natürlich auch Macht aus, wie es Vermittler von geistigem Rüstzeug tun müssen, aber nicht eigentlich die Macht der sozialen Kontrolle. Hier liegt vielleicht die Hauptschwäche in Webers Verständnis des Gegenstandes.

Interpretation muß sein. Wir haben einen Text (vgl. Johannes 19,7); mehr noch: wir haben widersprüchliche und rivalisierende Texte, und diese müssen *ad hoc* versöhnt werden. Neue Umstände, neue Meinungsverschiedenheiten und neue Fragen: Kasuistik muß sein. Weber scheint Kasuistik abwertend zu betrachten, und ich vermag nicht zu verstehen, warum. Die *Responsen* der *śāstrīs* waren notwendig; und man kann nicht sagen, daß eine solche Tätigkeit etwas völlig Totes sei[24].

(f) Weber behauptet, daß die Gesetze, die die Menschen wirklich leiteten, insbesondere die der Kasten, Berufsverbände etc., nicht rationalisiert worden seien und daß das religiös stereotypierte Recht der Rationalisierung der Rechtsordnung generell Grenzen setze. Es gibt aber keinen Grund zu glauben, irgendeine religiöse ›Stereotypierung‹ habe die intellektuelle Systematisierung der Gesetze von Städten, Kasten, Berufsverbänden, Sekten etc. verhindert. Diese Gesetze waren einfach zu zahlreich, zu verschiedenartig, zu unbeständig – und so wurden sie durchaus auch gesehen –, als daß eine geistige Anstrengung sie hätte systematisieren können, und der Versuch, diese ›Bräuche‹ zu rationalisieren, hätte gar nichts genützt. Es war eine wahrhaft juristische Bemühung und ein Teil der Leistungen der *śāstrīs*, jene Rechtsquellen durch Verweise zwar nicht in den *dharma*, aber in die Hierarchie der Quellen einzugliedern, die der Richter in ihrer Rangfolge berücksichtigen muß. Die vier Quellen der *vyavahāra* (juristischen Entscheidungsfindung) waren der *dharma*, das Brauchtum, die *cursus curiae* und das königliche Edikt: Das letzte in der Folge brach die vorangehenden[25]! Die Quellen des *dharma* selbst indes waren die Veden, die heilige Tradition, die Gebräuche der Tugendhaften und die eigene Befriedigung (Manu II, 12). Bemerkenswerterweise gibt Manu zu (II, 13), daß die Kenntnis des *śāstra* für diejenigen geboten ist, die *nicht* dem Erwerb von Reichtümern und der Befriedigung von Begierden (dem Reich des *artha*) verhaftet sind!

(g) Aber der entscheidende Fehler war es anzunehmen, daß die *śāstrīs* von vornherein Rechtsgelehrte sein wollten. Vielmehr ergab sich das ab 1772 zufällig so: Bis dahin galten juristische Tätigkeiten als Teil der Bemühungen um Tugendhaftigkeit. Anhand bestimmter Kriterien wurde nach und nach ein Bild des echten hinduistischen Lebens entworfen, das die *saṃskāras* und Rituale des brahmanischen Lebensstils umfaßte, aber auch Aspekte des Lebens solcher Kasten, denen Brahmanen mit orthodoxer Praxis als Vorbilder und Führer dienten. Was jene Gelehrte anboten, kann in *dṛṣṭārtha* und *adṛṣṭārtha* eingeteilt werden, nämlich in das, was man um eines ›gesehenen‹ Objekts willen tut, und das, was man um übernatürlicher Gründe willen tut; weiter in *puruṣārtha* und *kratvartha*, nämlich in das, was auf das Individuum und sein Schicksal einwirkt, und das, was sich einfach auf eine anstehende Unternehmung bezieht[26]. Zweifellos sind hier Lehren, die ganz verschiedene Handlungs- und Aufgabentypen betreffen, zusammengeworfen, Moral-, Ritual-, Klugheits- und sogar Rechtsvorschriften: Aber das bedeutet nicht, daß die Verfasser sich der Unterschiede nicht bewußt gewesen wären. Rituelle und rechtliche Verrichtungen waren ganz offensichtlich verschieden; die Frage, wieweit Religion das Rechtsleben durchdringen sollte, war vertraut. Bei Eigentum z. B. einigte man sich nach langer Diskussion auf die Auffassung, daß es seinem Wesen nach weltlich sei. Die ›geschriebenen Gesetze‹ konnten einfach nicht eingrenzen, was das Volk für ›Eigentum‹ hielt[27].

Die *śāstrīs* lieferten kein Buchrecht für den Gebrauch von Richtern: obwohl natürlich die Versuchung groß ist, bei den Hindus von einem Buchrecht zu sprechen! Die *śāstrīs* waren keine Juristen wie die Rechtskonsulenten im alten Rom. Sie sorgten für eine abgerundete Ausbildung der orthodoxen hinduistischen Ratgeber, einschließlich der Rechtsberater und auch der künftigen Richter, von denen keineswegs erwartet wurde, daß sie *śāstra*-

Experten waren. Von einem moslemischen *kadi* wird auch nicht erwartet, daß er die *shari'a* so gut kennt wie ein *mufti*.

Die Leistung der *śāstrīs* bestand darin, den Richter mit den wichtigsten und anerkanntesten der *Standards* vertraut zu machen, an denen er sich bei der Lösung eines Streitfalls orientieren konnte. In der Frage aber, ob der Richter das *śāstra* anwenden sollte, erwartete man keinen Rat von dem *śāstrī!* Der pflegte vielmehr gerade zu betonen, daß eine blinde Befolgung von Texten das Ziel verfehle. Was das Volk verabscheut, darf nicht in Kraft gesetzt werden, ganz gleich, welche Texte es rechtfertigen mögen. Der Herrscher konnte nicht sagen, was *dharma* war (das taten die *śāstrīs*); die *śāstrīs* maßten sich nicht an zu sagen, was politisch klug war (das tat der Herrscher). Das *śāstra* selbst sprach denn auch dem Herrscher das Recht zu, bestehende Bräuche zu überprüfen, ihre Befolgung anzuordnen (siehe z. B. Manu VII, 203) oder im Gegenteil ihr Erlöschen zuzulassen, indem er auf ihre Durchsetzung verzichtete; den Lehren des *śāstra* blieb ein größeres Gebiet überlassen.

Hier sei Manu (VIII, 41-2) wiedergegeben: »(A king) who knows *dharma* must inquire into the *dharmas* of castes (i.e. sub-castes), of districts, of guilds, of families, and (thus) settle the *dharma* proper to each.« Man beachte die zwei Bedeutungen von *dharma* in demselben Vers! »Men, even though dwelling at a distance, if they perform their proper occupations, become dear to the public through adhering each to his own (destined) duty *(karma)*.« In Manu VIII, 46 heißt es: »Whatever has been practised by good men and by twice-born persons observant of *dharma*, that he should establish (or recognise) for regions, families, and sub-castes, provided it is not repugnant (to his requirements, or to *dharma*?).« Voraussagbarkeit war ein Wert, aber auch der ›Aufstieg‹ von sozialen Einheiten zu einem höheren Standard. Diesen ›Standard‹ lieferten selbstverständlich die *śāstrīs*.

(h) Weber sieht den wichtigen Sachverhalt, daß den Kasten die Ausstoßung von Abweichlern als Sanktion zur Verfügung stand. In Kriminalsachen war das Sanktionsmittel der (physische) Zwang *(daṇḍa)*. Abgesehen davon, lagen die Mittel der Abschrekkung, die Grundlage der Disziplinargewalt, bei den Kasten, die in einigen Fällen bis heute an den altertümlichen Begriffen von Solidarität, Authentizität und Reinheit festhalten. Das Prinzip muß schon lange vor dem *śāstra* bestanden haben, und das *śāstra* selbst gründet sich darauf. Jemand, der eine Verfehlung begeht, und das schließt den Umgang mit einem Abweichler ein, zieht eine Disziplinarmaßnahme auf sich und muß eine Strafe zahlen, sich einem Ordal oder einer Zeremonie unterziehen, um seinen früheren Status wiederzuerlangen (man kennt eine Art *capitis deminutio*). Es ist keineswegs ungewöhnlich, daß die Kaste einen Brahmanen als Ratgeber anstellt, der die Natur der Verfehlung und die Angemessenheit der vorgesehenen Strafe beurteilt. Das *śāstra* beschreibt und empfiehlt Bußen; es kennt den Verlust der Kaste und auch, wenn Wiedereinsetzung in den früheren Status unmöglich ist oder verweigert wird, die *Degradierung*. Manchmal entstehen daraus Kastenspaltungen. Es wird als selbstverständlich angenommen, daß jeder seine Kastenposition wiedererlangen möchte – führt doch über die Kaste der Weg zur letzten völligen Befreiung oder Erlösung *(mokṣa)* nach vielen günstigen Wiedergeburten. Wenn das Volk daran glaubt, wie es tatsächlich der Fall ist, haben Kastenstandards und kastenübergreifende Standards einen gewissen Wert. Die Aufgabe des *śāstra* ist es also, über die Kasten und über den langsamen Aufstieg von einem Stadium zum anderen, der unter den Gesetzen des *karma* steht, das Volk zu erziehen. Dies läßt sich an der Praxis ablesen, aber es war noch lange nicht abgeschlossen, als es 1955-76 einen ernsten Rückschlag erlitt.

(i) Webers spöttische Bemerkungen zu dem Intellektualismus, der sich in den Texten zeige, und zu ihrer mangelnden Berücksichtigung praktischer Probleme, ihrer Kasuistik, sind durchaus fehl am Platz. Um mit der ›Kasuistik‹ zu beginnen: Eine Folge von Lehren, die als Leitfaden für Richter dienen soll, kann sich unmöglich mit Allgemeinheiten begnügen. Ausnahmen, nähere Bestimmungen, Ausnahmen von den Ausnahmen sind unvermeidlich, wenn die Aufgabe ernst genommen wird. Wir wollen dazu einige Beispiele aus Manu VIII, 290-7 bringen:

»They declare with regard to a vehicle, its driver and its owner, there are ten defences: for the rest a penalty is laid down.

When there is a snapping of the nose-string, when the yoke is broken, when the vehicle goes athwart or backwards, when the axle breaks, and when the wheel is broken,

Where the thongs, rope round the neck, or bridle are broken, and where the driver shouted ›Out of the way!‹ – they are not to be punished: so Manu said.

Where the cart runs off due to the incompetence of the driver the owner shall be fined 200 if any damage results.

When however the driver is skilful, the driver should be punished; if the driver is unskilled all those that stay in the cart may be fined 100 each.

But if he is stopped on the road by cattle or by a chariot and causes the death of a living being, then a punishment is discussed.

If a human being is killed suddenly the crime would be like that of a thief; half of that in the case of larger animals, cows, elephants, camels, horses, etc.

In a case of injury to lesser animals the fine is 200, but it would be 50 in the case of auspicious animals and birds.«[28]

Obwohl solche Unterscheidungen rational und nützlich sind (vorausgesetzt, man betrachtet keine der präzisen Vorschriften als bindend), ist das *śāstra* einzigartig arm an Kasuistik. Seine hervorstechenden Merkmale sind Knappheit der Darstellung bei Vermeidung aller Versuche, die Lehren zu rechtfertigen (die Begründungen blieben den mündlichen Diskussionen in den Schulen überlassen), und der Verzicht auf Aufführung aller Modifikationen, wodurch aus den Lehren ein Satz von Regeln hätte entstehen können. Der Grund hierfür ist klar. Die Bräuche der Gemeinschaften unterschieden sich so sehr, daß eine Behandlung des *dharma,* die für eine geeignet und passend gewesen wäre, eine andere verletzt hätte. In dem oben angeführten Beispiel mögen einige Regionen den Faktor der ›höheren Gewalt‹ hoch einstufen, andere, wie wir selbst auch, mögen das ›Haftungsprinzip‹ bevorzugen. Es war das Ziel der *śāstrīs,* allgemeine normative Grundsätze und nützliche Beispiele für alle zu geben, nicht aber Regeln für alle. In buddhistischen Kreisen, wo man eine endgültige Auffassung von der Natur, den Bedingungen und Zielen der Gemeinschaft (der *saṅgha*) hatte, wurde dagegen schon in der Frühzeit der Bewegung ein Disziplinarkodex entworfen, und die Kasuistik der *vinaya* ist ausführlich bis zur Vollständigkeit (in unzähligen Fällen erlaubt, genehmigt, billigt, befiehlt der Buddha bestimmte Dinge oder Verfahren, die, aus dem Leben gegriffen, ihm zur Beurteilung vorgelegt wurden)[29].

Weber weist auf die Erörterung veralteter Institute, wie der vier Kasten[30], hin; aber ich möchte meinerseits behaupten, daß solche Ausführungen als Paradigmen dienen. Die Gewohnheit, mehrere Lösungen eines Problems nebeneinanderzustellen ohne den Versuch, sie zu versöhnen – z. B. die verschiedenen Konstruktionen der Wiedergeburt als Vergeltung für Missetaten in diesem Leben[31] –, wäre nicht weniger einer Erörterung wert gewesen. Man könnte dies erklären als einen ungeschickten (aber nicht naiven) Versuch, vollständig und überzeugend zu sein und dabei keinen Stoff fallenzulassen, der dem Volk lieb und wert ist. Ein bekanntes Beispiel ist die Anordnung der Stellen, die die Sitte betreffen, daß eine Witwe dazu ›berufen‹ wird, ihrem verstorbenen Mann Nachkommen zu schenken (ein Problem, das in verschiedener Form in antiken und traditionalen Gesellschaften auftrat): Die Institution wird beschrieben, dann verdammt – offensichtlich befand sie sich im Umbruch, allerdings nicht in allen Teilen der brahmanischen Gesellschaft.

Die Texte befassen sich kaum mit Einzelheiten der Verwaltung, etwa Landwirtschaft und öffentlichen Finanzen. Sie handeln dagegen weitläufig von Kriminalstrafen und Bußen; ferner bildet Diebstahl in verschiedenen Erscheinungsformen offensichtlich ein Hauptthema[32]. Eine Regulierung des täglichen Lebens in seiner unendlichen Vielfalt, besonders ein Handelsrecht, wird vermieden. In der späteren Entwicklung des *śāstra* hielt man es für wünschenswert, bestimmte Gebiete des Verwaltungsrechts besonders zu erwähnen, und zwar die Untersuchung von Streitigkeiten und beginnenden Streitigkeiten, an denen der Staat ein Interesse haben würde und die deshalb der Herrscher *suo motu* beaufsichtigen sollte[33]. Mit Vernügen hätte Weber vernommen, daß die Spezialisten im Verfassen und Gebrauch von Rechtsdokumenten eine viel größere Bedeutung hatten, als es das *śāstra* widerspiegelt. Ob die ›Petitionsschreiber‹ etc. nun *Honoratioren* waren oder nicht, sicher ist, daß sie eine Rechtsquelle bildeten, die den konkreten Schauplätzen des Handelns sehr viel näher war, als es die *śāstrīs* jemals zu sein beabsichtigten.

III. Schluß

Es ist nicht unsere Aufgabe, Tatsachenfehler in Webers Darlegung richtigzustellen. Es gelang ihm durchaus, die wesentlichen Punkte des hinduistischen Rechts zu erkennen, insbesondere die Funktion der Religion als Anregerin einer Wissenschaft, die eine Beziehung zur Rechtslehre hatte. Aber er beachtete nicht, daß das hinduistische Recht ein Phänomen *sui generis* ist. Die ältesten Texte, die direkte Anleitungen für Glauben und Handeln enthalten, geben vor, *guru*-Lehren zu sein; in anderen, wahrscheinlich späteren Texten erscheint dieses Material dahingehend rationalisiert, daß es sich in letzter Instanz von dem Selbst-Seienden herleitet. In gewissem Sinne beruhen die verschiedenen Quellen alle auf Offenbarung. Aber von der ersten bis zur letzten enthalten sie niemals mehr als Unterweisung, Rat, Ermahnung und Empfehlungen. Die Digesten und Kommentare können in ihrem Charakter nicht anders sein als die Texte, die in ihnen gesammelt und systematisiert sind[34]. Jedoch wenn und als sie von Rechtsberatern und danach von Richtern benutzt wurden, wurden sie zu Rechtsquellen – vielleicht weil letztlich das Volk es so wollte.

Ähnlichkeiten mit der *sharī'a* der Moslems und der Thora der Juden sind auffällig, nicht weniger die Unterschiede. Das Brauchtum spielt z. B. im hinduistischen Recht eine viel größere Rolle als in den beiden anderen Rechtstraditionen. Obwohl Offenbarung im *śāstra* eine wichtige Rolle spielt, ist seine Wirkung sehr viel begrenzter.

Weber hätte das hinduistische Recht als ein drittes Phänomen neben dem römischen Recht auf der einen und dem jüdischen und dem islamischen Recht auf der anderen Seite behandeln sollen. Das römische Recht macht die großartige Unterscheidung in *jus* und *fas*. Das jüdische und das islamische Rechtsdenken weisen im allgemeinen diese Unterscheidung zurück. Im hinduistischen Recht wird verlangt (wenn auch nicht zwingend), alles *jus* mit dem *fas* in Übereinstimmung zu bringen, obgleich ein *fas (dharma)*, das mit so vielen ethnischen und kulturellen Standards vereinbar sein muß, nur auf einem sehr hohen Abstraktionsniveau zu erreichen ist. In diesem Prozeß spielten weder die *plebs* noch die *patres*, noch weniger irgendein *rex* oder *princeps* mehr als eine unbedeutende Nebenrolle. Er war das Werk von Intellektuellen, Mitgliedern einer Kaste, zu deren Ethik das Lehren gehörte. In ihnen hätte Weber verwandte Geister erkennen können – dann wären ihre Bemühungen wohl von seinem Sarkasmus verschont geblieben.

* Diese Studie gehört mit anderen Aufsätzen des Autors zusammen: (1) in: *Beiträge zu indischem Rechtsdenken,* Bd. 1 der Studien zu nichteuropäischen Rechtstheorien, hrsg. von T. Viehweg und R. May, Wiesbaden 1979; (2) »Das Dilemma des Rechts in der traditionellen indischen Kultur«, in: W. Finkentscher, H. Franke, O. Köhler (Hrsg.), *Entstehung und Wandel rechtlicher Traditionen,* Bd. II der Veröffentlichungen des Instituts für historische Anthropologie, hrsg. von H. Franke und O. Köhler, Freiburg-München 1980, S. 497-535. Beide Aufsätze haben Bibliographien.

1 Derrett, *Essays in Classical and Modern Hindu Law,* II, Leiden: Brill, 1977, S. 424-468.

2 Ebd., S. 469-494.

3 Siehe R. Lingat, *The Classical Law of India,* translated from the French with additions by J. D. M. Derrett, Berkeley: University of California Press, 1973. Eine sehr nützliche Besprechung dazu ist B. S. Jackson, »From *dharma* to law«, in: *American J. of Comparative Law,* 23 (1975), S. 490-512.

4 Max Weber, *Wirtschaft und Gesellschaft.* Grundriß der verstehenden Soziologie, 5., revidierte Aufl., mit Textkritischen Erläuterungen hrsg. von Johannes Winckelmann, Tübingen 1976 (im folgenden: WuG), S. 348 f. Zitat im Text darüber: S. 349.

5 Immerhin kennt das *dharmaśāstra* aber eine Sonderkategorie von Lügen. Siehe dazu Derrett, »Privileged Lies«, in: *Adyar Library Bulletin,* 44-45 (1981), K. Kunjunni Raja Felicitation Volume, S. 285-292.

6 WuG, S. 350. Zum *karma* und seiner Wirkungsweise siehe Anm. 31 unten.

7 WuG, S. 350.

8 Ebd., S. 351, 352.

9 Ebd., S. 360.

10 Ebd., S. 361.

11 Ebd., S. 437, 438. Zur Bestätigung von Webers Ausführungen ist es bemerkenswert, daß ein Recht, das sich auf öffentliche, und sogar auch private, religiöse Stiftungen bezieht, im *dharmaśāstra* nicht ausgearbeitet ist, und es handelt sich hier um sehr bedeutende Korporationen oder, je nach Sachlage, Rechtspersönlichkeiten. Das Bedürfnis für ein entsprechendes Recht ist bezeugt in einer Inschrift, über die Derrett schreibt (*Essays in Classical and Modern Hindu Law,* I, Leiden: Brill, 1976, S. 111-119).

12 WuG, S. 459 f.

13 Ebd., S. 461.

14 Ebd., S. 472 f. Siehe auch Derrett, *Essays in Classical and Modern Hindu Law,* IV, Leiden: Brill, 1978, S. 415-424 (»muß« und »soll«).

15 WuG, S. 473.

16 Eine neuere Studie über ein bestimmtes Ordal ist R. Lariviere, »A note on the *kośa- divya.* The ordeal of the sacred libation«, in: *Adyar Library Bulletin,* 1977, S. 152-164. Siehe auch Derrett, »Ancient Indian nonsense vindicated«, in: *J. American Oriental Soc.*, 98 (1978), S. 100 bis 106.

17 G. C. Rankin in: *Law Quarterly Review,* 60 (1944), S. 48-49; L. Renou, »La jeûne du créancier dans l'Inde ancienne«, in: *Journal Asiatique,* 1943-5, S. 117-130. Vgl. E. Hopkins, »On the Hindu custom of dying to redress a grievance«, in: *J. American Oriental Society,* 21/2 (1900). S. 146-159.

18 Derrett, *Religion, Law and the State in India,* London: Faber, 1968, S. 164, 188.

19 Ebd.

20 Derrett, *Essays* IV (s. Anm. 14), S. 359-379, 394-414.

21 Derrett, »The king's role relative to penance and a text of Yama«, in: R. Nagaswamy (ed.), *South Indian Studies,* II, Madras: S. A. H. E. R., 1979, S. 1-7.

22 Derrett, *Essays* II (s. Anm. 1), S. 277-298; ders., »Forbidden occupations in *smṛti* and their aftermath«, in: *Ludwik Sternbach Felicitation Volume*, Lucknow: Akhila Bharatiya Sanskrit Parishad, 1981, S. 189 bis 197.

23 Derrett, *Essays* I (s. Anm. 11), S. 86-110. Zum menschlichen Hintergrund siehe Derrett, *History of Indian Law (Dharmaśāstra),* Handbuch der Orientalistik, hrsg. von B. Spuler et al., II: Indien, hrsg. von J. Gonda, Bd. 3: Geschichte, Teil 1, Leiden: Brill, 1973, S. 23; auch R. G. Basak in: *Epigraphia Indica,* 13 (1915-16), S. 283-293. Ein Beispiel eines Responses im Entwurf, das 1824 ein *śāstrī* als Advokat in einem Kastenstreit als Gutachten verwendete, findet sich in dem faszinierenden Material bei N. Wagle, »A dispute between the Pancal Devajna Sonars and the Brahmins of Pune regarding social rank und ritual privileges . . .«, in: N. K. Wagle (ed.), *Images of Maharashtra. A Regional Profile of India*, London: Curzon Press, 1980, S. 129-159.

24 Ich denke dabei an die *śāstrī*-Kammer der Śaṅkarācārya von Sṛṅgērī-maṭha, Mysore und die mukti-maṇḍapa, die sich von Zeit zu Zeit im Tempel von Jagannātha in Puri, Orissa trifft.

25 Derrett, *Religion* (s. Anm. 18), Kap. 6, bes. S. 148 ff. Siehe auch S. N. Mithal in: *Annals of the Bhandarkar Oriental Research Institute,* 56 (1975), S. 77-91. Zu *caritra* (Brauch) siehe L. Rocher in: *Indologica Taurinensia,* 7 (1979), Festschrift für Ludwik Sternbach, S. 345 ff.

26 Kurz dazu Derrett, *Bhāruci's Commentary on the Manusmṛti* I, Wiesbaden: Steiner, 1975, Einleitung.

27 Derrett, *Religion* (s. Anm. 18), Kap. 5.

28 Der Grund (der nirgends angegeben wird), warum die geringe Summe

von nur 50 festgesetzt wurde, ist der, daß diese Tiere keinen Besitzer haben und darum kein *Schadensersatz* geleistet, sondern nur eine Strafe wegen Fahrlässigkeit gezahlt werden kann.

29 Siehe z. B. Derrett, »Adattādānam: valuable Buddhist Casuistry«, in: *Indologica Taurinensia*, 7 (1979), S. 181-194; »*Mṛṣā-vāda-virati:* a piece of Buddhist casuistry«, in: *Vishveshvarananda Indological Journal*, 18 (1980), S. 277-284.

30 H. Brinkhaus, *Die altindischen Mischkastensysteme*, Wiesbaden 1978.

31 L. Rocher, »*Karma* and rebirth in the *dharmaśāstras*«, in: W. D. O'Flaherty (ed.), *Karma and Rebirth in Classical Indian Traditions*, Berkeley: University of California Press, 1980, Kap. 3.

32 Ebd., S. 68 f.

33 Derrett, »Some features of public law in *smṛti* sources«, in: *Adyar Library Bulletin*, 42 (1978), S. 1-31.

34 Zu den Motiven und Einstellungen von Digesten-Verfassern siehe Derrett, *Dharmaśāstra and Juridical Literature*, Bd. IV/1 der History of Indian Literature, ed. J. Gonda, Wiesbaden: Harrassowitz, 1973, S. 52 ff.

Stanley J. Tambiah
Max Webers Untersuchung des frühen Buddhismus

Eine Kritik

I
Vorbemerkung

Ich muß gestehen, daß ich Max Webers *Hinduismus und Buddhismus* nur in der englischen Übersetzung von Gerth und Martindale gelesen habe, die ihr den Titel *The Religion of India* gaben. Neuerdings hat Detlef Kantowsky[1] diese Übersetzung angegriffen; sie sei mit Übersetzungsfehlern behaftet und »unreliable, misleading and simply quite wrong«. Er klärt, wie vor ihm Friedrich Tenbruck[2], die Chronologie von Webers Schriften sowie die Revisionen, die Weber an »Einleitung« und »Zwischenbetrachtung« vornahm, welche ursprünglich als Teile einer Aufsatzserie mit dem Titel »Die Wirtschaftsethik der Weltreligionen« erschienen. Überdies wirft er Gerth und Martindale vor, sie hätten den Lesern von *The Religion of India* verschwiegen, daß diese Schrift keine selbständige Monographie sei, sondern nur *eine* Abhandlung in dieser Serie, in theoretischer Hinsicht durch die »Zwischenbetrachtung« mit der Untersuchung des Konfuzianismus verbunden, und daß die ganze Aufsatzreihe auf die »Einleitung« bezogen werden muß (die in einer anderen englischen Übersetzung, und zwar in Gerth und Mills *From Max Weber*, als »The Social Psychology of World Religions« erschienen ist). Das Problem des Kontextes, in dem *Hinduismus und Buddhismus* gelesen werden muß, und des inneren Zusammenhangs der verschiedenen Schriften Webers ist dem englischsprachigen Publikum inzwischen aufgegangen. Hingegen sind die Übersetzungsschnitzer noch nicht ausreichend berücksichtigt, und die Fehlerliste, die Guenther Roth beim Symposion in Bad Homburg vorlegte, erwies sich als sehr hilfreich. Auch Friedrich Tenbrucks aufschlußreiche Arbeit[3] half mir, die allmähliche Verfertigung von Webers

»Rationalitäts«- und »Rationalisierungs«-Begriff in einem vergleichenden Zusammenhang zu sehen und meine Wertschätzung des Meisters zu vertiefen. Doch obgleich mir die Aufsätze von Kantowsky und Tenbruck sowie die von Roth vorgenommenen Korrekturen zur Aufklärung und Warnung dienten, sind dadurch meine früheren Bedenken gegenüber Webers Behandlung des frühen Buddhismus nicht gegenstandslos, sondern geradezu bestätigt worden. Ich werde dies in der Folge zeigen. Um meine eigene ungenügende Kenntnis des Pāli und Sanskrit zu kompensieren, werde ich dazu so oft wie möglich auf die Urteile und Exegesen von buddhistischen Forschern zurückgreifen, die nicht an meinem Handicap leiden.

Max Weber war kein Kenner des Pāli und Sanskrit und gab auch nicht vor, einer zu sein. Seine Erörterung des Buddhismus fußte auf einer verzerrten Auswahl von Textübersetzungen und Sekundärliteratur zur Zeit der Niederschrift seiner Arbeit (in den Jahren vor 1916). Zunächst fällt die lockere und undogmatische Weise auf, in der er den »alten Buddhismus« abgrenzt. Selbstverständlich konnte er dabei keinen Beitrag zur Klärung der Schichtung der kanonischen Texte leisten, d. h. zur Klärung der Frage, welche der Texte der Theravāda-Schule und anderer Schulen wann entstanden sind. Immerhin identifizierte er den »alten Buddhismus« nicht mit dem »kanonischen Buddhismus«. »Alter Buddhismus« ist ihm im großen und ganzen das, was in Indien *vor* der Herrschaft Aśokas stattfand, der rund 200 Jahre nach dem Tode des Buddha lebte. Darüber hinaus zitierte er auch nicht-kanonische Literatur aus der Zeit nach Aśoka, etwa *Die Fragen des Königs Milinda* (die gewöhnlich auf den Beginn der christlichen Zeitrechnung datiert werden), um seine Charakterisierung früher Tendenzen zu stützen.

Für eine Periodisierung zumindest des Theravāda-Buddhismus eignet sich als erster Anhalt Heinz Becherts Unterscheidung in »kanonischen«, »traditionellen« und »modernen« Buddhismus.[4] »Kanonischer« Buddhismus ist der Buddhismus, wie er im *Tripiṭaka* vorliegt, den auf Pāli verfaßten kanonischen Schriften. Diese stellen die besondere Form des indischen Buddhismus dar, auf der später der Buddhismus auf Sri Lanka und in Südostasien fußte. »Traditioneller« Buddhismus ist die Gesamtheit von Glaubensüberzeugungen und religiösen Übungen von Buddhisten in der Zeit nach der endgültigen Kodifizierung der kanonischen Schriften, aber vor Beginn der modernen Periode. »Moderner« Buddhismus ist eine gemeinsame Bezeichnung für alle Formen des Buddhismus, die sich unter dem Eindruck der in der modernen Periode eingetretenen Veränderungen entwickelt haben. Da sich Becherts Schema in erster Linie auf den Pāli-Buddhismus der Theravāda-Schule bezieht, wäre es hilfreich zu erfahren, wo er die in Sanskrit verfaßten Quellen anderer buddhistischer Schulen einordnet, insbesondere die aus jener Zeitspanne, in der nach seiner Auffassung die kanonischen Pāli-Schriften entstanden sind – Schriften, die für ihn Repräsentanten des »indischen Buddhismus« darstellen.

Es gibt in Max Webers Theorie und vergleichender Perspektive ein Paradoxon und (möglicherweise) einen Widerspruch, der auch in Tenbrucks Exegese enthalten ist, vom Autor selbst jedoch nicht als Problem erkannt wird.

1. Auf der einen Seite war Weber, vor allem, nachdem er seine wesentlichen inhaltlichen Forschungen abgeschlossen und seine Abhandlungen über China, Indien und Israel geschrieben hatte, zu dem Ergebnis gekommen, daß Rationalität und Rationalisierung in den verschiedenen Weltreligionen verschiedene Formen und Richtungen annehmen konnten. Die »Einleitung« und die »Zwischenbetrachtung«, die Weber für seine »Wirtschaftsethik der Weltreligionen« schrieb, bezeichnen die »summa of his long-term historico-sociological researches«. Weber kam zu dem Schluß, religiöse Weltbilder produzierten »predominantly rational compulsions that make the genesis of religion a contribution to the progress of rationalism«; eine Religion entfalte sich gemäß ihrer eigenen, spezifischen Problematik, die auf das Problem der Theodizee bezogen sei, und habe wenig zu tun »with the cognitive investigation of reality«; und weiter: »a rational development of religious images of the world proceeds apace with the rational logic specific to religion and is not concerned with the cognitive interpretation of reality.«[5]

In der Tat stellt Weber fünfzehn Jahre nach der ersten Niederschrift seiner »Protestantischen Ethik« ihrer erneuten Veröffentlichung unter anderem folgende Sätze voran: Nun kann unter Rationalismus »höchst Verschiedenes verstanden werden ... Es gibt z. B. ›Rationalisierungen‹ der mystischen Kontemplation, also: von einem Verhalten, welches, von anderen Lebensgebieten her gesehen, spezifisch ›irrational‹ ist, ganz ebenso gut wie Rationalisierungen der Wirtschaft, der Technik, des wissenschaftlichen Arbeitens, der Erziehung, des Krieges, der Rechtspflege und Verwaltung. Man kann ferner jedes dieser Gebiete unter höchst verschiedenen letzten Gesichtspunkten und Zielrichtungen ›rationalisieren‹, und was von einem aus ›rational‹ ist, kann, vom andern aus betrachtet, ›irrational‹ sein.«[5a]

Diesen Gedanken weiter verfolgend, gelangte er zu der Auffassung, die Rationalität erstrebter und erwählter Zwecke sei einem rationalen Beweis nicht zugänglich. Auf die verschiedenartigsten und untereinander widersprüchlichsten Ziele hin könne jeweils eine rationale Mittel-Zweck-Relation entwickelt werden, die Herkunft der Ziele selbst aber sei letztlich »irrational«. Doch die Weltbilder, wiewohl aus irrationalen Zielen hervorgegangen, unterliegen, einmal entworfen, dem Rationalitätsdruck insofern, als sie eine umfassende Welterklärung aus der Perspektive einer Theodizee bieten sollen. Und solche Weltbilder, kohärente Beschreibungen der Welt, überwiegend geschaffen von religiösen Gruppen, Propheten und Intellektuellen, hätten wie Weichensteller die Gleise bestimmt, auf denen das Handeln kraft der Dynamik der Interessen verlief.

Angesichts dieser Behauptungen würde man nun erwarten, daß Max Weber bei der vergleichenden Untersuchung von Religionen jede Religion zunächst *positiv* in Begriffen ihrer eigenen »Rationalität« beschreibt. Dazu würde gehören, daß nicht nur die mit ihr verbundenen Orientierungsmuster korrekt erfaßt werden, sondern auch der historische Zusammenhang und die politischen, sozialen und ökonomischen Umstände, in denen diese geformt, verwirklicht und interpretiert worden sind. Dies müßte geleistet sein, bevor man daran geht, Religionen miteinander zu vergleichen, vorausgesetzt man stellt sich die Aufgabe so, daß sich der Vergleich auf Religionen als Gesamtheiten erstrecken muß.

2. Andererseits, und hier deutet sich der Widerspruch an, scheint Max Webers vergleichendes Unternehmen, so wie er es entwarf, gerade ein positives Verständnis der großen Weltreligionen zu erschweren und gar zu verhindern, und zwar deshalb, weil er sich von seinem ›universalgeschichtlichen‹ Standpunkt aus vornehmlich für die Frage interessierte, welche Faktoren und Kräfte ein religiöses Weltbild zum herrschenden machten und wie dadurch die religiöse Wirtschaftsethik geprägt worden ist. Weber hat dieses sein Hauptthema zuerst an der »Protestantischen Ehtik«

entwickelt und später als Gedanken der Untersuchung Chinas und Indiens zugrunde gelegt. Überall fragt er nach der Art der *Wirtschaftsethik* einer Religion sowie danach, wie diese den Umgang des Gläubigen mit der »Wirklichkeit« und seinen Versuch, sie zu verändern (oder auch nicht zu verändern), leitete. Weber hielt eisern an der Idee fest, daß eine »rationale« Wirtschaftsethik wie im Falle der kapitalistischen eine systematische Betätigung in der Welt mit sich bringe, eine »Arbeitsorientierung«, die auf eine unablässige Veränderung der Welt gerichtet sei.

Daß Weber den Titel »Wirtschaftsethik der Weltreligionen« für die Abhandlungen wählte, die ursprünglich als Aufsatzreihe im *Archiv für Sozialwissenschaft und Sozialpolitik* erschienen, ist nun in diesem Zusammenhang offensichtlich von Bedeutung. Damit gibt er seinem vergleichenden Unternehmen einen Rahmen, der seinen besten Absichten zuwiderläuft. Denn damit huldigt er dem Vorurteil, das an einer Religion zu untersuchende kritische Moment sei ihre »Wirtschafts«-Ethik. Und was immer der rationale Gehalt religiöser Orientierungen wie der Askese oder der meditativen Kontemplation auch sein möge, der kritische Maßstab für die Beurteilung ihrer Wirkung auf das innerweltliche Handeln ist ihr Beitrag zur »wirtschaftlichen« Rationalität.

Einsichtig und selbstkritisch, wie Weber war, formulierte er denn auch gewisse Vorbehalte gegenüber seinem Ansatz, und zwar in der berühmten »Vorbemerkung« zu der 1920 erschienenen Ausgabe seiner *Gesammelten Aufsätze zur Religionssoziologie.* Diese »Vorbemerkung«, die jüngst mehrere Kommentare auslöste, kann man, wie die meisten wichtigen Texte, verschieden »lesen«. Ich lese sie so, daß Weber in ihr unzweideutig den »Widerspruch« in seinem vergleichenden Unternehmen benennt, auf den ich hingewiesen habe.

Schon im ersten Satz erklärt er, daß ein Westler nur die westliche Zivilisation als Erzeugerin kultureller und wirtschaftlicher Phänomene in ihrer systematisiertesten und rationalsten Form ansehen könne, wobei das auffälligste dieser Phänomene der »nüchterne bürgerliche Kapitalismus« sei; überdies werde ein Westler diesen Phänomenen *universelle* Bedeutung und *universellen* Wert zuschreiben. Damit soll vermutlich gesagt werden, daß dieser Rationalisierungsprozeß für die Weltgeschichte unausweichlich und unwiderstehlich ist.[6]

An anderer Stelle sagt er: »Der Begründung bedarf es, daß für die hier verfolgten Ziele die ethnographische Forschung entfernt nicht so herangezogen ist, wie es bei deren heutigem Stand für eine wirklich eindringende Darstellung insbesondere der asiatischen Religiosität natürlich unumgänglich wäre. Es geschah dies nicht nur deshalb, weil menschliche Arbeitskraft ihre Grenzen hat. Sondern vornehmlich schien es deshalb erlaubt, weil es hier gerade auf die Zusammenhänge der religiös bestimmten Ethik jener Schichten ankommen mußte, welche ›Kulturträger‹ des betreffenden Gebiets waren. Um die Einflüsse, welche deren Lebensführung geübt hat, handelt es sich ja. Es ist nun völlig richtig, daß auch diese in ihrer Eigenart nur wirklich zutreffend zu erfassen sind, wenn man den ethnographisch-volkskundlichen Tatbestand damit konfrontiert.«

Wie man sieht, hatte Weber eine deutliche Vorstellung davon, wie schief er seine vergleichende Untersuchung angelegt hatte und welche Informationen er ausließ, die für eine umfassende Charakterisierung asiatischer Religionen wesentlich gewesen wären. Auf dem Hintergrund dieser Überlegungen möchte ich vorab skizzieren, in welcher Richtung sich meine Beurteilung von Webers Charakterisierung des frühen Buddhismus bewegt.

Ich will nicht bestreiten, daß die buddhistischen Lehren keine Wirtschaftsethik ähnlich der des asketischen Protestantismus hervorgebracht haben. Die Vorstellung einer religiösen Berufung zur aktiven Arbeit in dieser Welt; die Vorstellung, an dieser Welt den dafür vorgesehenen Plan Gottes zu verwirklichen; die Vorstellung, wirtschaftlicher Erfolg sei ein Zeichen der Auserwähltheit; die Vorstellung, Belohnungen aufzuschieben, ein anspruchsloses Leben zu führen und Ressourcen zu schonen, die einem anvertraut sind; die Vorstellung, die Unvollkommenheit der Welt reize zu ihrer Vervollkommnung – solche Vorstellungen sind für den frühen Buddhismus ebenso uncharakteristisch, wie sie dem Calvinismus entsprechen.

Mein Ziel ist, die Implikationen und Konsequenzen von Webers Buddhismus-Studie zu prüfen, die nach seiner Auffassung dazu dienen soll, das Verständnis der einzigartigen historischen Entwicklung der westlichen Kultur zu vertiefen. Ich werde zu zeigen versuchen, daß Weber den frühen Buddhismus (d. h. den Buddhismus vor Aśoka) zu radikal und zu eng als eine Bewegung der Weltverneinung und der Weltentsagung einer Gruppe elitärer Intellektueller ansah und daß ihn dies zu vier problematischen

Zusatzbehauptungen veranlaßte: (1) daß diese frühen Weltentsager wenig Interesse an den Laien hatten; (2) daß sie sich auffallend apolitisch und antipolitisch gaben; (3) daß Buddhas Stiftung eines Mönchsordens widersprüchlich und für seine ausschließlich auf den einzelnen abgestellte Suche nach Befreiung unwesentlich war; (4) daß der Buddhismus in der Aśoka-Periode ein politisches Bündnis einging, den religiösen Bedürfnissen der Laien nachgab und eine feste klösterliche Organisation aufbaute, die zur Veränderung der frühbuddhistischen Lehren und zu ihrer Akkommodation an neue sozialpolitische Entwicklungen führte.

Meine Gegenthese lautet: wie immer wir die philosophische Botschaft des Buddha, seine Analyse des existentiellen Leidens und seine Anweisung zu seiner Überwindung, die er seine *bhikkhu*-Schüler lehrte, interpretieren mögen, wir können seinen Lebensweg als Manifestation eines universalistischen Missionsauftrags für die ganze Welt ansehen. Das heißt: Anstatt wie Max Weber den Buddha und seine Schar gebildeter Schüler als eine exklusive, weltabgewandte und weltflüchtige Minderheit einzuordnen, kann man sie genauso als Menschen verstehen, die sich an die Welt wenden, um ihr beispielhaft zu zeigen, wie man sich von ihr distanziert und doch zugleich mit ihr in Symbiose verbunden bleibt. Webers Zusatzbehauptungen entstammen einer willkürlichen Deutung der Zeugnisse und willkürlichen Schlußfolgerungen. Kann gezeigt werden, daß der frühe Buddhismus eine vitale Beziehung zu den Laien unterhielt und für diese eine vitale Bedeutung hatte, daß er gegenüber Königtum und gegenüber politischen Ideen nicht gleichgültig war und daß seine mönchische Organisation einen integralen Bestandteil der Lebensführung des *bhikkhu* darstellte, dann sind zwei Schlußfolgerungen unabweisbar: daß der soziale, ökonomische und politische Kontext, in dem der Buddhismus entstand und mit dem er in kritischer Distanz verbunden war, ganz anders aussah, als sich dies Max Weber vorstellte, und daß der Buddhismus der Aśoka-Zeit nicht als Abweichung vom ursprünglichen Buddhismus und als Akkommodationsprodukt angesehen werden darf, sondern geradezu als Höhepunkt und Erfüllung jener Tendenzen, die ihn von Beginn an bestimmten. Und wenn es tiefgreifende Veränderungen in der Aśoka-Zeit gab – und es gab sie wirklich –, so muß man sie vor dem Hintergrund dieser Kontinuitäten sehen.

II

Über frühes Mönchtum

Der Ausgangspunkt

Weber vertrat die These, daß »Erlösung eine absolut individuelle Leistung des Einzelnen aus eigener Kraft« sei, so daß niemand und insbesondere keine soziale Gemeinschaft ihm dabei helfen könne. Im Buddhismus erscheine »der spezifisch asoziale Charakter aller eigentlichen Mystik« auf das Maximum gesteigert. Daher »erscheint es schon als ein Widerspruch, daß der Buddha – dem die Stiftung einer ›Kirche‹ oder auch nur einer ›Gemeinde‹ ganz fern lag und der für sich ausdrücklich die Möglichkeit und die Prätension, eine Ordensgemeinschaft ›leiten‹ zu können, ablehnte, – immerhin doch einen ›Orden‹ ins Leben gerufen hat, – sofern diese Stiftung nicht vielleicht hier, wie im Christentum, vielmehr lediglich eine Schöpfung seiner Schüler war.«[7]

Das ist insofern eine überraschende Bemerkung, als Weber in einem Hauptelement des frühen Buddhismus nur einen *Widerspruch* zu erkennen vermag – im *saṅgha* als einer Gemeinde von Schülern, wie er in den *Vinaya*-Texten, einem der drei kanonischen »Körbe« des *Tripiṭaka*, so ausgiebig bezeugt und bestätigt ist. Um diesen angeblichen Widerspruch zu beweisen, scheint Weber sogar das Zeugnis der kanonischen Texte zu verdrehen: Der Buddha lehnte es keineswegs ab, eine Ordensgemeinschaft zu leiten, er gab Ananda lediglich die Anweisung, daß seine Lehren nach seinem (Buddhas) Tod die Norm bleiben sollten und daß deshalb auch kein Nachfolger zu bestimmen sei. Man kann geradezu zu dem Weber entgegengesetzten Schluß kommen – daß nämlich die kanonische Literatur des frühen Buddhismus den Meister als wahre und einzige Quelle der Weisheit ansieht und daß das ursprüngliche *guru*-Schüler-Verhältnis die Reinheit der »Abstammung« des entstehenden *saṅgha* legitimiert. Diese Position wird noch dadurch verstärkt, daß der *saṅgha* in allen späteren Texten und Chroniken unermüdlich betont, er habe den *dhamma* als unverfälschtes Ganzes ererbt und behütet.

So wird es also zu einer spannenden Aufgabe, darüber zu spekulieren, warum sich Max Weber in diese Sackgasse verrannte. Könnte es sein, daß er seine These, der Buddha und seine Botschaft stünden für ein extrem individuelles, mystisches Streben, das Weltverneinung und Weltflucht bedeute und zu einem allem Handeln feindlichen Rückzug in einen seelischen Zustand des Narzißmus führe, ganz einfach überzog? Rückte Weber zu Recht das Bild des *pacceka-buddha* in den Mittelpunkt, der einsam wie ein Nashorn durch die Welt zieht und sich als exemplarischer buddhistischer Sucher des *nirvāṇa* nicht um die Erlösung seiner Mitmenschen kümmert? Und der in den *suttas* zitierte berühmte Vorfall, Gott Brahma habe den Buddha, nachdem dieser die Erleuchtung erlangt hatte, gebeten, seine Botschaft der ganzen Welt zu bringen, anstatt gleich ins *nirvāṇa* einzugehen – bedeutet diese Geschichte tatsächlich, daß ein widerstrebender Buddha mit sanfter Gewalt gezwungen werden mußte, Prediger zu werden, oder ist sie lediglich ein Beispiel für den in Süd- und Südostasien verbreiteten Brauch, daß ein großer Mann, ein Ehrengast, ein Höherstehender von seinen Klienten »gebeten« und »ersucht« werden muß, bevor er seine Predigt hält oder seine Großmut unter Beweis stellt? (Die Soziologie von Gabe und Gegengabe hat Mauss abgehandelt, der sich in seinem Klassiker *Die Gabe*[8] ausdrücklich auch auf die klassische hinduistische Theorie des *danadharma* stützt und uns damit einen plausiblen Hinweis darauf liefert, wie die legendäre Begegnung zwischen dem Buddha und dem Brahma zu lesen ist.)

Der missionarische Impuls: der Entsagende als religiöser Lehrer

Bevor man die Impulse des charismatischen Stifters einer religiösen Bewegung und die Struktur und Organisation, die diese annimmt, verstehen kann, muß man zwei Fragen klären. Die erste ist, ob der Religionsstifter – unabhängig von der »außerweltlichen« oder »innerweltlichen« Richtung seiner Erlösungslehre – davon überzeugt ist, er müsse seine Lehre verkünden, seine Botschaft verbreiten, Jünger um sich sammeln und dadurch Verfahren und Institutionen zur Weitergabe seiner Botschaft schaffen. Ich bin der Auffassung, daß genau diese Überzeugung der Gründung des *saṅgha* durch den Buddha zugrunde liegt. (Daß das frühbuddhistische Mönchtum sich in grundlegender Weise von dem des Christentums unterscheidet, steht auf einem ganz anderen Blatt.) Weber selbst, obgleich offenbar nicht bereit, die Gründung des *saṅgha* durch den Buddha als etwas Zwangsläufiges und Natürliches zu akzeptieren, räumt denn auch einige Seiten später ein, Mystiker fühlten sich in der Regel »zur Seelenrettung« gedrängt. Aber auch an dieser Stelle versucht er, den Schülern des Buddha und dem frühen Buddhismus überhaupt gerade diesen Impuls zu bestreiten. Doch nehmen wir nur die Tatsache, daß der Buddhismus eine der größten Missionsreligionen der Erde wurde. Für jeden, der eines der bedeutsamsten Momente der religiösen Bewegung des Buddha im *universalistischen* Anspruch gegenüber dem *partikularistischen* Anspruch des brahmanischen *varṇa*- und kastenspezifischen Ritus sieht, ist diese missionarische Ausrichtung keineswegs eine Anomalie. Diese Auffassung ließe sich auch durch kanonische Beispiele erhärten, etwa durch die oft zitierte Ermahnung des Buddha an die erste Gruppe von Mönchen, die er aussandte, um seine Lehre zu verbreiten: »Wandelt euren Weg, ihr Mönche ... zum Erbarmen für die Welt, zum Besten, zum Wohl, zur Freude von Göttern und Menschen ... Predigt, ihr Jünger, die Lehre ...« (*Vinayapiṭaka, Mahāvagga* I, 11,1).[9]

Doch Weber bleibt bei einer einseitigen Beweisführung. Er sagt, es müsse wundernehmen, daß der Buddhismus eine der größten Missionsreligionen der Erde geworden sei. »Denn rein rational angesehen ist kein Motiv zu entdecken, welches ihn hätte dazu bestimmen können. Was sollte einen nur seine eigene Erlösung suchenden und dafür ganz und gar auf sich selbst allein angewiesenen Mönch veranlassen, sich um das Seelenheil anderer zu kümmern und die Mission zu betreiben?« Der Buddha selbst war ihm hingegen ein Sonderfall: »Die Propaganda durch Lehre gehört als spezifische Lebensform dem rastlos wandernden Buddha ganz persönlich an.« Ob diese Propaganda ursprünglich als »Pflicht« der Mönche angesehen worden sei, läßt er dahingestellt, hält es aber eher für unwahrscheinlich. Diese Skepsis führt ihn dazu, den missionarischen Impuls auf »die Wandlung des Erlösungsideals in den späteren Jahrhunderten« zu schieben, vor allem wiederum in der Aśoka-Zeit.[10] So sieht Weber in der buddhistischen Mission unter Aśoka eine ganz neue Entwicklung und nicht die Kulmination bereits vorhandener Tendenzen.

Nachdem Weber diese uns nun bekannte These vorgebracht hat, mutmaßt er – ganz unerwartet und seiner eigenen Argumentation entgegen –, es hätte vielleicht »reale praktische Antriebe« gegeben, die in einem »rational nicht weiter deutbaren, psychologisch ... bedingten Tatbestand« zu suchen seien: »Den großen Virtuosen der mystischen Frömmigkeit eignet zumeist jener erbarmensvolle Liebesakosmismus, der fast überall die psychologische Form des mystischen Heilsbesitzes: die eigentümliche Euphorie des gottinnigen Stillgewordenseins, begleitet. Er hat die Mehrzahl von ihnen, den rationalen Konsequenzen der mystischen Heilssuche entgegen, auf den Weg der Seelenrettung getrieben. Indessen, dies Motiv, welches ganz offensichtlich auch in der buddhistischen Mitleidsethik sich äußert, bestand auch bei anderen indischen Mystikern.«[11]

Entsagung als Gegenkultur

Die zweite Frage bezieht sich auf die Individualität des Entsagenden und auf die Gemeinschaft, zu der er gehört. Ich finde Webers These vom radikalen Rückzug des Entsagenden aus der Welt ebensowenig überzeugend wie Louis Dumonts Behauptung, dieser sei in der indischen Gesellschaft »an individual outside the world«, er werde geradezu erst dazu, indem er sich gänzlich außerhalb der Gesellschaft stellt.[12] Ich habe an anderer Stelle gezeigt, daß dies nur eine Teilwahrheit darstellt. Denn die produktivste und kreativste Leistung von heterodoxen Bewegungen wie Buddhismus und Jainismus bestand eben in der Gründung von Mönchsgemeinschaften. Deshalb kann man gegen Weber und Dumont sagen, daß uns im frühen Buddhismus und Jainismus nicht so sehr der Gegensatz von Haushalter und individuellem Asketen entgegentritt als vielmehr der Gegensatz von Laienhaushalt (und sozialer Schicht der Laienhaushalte) und religiöser Mönchsgemeinschaft.[13]

Romila Thapar hat einen Standpunkt formuliert, der meine Argumentation stützt.[14] Ihr zufolge muß man unterscheiden zwischen dem individuellen Asketen, der sich völlig isoliert und damit für seine Familie und die Gesellschaft verloren ist, und dem Entsagenden, der zwar der Gesellschaft den Rücken kehrt, sich aber einer Gruppe Gleichgesinnter anschließt. Die erste Kategorie ist stets eine Seltenheit gewesen und kommt häufiger in der Literatur als in der Wirklichkeit vor. Die zweite Kategorie hingegen »is identified not necessarily with a religious sect but with an order constituting an alternative life style, in many ways contradictory to that of his original social group.« Während der Asket ein Mann der Einsamkeit ist, der ausschließlich seine eigene Erlösung betreibt, ist der andere »concerned about other people and this concern was expressed in his desire to lead others along the path which he had found.« Die alternative Lebensführung, die die Sekte oder der Orden ansinnt, ist direkt auf die Tatsache bezogen, daß hier die Erlösungssuche des Entsagenden eines Führers bedarf. So sammeln sich Schüler um ihre religiösen Lehrer.

Die Regeln des bhikkhu

Webers Überzeugung, daß das frühbuddhistische Mönchtum einen begrifflichen Widerspruch darstelle, färbt nun auch auf seine Einschätzung der Regeln des *Vinaya* ab. Weber meint: »Die alte Ordensgemeinschaft bot den Brüdern in der Tat nur bescheidene Nachhilfen in Gestalt von normgemäßer Lehre und Aufsicht für den Novizen, Erbauung, Beichte und Buße für den Vollmönch. Sie scheint im übrigen vor allem der Fürsorge für die standesgemäße ›Wohlanständigkeit‹ des Verhaltens der Mönche zu dienen, um deren Charisma nicht vor der Welt kompromittieren zu lassen. Im übrigen ist . . . mit der größten Konsequenz und Absichtlichkeit die Organisation dieser sozialen Gemeinschaft und die Gebundenheit des Einzelnen an sie ›minimisiert‹.«[15]

Weber, der sich hier von der Autorität, auf die er sich sonst mit Vorliebe stützt, nämlich H. Oldenberg, abwendet und statt dessen einen nicht-kanonischen Text des 1. Jahrhunderts n. Chr., die *Fragen des Königs Milinda,* heranzieht, sucht sein Heil in einer fragwürdigen Konstruktion des historischen Wandels im frühen Buddhismus. »Die Gemeinde Buddhas war naturgemäß zunächst die Gefolgschaft eines Mystagogen, jedenfalls mehr eine soteriologische Schule als ein Orden.« Nach dem Tode des Buddha hätten seine Schüler für ihre Anhänger die charismatische Stellung von spirituellen Vätern *(arahut-guru)* und maßgebenden Interpreten seiner Lehre eingenommen. Obwohl von Buddha gesagt werde, er habe verfügt, daß nach seinem Tode seine »Regeln« der unpersönliche »Herr« der Gemeinde sein sollten, bezweifelt Weber, daß das *Pātimokkha,* das Kernstück des späteren buddhistischen ›Bekenntnisses‹ (das, je nach Version, 227 und mehr Regeln für Mönche aufstellt), von Buddha selbst stammt. Er spricht davon, daß die unvermeidliche Disziplin »festere Formen« erzwungen habe und daß die Gemeinschaft ein Orden geworden sei, »weil wichtige Teile der Lehre als Geheimlehre überliefert wurden, wie in den meisten alten Soteriologien Indiens.« Die Kopfschur der Mönche, ihre gelbe Tracht und die Unmöglichkeit, volle Einsicht zu erlangen, ohne Mönch geworden zu sein – dies alles sind ihm Anzeichen der Umwandlung einer ursprünglichen Laiengemeinschaft in einen Mönchsorden.

Mönchischer Besitz und saṅgha als ›Verband‹

Weber bedient sich derselben Konstruktion, um die Entwicklung des mönchischen Besitzes darzulegen. Der alte Buddhismus, so erklärt er – wobei unklar bleibt, auf welche Autorität er sich dabei stützt –, habe nur »Geschenke an den einzelnen Mönch« gekannt. Es hätte »ursprünglich keine Abgaben an die Gemeinschaft« gegeben, »aus welchen sehr schnell Präbenden der Mönche hätten werden und die Kontingentierung ihrer Zahl hätte hervorgehen müssen.«[16] Die mangelnde Organisation der Gemeinschaft der frühen Entsagenden, die sich im Verzicht auf jegliche ›Ordnung‹ der Laienbeziehungen äußere, habe anfangs »Verpfründung« ausgeschlossen. Zur Entwicklung fester Pfründeninteressen sei es gekommen, als sich die Mönchsgemeinschaften organisierten. Denn nun seien sie, ob Jaina oder Buddhisten, von materiellen Interessen getrieben, miteinander in Konkurrenz um den Schutz von Gönnern und Nahrunggebern – *upāsaka* – getreten. (Doch war es natürlich der Jainismus und nicht der Buddhismus, der eine stabile, »kirchspielmäßige« Organisation der Laienschaft erreichte. Die buddhistischen Klöster waren danach der Konkurrenz hinduistischer Sekten und dem Ansturm muslimischer Invasoren nicht mehr gewachsen, was zum Teil ihr späteres Verschwinden aus Indien erklärt.)

Die Mönchsgemeinschaft: eine Gegenthese

Man kann die Dinge jedoch auch anders sehen. Der frühe Buddhismus ist mit der Mönchsgemeinschaft aufs engste verbunden. Diese hat verbandsähnlichen Charakter mit recht ausgeklügelten

Regeln zur Ordnung des Gemeinschaftslebens und der Beziehungen zwischen den *bhikkhus* und dem Gros der Spender und Nahrunggeber aus der Laienschaft. Wie Horner bemerkt, waren die jainistischen und buddhistischen Mönchsorden für Männer wie für Frauen »strange growths, constitutionally alien to the soil of India, foreign to the mentality of peoples. In spite of their genius for religion ... only the followers of Mahāvira and Gotama formed themselves into communities of almspeople. Otherwise monasticism in India has never taken root.«[17] Wenn das Mönchswesen im Laufe der Zeit auch in den Hinduismus eindrang – man geht allgemein davon aus, daß mönchische Einrichtungen zuerst mit Sankara ihren Einzug hielten –, so waren die Vorbilder dafür die jainistischen und buddhistischen Einrichtungen.

Oldenberg, auf den sich Weber in vielen Fragen der Interpretation stützt, hat darauf hingewiesen, daß der Kreis der Schüler Buddhas auch in den allerfrühesten Tagen keineswegs eine ›geeinte Genossenschaft‹ gewesen sei, zusammengehalten allein durch innere Bande wie etwa der Kreis der Jünger Jesu. Vielmehr handelt es sich hier von Anfang an eher um eine Gemeinschaft von Asketen unter festgelegten Regeln, um einen Mönchsorden mit dem Buddha an der Spitze. Oldenberg betont sogar: »ein Mönchsorden erschien damals dem religiösen Bewußtsein als die selbstverständliche Gestalt, *in welcher allein das Leben von Personen, die im gemeinsamen Streben nach der Erlösung verbunden sind, seinen Ausdruck finden konnte.«* [Hervorhebung von mir].[18] Falls diese These zutrifft – und ich glaube, sie trifft zu –, sind wir aufgefordert, über die Logik eines »persönlichen« Erlösungsstrebens nachzudenken, das am besten in einer Gemeinschaft und durch Unterwerfung unter ihre Disziplin verfolgt werden kann. Und wir sind aufgefordert, die Umrisse einer »Individualität« zu skizzieren, die ihre Familie verläßt, ihr Heim aufgibt und in die Heimatlosigkeit geht, nur um in eine (mit Goffman zu reden) »totale Institution« einzutreten, in den *saṅgha,* der eine organisierte Gemeinschaft ist mit einem Disziplinarkodex, dem *vinaya,* im Mittelpunkt.

Es liegt also auf der Hand, daß die Organisation des früh-buddhistischen *saṅgha,* sein inneres Gefüge und seine Beziehung zur Laienschaft, eine sorgfältige Prüfung verdienen. Nehmen wir dafür das *Vinayapitaka* der Pāli-Schule als Textgrundlage (siehe

Davids und Oldenberg). Es gliedert sich in zwei Hauptteile, das *Vibhaṅga,* welches das alte, formelhafte Glaubensbekenntnis enthält, und die *Khandakas,* mit den Hauptbestandteilen des *Mahāvagga* und des *Cullavagga,* in denen sich, neben einer Unmenge von umständlichen Einzelheiten und Erläuterungen, eine Aufstellung der Mönchsregeln findet. Viele Gelehrte, unter ihnen auch Rhys Davids und Oldenberg, sind der Meinung, daß das *Pātimokkha* eines der ältesten, wenn nicht überhaupt das älteste aller buddhistischen Lehrbücher ist und daß es als erster Teil in die *vinaya*-Texte eingefügt wurde.

Das *Pātimokkha,* welches als liturgischer Formelkatalog bei den ›Beichtversammlungen‹ dient, ist denn auch eine Aufstellung der Regeln, die das Verhalten der Mönche leiten. Man faßt diese Regeln gewöhnlich in Gruppen zusammen; für unsere Zwecke empfiehlt es sich, vier Hauptgruppen zu unterscheiden. Da gibt es zunächst die vier *pārājika*-Vergehen, die als die schwersten gelten und mit dem Ausschluß aus dem Orden der *bhikkhus* geahndet werden. Sie betreffen Eigentumsdelikte und das Töten von Lebewesen, Geschlechtsverkehr und vorgetäuschte *arhat*-Leistungen.

Die nächste Gruppe von Vergehen verlangt die Einberufung der Mönchsversammlung, den vorübergehenden Ausschluß des Missetäters aus der Mönchsgemeinschaft und seine Wiederaufnahme nach bewiesener Reue. Bei diesen Regeln geht es namentlich um sexuelle Verstöße ohne Geschlechtsverkehr und um Handlungsweisen, die dem Gemeinschaftsleben der Mönche schaden. Beispiele hierfür sind die falsche Beschuldigung eines anderen Mönchs, ein schweres Vergehen begangen zu haben, der Versuch, die Gemeinschaft in Glaubensdingen zu spalten, die Mißachtung disziplinarischer Ermahnungen und die Nichteinberufung der Mönchsversammlung bei der Wahl des Wohnsitzes.

Bei der dritten Gruppe von Vergehen, die mit ›Besitzverlust‹ geahndet werden, stehen zwei Themen im Mittelpunkt: die mangelnde Distanz von der Lebensweise und der Tätigkeit des Haushalters und unschickliches Verhalten bei der Bitte um und bei der Annahme von Gaben und Geschenken. Bemerkenswert ist an diesen Vorschriften die doppelte Beziehung der Mönche zum Laien: Einerseits muß er die Lebensweise des Laien für sich ablehnen, andererseits steht er als jemand, der von ihm Geschenke annimmt, zu diesem in einer bis ins einzelne ausgearbeiteten Beziehung.

Endlich gibt es eine sehr große Zahl von Regeln, die viele Bereiche des Verhaltens betreffen und deren Übertretung einfache Buße erfordert – etwa sexuelle Anstößigkeiten aller Art, inkorrektes Verhalten gegenüber anderen Mönchen, Verstöße gegen Vorschriften der Nahrungsaufnahme und der Gewaltlosigkeit und Verstöße gegen die Forderung, sich von der Lebensweise des Haushalters fernzuhalten.

Das *Mahāvagga* und das *Cullavagga* beschreiben nicht nur die Tätigkeit des Buddha als Lehrer (mit der wir uns im folgenden Abschnitt beschäftigen werden), sondern sie befassen sich auch ausführlich mit den grundlegenden Institutionen, die den buddhistischen Mönchsorden prägten. Aus Platzgründen können wir hier nur einige von ihnen aufzählen. Da gibt es zunächst einmal wichtige Gemeinschaftsriten und Observanzen, welche den buddhistischen Mönchsgemeinschaften ihre Identität und kollektive Existenz verliehen. Es sind dies die Aufnahmerituale; die regelmäßigen ›Beichtversammlungen‹ einschließlich der Bestimmung derer, die derselben ›Beichtversammlung‹ beiwohnen müssen; die dreimonatige Zurückgezogenheit in der Regenzeit *(vassa);* ferner die Regeln für den Aufenthalt während der Regenzeit sowie die Verfahrensweisen bei der *kaṭhina*-Zeremonie, besonders für die Verteilung der Kleider, die man von der versammelten Laienschaft erhält.

Dann gibt es all die Regeln und Strafen, die der Aufrechterhaltung der Disziplin gelten. Diese wird, wie wir bereits im *Pātimokkha* sahen, durch gemeinsame Beratung in der Mönchsversammlung gesichert. Es finden sich Aufstellungen über die Versammlungen, die einberufen werden können, sowie über die Kriterien zur Bestimmung ihrer rechtmäßigen Kompetenz; es findet sich eine Erörterung des Unterschiedes zwischen einer bloßen Meinungsverschiedenheit und einem Schisma; und es finden sich Aussagen über die Regeln und die Etikette im Schüler-Lehrer-Verhältnis. Wie im *Pātimokkha,* sind wir Zeuge einer immer neuen, immer penibleren Beschäftigung mit der Frage, was der Mönch wann konsumieren, wie er Kleider annehmen, wo er wohnen und wie er seine Beziehung zum Laien gestalten darf usw.

Damit ist genug über die Regeln des mönchischen Lebens gesagt, um einige allgemeine Feststellungen treffen zu können.

Ich möchte in keiner Weise die zentrale Botschaft des Buddhismus an den Entsagenden, den *bhikkhu,* und die Bedeutung des ihm gewiesenen Wegs der Befreiung herunterspielen. Die Vorstellungen von *dukkha* (Leiden), *anicca* (Wandelbarkeit) und *anatta* (Wesenlosigkeit), die Vorstellung des »Entstehens in Abhängigkeit«, mit der der Ursprung des Leidens und die Wege zu seiner Überwindung erklärt werden, sowie die Meditationstechniken, die den Entsagenden in die Lage versetzen, innere Stille, Konzentration und endlich die völlige Distanziertheit zu erreichen – diese Vorstellungen und Techniken wenden sich in erster Linie an den einzelnen Entsagenden, der auf sich selbst gestellt ist und der allein nach Erlösung streben muß.

Doch die Züge des frühen Buddhismus, die wir im Überblick betrachtet haben, verweisen auch auf die Bedeutung, die der Buddha und seine Schüler der Mönchsgemeinschaft für die praktizierte Entsagung beigemessen haben, eine Gemeinschaft, in welche die Kandidaten durch Initiation aufgenommen werden und in der sie den Regeln für eine Schülerschaft unterworfen sind. Mehr noch: Wenn der Entsagende die Gesellschaft verläßt, tritt er einer neuen ›Gesellschaft‹ bei, in der sich nun der größte Teil seines Lebens abspielt. Obgleich es bereits früh Ansätze zu einer hierarchischen Organisation gab, war der frühe *saṅgha* im wesentlichen allerdings eine »Bruderschaft« von Mönchen, die sich durch gemeinsame Beratung und gemeinsame Rituale nicht nur von anderen Sekten und von der Laienschaft absonderten, sondern die einander auch halfen und sich gegenseitig im Streben nach schwierigen und schwer erreichbaren asketischen Zielen bestärkten. In diesem Sinne müssen wir das sogenannte »republikanische« Modell (*gaṇa saṅgha*) der Stammesföderationen (im Gegensatz zum »monarchischen« Modell der Königreiche Magadha und Kosala) verstehen, das der Buddha seinen Schülern empfahl. Dieser Aspekt der mönchischen Bruderschaft tritt deutlicher hervor, wenn wir ihn mit den Regeln vergleichen, welche frühe Mönchsgemeinschaften in Europa befolgten, etwa mit der Regel des Hl. Benedikt. Der Benediktinermönch gelobte, Gott *und* seinem Abt zu gehorchen, und unterwarf sich damit in einer Weise einer institutionellen Autorität, wie dies kein buddhistischer Mönch getan hat.

Es gibt noch einen anderen wesentlichen Unterschied. Die Benediktinerklöster begannen im Umfeld der europäischen Feudalgesellschaft als autarke »Zellen«, die sich nicht nur dem Gebet und dem Studium widmeten, sondern auch Landwirtschaft,

Handwerk und anderes betrieben, um sich selbst zu versorgen. Körperliche Arbeit hatte für den Benediktinermönch einen therapeutischen *und* einen materiellen Wert. Das buddhistische Mönchtum hingegen untersagte seinen Mitgliedern die produktive landwirtschaftliche Tätigkeit, ja sogar das Kochen ihrer eigenen Speisen; die Arbeit als solche genoß keine Wertschätzung, und das bedeutete die völlige materielle Abhängigkeit der Mönche von der Laienschaft. Dadurch wird von Anfang an eine Existenz des »Einzelnen außerhalb der Gesellschaft« praktisch unmöglich. Die *vinaya*-Regeln, die wir oben untersucht haben, beweisen, daß die Beziehungen zum wohltätigen Laien fast genausosehr ein Gegenstand detaillierter Regelungen waren wie das Zusammenleben der Ordensbrüder im *saṅgha.* Und dogmatische Streitigkeiten darüber, ob es schicklich sei, daß ein Mönch Liebesgaben von Laien annimmt, ohne zu einer Gegengabe verpflichtet zu sein, zeugen von der Spannung, die der Berufung des *bhikkhu* innewohnte.

Das Erlösungsstreben ist vom missionarischen Impuls nicht zu trennen. Dies geht aus den frühen Texten des Buddhismus wie des Brahmanismus eindeutig hervor. Während der Brahmanismus den *śramaṇa* im Sinne des einzelnen Mönchs und Einsiedlers letzten Endes akzeptierte, wehrte er sich gegen das Mönchswesen des Buddhismus und Jainismus, weil ihm nicht entging, daß Mönche, die in einer Gemeinde und als Bruderschaft organisiert waren, eine ernstzunehmende Bedrohung der Glaubensüberzeugungen und des Supremats des Brahmanismus darstellten. Am Beispiel des frühen Buddhismus haben wir gesehen, daß die Mönchsgemeinschaften mit ihrem Disziplinarkodex *(vinaya)* und dem Lehrer-Schüler- sowie dem Bruder-Bruder-Verhältnis wie geschaffen waren sowohl für die Weitergabe philosophischer Weisheit und die Einübung einer asketischen Lebenspraxis wie für den »missionarischen« Appell an das Laienpublikum. Wir würden die Anziehungskraft des frühen Buddhismus (und der anderen heterodoxen Sekten) erheblich verkennen, wenn wir nicht berücksichtigten, daß der Entsagende eben den Haushalter (und die gesamte Laienschaft mit ihren wirtschaftlichen und politischen Zwecksetzungen) voraussetzt. Von der Laienschaft war er materiell abhängig, und ihr gab er ein erbauliches Beispiel. Der frühbuddhistische Protest verfolgte bewußt das Ziel, den Laien vom brahmanischen Ritualismus und von seiner Abhängigkeit von Göttern abzubringen und an deren Stelle ein nüchternes, durch *dāna*-Sittlichkeit und Erweckung der Intentionalität geläutertes Leben im Diesseits zu setzen.

Wir werden somit aus rein logischen Gründen zur Frage der Laien-Unterstützung im frühen Buddhismus geführt.

Während das persönliche Streben des Mönchs nach Befreiung von der Verstrickung in die Welt stets im Auge behalten werden muß, dürfen wir die andere Hälfte der Wahrheit nicht übersehen, daß nämlich die Lebensweise des hauslosen Bettelmönchs nur als Gegensatz zu der Lebensweise des »Hausbewohners« einen Sinn ergibt. Es scheint, als hätte die vom Buddha in Gang gesetzte Bewegung, die besonders die jungen Leute aus den »vornehmen Familien« anzog, das Ziel verfolgt, eben diese Familien anzusprechen und ihnen klarzumachen, daß ein Leben der Entsagung beispielhaft sei und die Achtung, Bewunderung und Unterstützung der Gesellschaft verdiene, weil es deren Nöte, Zwänge und Laster transzendiere. Das ist der Grund, weshalb etwa in Sri Lanka, Burma und Thailand die strikte Einhaltung der *vinaya*-Zucht für die Frommen zum Gegenstand besonderer Anstrengung und für die Laien zum Gegenstand aufmerksamer Überwachung geworden ist. Mehr als alles andere wird die Reinheit des *saṅgha* danach beurteilt, wie strikt er die mönchische Disziplin beobachtet, deren Einhaltung – im Gegensatz zu den esoterischen Höhenflügen philosophischer Lehren – für den Mönch wie für den Laien gleichermaßen sichtbar und beurteilbar ist.

Der verbandsartige Charakter des frühen *saṅgha* – oder genauer gesagt: der verstreuten lokalen Gemeinden, die zu *pātimokkha*-Rezitationen und zu Beratungen in Disziplinarfragen zusammenkamen – spiegelt sich auch in der Frage des Besitzes und des Gebrauchs von Eigentum wider. Wie immer auch die späteren Entwicklungen in buddhistischen Ländern in der Frage des Eigentums einzelner Mönche und einzelner Klöster aussahen, für den frühen Buddhismus gilt, daß der *bhikkhu* ein Bettelmönch ist, der vom Haus in die Hauslosigkeit zieht und damit den Werten und Bindungen eines »Hausbewohners« entsagt. Dies hatte zur Folge, daß der Mönch nur die notwendigsten materiellen Utensilien besaß, um dem Pfad folgen zu können – etwa drei Gewänder, Almosenschüssel, Sonnenschirm, Nadel und Faden, ein Kästchen mit Arzneien usw., insgesamt »acht« Utensilien, die ihm noch heute bei der *upasampadā*-Weihe übergeben werden.

Die *vinaya*-Texte lassen sich in großer Ausführlichkeit über die Umstände aus, die den Buddha dazu bewogen, zugunsten des *saṅgha* die von Laien geschenkten *ārāmas* anzunehmen und die Ausrüstung der Mönchswohnungen mit Türen, Türschlössern und Fenstern, mit Möbeln, Teppichen und dergleichen zu erlauben. Das *Cullavagga* (sechstes *khandaka)* erzählt, wie der Seṭṭhi oder Rājagaha (dessen Schwester die Frau des berühmten wohltätigen Kaufmannes Anāthapiṇḍika war) dem Buddha mitteilt, er habe um des Verdienstes und um des Himmels willen 26 Wohnstätten errichtet, woraufhin der Buddha entgegnet: »Then, O householder, dedicate these sixty dwelling-places to the Sangha of the four directions, whether now present, or hereafter to arrive.«

Und als die *saṅgha*-Gemeinden im Laufe der Zeit Wohnhäuser mit vielen Räumen, umfangreiche Kleider- und Möbelschenkungen sowie Lebensmittelvorräte (gekochte und rohe) erhielten, beschreibt das *Cullavagga* wiederum minuziös die Ereignisse, die dazu führten, daß der Buddha persönlich die Einsetzung von *bhikkhu*-»Beamten« anordnete, die das kollektive Eigentum der *saṅgha*-Gemeinde zu verwalten hatten: So gab es den Verteiler der Unterkünfte, den Aufseher der Speicher, den Empfänger der Kleidergeschenke, den Verteiler der Gewänder, den Verteiler der Lebensmittel, den Vorsteher der *ārāma*-Ländereien usw. Zwischen den Zeilen erkennt man in diesen kanonischen Schilderungen nicht nur das Entstehen von »kollektivem Eigentum« zum Nutzen von *bhikkhus,* deren persönliche Eigentumsrechte beschränkt blieben, sondern auch die Ausbildung von organisatorischen Vorstellungen und Regelungen, die es den Klöstern mit der Zeit erlaubten, reich zu werden. Eine Einrichtung, die aus Bettelmönchen besteht, erhält eben großzügigere Zuwendungen von den Wohlhabenden und Mächtigen als ein einzelner Entsagender.

Ich fasse zusammen: Die bisherigen Ausführungen suchten zu zeigen, weshalb der Buddhismus das Erlösungsstreben von Beginn an in einen organisatorischen Rahmen einbettete, d. h. in eine Bruderschaft von Erlösungsuchenden, die sich einer mönchischen Disziplin zu unterwerfen hatten. Der Buddhismus ist durch das Motto bekannt geworden, daß zur Erlösung die Einheit von »Wissen und Tun« erforderlich ist und daß Entbehrungen und asketische Übungen solange nicht weiterführen, wie sie nicht einhergehen mit der Beseitigung des »Nichtwissens« über die Fesseln des Bewußtseins sowie mit der Kenntnis des Grundsatzes vom »Entstehen in Abhängigkeit«, durch den der Ursprung des Nichtwissens wie auch der Weg, es zu überwinden, dargelegt wird. Nicht zufällig galt die erste Predigt des Buddha, die er nach erlangter Erleuchtung im Park von Sārnāth bei Vārāṇasí vor seinen ersten Schülern hielt und die das Rad des *dharma* in Gang setzte, diesem Thema. Die buddhistische Bewegung, die ein bestimmtes Wissen (*paññā*) zusammen mit einer sittlichen Praxis propagieren wollte, bedurfte also als kleinster Einheit oder Zelle eines »Meisters«, der das »Wissen und Tun« erlangt hatte, und einer Gefolgschaft von Schülern, die er darin unterwies. Wir wissen, daß in der ersten Phase des Buddhismus der Weisheitslehrer ein Peripatetiker war, der, von seinen Schülern begleitet, sich nur vorübergehend an bestimmten Lieblingsplätzen aufhielt. Am längsten dauerten diese Aufenthalte während der Regenzeit, in der sowohl die Vermittlung und Erörterung der Lehre als auch die Übung der mönchischen Zucht und Meditation intensiviert wurden. Vielleicht ist gerade dieses zentrale Merkmal der Erlösungssuche der Grund dafür, daß der Buddha die mönchische Lebensweise als radikale Alternative zur Lebensweise des Haushalters verfocht.

Die Frage der Laienethik und das Entstehen der sozialen Kategorie gahapati: *eine Gegenthese*

Wer Max Weber aufmerksam liest, mag sich verwundert fragen, warum er mit so großem Nachdruck die These vertritt, der frühe Buddhismus sei im Prinzip »strukturfeindlich« und zum Aufbau »kooperativer« Traditionen des Mönchtums unfähig gewesen, wenn er an anderer Stelle seiner Darlegungen auf der strikten Unterscheidung zwischen dem bis ins einzelne ausgearbeiteten Disziplinarkodex und der Ethik des Mönchs und der ›Durchschnittsethik‹ der Laienschaft besteht.

Eine Erlösung war in seiner Sicht nur den wandernden Jüngern, den *pabbajita*, den »Hauslosen«, zugänglich, die damit zugleich, wie er sich ausdrückt, einem »wirtschaftslosen« Stand angehörten. Nach der Gemeindelehre dieser wandernden Jünger waren die Stände der »Hausbewohner« im Grunde »ausschließlich dazu da, den Buddhajünger, der den Gnadenstand zu erwerben trachtet, bis zu seiner Erreichung durch Almosen zu sustentieren«. »Die materielle Unterstützung des Erlösungsuchenden und nur sie war letztlich die höchste Verdienstlichkeit und Ehre, die dem ›Upâsaka‹ (›Verehrer‹ Laien) zugänglich ist.«[19]

Da der Erlösungsuchende selbst einen psychischen Zustand fern allem Handeln in dieser Welt erstrebte, gab es »keine Brücke« »zu einem im aktiven Sinn ›sozialen‹ Verhalten.«[20] Für ihn war jede Bewährung in Werken eine Ketzerei; seine Ethik war eine »Ethik des Nichthandelns«. Wie konnte ihm also daran gelegen sein, eine positive Laienethik zu formulieren? »Während für die Mönche ganz eindeutige Sittenregeln bestehen, beschränkt sich der Stifter für die frommen Verehrer auf wenige empfehlende ... Ratschläge«, die eine »Unzulänglichkeitsethik der Schwachen« darstellen, »welche die volle Erlösung nicht suchen wollen« und die damit nur eine »niedere Gerechtigkeit« üben.[21]

Weber sah in der Mönchsethik des Buddhismus und in ihrem Verhältnis zur Laienethik das *Gegenteil* dessen, was sich später im Christentum entwickelte. »Die buddhistische Mönchsethik ist eben nicht, wie die spätere christliche, ein auf besondere Gnadengaben gestütztes rational-ethisches Überbieten des in den sozialen Ordnungen verlaufenden, ›innerweltlichen‹ ethischen Handelns, sondern sie verläuft nach der gerade entgegengesetzten, prinzipiell asozialen, Richtung.«[22] »Und deshalb ist ein wirklicher Ausgleich zwischen Welt- und Mönchsethik im Wege der ›ständischen‹ Relativierung, wie sie Bhagavata-Glaube und Katholizismus unternehmen konnten, niemals auch nur soweit gelungen wie dort.«[23] Um das Messer einmal mehr in der Wunde zu drehen, merkt Weber an, daß die für die Mönche geltenden Regeln, etwa das Verbot des Ackerbaues und des Tötens bzw. der Gewalt *(ahiṃsā)* sowie die Ablehnung des Geldbesitzes, auf die Laiensittlichkeit nur geringen oder gar keinen Einfluß hatten.

Weber kommt zu dem Schluß: »Im alten Buddhismus vollends fehlte auch fast jeder Ansatz einer methodischen Laiensittlichkeit.« Die fünf Grundregeln des *sīla* und die Verwerflichkeit bestimmter Gewerbe für den *upāsaka* (Waffen-, Gift-, Alkohol- und Sklavenhandel, Schlächtergewerbe), dies alles trug in seinen Augen den Charakter einer außerordentlich farblosen bürgerlichen Ethik. »Im Gegenteil wurde ja der Reichtum als solcher, wie wir sahen, als eine Frucht der Laiensittlichkeit verheißen, und die ›Unterweisung des Sigâla‹ verpflichtet die Eltern ausdrücklich, ihren Kindern ein Erbteil zu hinterlassen. Irgendeine religiöse Prämie auf ein bestimmtes ökonomisches Verhalten fehlt auch sonst in jeder Richtung völlig.« Überdies hatten die Mönche, mit Ausnahme der »Umkehrung des Almosentopfs«, keine Möglichkeit der Kontrolle der Laiensittlichkeit. »Es gab ursprünglich für die Laien weder Beichte noch Kirchenzucht, weder Laienbrüder noch Tertiarier.«[24]

Nun liegt es gewiß nicht in meiner Absicht – und dies wäre auch für niemanden ein lohnendes Unterfangen –, mich mit Webers Beurteilung der Verhaltensregeln für Laien oder seinem Beharren auf dem Nichtvorhandensein eines Zusammenhangs zwischen Mönchs- und Laienethik im Buddhismus rechthaberisch auseinanderzusetzen.

Zwei Punkte aber halte ich für wichtig: 1. die Rekonstruktion des politisch-ökonomischen Rahmens, in dem der Buddhismus aufkam, die Beschreibung des Publikums, an das sich die *bhikkhus* wandten, sowie der rivalisierenden Religionssysteme (besonders der Brahmanismus), gegen die sie auftraten; 2. die Klärung der Frage, ob der frühe Buddhismus im damaligen Indien Sympathien für bestimmte Gruppen der Gesellschaft hatte und ob diese die *bhikkhus* aus einer gewissen Geistesverwandtschaft heraus patronisierten oder sogar Bündnisse mit ihnen eingingen. Wir müssen die breitere Reaktion auf die frühbuddhistischen Lehren mit den *sich wandelnden* sozialen Umständen in Beziehung setzen. Zu diesem Zweck werde ich mich in erster Linie auf Historiker des alten Indien stützen, die in meiner Sicht wichtige Hinweise zur Beantwortung dieser Fragen geben. Meine Gewährsleute sind Romila Thapar[25] und Uma Chakravarty.

Die frühbuddhistische Literatur deutet die Existenz einer eingespielten Agrarwirtschaft an (was an sich bereits eine bedeutsame Fortentwicklung gegenüber der Weidewirtschaft, wie sie die frühen vedischen Texte kennen, darstellen würde). Auch Handel mit Stadtentwicklung ist bezeugt. Diese dynamische soziale Formation des 1. Jahrtausends v. Chr. im Ganges-Tal hat man die »zweite Urbanisierung« des frühen Indien genannt, im Gegensatz zur ersten, die im 3. Jahrtausend v. Chr. im Indus-Tal stattfand. Die neue Ganges-Kultur verdankte ihren Erfolg allem Anschein nach einer auf dem Eisen aufbauenden Technik, einer verbreiteten Domestizierung des Pferdes, einem ausgedehnten Gebrauch des Pfluges und einem über städtische Märkte abgewickelten, durchgebildeten Handel. Dieser wiederum wurde durch den Gebrauch einer Schrift und durch die konsequente Verwendung von Schuldscheinen und Kreditbriefen sowie durch die Einführung von Geld durch Händlerzünfte in Form von ausgestanzten Silber- und Kupfermünzen erleichtert.

Mit diesen Veränderungen ging die Ausbildung neuer demographischer und territorialer Gebilde, der *janapadas*, einher. Diese nahmen wohl in der Regel die Form von oligarchischen *kṣatriya*-Gemeinwesen (sogenannte *jana saṅgha*, wie diejenigen der Licchavis und der Mallas) oder von monarchischen *kṣatriya*-Königreichen an. (Man vergleiche für die Zeit des Buddha die Königreiche Kosala und Magadha.) Die Intensivierung der Landwirtschaft und des Handels lieferte die Grundlage für das Wachstum von urbanen Kernen im Ganges-Tal, und viele von ihnen waren nicht nur Zentren des Handels, sondern auch Hauptstadt eines *janapada*, wie beispielsweise in Kauśāmbī, Kāśī, Ayodhyā und Rājagṛha. Es kann sehr gut sein, daß die Mehrheit der Schüler des Buddha dem *khattiya*-Adel entstammte, aber nicht weniger bezeichnend ist, daß die neuen Sekten von Erlösungsuchenden – ob Buddhisten oder Jainisten – an den Rändern der Städte lebten und auf die Almosen der Bewohner dieser Städte und der großen landwirtschaftlichen Siedlungen angewiesen waren. Diese Städte und großen Siedlungen aber fanden sich eher in den expandierenden monarchischen Königreichen als in den Stammesgesellschaften. Wie Thapar feststellt, hatte der Buddha größere Erfolge in den Städten der monarchischen Königreiche als bei den *khattiya*-Oligarchien, die ihn nicht so bereitwillig unterstützten, zumal einige von ihnen eher auf seiten der Nirgranthas standen. Der Buddha verbrachte auf seinen Wanderungen mehr Zeit in den Städten Rājagṛha und Śrāvastī als irgendwo sonst, und die ersten wichtigen buddhistischen Klöster standen in diesen beiden Städten sowie in Kauśāmbī. Sowohl Buddhisten als auch Jainisten behaupteten, in der Gunst der Könige von Magadha zu stehen, dem ausgedehntesten der damaligen Königreiche. Sie sicherten sich überdies die Protektion von »ministers, bankers and merchants, the *seṭṭhis* and the rich *gahapatis*, who provided *vihāras* for the Buddhist monks ... In the early years of the Buddhist *saṅgha* the conversions which are singled out for mention were those of the richer *seṭṭhis*,, and brahmans.«[26]

Ein weiterer Punkt über diese monarchischen Gebilde mit städtischen Gesellschaftsschichten ist noch hervorzuheben: die Periode der Maurya (insbesondere das 4. und 3. Jahrhundert v. Chr.), in welche die Herrschaft Aśokas fiel, betrachtet man am besten als Fortentwicklung eines Imperiums auf der Basis bereits vorhandener wirtschaftlicher und sozialer Strukturen und nicht als etwas vollkommen Neues. Denn im 5. Jahrhundert v. Chr. verschmolzen die *janapadas* bereits zu Territorialstaaten, und die großen Gemeinwesen unter ihnen wie etwa Kāśī, Kosala und Magadha rangen miteinander um die Macht, wobei Verwandtschaftsbande und Stammesrücksichten in anderen, weitergesteckten Forderungen aufgingen.

Man muß nun die soziale Zusammensetzung dieses neuen Gemeinwesens in diesem geopolitischen Raum prüfen, um den Charakter der sozialen Ethik, welche die heterodoxen Bewegungen verbreiteten, beurteilen zu können. Sehen wir, was uns die Pāli-Texte hierzu zu sagen haben.

Die Pāli-Texte – sofern es erlaubt ist, sie als Informationsquelle über die frühbuddhistische Gesellschaft zu verstehen – beziehen sich auf vier Kategorien, deren Ähnlichkeit mit den *varṇa*-Ordnungen in die Augen sticht, nämlich auf *brāhmaṇa, khattiya, vessa* und *sudda.* Die ersten beiden kann man wohl mit tatsächlichen gesellschaftlichen Schichten gleichsetzen, doch die anderen beiden sind verschwommen und unscharf. Daneben reflektiert die Pāli-Literatur auch häufig eine Zweiteilung der Gesellschaft. Das gibt für uns einen brauchbareren Ausgangspunkt ab. Diese Zweiteilung basiert auf einer Trennung in obere und untere Ränge (*ukkaṭṭhajāti* und *hīnajāti).* Die obere Schicht besteht aus *brāhmaṇa, khattiya* und *gahapati;* die untere setzt sich aus Menschen zusammen, die als *sudda* einzustufen sind, wie etwa Sklaven und Tagelöhner *(dāsabhṛtaka)*, Handwerker (*karmākaras*) oder unreine Stammesangehörige wie beispielsweise die Nisāda.

Ich möchte nun die Auffassung vertreten, daß einer der wohl wichtigsten Beiträge zum Verständnis des frühen Buddhismus die Klärung der sozialen Kategorie *gahapati* sowie zugehöriger und verwandter Ausdrücke ist. Dies sind Bezeichnungen für soziale Positionen, die nach dem brahmanischen *varṇa*-Schema in die *vaiśya*-Kategorie fallen würden, der dort der niedrige dritte Platz zugewiesen ist. Dazu gehören Händler, Kaufleute und Landwirte – mit anderen Worten: die Erzeuger des wirtschaftlichen Wohlstands. Die brahmanische Literatur zählt sie nicht zu den höheren

Gruppen oder zur Elite, und sie mißbilligt ausdrücklich die Verbrüderung der Brahmanen mit Personen, die vom Zinsnehmen leben. Bei *gahapati* und auch bei *seṭṭhi* könnte es sich nun genau um diese sozialen Gruppen handeln. An sie vor allem wandte sich der frühe Buddhismus, und ihnen verhalf er zu Ansehen. Wäre dem so, so hätte die heterodoxe Erlösungsbewegung der weltflüchtigen *bhikkhus* kein indifferentes, sondern ein durchaus positives Verhältnis zum sozialen Ehrgeiz in einer Zeit des soziopolitischen Umbruchs gehabt. Wie Romila Thapar formuliert: »The term *gahapati* can . . . be identified in precise social terms as the affluent householder. The wealth of the *gahapati* derived either from his owning land or from his being a wealthy merchant, in which case he was called a *seṭṭhī-gahapati.*«[27] Und weiter:

». . . There is rarely any marked tension between the *khattiya* and the *gahapati,* even though the more wealthy *gahapatis* being the chief donors are often the centres of attention. The tension is more frequent between the *brāhmaṇa* and the *khattiya.*«[28]

Uma Chakravarty[29] hat auf der Grundlage einer genauen Lektüre der Pāli-Texte eine Exegese des Begriffs *gahapati* im frühen Buddhismus verfaßt. Ich referiere ihre wesentlichsten Aussagen. Ihr entscheidender Punkt ist, daß die Pāli-Texte häufig drei soziale Kategorien verwenden, nämlich *brahmana, khattiya* und *gahapati*; daß die *gahapati* der frühbuddhistischen Systematisierung nicht als Pendant zu den *vaiśya* im brahmanischen *varṇa*-Schema gesehen werden dürfen; und daß die frühen Buddhisten die Position der *gahapati* sogar aufwerten und sie als eine wichtige soziale Komponente der Königreiche Magadha und Kosala einordnen.

Chakravarty vermutet, der Aufstieg der *gahapati* hänge mit dem zu Buddhas Zeit sich ausbreitenden Privateigentum an und der privaten Verfügung über Grund und Boden in den Königreichen zusammen. Dieses System der agrarischen Produktion sei mit dem expandierenden Handel und Verkehr der *seṭṭhi*-Geldverleiher verquickt.

Chakravarty lenkt unsere Aufmerksamkeit auf die Tatsache, daß die Texte eine konsequente Unterscheidung zwischen den Kategorien *khattiya* und *gahapati* vornehmen. Der *khattiya* als der herrschende Adel hielt es stets mit den »*gaṇa-saṅgha*« genannten politischen Gruppierungen und niemals mit den »monarchischen« Königreichen (obwohl das Spektrum des *gaṇa-saṅgha* offensichtlich von eher egalitären »segmentären« Systemen bis zu eher hierarchischen Systemen von »konischen« Clans und Lineages unter der Herrschaft privilegierter Lineages reichte). Wie auch immer: Die aufregende Tatsache ist, daß der zusammengesetzte Ausdruck *khattiya-gahapati* in den Pāli-Texten niemals vorkommt und daß der *gahapati* kaum einmal als Mitglied der *gaṇa-saṅghas* in Erscheinung tritt, wohl aber als Mitglied der Königreiche Magadha und Kosala. Daraus läßt sich folgern, daß die *gahapati* das wirtschaftliche Rückgrat der neu entstehenden Gemeinwesen bildeten und daß der Buddha und seine Schüler in dieser Schicht das Reservoir nicht so sehr für künftige *bhikkhus*, als vielmehr für Konvertiten und materielle Helfer des *saṅgha* sahen. Sie also stellen die Mehrheit der Laienschaft im frühen Buddhismus, an die sich viele Reden richten, während sich der Buddha und seine Schüler an »süßer Nahrung, harter und weicher« laben, wie uns die *vinaya*-Texte mitteilen. Die Struktur des frühen *saṅgha*, die Verbindung von Wanderung und Seßhaftigkeit, zeigt die Notwendigkeit des Predigens und des Missionierens und der stabilen Verankerung in einer etablierten Laienschaft.

Wenn wir bereit sind, die Kategorie *gahapati* in diesem Sinn zu interpretieren, dann gewinnt das *Sigālovāda Sutta*, das Rhys Davids als »the vinaya of the houseman« bezeichnet hat, eine Bedeutung, die sich erheblich von der »farblosen bürgerlichen Ethik« unterscheidet, die Max Weber allenfalls in ihm sehen wollte.

Das Sigālovāda Suttanta

Diese dem Buddha zugeschriebene Rede gilt als die ausführlichste Äußerung im Pāli-Kanon zur Laienethik. Sie ist deshalb besonders interessant, weil wir normalerweise in dem Kanon eines Mönchsordens, dem es in erster Linie um spirituelle Fragen geht, keine Ratschläge über die häuslichen und sozialen Pflichten des Laien (Rhys Davids)[30] erwarten. Sigāla wird in dem *sutta* als *gahapati-puttā* bezeichnet, was, wie wir noch sehen werden, mehr bedeutet, als die englische Übersetzung »a householder's son« ahnen läßt. In der überkommenen Kommentartradition der Theravāda-Schule wurde die zentrale Bedeutung dieser Rede recht früh erfaßt. Buddhaghosa und die auf ihn zurückgeführte Tradition stellen ihre Relevanz für die Laienethik heraus. Und Rhys Davids zitiert aus einem Kommentar, in dem es heißt, daß Buddha, als er die Welt schauend überblickte, den Entschluß gefaßt habe: »This day will I discourse to Sigāla on the layman's Vinaya. That discourse will be of benefit to many folk.«[31]

In meinem Kommentar zu dieser Rede möchte ich drei Punkte hervorheben. Der erste ist, daß es in dieser wie in vielen anderen dem Buddha zugeschriebenen Reden ein bewußtes und ironisches Spielen mit den *rituellen Kategorien* des brahmanischen Kultes – in diesem Fall mit den verschiedenen Himmelsrichtungen und Weltgegenden – gibt. Diese werden in buddhistische *Sozialkategorien* verwandelt, die nicht nach der Stellung zum brahmanischen Opfer, sondern nach der Stellung zum ethischen *Handeln* bewertet sind. Der zweite Punkt ist, daß das *sutta* mehr praktische Ratschläge enthält und eine größere Vertrautheit mit dem sozialen Umfeld der *gahapati* verrät (die in der englischen Übersetzung zu eng als »householders« bezeichnet werden), als ihm für gewöhnlich zugebilligt wird. Der dritte Punkt ist, daß Sigāla als *gahapatiputtā* in Rājagaha ansässig ist, also in einer städtischen Siedlung, und daß diese Siedlung Teil eines zentralisierten Königreichs ist. Die beiden in dem kanonischen *sutta* am häufigsten angesprochenen Reiche sind Kosala, wo Pasenadi herrschte, und Magadha, das von Bimbisāra und danach von Ajātasattu regiert wurde.

Von Sigāla erfahren wir, er habe sich früh erhoben und habe »mit wasserbenetztem Gewande, mit wasserbenetztem Scheitel« dagestanden, als der Buddha zu ihm trat und ihn befragte und belehrte. Und weiter: »Die Hände gefaltet emporhaltend brachte er jeder Himmelsgegend eine Verbeugung dar, nach Osten gewandt und nach Süden, nach Westen gewandt und nach Norden, nach unten hin und nach oben hin«.[32] Offenkundig vollzog Sigāla gerade jenes vedische häusliche Ritual, das etwa in den Gṛhya-Sūtras, niedergelegt ist und ausgiebige Berührung und Selbstsalbung mit Wasser verlangt. Von Buddha zur Rede gestellt, gibt er als Begründung seines Tuns an, er habe dies seinem Vater auf dem Totenbett versprechen müssen. Während einerseits die mechanische und verständnislose Einstellung Sigālas zum Ritual angedeutet wird, wird andererseits viel über die Symbolik dieses Rituals verraten.

Wie uns Rhys Davids in Erinnerung ruft, werden in der brahmanischen Literatur immer wieder die Richtungen oder Gegenden der äußeren Welt *(disā)* oder die sie bewohnenden mächtigen Geister um Schutz, gutes Gelingen usw. angerufen; so gibt es im Atharva-Veda (III, 26, 27) zwei *mantras,* die sich auf jene sechs Weltgegenden beziehen, mit denen die Götter Agni, Indra, Varuṇa, Soma, Viṣṇu und Bṛhaspati gleichgesetzt werden.

Die Frage der Symbolik im vedischen Ritual können wir noch vertiefen, indem wir J. C. Heestermans *The Ancient Indian Royal Consecration*[33] zu Rate ziehen. Das Werk fußt auf den für Fragen des Ritus zuständigen Autoritäten der Schule des schwarzen Yajurveda sowie auf Apastambas *śrautasūtra,* und wenn sich die Exegese auch hauptsächlich mit dem königlichen Ritual des *rājasūya* befaßt, ist sie doch auch für uns von Belang, weil der königliche Kult viele Elemente des häuslichen Rituals enthält und der König zum *yajamāna,* zum Opfernden, geweiht wird, einer rituellen Rolle, die allen zweimalgeborenen Haushaltern offensteht.

Die vedische Opfervorstellung ist zwar weithin bekannt, soll aber an dieser Stelle kurz rekapituliert werden. Im Opfer wird der Mensch durch ein System von Verknüpfungen mit dem Kosmos identisch; der Ablauf des Opfers steht für den Gang des Jahres. An der Opferstätte wird das kosmische Drama von Tod und Wiedergeburt, Aufbau und Zerfall, Aufstieg und Niedergang nachvollzogen, und dieses System von Verknüpfungen wirkt wiederum auf den Makrokosmos zurück. Im Mittelpunkt der Opferwelt steht der Opfernde, zu dessen Nutz und Frommen die kosmischen Vorgänge von Ritualkundigen in Gang gesetzt werden. So ist die ganze Welt um den Opfernden zentriert, er »becomes all this« und »represents in his person the cosmic drama.«[34] Das *rājasūya* selbst war anscheinend »an abridgement of what originally must have been an unremitting series of yearly ceremonies with the object of regenerating the universe.«

Aus dem umständlichen Zyklus von Riten, den Heesterman beschreibt, möchte ich in aller Kürze zwei Sequenzen anführen, um die rituelle Bedeutung von Richtungen und Gegenden zu veranschaulichen. In den drei jahreszeitlichen Opfern, die alle vier Monate anstehen *(cāturmāsyāni),* läßt sich der Opfernde Haupt- und Barthaar scheren. »The cāturmāsyas are the ritual evocation of the universal process of maturing and birth in the vegetable, animal and human spheres through the year; this process is represented as a victorious course through the universe both in respect to time (seasons) and in respect to space (the three worlds), by which the sacrificer encompasses and even becomes the whole of the universe.«[35] Das Jahr ist nicht nur eine Zeiteinheit, es repräsentiert auch den Raum: Das Jahr stellt die Welten dar, es ist das ganze Universum.

In der Arithmetik des Rituals steht beispielsweise die Zahl 5 abwechselnd für Götter, Ecken der Windrose, Feuer, Meter, Öffnungen, Substanzen usw. In einer Sequenz, die »mounting the quarters of space« heißt, wird der Opfernde vom *adhvaryu* angewiesen, diese ›Gegenden‹ *(diśaḥ)* zu ersteigen, indem er einen Schritt in jede der fünf Richtungen tut, nämlich nach Osten, Süden, Westen und Norden und gegen den Zenit.

Die Vorstellung, man müsse Richtungen und Gegenden durchschreiten, um von ihnen Besitz zu ergreifen, gehört also zu dem Opfer des *yajamāna,* ob dieser nun ein König oder ein gewöhnlicher Haushalter ist. Wir werden später sehen, wie das kanonische buddhistische *sutta* über den Weltherrscher *(cakkavatti)* dieselbe vedische Symbolik in umgebildeter Form benutzt, um die Methode zu schildern, wie sich der buddhistische Monarch das Universum durch gerechte Eroberung *(dharmavijaya)* aneignet. An dieser Stelle wollen wir prüfen, wie die rituell bedeutsamen Richtungen in eine Predigt über Laienethik eingearbeitet werden.

Der Buddha belehrt Sigāla, daß der »arische Schüler«, d. h. ein Schüler, der seine Lehren befolgt, die folgenden Personen als die seinem Schutz anvertrauten Richtungen betrachtet: Eltern als den Osten, Lehrer als den Süden, Frau und Kinder als den Westen, Freunde und Gefährten als den Norden, Diener und Arbeitende als den Nadir, religiöse Lehrer und Brahmanen als den Zenit. In dieser Unterweisung wird die Anrufung von Gottheiten und animistischen Kräften in den ›liebevollen Dienst an den Mitmenschen‹ verwandelt, die nun sozusagen die Stelle jener Mächte innehmen. So sind denn Eltern, Lehrer, Brahmanen und Ehefrauen gleichbedeutend mit Gottheiten, die treue Sorge und liebevolle Hingabe bei den Anhängern wecken.

Ich möchte hier auf Ermahnungen aufmerksam machen, die für zwei der sechs sozialen Beziehungen gelten. Bei der Erörterung der Eltern-Kind-Beziehungen geht die Predigt näher auf die Interessen ein, die hier im Spiele sind: Den Eltern muß man dienen, weil sie unter anderem den Sohn für einen Beruf ausbilden, eine geeignete Heirat für ihn arrangieren und ihm zu gegebener Zeit sein Erbe aushändigen. Dies sind schließlich die Hauptmechanismen der gesellschaftlichen Reproduktion und Erhaltung des Familienlebens, und man kann dem frühbuddhistischen Mönch und Ratgeber nicht vorwerfen, daß er vom Leben eines Haushalters nichts wußte oder nur nichtssagende, farblose Ratschläge gegeben habe.

Die Ermahnung an den »arischen Herrn« gar über den Umgang mit Dienern und Angestellten zeigt eine sozialpolitische Auffassung, die für das Indien des 6. Jahrhunderts v. Chr. wahrhaft ungewöhnlich und aufgeklärt ist: Er soll ihnen Arbeit gemäß ihren Kräften zuweisen, ihnen Nahrung und Lohn geben, sie pflegen, wenn sie krank sind, ungewöhnliche Köstlichkeiten mit ihnen teilen und ihnen dann und wann ›Urlaub‹ gewähren. (Der Kommentar empfiehlt, sie regelmäßig von schwerer Arbeit zu entlasten und ihnen bei feierlichen Anlässen zusätzliche Nahrungsmittel und Schmuck zu schenken.)

Ich möchte nun noch einige der anderen Instruktionen streifen, die in der Sigāla-Predigt zu finden sind. In formalistischer, zahlenspielerischer Weise belehrt der Buddha den *gahapati-puttā*, daß der arische Schüler »viererlei Tatengelüste verleugnet hat, er bei viererlei Anlässen keine schlechte Handlung begeht, und er auf sechs Gebieten nach abwärts auszugleiten vermeiden lernt«.[36]

Die Vermeidung dieser Übel, verbunden mit dem Schutz der sechs Richtungen sozialer Beziehungen, die wir schon untersucht haben, zeigen den Haushalter nach den Worten des Buddha »nach beiden Welten hin zum Siege vorschreitend; er hat diese Welt und auch jene Welt zu gewinnen vermocht«.[36] Das ist natürlich ein Standardversprechen, das den frommen Anhängern des Buddha in vielen kanonischen *suttas* gegeben wird, etwa in dem bekannten *Mahāparinibbāna Sutta*.

Die sechs Wege, seinen Reichtum zu verschwenden, beschreiben offenkundig Versuchungen, die eher in volkreichen städtischen und ländlichen Siedlungen als in relativ isolierten Dörfern drohen:

»Berauschende und berückende Getränke, betäubende und betörende Mittel gebrauchen, Bürgersohn, ist ein Gebiet, wo man sich abwärts verliert. Müßig auf der Straße sich gern herumtreiben ist ein Gebiet, wo man sich abwärts verliert. Festversammlungen besuchen gehn ist ein Gebiet, wo man sich abwärts verliert. Dem Spiel und der Zerstreuung sich hingeben ist ein Gebiet, wo man sich abwärts verliert. Schlechte Freundschaften schließen ist ein Gebiet, wo man sich abwärts verliert. Lässig sich gehn lassen ist ein Gebiet, wo man sich abwärts verliert.«[37]

Abgesehen vom Verlust des Geldes führt das Spielen auch dazu, daß das Wort des Spielers »vor Gericht nichts gilt« und er seinen Ruf bei den »Beamten« einbüßt – Hinweise, die einmal mehr auf Einrichtungen und Berufe deuten, die man eher in einem zentralisierten Königreich als in einer Stammesgesellschaft *(gaṇa-saṅgha)* suchen würde.

III

Max Webers Sicht der Umwandlung des frühen Buddhismus unter Aśoka

Die soziale Dimension

Weber hatte seine eigenen Vorstellungen darüber, wer zur Gefolgschaft und zu den Anhängern des frühen Buddhismus gehörte. Zu Beginn seiner Beschreibung des alten Buddhismus trifft er folgende interessante Feststellung:

»Wie der Jainismus und noch deutlicher als er stellt sich auch der Buddhismus dar als entstanden in der Zeit der Städteentwicklung, des Stadtkönigtums und Stadtadels ... Gildevorsteher spielen auch in den alten literarischen Dokumenten der Buddhisten ebenso wie der Jainisten und erst recht unter inschriftlich erhaltenem Namen von Donatoren der buddhistischen Klöster eine hervorragende Rolle. Oldenberg macht darauf aufmerksam, wie die ländliche Umgebung, Vieh und Weide für die altbrahmanischen Lehrer und Schulen mindestens der älteren Upanischadenzeit, die Stadt und das Stadtschloß mit seinem auf Elefanten reitenden König aber für die Buddha-Zeit charakteristisch sind und wie die Dialogform [der *sutta*-Reden] die hereingebrochene Stadtkultur widerspiegelt.«[38]

Angesichts dieser Einleitung ist es rätselhaft, weshalb er bei der Erörterung der frühbuddhistischen Lehren und ihrer Bedeutung das städtische Königtum und den auf Elefanten reitenden König als den *politischen Hintergrund* völlig ignoriert. Auf das Königtum kommt die Rede erst wieder viel später, dort nämlich, wo

König Aśoka als die treibende Kraft der »Umwandlung des alten Buddhismus« behandelt wird.

An dieser Stelle unserer Betrachtung interessiert uns vor allem, was Weber aus seiner Behauptung macht, daß sich der Aufstieg des frühen Buddhismus in erster Linie auf den Schultern des »Stadtadels«, der »Gildenvorsteher« und »vor allem des bürgerlichen Patriziats« vollzogen habe. Die Kehrseite dieser mit Nachdruck vertretenen These ist, daß der frühe Buddhismus die ländlich-agrarischen Kreise der Gesellschaft überhaupt nicht angesprochen habe. Mit dieser Behauptung verbindet sich bei ihm eine allzu einfache Unterscheidung zwischen »städtisch« und »ländlich«; auch könnte ja durchaus ein Teil der ländlichen Bevölkerung, die grundbesitzende Gentry und die wohlhabenden bäuerlichen Grundbesitzer, manches mit den städtischen Kaufleuten, Händlern und Geldverleihern gemein gehabt und wie diese ein Rekrutierungsfeld für die Anhängerschaft der buddhistischen Mönche abgegeben haben.

Das ist keine Haarspalterei. Denn Weber vertritt zur »Umwandlung des alten Buddhismus«, die sich zur Zeit König Aśokas vollzog, eine ganz eindeutige These. Auf der einen Seite führte in seiner Sicht Aśokas Patrimonialismus zu einer »relativen Nivellierung der politischen Macht« der beiden vornehmen Stände früherer Zeiten. Der eine war »die alte Kschatriya-Schicht« des »alten Kleinkönigtums« mit seinen zahllosen kleinen Burgen und seiner vornehmen ritterlichen Bildung. Der andere Stand war das bürgerliche »Stadtpatriziat«. Auf der anderen Seite rückte der Patrimonialismus Aśokas zwei neue soziale Kategorien ins Zentrum – die Höflinge und schriftkundigen Beamten im Dienste des Großkönigs und »die Kleinbürger und Bauern«.

Dieser Verschiebung der Machtgruppen entsprach eine Veränderung in den sozialen Bedingungen der konkurrierenden Soteriologien, von denen der Buddhismus die führende war. Max Weber meint zu dieser Veränderung: »Es begann eine plebejische – richtiger: auf die Befriedigung plebejischer religiöser Bedürfnisse eingestellte – Epoche der orthodox indischen Soteriologie.«[39] Weber stellte diese plebejische Form des Buddhismus als Produkt des Eigeninteresses der drei an ihr beteiligten Gruppen dar – der Herrscher und Beamten, der Mönche und der Kleinbürger und Bauern. »Fürsten, Priester und Mönche in gleicher Art mußten darauf bedacht sein, ihren religiösen Bedürfnissen entgegenzukommen, die politischen Machthaber, um die Massen zu domestizieren, die Träger der Religion, um an ihnen Stützen ihrer geistlichen Macht und eine Quelle von Pfründen und Kasualien-Einkünften zu haben.«[40] Und weiter: »Der Kleinbürger und Bauer konnte ... mit den Produkten der Soteriologie der vornehmen Bildungsschicht nichts anfangen.« Es sei ihnen nicht eingefallen, *nirvāṇa* zu begehren; und sie hätten auch nicht die Muße gehabt, um durch Meditation die Gnosis zu erlangen. Jedenfalls befriedigten weder die *nirvāṇa*-Soteriologie des Buddhismus noch auch dessen sekundäre Laiensittlichkeit in irgendeiner Weise »das eigentlich religiöse Bedürfnis nach emotionalem *Erleben* des Ueberweltlichen und nach Nothilfe in äußerer und innerer Bedrängnis. Jenes ungebrochene emotionale Bedürfnis insbesondere war und ist aber überall für den psychologischen Charakter der Religion bei den Massen das Ausschlaggebende im Gegensatz zu dem rationalen Charakter aller Intellektuellensoteriologie.« So erlebten nun, in Anpassung an spezifisch plebejische religiöse Bedürfnisse, Magie und der Kult des Heilandes und der Bilder einen Aufschwung.

Weber postuliert also selbstsicher die Umwandlung der altbuddhistischen Soteriologie, die von einer vornehmen Bildungsschicht, vom *kṣatriya*-Adel und vom Stadtpatriziat getragen war, in einen plebejischen Buddhismus der Masse, dessen Träger Kleinbürger und Bauern sind. Er verlegt das Auftreten eines »volkstümlichen« Buddhismus (»einer sakramentalen, hagiolatrischen, idolatrischen oder logolatrischen Ritualreligiosität«[41]) mit seiner rituellen Rezitation von *parittas,* seinem Kult der *stūpas* und seinen verdienstlichen Pilgerfahrten in eine nach-kanonische Aśoka-Zeit. Doch entgegen seiner Darstellung finden wir diese angeblich typischen Züge des volkstümlichen Buddhismus der Aśoka-Zeit bereits in kanonischer Zeit. Beispielsweise hat der Buddha selbst die Existenz magischer Kräfte *(iddhi)* zugegeben,[42] bei verschiedenen herausgehobenen Anlässen *paritta*-Gesänge rezitiert und auch den Kult der Pilgerfahrten zu *stūpas* mit seinen Reliquien gebilligt usw.[43]

Man kann, wie gezeigt, von der sozialen Herkunft der Anhänger des frühen Buddhismus eine von Weber abweichende Darstellung geben und damit seine These bestreiten, daß das, was er »volkstümlichen Buddhismus« nennt, ein Produkt der späteren Zeit unter Aśoka gewesen ist. Falls meine Position plausibel ist, so hätten wir in der Aśoka-Periode zwangsläufig nicht so sehr eine Zeit des diskontinuierlichen Umbruchs als vielmehr eine Zeit der Reifung von bereits früher angelegten Möglichkeiten zu sehen.

Die politische Dimension

Weber behauptet, der »alte Buddhismus« sei eine »spezifisch unpolitische und antipolitische Standesreligion«[44] gewesen, und es habe bis zur Herrschaft König Aśokas gedauert, bis »erstmalig im Buddhismus ein Ansatz einer politischen Theorie« entstand.[45]

Nach Webers Konstruktion erlebt der alte Buddhismus, der zunächst eine Angelegenheit unpolitisch-kontemplativer Bettelmönche war, also seine erste Umwandlung, als Aśoka zum Buddhismus übertritt. In Webers linearem Schema war dies ein *historischer Zufall,* aber in der Folge gab es *politische* Gründe für die Umwandlung. Nach Weber brachte der Buddhismus für Aśoka politischen Nutzen – er diente der politischen Zentralisierung und der Nivellierung der Gesellschaft (z. B. dem Abbau der *kṣatriya*-Privilegien und der Errichtung einer patrimonialen Struktur aus königlichen Steuerpächtern, königlichem Beamtentum und stehendem Heer) sowie der »Domestizierung der Massen«. Die Mönche und die geistlichen Führer unterstützten die politische Zentralgewalt, weil dies Pfründe und Kasualien-Einkünfte garantierte. Wir stellen fest, daß er für diese bedeutsame Umorientierung der buddhistischen Intellektuellen keine »religiöse Angst« postuliert, sondern nur eine gewöhnliche materialistische Habgier, anders als bei den Calvinisten, deren weltlicher Erfolg ja auf der Verfolgung ihrer Heilsinteressen beruht.

Weber sieht Vorstellung und Ideologie der *cakkavatti* in der Aśoka-Periode entstanden. Die Gewalt des Weltherrschers habe »die notwendig von allem Welthandeln abführende geistliche Gewalt des Buddha« ergänzt. Der *cakkavatti* werde zum Patron der Kirche etwa in dem Sinne, »wie die byzantinischen Monarchen dies in Anspruch nahmen«, was sogar theokratische Konsequenzen für das Gemeinwesen gehabt habe. Mit dieser eng mit politischen Interessen verknüpften Konzeption des *cakkavatti* gehe bei Aśoka die Fortentwicklung des Königs-*dharma* »zu einem patriarchalen ethischen und karitativen Wohlfahrtsstaats-Ideal Hand in Hand«.[46] Diese »Wohlfahrt« sei teilweise als geistliche Wohlfahrt aufgefaßt, teilweise als Mildtätigkeit, aber auch als »rationales und wirtschaftliches Handeln«, wie die Bewässerungsvorhaben ceylonesischer und nordindischer Könige bewiesen.

Im Interesse der Klarheit ist es wichtig, diese Dinge auseinanderzuhalten, wenn wir nun untersuchen, welche Einstellung die frühbuddhistischen kanonischen Schriftsteller zum Königtum und zur Politik hatten.

Erstens gibt es konkrete Beweise dafür, daß der Buddha und seine Schüler einen großen Teil ihrer Zeit in den Königreichen Magadha und Kosala verbrachten; hier predigten sie nicht nur den Königen wie Bimbisāra, Pasenadi und Ajātasattu und empfingen Gunstbeweise von ihnen, sondern verkehrten auch mit den wohlhabenden und gebildeten städtischen und grundbesitzenden Gruppen der *seṭṭhis* und *gahapatis,* die in den expandierenden städtischen Gemeinwesen aufstiegen. Diesen Punkt haben wir bereits herausgestellt.

Zweitens steht der intensive Verkehr zwischen den frühen Buddhisten und den gesellschaftlichen Schlüsselgruppen der aufstrebenden Königreiche keineswegs in Widerspruch zu der Tatsache, daß sich im Kanon verstreute Bemerkungen finden, die sich in außerordentlich scharfer Form sowohl mit der Ethik der *kṣatriya*-Politik, besonders wie sie sich in den *Arthaśāstra*-Texten niederschlägt und wofür das Werk Kauṭilīyas ein gutes Beispiel ist, als auch mit dem konkreten Verhalten bestimmter Könige und ihrer Offiziere kritisch auseinandersetzen. Das angemessene königliche Verhalten war schließlich die Ausübung von Zwang (*daṇḍa*), nicht nur zur Aufrechterhaltung der gesellschaftlichen Ordnung, sondern auch zur Förderung des königlichen Interesses an territorialer Expansion, Anhäufung von Reichtum und Selbstverherrlichung. Den König als Handelnden motivierten die Energien von *rajas,* und Aggression gehörte in dieses Bild hinein.

Drittens hat die Desillusionierung, die bestimmte Aspekte der Gemeinwesen der Zeit bei den kanonischen buddhistischen Schriftstellern hervorrief, keineswegs dazu geführt, daß sie sich für die philosophische Frage der Politik und für die Ethik königlichen Verhaltens nicht interessiert hätten. Für mich steht außer Frage, daß sich im Pali-Kanon die Anfänge einer spezifisch buddhistischen Theoriebildung über den gerechten Herrscher, den *dharmarāja,* und über seine Weltherrschaft (*cakkavatti*) finden und daß in der Aśoka-Zeit diese im Keim vorhandenen Vorstellungen nur weiterentwickelt und verwirklicht wurden. Gegen Weber behaupte ich auch, daß es für den Mönch keine innere Unmöglichkeit bedeutete, sich selbst das Ziel der Befreiung zu setzen, dem Laien aber die Aufgabe sittlichen Handelns und einer geordneten Erhaltung der Welt.

Ich möchte an dieser Stelle eine Anmerkung zu den kanonischen Quellen machen. Webers These, dem »alten Buddhismus« habe die politische Dimension gefehlt, kann überprüft werden, indem man untersucht, ob es bereits vor Aśoka[47] kanonische Formulierungen politischer Art gab. Dabei ist die Tatsache von Bedeutung, daß die Kompilation des Pāli-Kanons, das *Tripiṭaka*, laut einer (wahrscheinlich recht zuverlässigen) Tradition unmittelbar nach dem Tode des Buddha 483 v. Chr. auf dem ersten Konzil in Rājagaha in Angriff genommen wurde und ihren formellen Abschluß in allen wesentlichen Teilen auf dem dritten Konzil unter Aśoka (264-227 v. Chr.) fand. Die Titel von Teilen des Kanons, die sich auf Inschriften des 3. Jahrhunderts v. Chr. finden (darunter auch die Aśoka-Inschriften von Barhút und Sāñcī), lassen erkennen, daß zu diesem Zeitpunkt der Kanon bereits weitgehend ähnlich gegliedert war wie in späterer Zeit.[48] Nach Geiger[49] kann man von den sieben Texten, die König Aśoka im Bhābrā-Edikt ausdrücklich dem Studium der Gläubigen empfahl, vier oder fünf mit einiger Sicherheit auf den Pāli-Kanon zurückführen. Die entsprechenden Stellen, die er zitiert, sind *Dīgha Nikāya* (III), *Aṅguttara Nikāya* (I & III), *Sutta Nipāta* und *Majjhima Nikāya.* Geiger hält es auch für sehr bemerkenswert, daß der Name Aśokas, der in allen buddhistischen Orden so sehr gepriesen wird, im Kanon selbst niemals erwähnt ist. Das rechtfertige die Annahme, daß die Kompilation des Kanons zur Zeit Aśokas praktisch abgeschlossen gewesen sei.[50] Kürzlich ist ein anderer Forscher, nämlich Warder, bezüglich der im Bhābrā-Edikt erwähnten Texte zu dem Schluß gelangt: »There is at least no question of having to look outside the Tripiṭaka as we know it for Asoka's selection . . .«[51]

Wenn wir also zeigen können, daß entscheidende Teile des Pāli-Kanons – wie etwa die dem Kanon entsprechenden Stellen, von denen eben die Rede war – wichtige und wegweisende politische Ideen enthalten, so haben wir ein durchschlagendes Argument gegen Webers Auffassung gewonnen.

In der Tat gibt es viele (frühe und späte) Teile des Kanons, wie etwa *Sutta Nipāta*, *Samyutta Nikāya*, *Culla Nidesa*, *Vivhaṅga*, in denen sich verstreute Bemerkungen zum Königtum und über Könige finden.[52] Diese beweisen, daß die kanonischen Schriftsteller die brahmanischen Aussagen über die »*kṣatriya*-Politik« kannten und auch ihre Haltung bestimmten Herrschern gegenüber zum Ausdruck bringen wollten. In meinen Augen zeichnen sich die Umrisse einer kohärenten politischen Konzeption jedoch vornehmlich im *Dīgha Nikāya* (Buch der langen Sprüche) und im *Aṅguttara Nikāya* (Buch der stufenweisen Sprüche) ab. Eine ergänzende Unterstützung findet diese politische Konzeption in den *Jātakas*, von denen Teile – Strophen oder Verse – als Bestandteile des Pāli-Kanon gelten.[53]

Allein im *Dīgha Nikāya* gibt es sechs *suttas*, die sich mit der Konzeption des *cakkavatti* befassen: zwei von ihnen – *Mahāsudassana Sutta* und *Cakkavatti Sīhanāda Sutta* – beschäftigen sich ausschließlich mit dem Lebensweg des Weltherrschers, seinen Schätzen und seinem Reich; in anderen (namentlich in *Mahāparinibbāna Sutta* und *Mahāpadāna Sutta*) wird ein ganzes Netz kunstvoller Vergleiche zwischen dem Buddha und dem Cakkavatti als zwei *mahāpuruṣa* (große Männer) gesponnen. Einzelne Abschnitte im *Aṅguttara Nikāya* führen diese Vergleiche weiter fort. Schließlich gibt es noch einen ganz anderen Ideenkomplex, der aus den *Aggañña Suttanta* stammt; er befaßt sich mit dem Ursprung der Königswürde aus dem Wahlkönigtum, setzt es in Beziehung zu kosmologischen Ideen des Buddhismus und kritisiert ausdrücklich die brahmanische Idee, die *varṇas* seien von Gott erschaffen.[54]

Im Hinblick auf dieses Material habe ich in meinem Buch *World Conqueror and World Renouncer* die These entwickelt, daß die kanonischen Schriftsteller des Buddhismus ihre Auffassungen bewußt als *Protest* gegen das herrschende brahmanische Schema vorbrachten, das einen Zusammenhang annahm zwischen *dharma* (Sittlichkeit), *artha* (instrumentelles politisches und wirtschaftliches Handeln) und *kāma* (Begehren). Dieses Schema brachte den Brahmanen und den König in ein asymmetrisches Verhältnis zueinander insofern, als der *rājadharma* des Königs (der mit Gewalt dem Recht Geltung zu verschaffen hatte und pragmatisch in die instrumentellen Strategien der territorialen Expansion, des Krieges und der Steuererhebung verwickelt war) von dem höheren *dharma* des Brahmanen umfaßt wurde, der Sittlichkeit und Recht formulierte und interpretierte und der reine und glückverheißende Mittler zum Göttlichen war. Übrigens war sich Max Weber, wie ich erwähnen möchte, des »Statusrelativismus« der hinduistischen *varṇa*-Hierarchien nur allzu bewußt.

Der buddhistische Protest eliminiert nicht nur den Brahmanen, sondern ethisiert und universalisiert das Königtum als das regelnde Prinzip der Weltordnung und unterwirft diese gerechte Herrschaft der *dharmarāja* einzig dem höheren *dharma* der umfassenderen Botschaft des Buddha, die verkündet, wie die Welt entsteht und vergeht und wie Erlösung durch Befreiung aus den Fesseln der Welt zu erlangen ist.

Wenn wir davon ausgehen, daß es für die buddhistischen Theoretiker aus dogmatischen und philosophischen Notwendigkeiten heraus nahelag, diesen Standpunkt zu vertreten, so kann man durchaus folgern, daß der frühe Buddhismus eine Makrokonzeption entwarf, in welcher das Streben der spezialisierten Erlösungssucher, der *bhikkhus*, im Rahmen des *saṅgha* mit dem Königtum als dem maßgebenden Prinzip der soziopolitischen Ordnung verbunden wurde. Wenn wir den Weg des Buddhismus als großer »Weltreligion«, zunächst in der Zeit des Aśoka, dann später etwa in Südindien (Amarāvatī und Nāgārjunikoṇḍa), in Ceylon, Burma, Thailand, verstehen wollen, sollte man, um Kontinuitäten und Diskontinuitäten abschätzen zu können, von einer integralen Verbindung, einer innigen Verzahnung der beiden Räder des *dhamma* ausgehen: des vom Buddha als *mahapuruṣa* (großer Mann) verkörperten Rades der Entsagung und des vom *dharmarāja cakkavatti* als dem anderen *mahapuruṣa* verkörperten Rades der königlichen Herrschaft, Pflicht und Gerechtigkeit. Mönch und Herrscher, das Erlösungsstreben der *bhikkhus* und die königliche Moral, die das weltliche Handeln ordnet, sind im frühen Buddhismus zu einer Totalität verbunden, und diese Verbindung hat historisch Wechselwirkungen und Ergänzungen, aber auch Spannung und Konflikte erzeugt. Eine derartige Konzeption der buddhistischen Religion und Kultur erlaubt es, die Ereignisse in den historischen Gemeinwesen Südostasiens in anderer Weise zu verstehen als in Webers linearem Schema. Sie verweist auf die Unausweichlichkeit der Sektenbildung; auf die

Reinigung des *saṅgha* durch den König und auf den darauf erfolgenden Rückzug der Mönche aus königlicher Patronage und Bevormundung; auf die Polarität von »Lernen« und »Tun«, von Dorfmönchen und Waldmönchen, von *arhat* und *bodhisattva;* und auch darauf, daß der König in der Abenddämmerung seiner Herrschaft die Rolle des gewaltgebundenen Staatenbildners gegen die des Frommen eintauschen kann.

Anmerkungen

1 Detlef Kantowsky: »Max Weber on India and Indian Interpretations of Weber«. *Seventh European Conference on Modern South Asian Studies.* 7.-11. Juli 1981. School of Oriental and African Studies, Market Street, London, WCIE 7HP.

2 Friedrich H. Tenbruck: »The problem of thematic unity in the works of Max Weber«. *The British Journal of Sociology* Bd. XXXI, Nr. 3 (Sept. 1980), S. 316-351.

3 *Kölner Zeitschrift für Soziologie und Sozialpsychologie* 1975. Hier wird die englische Version benutzt. Vgl. Fn. 2.

4 »Sangha, State, Society, ›Nation‹: Persistence of traditions in ›Post-Traditional‹ Buddhist Societies«. *Post-Traditional Societies. Daedalus* (Winter 1973), S. 85.

5 Tenbruck: *op. cit.*, S. 333-334.

5a Max Weber, *Gesammelte Aufsätze zur Religionssoziologie*, 3 Bde., Tübingen 1920 (alle weiteren Aufl. photomech. gedruckt), I, S. 11. Im folgenden abgekürzt: *RS* I, II, III.

6 Es ist angebracht, diesen einleitenden Satz hier wiederzugeben: »Universalgeschichtliche Probleme wird der Sohn der modernen europäischen Kulturwelt unvermeidlicher- und berechtigterweise unter der Fragestellung behandeln: welche Verkettung von Umständen hat dazu geführt, daß gerade auf dem Boden des Okzidents, und nur hier, Kulturerscheinungen auftraten, welche doch – wie wenigstens wir uns gerne vorstellen – in einer Entwicklungsrichtung von *universeller* Bedeutung und Gültigkeit lagen?« Der größte Teil der »Vorbemerkung« ist der Erhärtung dieser Behauptung gewidmet und klingt wie ein Preislied auf die westliche Zivilisation. Wissenschaft, Jurisprudenz, Musik, Architektur, Malerei – welche Leistungen auf diesen Gebieten auch in anderen Zeiten und Zivilisationen erreicht worden sein mögen, ihre systematischste Rationalisierung erfahren sie nur im Okzident. Aber natürlich war die eigentümlichste Errungenschaft des Okzidents der Kapitalismus. Zwar ist die Wertschätzung von Vermögen weltweit

verbreitet, und es hat Ansätze zu einer kapitalistischen Wirtschaftstätigkeit auch in anderen Gesellschaften und Zusammenhängen gegeben; doch der okzidentale Kapitalismus ist eine eigenständige Leistung, in der verschiedene Entwicklungen zusammenlaufen wie etwa die Organisation einer formell freien Arbeit, die rationale Gestaltung von Recht und Verwaltung, eine rationale Betriebsbuchführung und die Berechenbarkeit künftiger Gewinne in einem Marktsystem, das nicht von einem politischen oder spekulativen oder Abenteurer-Kapitalismus getragen wird.

7 Siehe *RS* I, S. 230, mit allen Zitaten in diesem Absatz.

8 Marcel Mauss: *Die Gabe. Über Formen und Funktionen in archaischen Gesellschaften.* Frankfurt/M.: Suhrkamp 1968.

9 *Reden des Buddha.* Lehre, Verse, Erzählungen. Übersetzt und eingeleitet von Hermann Oldenberg. München 1922, S. 50. Ein anderes populäres Zitat ist das folgende: »Möchte, ihr Mönche, der Gesegnete in der Welt verbleiben oder des Gesegneten Disziplin, so gereichte das vielen zum Heile, vielen zum Wohle, zum Troste für die Welt, zum Segen und Heil und Glück der Geister und Menschen.« (*Aṅguttara-nikāya, Catukkanipāta* 160). Zitiert nach: *Die Reden des Buddha aus dem Angúttara-Nikāya.* Aus dem Pāli zum ersten Male übersetzt und erläutert von Nyāṇa-tiloka [d. i. Anton Gueth]. München 1922, 2. Serie, Viererbuch, S. 242.

10 *RS* II, S. 248.

11 *Ebd.*, S. 248.

12 Louis Dumont: »World renunciation in Indian religion«. *Contributions to Indian Sociology.* IV. 1960.

13 »The renouncer: his individuality and his community«. In T. N. Madan (Hrsg.): *Way of Life: King, Householder,* Essays in honour of Louis Dumont. New Delhi: Vikas Publishing House Ltd. 1982.

14 Romila Thapar: *Ancient Indian Social History. Some Interpretations.* New Delhi: Orient Longman 1978. »Renunciation: The Making of a Counter-culture«, S. 64-65.

15 *RS* II, S. 230 f. Auf S. 244 erklärt Weber, daß die Anziehungskraft des Buddhismus besonders auf die weltliche Oberschicht, aus der sich die Schülerschar des Buddha vor allem zusammensetzte, teilweise durch seine »sorgsame Rücksichtnahme auf Wohlanständigkeit« zu erklären sei. »Das Prâtimokkha der südlichen Buddhisten enthält eine Fülle rein konventioneller Anstandsregeln für Mönche untereinander und mit der ›Welt‹ . . .«

16 *RS* II, S. 250.Webers auf mangelnder Quellenkenntnis beruhende Spekulationen über die Frühgeschichte des buddhistischen Mönchswesens und über die frühen Konzile lassen sich heute, im Lichte etwa der folgenden Arbeiten, besser beurteilen: Jean Przyluski: *Le Concile de Rājagṛha.* Paris: Paul Guethner 1926/28; André Bareau: *Les Premiers*

Conciles Bouddhiques. Paris 1955; Erich Frauwallner: *The Earliest Vinaya and the Beginnings of Buddhist Literature.* Rom 1956. Es gibt viele weitere Werke und Abhandlungen von Vallée Poussin, R. O. Franke, W. Pachow, M. Hofinger, N. Dutt, Paul Demiéville, die Charles S. Prebish aufzählt und referiert in »A Review of Scholarship on the Buddhist Councils«. *The Journal of Asian Studies* Bd. XXXIII, Nr. 2 (Feb. 1974).

Über die Geschichtlichkeit der ersten beiden Konzile sind sich die Gelehrten nicht einig, während das dritte Konzil, das zur Zeit Aśokas stattfand, als gesichert angesehen wird; ebensowenig sind sich die Gelehrten über den genauen Zeitpunkt der Schismata und deren Gründe sowie über Zahl und Verbreitung der Sekten im frühen Buddhismus einig. Doch sei dem, wie ihm wolle, eines ist sicher: Schon die voraśokanische Zeit kannte Mönchsgemeinschaften, die sich durch innerbuddhistische Sektenbildung voneinander unterschieden und in Ost-, West- und Zentralindien verbreitet waren. Sie kannte auch unterschiedliche Versionen der *Pātimokkha-* und *Vinaya*-Regeln und die eifrige Propagierung von Buddhas *dhamma* durch Mönche in vielen Teilen Indiens. Der missionarische Impuls unter Aśoka, obgleich bemerkenswert, war nicht allein sein Verdienst.

17 I. B. Horner: *Women under primitive Buddhism, lay women and almswomen.* London: Routledge and Sons 1930, S. XXIII.

18 Hermann Oldenberg: *Buddha. Sein Leben, seine Lehre, seine Gemeinde.* 2. Aufl. Berlin 1890, S. 162.

19 *RS* II, S. 231.

20 *Ebd.*, S. 230.

21 *Ebd.*, S. 231 f.

22 Die späteren buddhistischen *suttas* suchten zwar, wie Weber bemerkt, die Laienmoral als eine »Vorstufe« zur höheren, geistlichen Ethik zu behandeln. »Aber diese ›höhere‹ Moral führt – das ist das Entscheidende – nicht zu zunehmend rationaler Askese (außerweltlicher oder innerweltlicher) und positiver Lebensmethodik.« Im Gegenteil, die aktive Tugend im Handeln weicht mehr und mehr einer Ethik des Nicht-Handelns »zum Zweck der Abstreifung von ›rajas‹ (›Antrieb‹) zugunsten der reinen Kontemplation.« (*Ebd.*, S. 235.)

23 *Ebd.*, S. 235 f.

24 *Ebd.*, S. 236.

25 Ich werde insbesondere heranziehen Romila Thapars Aufsatz »Ethics, Religion and Social Protest in the First Millenium B. C. in Northern India«. *Daedalus* (Frühjahr 1975), S. 119-132, sowie zwei Beiträge von ihr in *Ancient Indian Social History. Some Interpretations.* Orient Longman Ltd. 1978: »Renunciation: The Making of a Counterculture«; »Social Mobility in Ancient India with Special Reference to Elite Groups.«

26 Thapar: »Renunciation«. *op. cit.*, S. 71.
27 Siehe Thapar: »Ethics, Religion . . .« *op. cit.*, S. 121, die als ihre Quellen *Āpastamba Dharma Sūtra* und *Baudhāyana Dharma Sūtra* angibt.
28 Thapar: »Social Mobility . . .« *op. cit.*, S. 131.
29 Ich bin Uma Chakravarty zu großem Dank verbunden, die mir gestattet hat, ausgiebig aus ihrer der Universität Delhi vorgelegten Doktorarbeit mit dem Titel *The Social Dimensions of Early Buddhism* zu zitieren.
30 Die englische Übersetzung dieses *sutta* findet sich in: *Dialogues of the Buddha.* Translated from the Pali of the Dīgha Nikāya by T. W. and C. A. F. Rhys Davids, Part III. *Sacred Books of the Buddhists.* Ed. by T. W. Rhys Davids, Vol. IV, Repr. London 1957. Pali Text Society. Die deutsche Übersetzung findet sich in: *Die Reden Gotamo Buddhos aus der längeren Sammlung Dīghanikāyo des Pāli-Kanons.* Übersetzt von Karl Eugen Neumann. Zürich, Wien 1957.
31 Siehe die Einführung zu dem *sutta* in *Dialogues of the Buddha*, III, S. 171.
32 *Die Reden Gotamo Buddhos,* S. 539.
33 Den Haag: Mouton & Co. 1957.
34 *Ebd.*, S. 29.
35 *Ebd.*, S. 29.
36 *Die Reden Gotamo Buddhos,* S. 540.
37 *Ebd.*, S. 541. Auf Festversammlungen (Jahrmärkten) lauern folgende Verlockungen: Tanz, Gesang, Musik, Rezitationen, Zymbelklänge und Tam-tam (akrobatische Darbietungen). Beispiele für schlechte Gesellschaft sind: Spieler, Libertins, Schnapsbrüder, Betrüger, Gauner, Raufbolde.
38 *RS* II, S. 217-218.
39 *Ebd.*, S. 254.
40 *Ebd.*, S. 254.
41 *Ebd.*, S. 236.
42 Siehe das *Sāmañña-Phala Sutta,* des *Dighanikāya* in dem der Buddha die fünf Weisen der mystischen Einsicht (einschließlich des *iddhi,* die ein *arahant* besitzt, aufzählt; im *Kevaddha Suttanta* nimmt der Buddha jedoch energisch gegen das Praktizieren des *iddhi* Stellung. Und natürlich wird die Vorspiegelung solcher Kräfte durch einen *bhikkhu* im *vinaya* als große *pārājika*-Verfehlung aufgeführt.
43 Siehe das *Mahāparinibbāna Sutta* wegen der Einäscherung des Buddhas und der Verteilung seiner Reliquien auf verschiedene *stūpas.*
44 *RS* II, S. 220.
45 *Ebd.*, S. 256.
46 *Ebd.*, S. 256-257.
47 P. H. L. Eggermont gibt in seiner *Chronology of the Reign of Aśoka*

Moriya. A Comparison of the Data of the Aśoka Inscriptions and the Data of the Tradition (Leiden: E. J. Brill 1956) die folgenden Daten. Aśoka bestieg 268 v. Chr. den Thron; trug 261 v. Chr. den Kaliṅga-Krieg aus; im selben Jahr wurde er ein *upāsaka* des buddhistischen Glaubens. Die Propagierung des Buddhismus im Innern und im Ausland begann in großem Stil ungefähr im zwölften Jahr seiner Regierungszeit (256 v. Chr.). Die Schisma-Edikte, die die Wiederherstellung der Einheit des *Saṅgha* betreffen, wurden wahrscheinlich gegen Ende seiner Regierungszeit proklamiert. Aśoka starb 233 v. Chr.
Geiger, den ich im Text zitiere, gibt etwas andere Daten; so nimmt er 276 v. Chr. als Jahr von Aśokas Thronbesteigung an. Nach Eggermont verstrichen rund 218 Jahre zwischen dem Tod des Buddha und der Salbung Aśokas zum König. Dies stimmt mehr oder weniger mit Berechnungen in *Theravāda*-Quellen überein. Die buddhistischen Schulen Nordindiens nehmen dagegen nur einen Zeitraum von rund 100 Jahren zwischen beiden Ereignissen an, und falls sich diese Datierung durchsetzt – Heinz Bechert scheint sie neuerdings zu begünstigen –, gewinnt meine These, daß Aśoka Themen und Normen vewirklichte, die im Kanon bereits vorhanden waren, an Plausibilität.

48 Titel wie *dhammakathika, peṭakin, suttantika, pañcanekāyika*. Siehe Wilhelm Geiger: *Pāli Literatur und Sprache*. Straßburg: Trübner 1916 (Nachdr. Tokyo 1977). Grundriß der Indo-arischen Philologie und Altertumskunde, Bd 1, H. 7, S. 7.

49 *Ebd.*, S. 7.

50 *Ebd.*, S. 7.
Die Forschung würde heute wohl sagen, daß zumindest der wesentliche Teil des Kanons zu diesem Zeitpunkt abgeschlossen war.

51 A. K. Warder: *Indian Buddhism*. Delhi: 2nd, rev. ed. Motilal Banarsidass 1980, S. 255-257.

52 Siehe die in meinem Buch, *World Conqueror and World Renouncer*. Cambridge University Press 1976, zitierten Schriften von Ghosal und Gokhale.

53 Von den buddhistischen Jātaka-Geschichten heißt es in der Forschung, daß sie »reflect conditions in North India well before the beginning of the Christian era« (Basham: *op. cit.*, S. 88). Die Jātakas sind eine Sammlung von Strophen oder Versen mit begleitenden Proseberichten (in denen Geschichten aus früheren Existenzen des Buddhas erzählt werden). Die Verse wurden (und werden) als kanonisch betrachtet, während die Prosa-Erzählungen flexibel waren und von den Rezitatoren ausgeschmückt werden konnten. Auffällig und beachtenswert ist, daß in den *Jātakas* und in den *Suttas* ähnliche Themen und Inhalte vorkommen, was die Vermutung nahelegt, daß beide aus denselben Quellen stammten. So gibt es ein *Mahā-sudassana*-Jātaka (Nr. 95 in der Fausboll-Sammlung), bei dem es sich um eine Variante

zur *cakkavatti*-Thematik im *Mahāsudassana Sutta* des *Dīgha Nikāya* handelt. Der Geschichte von der Königswahl im *Agañña Suttanta* (Buch Genesis) entspricht eine einfachere Version im Jātaka, Geschichte Nr. 270, die vom Wahlkönigtum bei Menschen, Fischen, Tieren und Vögeln berichtet. Eindrucksvolle Lektionen und Ermahnungen über das Prinzip der Gerechtigkeit kommen in verschiedenen Jātakas vor – die rechtschaffenen Taten von Königen als moralische Beeinflussung ihrer Untertanen; aber auch als Einfluß auf die Bewegung der Himmelskörper und auf das Eintreten von Regen und Dürre.

54 Die kanonische Erzählung von Mahāsammata, dem ersten König, wird in buddhistischen nach-kanonischen Texten aufgenommen und ausgeschmückt: Hier ist er der erste jenes königlichen Geschlechts, aus dem der Buddha selbst hervorging; ja, er gilt nicht nur als *bodhisattva*, sondern als eine frühere Inkarnation des Buddhas selbst. Drei Abhandlungen, die in diesem Zusammenhang von strategischem Interesse sind, sind Vasubandhus kosmologischer Traktat, der *Abhidharmakōśa*, Buddhaghosas Theravādin-Klassiker *Visudhimagga* sowie die Sammlung von Legenden und Überlieferungen der Lokottoravādins, das *Mahāvastu*. Diese und ähnliche Fragen (etwa die Zitierung Mahāsammatas als desjenigen Königs, unter dessen Ägide die Rechtscodices und Sozialhierarchien Ceylons, Burmas und Thailands entstanden) behandelt mein Aufsatz: »King Mahasammata, the First King in the Buddhist Story of Creation and his persisting relevance.« *Visakha Puja* B. E. 2522 (1979).

Gananath Obeyesekere
Exemplarische Prophetie oder ethisch geleitete Askese?

Überlegungen zur frühbuddhistischen Reform

Bei der Untersuchung nicht-okzidentaler Religionen kam es Weber vor allem darauf an, sie im Kontrast zu historischen Schlüsselprozessen des Abendlandes zu betrachten. In seiner Abhandlung »Hinduismus und Buddhismus« interessierte er sich in erster Linie für die Frage, warum Buddhismus und Hinduismus keine rationale Wirtschaftsethik entwickelten – und zwar von der Art, wie sie sich im Abendland herausgebildet hat. In der vorliegenden Arbeit wird mich dieses weitläufige Problem nicht beschäftigen. Ich habe sogar Zweifel, ob diese Frage überhaupt sinnvoll ist. Denn welche Form die »Wirtschaftsrationalität« in Indien auch immer angenommen hätte, sie hätte sich an ihren eigenen Wertorientierungen ausgerichtet, die anders als die des Westens gewesen sind. Stattdessen möchte ich mich einem Aspekt der religiösen Rationalisierung im Buddhismus zuwenden, der eine geringere eurozentrische Vorbelastung aufweist, dem Prozeß, durch den eine gewöhnliche Sozialmoral (»Alltagsmoral«) in eine religiöse Ethik einbezogen wird. Diese »Ethisierung« halte ich für einen ganz entscheidenden geschichtlichen Vorgang – einen Vorgang, den Weber selbst in seiner brillanten Studie über die biblische Prophetie beleuchtete.

Ich werde dafür den Idealtyp einer religiösen und ethischen Reformbewegung konstruieren, die sich radikal von ethischer Prophetie unterscheidet und die für die sogenannten heterodoxen Religionen Indiens – den Buddhismus, den Jainismus und die Lehre der Ājīvikas – charakteristisch ist. Meine Analyse dieser frühen indischen Religionen ist von Webers Soziologie beeinflußt, der ja versuchte, aus dem Fluß der Geschichte allgemeine soziale Prozesse herauszuheben. Seine eigene Analyse des Buddhismus halte ich für grundsätzlich zutreffend, wenngleich »einseitig«, eine Einseitigkeit, die für viele europäische Gelehrte des 19. und frühen 20. Jahrhunderts typisch ist. Sie sahen im Buddhismus eine Erlösungsreligion ohne Erlöser oder Kultus, «die denkbar radikalste Form des Erlösungsstrebens überhaupt«.[1] Weber charakterisierte ferner den Buddha als einen Propheten besonderer Art, verschieden von den Propheten des Alten Testaments. Von der Prophetie im allgemeinen sagt er: »Wir wollen hier unter einem ›Propheten‹ verstehen einen rein *persönlichen* Charismaträger, der kraft seiner Mission eine religiöse *Lehre* oder einen göttlichen Befehl verkündet. Wir wollen dabei hier keinen grundsätzlichen Unterschied darnach machen: ob der Prophet eine (wirklich oder vermeintlich) alte Offenbarung neu verkündet oder gänzlich neue Offenbarungen zu bringen beansprucht, ob er also als ›Religionserneuerer‹ oder als ›Religionsstifter‹ auftritt. Beides kann ineinander übergehen. . . . Auch ob mehr die Anhängerschaft an die Person wie bei Zarathustra, Jesus, Muhammed, oder mehr an die Lehre als solche – wie bei Buddha und der israelitischen Prophetie – hervortritt, soll uns in diesem Zusammenhang nichts angehen.«[2] In diesem Abschnitt geht Weber offenkundig gewissen typologischen Gegenüberstellungen aus dem Wege: er interessiert sich nicht für die Unterscheidung zwischen Propheten als Erneuerern und Propheten als Stiftern; auch interessieren ihn nicht die Probleme der Anhängerschaft des Propheten: ob die Jünger also von der *Person* des Propheten (wie etwa bei Jesus) oder von seiner *Lehre* (wie bei Buddha) angezogen sind. Ihn interessiert vielmehr eine viel grundsätzlichere typologische Unterscheidung – die zwischen ethischer und exemplarischer Prophetie. In diesem Zusammenhang heißt es: »Dann bleiben noch zwei Typen von Prophetentum in unserem Sinn, deren einer am klarsten durch Buddha, deren anderer besonders klar durch Zarathustra und Muhammed repräsentiert wird. Entweder ist nämlich der Prophet, wie in den letzten Fällen, ein im Auftrag eines Gottes diesen und seinen Willen – sei dies ein konkreter Befehl oder eine abstrakte Norm – verkündendes Werkzeug, der kraft Auftrags Gehorsam als ethische Pflicht fordert (*ethische Prophetie*). Oder er ist ein exemplarischer Mensch, der anderen an seinem eigenen Beispiel den Weg zum religiösen Heil zeigt, wie Buddha . . . (*exemplarische Prophetie*).«[3] Die ethische Prophetie (manchmal auch freie Prophetie oder Sendungsprophetie genannt) ist eine Erscheinung, die nur im Nahen Osten auftrat und die es in Indien oder in China einfach deshalb nicht geben konnte, weil hier die Vorstellung eines persönlichen, transzendenten und ethischen Gottes fehlte.[4] Dagegen ist exemplarische Prophetie größtenteils ein indisches Phänomen. Aus dem obigen Zitat geht auch hervor, daß der exemplarische Prophet jemand ist, der anderen den Weg zum Heil durch sein persönliches Beispiel zeigt, und nicht jemand, der durch seine Person Jünger anzieht, wie Zarathustra, Jesus oder Muhammed.

Den Buddha als »exemplarischen Propheten« zu kennzeichnen, ist freilich nicht unproblematisch. Wie Weber erkannte, gehören zu jeder Prophetie – zur ethischen ebenso wie zur nichtethischen Orakelprophetie – Gottesbesessenheit und eine Idee der Offenbarung. Beides ist dem orthodoxen Buddhisten, dessen Ideal das auf sich selbst gestellte Individuum ist, das zu seiner Erlösung keiner Hilfe von außen bedarf, fremd. Ferner gehört zum Begriff »Prophetie« »Voraussage der Zukunft« oder: »den Gang künftiger Ereignisse vorhersagen«. Auch in diesem Sinne kommt »Prophetie« in den Lehren des Buddha selten vor; wenn sie vorkommt, steht sie keineswegs im Mittelpunkt seiner ethischen oder eschatologischen Doktrin.[5] Es ist auch zweifelhaft, ob der Buddha »exemplarisch« in dem Sinne genannt werden kann, daß er anderen durch sein persönliches Beispiel den Weg zum Heil zeigte. In einem bestimmten Sinn mag dies zwar gelten: Der Buddha war sowohl Lehrer als auch einer, der den Weg wies. Gleichzeitig verkündete aber die buddhistische Tradition, der Buddha sei eine besondere Art von Mensch, ein *mahāpuruṣa*, den niemand nachahmen könne. Das bezieht sich sowohl auf seine Person wie auf den von ihm gewählten Weg zur Erleuchtung und Buddhaschaft. Nicht der Buddha selbst, sondern der *arhat* diente dem Buddhisten als Ideal und als praktisches Beispiel.[6] Durch die Art der Gegenüberstellung von ethischer und exemplarischer Prophetie übersieht Weber schließlich zudem den *ethischen* Aspekt, den auch die »exemplarische Prophetie« hat. Weber sagt vom Buddha, daß seine »Predigt weder von einem göttlichen Auftrag, noch von einer ethischen Gehorsamspflicht etwas weiß, sondern sich an das eigene Interesse der Heilsbedürftigen wendet, den gleichen Weg wie er selbst zu betreten«.[7] Gerechterweise muß man aber sagen, daß Weber sich nur beiläufig mit dem Thema »exemplarische Prophetie« befaßte. Vielmehr steht die ethische Prophetie als Vehikel der religiösen und ethischen Rationalisierung im Mittelpunkt seiner Religionssoziologie.

Wenn der Buddha nun aber kein Prophet war: Was für eine Art

religiöser Führer war er dann, und welche Art Religionsreform setzte er in Gang? Während sich der Buddha und andere religiöse Lehrer seiner Zeit tatsächlich radikal von biblischen Propheten unterschieden, hatten sie doch mit diesen eines gemeinsam: Sie alle lösten eine im wesentlichen ethische Religionsreform aus, indem sie entweder eine schon bestehende, aber verfallene religiöse Tradition in eine ethische Religion zurückverwandelten oder indem sie einer absterbenden Priester- oder Kultreligion ethisches Leben einhauchten. Dem Beispiel Webers folgend, halte ich dies für einen entscheidenden Prozeß in der Religionsgeschichte, den ich als *Ethisierung*[8] bezeichne – einen Prozeß, in welchem die Sozialmoral unauflösbar mit der religiösen Moral verkoppelt wird. Dies ist keineswegs selbstverständlich. Beispielsweise muß ja ein Ehebrecher, der mit seiner Handlung eine soziale Norm verletzt, deshalb noch nicht eine *religiöse* Norm verletzen. In den großen geschichtlichen Religionen aber ist das moralische Leben der Gesellschaft *systematisch* in die Religion einbezogen, so daß jede Verletzung eines sozialen Gebots gleichzeitig die Verletzung eines religiösen Gebots bedeutet und für das Individuum »Sünde« ist. Es ist anzunehmen, daß es keine Religion gibt, in der ethische Implikationen völlig fehlen; doch die *systematische Ethisierung* gibt es nur unter bestimmten Bedingungen als Teil einer umfassenderen Rationalisierung der Religion. In diesem Essay werde ich mich hauptsächlich mit zwei Instrumenten dieser Ethisierung befassen: der »ethischen Prophetie« in den religiösen Traditionen des alten Nahen Ostens und des Irans und der »ethischen Askese« in den Reformbewegungen des 6. Jahrhunderts im indischen Gangestal.

Die vorbuddhistischen religiösen Traditionen Indiens

Um jene religiösen Reformen umfassend würdigen zu können, die von den Führern der nicht-hinduistischen Religionen im alten Indien eingeleitet wurden, muß man zunächst die älteren religiösen Traditionen betrachten, die diesen Reformen vorangingen. Meine These lautet, daß diese älteren Religionen im wesentlichen nicht-ethischer Natur waren; dagegen verdankt sich die buddhistische Reform in der Hauptsache einem ethischen Impuls. In diesem Essay werde ich mich auf zwei wesentliche vorbuddhistische Traditionen Indiens beschränken: die Tradition von Stammesreligionen und die vedische Tradition.

1. Stammesreligionen

Da über die indischen Stammesreligionen und den Glauben der Ureinwohner im Zeitalter des Buddha sehr wenig bekannt ist, muß man sich damit begnügen, moderne indische Stammesreligionen zu prüfen. Dieses Vorgehen ist zwar in methodischer Hinsicht anfechtbar; aber wenn man zeigen könnte, daß diese modernen Stammesreligionen *heute* keine Ethisierung kennen, wäre m. E. wohl der Schluß erlaubt, daß sie in antiker Zeit erst recht keine Ethisierung gekannt haben. Glücklicherweise befaßt sich der führende Ethnologe der indischen Stammesgesellschaft, Fürer-Haimendorf, in seinem Buch *Moral and Merit*[9] speziell mit diesem Problem.

Er führt aus, daß diejenigen Gruppen, welche am wenigsten von hinduistischer Kultur beeinflußt sind, »nichtmoralische« Religionen haben. Über die Chenchu sagt er: »Supernatural sanctions, though not easily evaluated, came to play a comparatively small part in promoting conformity to the accepted moral standards ... there is little to suggest that moral lapses are subject to supernatural sanction.«[10] Dies gilt auch für die Reddis: » ... the deities demand from man the observance of certain taboos ... but the relations between man and man are to them a matter of indifference; there is no divine retribution of crime or reward for virtuous behavior.«[11] Ähnliche Einstellungen haben die Kamar und Daflar: »The Kamars' attitude to adultery is much the same as that of the Reddis ...«[12] »While an appeal to supernatural powers is used to strengthen a peace-pact, there is otherwise no suggestion that gods and spirits are concerned with the moral conduct of human beings ...«[13] Genauso bei den Apa Tani: »The Apa Tanis are sensitive to social approval or disapproval, and the fear of being ›shamed‹ is a powerful incentive to conformity. There is, on the other hand, no sense of ›sin‹ and no corresponding desire to acquire ›merit‹ in a system of supernatural rewards ... (Daflar und Apa Tani) do not ascribe to their gods a general interest in the moral conduct of man.«[14]

Bei manchen Stämmen, etwa den Gond, gibt es zwar Sündenvorstellungen, doch sind dies nach Fürer-Haimendorf Übernahmen aus jüngerer Zeit. »When talking of such an offense against the accepted moral order the Gonds use the word *pap*, which in several Aryan languages means ›sin‹. There is no Gond equivalent to this word loaned from Hindi, Urdu or Marathi, and this situation suggests that Gondi ideology originally lacked the concept ›sin‹, as distinct from an offense against the customary law upheld by the notion of village and tribal councils but unfortified by any supernatural sanction.«[15]

2. Die vedische Tradition

Ich möchte zunächst auf die Tradition des *Ṛg-Veda* eingehen, in welchem uns ebenfalls eine weitgehend nicht ethisierte Religion begegnet. Im *Ṛg-Veda* ist der vornehmste Ort für die Toten der Himmel. Beim Tod des Menschen geht die Seele – auf einem Wagen fahrend oder von Flügeln getragen – den Weg der Väter und gelangt an einen Ort ewiger Ruhe. Nach Arthur Berriedale Keith ist im *Ṛg-Veda* der Himmel als ein paradiesischer Ort gedacht: »There ist light, the sun for the highest waters, every form of happiness, the Svadhā, which is at once the food of the spirits, and the power which they win by it, their self-determination.«[16] Die Geister genießen materiellen Luxus, *súra*, Milchwein, Honig, *ghṛta* (Hindi: ghi) und *soma*, aber auch die Freuden der Liebe. Es gibt auch Musik und Gesang und einen himmlischen Feigenbaum, unter dem Yama mit den Göttern trinkt.

Diese Eschatologie ist eine paradiesische, keine vergeltende (ethisierte). Auch Yama und Varuṇa, die manchmal den Anschein ethischer Gottheiten erwecken, verzichten darauf, die Toten zu strafen oder für ihre Sünden zu ›richten‹, und gewähren vielmehr eine Art bedingungsloser Amnestie. Keith sagt: »The idea of a judgment of any sort is foreign to the Rig Veda as to the early Iran.«[17]

Die Vorstellung einer Hölle war im *Ṛg-Veda* »keimhaft vorhanden«.[18] Es ist ein Ort unter der Erde, in den Indra und Soma Übeltäter werfen, nämlich den Feind, den Räuber oder die Teufelin. Der *Atharvaveda* kennt das Wort *narakaloka* (schlimmer Ort) im Gegensatz zu *svarga* (Himmel); das *narakaloka* ist ein unsichtbarer, finsterer Ort, wohin weibliche Kobolde, Zauberinnen und Mörder verbannt werden. Menschen, die sich an Brahmanen vergangen haben, sitzen hier in Strömen von Blut und essen ihr Haar. Eine ethische Auffassung scheint diesen Vorstellungen jedoch nicht zugrunde zu liegen. Es werden nur einzelne Vergehen aufgezählt und nicht allgemeine Kategorien gebildet wie in späteren Religionen. Menschen, die sich in der Hölle befinden, haben besonders abscheuliche Verbrechen begangen. Keith sagt: »The Vedic view is clearly for other than this: the great majority of men believed themselves to be good, and destined to the joys of heaven, but they did not regard these joys as making the earth less desirable. The normal attitude of the whole of the Vedic religion, down to the very end of the period of the Brāhmaṇas, is that it is a good thing to behold the light of the sun, and to live a hundred years, for which prayers and spells are earnestly resorted to, and that at the end of the life one attains, there will be another if different yet analogous, life in the world to come with the same pleasures as on earth, but without the disadvantages of human imperfection.«[19] Es handelt sich also tatsächlich um eine nichtethische Eschatologie: Das Jenseits ist gleichermaßen für Heilige und für Sünder da; ausgenommen sind nur bestimmte Dämonen und Verbrecher. Der Einlaß in die andere Welt hängt eher davon ab, daß der Mensch das korrekte Ritual vollzieht, als vom moralischen Wert seiner innerweltlichen Handlungen.

Für die späteren Brāhmaṇas stellt Keith dies fest: »The myths which they recount and invent have this characteristic about them, that they are indifferent to the moral qualities of their acts . . .«[20] Von den Göttern heißt es, sie seien »true«, aber Wahrheit hat hier keine moralische Konnotation, sondern »is confined to the precise carrying out of the rites and utterances of the formulae of the sacrificial ritual.«[21] Dann fährt Keith fort: »But the most convincing evidence of all regarding the almost purely ritual character of goodness in the view of the Brāhmaṇas is that their concept of torment is inextricably bound up with the correct practice . . . of the ritual.«[22]

Es trifft zwar zu, daß die guten und bösen Handlungen des Menschen nach seinem Tode gewogen werden, aber nicht auf der Grundlage einer ›Sozialethik‹ wie bei den heutigen Hindus und Buddhisten, sondern vielmehr auf der Grundlage von Tabuvorschriften und rituellen Verboten. Das kommt in der Vision Bhṛgus im *Satapatha-* und *Jaiminīya-Brāhmaṇa* deutlich zum

Ausdruck. Dort werden in der Hölle jene Menschen bestraft, die Holz fällten, ohne das *agnihotra*-Opfer zu bringen, und die Tiere und sogar Pflanzen töteten und aßen, ohne das korrekte Ritual zu vollziehen. Im *Kausītakī Brāhmaṇa* üben die Tiere in der nächsten Welt Rache am Menschen, außer er vollzieht das korrekte Ritual.[23] Offenkundig haben wir es hier mit Tabuverletzung und nicht mit religiöser Ethik oder Moral zu tun.

Die Upaniṣaden, obwohl der vedischen Tradition angehörend, sind von der spekulativen Askese der Ganges-Region beeinflußt.[24] Trotzdem sind sie ein Beweis dafür, daß auch eine durchdachte spekulative Religion sich nicht um Moral oder Ethik zu kümmern braucht. Die Gründe hierfür werde ich später erörtern. Daß ein solches ethisches Interesse in den Upaniṣaden mehr oder weniger fehlt, hat Religionswissenschaftler irritiert, die aufgrund der Kenntnis späterer Religionen glaubten, eine spekulative Soteriologie müsse eine ethische Soteriologie in sich schließen. So verweist Paul Deussen in seiner erschöpfenden Untersuchung der Upaniṣaden zwar auf moralische Verbote, die darin vorkommen, etwa in der *Chāndogya-Upaniṣad* (5, 10, 9):

»Der Dieb des Goldes und der Branntweintrinker,
Brahmanenmörder, Lehrers Bett Beflecker,
Die vier und fünftens, wer mit ihnen umgeht, stürzt.«[25]

Doch wundert er sich darüber, daß hier nur besondere Fälle zitiert werden und nicht eine systematische Ethisierung vorliegt. Er findet dafür eine ziemlich naive Erklärung: Das Fehlen von Verallgemeinerungen sowie die Seltenheit solcher Warnungen in der Upaniṣaden-Literatur bewiesen, daß Verfehlungen dieser Art eben nicht häufig vorgekommen seien.[26] Er stellt ferner fest, die Ethik in den Upaniṣaden habe keinen ›objektiven‹ oder äußeren Charakter. Die Europäer verkennten die ethische Natur der Upaniṣaden, weil in den europäischen Religionstraditionen eine äußere, nicht-subjektive Ethik vorherrschend sei.[27] Er vergißt dabei allerdings, daß sowohl der Jainismus wie der Buddhismus eine ›äußere‹ (d. h. soziale) Moral besitzen, die sich von der subjektiven, inneren »Ethik« der Upaniṣaden radikal unterscheidet. Tatsache freilich bleibt, daß sich auch der upaniṣadische Heilssucher durchaus über die gewöhnliche Alltagsmoral erheben kann. In der *Kauṣītakī Upaniṣad* wirft der Mensch, der das Brahma erreicht, nachdem er den Fluß der Unsterblichkeit überschritten hat, seine guten wie seine bösen Taten von sich; er steht *über* aller Moral, selbst über so abscheulichen Taten wie der Tötung eines Embryos und dem Mord an Vater oder Mutter. Zur Debatte steht daher vielleicht weniger das Fehlen einer Ethik an sich in den Upaniṣaden, als vielmehr die Tatsache, daß sie nicht mit einer systematischen »Sozialethik« verbunden ist.

Ethisierung als Zivilisationsprozeß

Im vorangegangenen Abschnitt habe ich mich mit den religiösen Traditionen Indiens vor der Zeit des Buddha befaßt. Ich wende mich nun dem Iran zu und gehe mit den meisten Forschern von der Voraussetzung aus, daß die Art von Religion, die für den *Ṛg-Veda* (aber nicht für die Brāhmaṇas und Upaniṣaden) bezeichnend ist, sich auch in den Iran hinein erstreckte. Diese umfassendere indo-iranische Religionstradition erlebte zwei wesentliche Reformbewegungen; die eine wurde von Zarathustra durch ethische Prophetie ausgelöst, die andere vom Buddha und ähnlichen religiösen Führern durch ethische Askese, die zum spekulativen Gedankengut der *Samaṇas* und Wanderer in der Ganges-Region gehörte. Ich beschäftige mich hier nicht mit dem Inhalt dieser Ethisierung, sondern mit den Mechanismen, durch welche sie zum Ausdruck kam. Vor allem untersuche ich die soziologischen Bedingungen, die für eine Ethisierung notwendig sind.

Max Weber hat das Wesen der ethischen Prophetie prägnant erfaßt. Er schreibt: »Wir wollen hier unter einem ›Propheten‹ verstehen einen rein *persönlichen* Charismaträger, der kraft seiner Mission eine religiöse Lehre oder einen göttlichen Befehl verkündet.«[28] Und weiter: »Der Prophet im hier festgehaltenen Sinn fehlt . . überall da, wo die Verkündigung einer religiösen Heilswahrheit kraft persönlicher Offenbarung fehlt. Diese soll hier als das entscheidende Merkmal des Propheten festgehalten werden.«[29] In einer trefflichen Passage erörtert Weber das Wesen der prophetischen Botschaft. Die prophetische Offenbarung, so sagt er, bedeute für den Propheten selbst und für seine Helfer »einen einheitlichen Aspekt des Lebens, gewonnen durch eine bewußt *einheitliche sinnhafte* Stellungnahme zu ihm. Leben und Welt, die sozialen wie die kosmischen Geschehnisse, haben für den Propheten einen bestimmten systematisch einheitlichen ›Sinn‹, und das Verhalten der Menschen muß, um ihnen Heil zu bringen, daran orientiert und durch die Beziehung auf ihn einheitlich sinnvoll gestaltet werden.« Weiter sagt er von dieser Konzeption: »Immer bedeutet sie, nur in verschiedenem Grade und mit verschiedenem Erfolge, einen Versuch der Systematisierung aller Lebensäußerungen, der Zusammenfassung also des praktischen Verhaltens zu einer *Lebensführung*, gleichviel, wie diese im Einzelfall aussehen möge.«[30] Der Prophet wird zu einem »Werkzeug des göttlichen Willens«.[31,32] In dieser Hinsicht mag der Prophet zwar dem Schamanen ähneln (Webers Zauberer). Es gibt tatsächlich viele charakterologische Ähnlichkeiten zwischen der Persönlichkeit des Schamanen und des Propheten, auch Ähnlichkeiten in ihrem Lebensstil und im Inhalt ihrer Botschaft, von der beide behaupten, sie komme von »Gott«. Doch die Botschaft des Schamanen ist niemals ethisch und bietet auch keinen systematischen, einheitlichen Sinn.[33,34]

Die zarathustrische Reform der älteren indo-iranischen Religion ist der typische Fall einer ethischen Prophetie im Weberschen Sinne. Zaehner zeigt, wie die vorzarathustrische Religion zu einem einheitlichen religiösen Weltbild von gänzlich ethischem Charakter rationalisiert wurde. Ein schönes Beispiel für diese ethische Orientierung ist ein Hymnus, der Zarathustras Vision des Gottes beschreibt, der ihn zurück zum Anfang der Zeit und der Welt führte (*Yasna* 43, 5):

»Als den Heiligen erkannte ich Dich da, o MazdāhAhura, als ich Dich zuerst erschaute bei der Schaffung des Lebens, wie Du den Taten ihren Lohn bestimmtest und den Worten, (wie Du) das böse Los dem Bösen, das gute dem Guten durch Dein Können (als den Lohn bestimmtest) beim letzten Ende der Schöpfung.«[35]

In Indien vollzog sich die Rationalisierung und Ethisierung der vorhandenen religiösen Überzeugungen – vedischer und nichtvedischer Art – durch einen radikal anderen Prozeß, den ich, in Ermangelung eines besseren Ausdrucks, »ethische Askese« genannt habe. Es sei angemerkt, daß Askese im Grunde nichtethisch ist, insofern sie meist (im Indien zu Buddhas Zeit nicht anders als im heutigen Indien) den *magischen* Versuch darstellt, Macht über den Menschen und die Natur zu gewinnen. Ethisch geleitete Askese dagegen ist, nicht anders als ethische Prophetie, spekulativ und schließt eine Rationalisierung der Religion ein. Diese Rationalisierung der Religion bedeutet: die (sehr selektiv verfahrende) Umwandlung der früheren nichtethischen Religion in eine ethische; die Ersetzung der alten Lehre durch eine neue; oder – was die Regel ist – beides zusammen. Das Ziel der Reform (sei es durch ethische Prophetie, sei es durch ethische Askese) ist es, eine sozial-religiöse Moral zu schaffen. Man muß jedoch betonen, daß eine rationale und spekulative Religion auch ohne systematische Ethik bestehen kann. Bei ethischer Prophetie wie bei ethischer Askese sind aber beide unauflösbar miteinander verflochten. Mit einem Wort: Man kann die Rationalisierung der Religion ohne Ethisierung haben, aber nicht die Ethisierung ohne Rationalisierung.

Spekulative Askese als gesellschaftliche Institution ist von Dutt[36] in seinem Werk über frühbuddhistisches Mönchswesen und neuerdings auch von Olivelle[37] gut dargestellt worden. Anhand buddhistischer Texte belegt Dutt die außerordentlich große Zahl wandernder Asketen (auf Pali: *paribbājaka*, auf Sanskrit: *parivrājaka).* Diese Wanderer haben der Welt entsagt; sie sind Almosenempfänger, die nicht aus Bedürftigkeit betteln, sondern weil es ihrer Einstellung zur Welt entspricht. Dutt zeigt dann weiter, daß Buddhismus, Jainismus und andere religiöse Gruppen jener Zeit Teil eines weitverbreiteten, institutionalisierten Wanderasketentums waren. Die buddhistische sowie sechs weitere führende Schulen jener Zeit nannten sich *samaṅas* (Eremiten). Die upaniṣadischen Asketen waren *saṃnyāsins,* und beide Gruppen achteten darauf, sich von anderen Wanderern und voneinander zu unterscheiden. Doch wie Dutt mit Recht bemerkt, lassen sie sich als Repräsentanten der herrschenden Institution des heimatlosen, wandernden Asketen verstehen.

Ein ganzer Abschnitt des *Majjhima Nikāya* mit zehn *suttas* trägt den Titel *Abteilung der Wanderer* und gibt uns wertvolle soziologische Informationen. So heißt es etwa im *Gespräch über Sandaka (Sandaka-Sutta)* von Sandaka dem Wanderer: »Er verharrt in der Feigenbaumhöhle mit einer großen Schar von Wanderern, mit wenigstens 500 Wanderern.«[38] Ein anderer Wanderer namens Uggāhamāna hatte eine Gefolgschaft von 300. Die Gefahr einer Übertreibung besteht hier nicht, da die Buddhisten diese Wanderer verachteten; es ist also wahrscheinlich, daß verschiedene Wanderer, wie die *samaṅas,* religiöse Führer mit großer Gefolgschaft waren. Viele andere lebten, nach dem Zeugnis der *suttas*, allein; doch alle waren in der sozialen Landschaft des Ganges-Gebiets ein vertrauter Anblick.

Wie aus den *suttas* unzweideutig hervorgeht, waren den Wanderern in den Städten bestimmte Viertel zugewiesen. Im *Mahā-Sakuludāyi-Sutta* wird von berühmten Wandermönchen wie Anugāra, Varadhara und Sakuludāyin berichtet, die sich im Park der Wanderer beim Pfauenfütterungsplatz unweit Rajagaha aufhielten.[39] In Vesālī hatten sie einen eigenen Park namens *ekapuṇḍarīka* (der Park des einzelnen Lotus).[40] In der Stadt Sāvatthī gab es den Park der Mallikā und darin den Einen Saal, »umstanden von *tinduka*-Bäumen«, d. h., es gab für die Wandermönche einen eigenen, abgetrennten Platz innerhalb eines größeren Areals.[41] Sie alle waren gesellschaftlich akzeptiert und bildeten eine wichtige Gruppe von Personen, so daß die Städte besondere Vorkehrungen für sie treffen mußten – dies vermutlich besonders für die Zeit der Regenfälle, wenn die Mönche ihre Wanderungen vorübergehend unterbrachen, aber auch sonst boten sie Rastplätze für die Durchziehenden.

In diesen Gruppen herrschte große geistige Regsamkeit. Es gab ständige Diskussionen und Streitgespräche in und zwischen den verschiedenen Gruppen von Wanderern und *samaṇas*. Die *suttas* sind voller Anspielungen auf solche »Streitgespräche«, welche den Katalysator für Spekulation und religiöse Rationalisierung darstellten. So berichtet das *Mahā-Sakuludāyi-Sutta* von einem Diskussionssaal, wo »verschiedene Mitglieder anderer Sekten, Eremiten und Brahmanen versammelt waren«, vermutlich während der Regenzeit.[42] Der Inhalt dieser Diskussionen wird gelegentlich in Jaina- und buddhistischen *suttas* aufgeführt.

Auf diesem kulturellen Boden wuchsen die großen spekulativen Religionen Indiens – die Upaniṣaden, der Buddhismus und der Jainismus. Doch Spekulation ist etwas anderes als Ethisierung. Die Upaniṣaden brachten zwar eine große spekulative Erlösungslehre hervor, aber keine moralische Religion in unserem Sinne. Bei der Lektüre der buddhistischen und jainistischen *Suttas* wundert man sich darüber, daß die jainistischen und buddhistischen Mönche nicht nur während *vas* (*vas* ist ein singhalesisches Wort und bedeutet Regenzeit, von Pāli: *vassa*, Sanskrit: *varṣa)* oder auf ihren Wanderungen an Rastplätzen, sondern oft auch in einem von einem reichen Anhänger gestifteten Park zusammenkamen.

Offensichtlich hatten die Buddhisten und Jainas Laiengemeinden, die jeweils ihre Gruppe besonders unterstützten. Es gab also Laien, die zu diesen Religionen bekehrt worden waren. Dagegen genossen die anderen Wandermönche, einschließlich der upaniṣadischen Asketen, nur die allgemeine Unterstützung durch Laien, wie sie *jeder* Asketengemeinde zuteil wurde. An der Bekehrung von Laien waren sie nicht interessiert. Der eigentliche Unterschied zwischen *samaṇas* und anderen Wandermönchen lag vermutlich genau darin, daß die letzteren ausschließlich nach individueller Erlösung strebten, der Gesellschaft entsagten und keine Soteriologie für Laien entwickelten. Ich stelle die These auf, daß die systematische Ethisierung einer Religion nur im Zusammenhang mit einer Laiengemeinde auftreten kann. Ich möchte dies am Beispiel der gegensätzlichen ethischen Orientierungen im Buddhismus und den Upaniṣaden ausführen.

Indische Autoren deuten das Wort »upaniṣad« gewöhnlich als *rahasyam* (geheim), und Deussen schließt sich dieser Interpretation an. Es handelt sich um eine esoterische Geheimlehre, die der *guru* seinem nach Erlösung strebenden Schüler enthüllt. Häufig geschah die Entschleierung dieses Wissens in einem Walde (*āranya)*; so kam auch der Ausdruck Āraṇyaka in Gebrauch. Auch gewisse körperliche Gesten verraten dies, etwa wenn *Yājñavalkya* in der *Bṛhadāraṇyaka Upaniṣad* den Fragenden beiseite nimmt und dann das Wesen seiner Lehre mit ihm bespricht. Der Heilssucher wendet sich an einen *guru* und lernt von ihm das geheime Wissen. Ich vermute, daß diese Orientierung für viele Wandersekten jener Zeit gilt. Deussen gibt viele Beispiele für die geheime, esoterische Natur des upaniṣadischen Wissens. Ich zitiere einige wenige:

Chāndogya-U. 3. 11. 5. »Darum soll sie (diese Lehre) nur dem ältesten Sohne sein Vater als das Brahman kundmachen, oder auch einem vertrauten Schüler, aber keinem anderen, wer es auch sei.«

Śvetāśvatara-U. 6. 22. »Keinem gebt es (dieses höchste Geheimnis), der nicht ruhig, der nicht Sohn oder auch Schüler ist.«

Nṛsiṃhottaratāpanīya-U. 1. 3. »Aber wenn den Savitarspruch, den Lakshmîspruch, den Praṇava ein Weib weiss oder ein Çûdra, mit dem geht es nach dem Tode abwärts. Darum verkünde man ihnen denselben nimmermehr! Wenn einer ihnen sie verkündigt, mit dem Lehrer geht es dafür nach dem Tode abwärts.«

Rāmapūrvatāpanīya-U. 84. »Gemeinen Menschen gebt es (das Diagramm) nicht!«[43]

In den Upaniṣaden und ähnlichen asketischen Lehren geht es dem Individuum um seine persönliche Erlösung, während es im Buddhismus und Jainismus darüber hinaus das Interesse am gemeinen Mann, an Frauen und an *śūdras* gibt, d. h. an einer größeren Laiengemeinde. Wie Durkheim in einem klassischen Essay sagt, kann der einzelne sich nicht selbst zum moralischen Gegenstand werden; die Moral ist in gesellschaftlichen Beziehungen begründet. Egoismus und Moral sind einander diametral entgegengesetzt; Moral kommt allein durch unser Verhältnis zu anderen zustande.[44] Dieser Sachverhalt gilt kaum für die Upaniṣaden, welche die Suche des einzelnen nach seiner eigenen Erlösung betonen, nicht das Wohl der Gruppe. Damit soll nicht gesagt sein, daß diese Lehren keine Ethik kennen, sondern nur, daß sie keine Ethisierung in unserem Sinne aufweisen. Sozialethik ist für die Erlösung bestenfalls unerheblich, in manchen Fällen ist sie sogar ein Hindernis insofern, als sie die Person an ihre Gruppe bindet, während Erlösung für den upaniṣadischen Asketen gerade in der Trennung von seiner Gruppe besteht.

Weber irrte sich, wenn er glaubte, dem Buddhismus gehe es allein um die persönliche *certitudo salutis* und nicht um das Wohl des Nächsten. Eine solche Haltung bildet die Grundlage für den asketischen Rückzug von der Welt. Man könnte annehmen, daß die Absage an die Welt mit persönlichem Erlösungsstreben zusammenhängen müsse. Offenkundig war dies auch eines der Ziele im frühen Buddhismus, vielleicht sogar das wichtigste. Gleichwohl gab es ein anderes Ziel, nämlich Bekehrung, Proselytismus, und die Errichtung einer Laiengemeinde. Dies erfordert, daß der asketische Rückzug von der Welt, dessen Ziel die persönliche Erlösung ist, mit dem Aufbau einer Kommunikation zwischen Laiengemeinde und Mönch in Einklang gebracht wird. Diese Versöhnung von persönlichem Erlösungsstreben und dem Wohlergehen des Nächsten ist ein Hauptdilemma im Buddhismus und Jainismus gewesen, aber auch, wie Basham gezeigt hat, im Ājīvikaismus.[45] Eine der Antworten auf dieses Problem bestand in der klassischen Unterteilung der Mönche in verschiedene Kategorien:

vipassanādhūra (Berufung zur Meditation) – *ganthadhura* (Berufung zum Studium);

vanavāsins (Waldbewohner) – *grāmavāsins* (Siedlungsbewohner).

Die jeweils erste Kategorie hängt mit dem individuellen Erlösungsstreben zusammen, während die jeweils zweite sich auf die Laiengemeinde bezieht.

Es blieb nun zwar stets ein Problem im Buddhismus, wie das Ziel der asketischen Weltentsagung mit den Anforderungen des Laientums zu versöhnen sei. Es kann aber nicht der geringste Zweifel bestehen, daß der Buddhismus niemals eine ausschließliche »Mönchsreligion« gewesen ist. Das Dilemma des Buddhas selbst kommt in seiner frühen Rede *Ariyapariyesana Sutta*[46] deutlich zum Ausdruck. Dort gibt er zu, daß seine Lehre selbst für die Wenigen schwierig sei und daß er deshalb zögere, sie der Welt zu predigen. Mit dem Verzicht auf die Predigt hätte er sich tatsächlich für das Ziel der persönlichen Erlösung entschieden – was in der Buddha-Mythologie ein *pacceka*-Buddha heißt. Doch nachdem Brahma eingegriffen hatte, entschied sich Buddha für das »Wohl und Glück der Vielen«. In den *suttas* gibt es zahllose Äußerungen, die betonen, daß die Religion sowohl für den Mönch wie für den Laien da sei. Nehmen wir einen maßgeblichen Text – das *Mahāparinibbāna-Sutta*, eine Rede, die der Buddha vor seinem Tode hielt und die trotz erheblicher Mythisierung das spätere Denken der frühen Buddhisten, wenn nicht gar des Buddha selbst, enthält. In diesem Text verkündet Māra, der Böse, dem Buddha, daß dieser auf der Stelle sterben werde, doch Buddha entgegnet: »Ich werde nicht von hinnen scheiden, du Böser, solange meine Bhikkhu's noch nicht kluge, wohlgeschulte, ihrer Sache sichere, gut unterrichtete Jünger sind, die die Lehre kennen und befolgen, den rechten Pfad in Übereinstimmung mit der Lehre wandeln, die, was sie gelehrt bekommen haben, so wie sie selbst es gelernt haben, mitteilen, lehren, verkünden, aufstellen, darlegen, auseinandersetzen und klarmachen werden und die, indem sie Widerspruch, der sich erhebt, mit der Macht der Wahrheit erfolgreich zum Schweigen bringen, die einwandfreie Lehre verkünden werden ... Ich werde nicht von hinnen scheiden, du Böser, solange meine Bhikkhunī's noch nicht kluge, wohlgeschulte ... Jüngerinnen ... sind, solange meine Laienfreunde noch nicht kluge ...«[47]

Von dieser Äußerung wird nachträglich behauptet, der Buddha habe sie schon in seiner allerersten Rede getan, und sie wird wiederholt, um den Eindruck zu erwecken, als handle es sich um einen durchgehaltenen Standpunkt: »Ich werde nicht von hinnen scheiden, du Böser, solange diese von mir (begründete) heilige Lebensführung noch nicht gedeihen, sich entfalten, ausbreiten, volkstümlich und allgemein sein, und, soweit Götter und Menschen wohnen, volles Verständnis finden wird.«[48]

So scheint es mir unbestreitbar zu sein, daß der frühe Buddhismus und der Jainismus sowie in einem geringeren Umfang auch der Ājīvikaismus folgende Merkmale aufwiesen:

1. Predigt für die Welt und Herstellung der Kommunikation mit der Laiengemeinde. Dies nicht nur, um Rekruten für den Orden zu werben, sondern auch, um eine Gefolgschaft aus Laien aufzubauen.

2. Die Kommunikation mit der Laienschaft wurde durch die Entwicklung des Mönchswesens erleichtert. Sobald der Orden errichtet war, gab es Mönchsgemeinden in verschiedenen Gegenden am mittleren Ganges. Wenn der Buddha eine Stadt besuchte, versammelten sich die Mönche, die bereits dort lebten, um ihn zu sehen. Auch während ihrer durch die Regenzeit bedingten Einkehr *(vassa)* hausten die Mönche in der Nähe einer menschlichen Siedlung. So sagt der Buddha in dem bereits zitierten *sutta:* »›Wohlan, Bhikkhu's, haltet Regenzeit irgendwo in der Umgegend von Vesālī, wo ihr gerade Freunde, Bekannte und euch Ergebene wohnen habt; ich meinerseits will hier im Dorfe Beluva Regenzeit halten.‹ Sie antworteten: ›Ja Herr‹ und hielten ihre Regenzeit in der Umgegend von Vesālī, wo sie gerade Freunde, Bekannte und ihnen zugetane Leute wohnen hatten.«[49] Dort gab es also bereits eine Anhängerschaft. In den Texten finden sich viele Verweise auf Laienjünger in den verschiedenen Orten, an denen Buddha predigte; sie kamen zusammen, um seine Lehre zu hören. Bis weit in die Nacht hinein wurden Predigten gehalten.

3. Ein entscheidendes Wesensmerkmal des frühen Buddhismus ist also die öffentliche Predigt, die bis auf den heutigen Tag ein Instrument geblieben ist, um den unmusikalischen Massen die Lehrtradition zugänglich zu machen.[50] Diese öffentlichen Predigten standen jedermann offen, im Gegensatz zur geschlossenen, esoterischen Welt des upaniṣadischen *guru* und seines Schülers.

Es scheint demnach festzustehen, daß sich die Bekehrungsbemühungen der frühen Buddhisten auch auf die Laien erstreckten. Soziale Verbindungen zwischen Mönchen und Laien jedenfalls wurden im Buddhismus schon sehr früh hergestellt. Es sei daran erinnert, daß, wie Sozialwissenschaftler gezeigt haben, der Begriff *bhikkhu* nicht ohne weiteres als »Mönch« zu übersetzen ist. Englischsprechende Buddhisten übersetzen ihn denn auch in der Regel mit »Priester«. Übersetzungsschwierigkeiten sollten uns jedoch nicht für die sozialen Realitäten blind machen, die der Rolle des *bhikkhu* in der Anfangszeit des Buddhismus zugrunde lagen.

Die gegensätzlichen Orientierungen der ethischen Prophetie und der ethisch geleiteten Askese

Die ethische Askese, die ich weiter oben beschrieben habe, ist nicht einfach ein Phänomen der antiken Ganges-Religion. Sie hat auch die südasiatischen religiösen Traditionen, die durch sie beeinflußt wurden, entscheidend geprägt – ganz so, wie die ethische Prophetie die religiösen Traditionen, die vom Islam, von der zarathustrischen Religion und vom Christentum ausgingen. Das ist ein weites Feld, und ich werde mich nur mit einigen charakteristischen Besonderheiten der ethischen Askese befassen, die beim Vergleich mit ihrem Gegenpol, der ethischen Prophetie, ins Auge springen. Ich führe dabei Webers Argumente fort.[51]

1. Der entscheidende Punkt der ethischen Prophetie ist, daß der Prophet der Mittler eines transzendenten, ethischen Gottes ist, dessen Botschaft er der Welt mitteilt. Der ethische Asket dagegen formuliert seine eigene Botschaft, die seiner eigenen nach innen gerichteten kontemplativen Spekulation entspringt. Gottheiten sind für ihn lediglich äußere Agenten, die seine soteriologische Botschaft bestenfalls bestätigen oder billigen und auf ihre Verbreitung in der Welt dringen.

2. Psychologisch gesehen, gehört zur Erfahrung des Propheten die Besessenheit, die oft in einen Trancezustand und in andere körperliche Symptome der Besessenheit übergeht.[52] Trotzdem sucht der Prophet die Besessenheit nicht absichtlich, darin übrigens manchen Schamanen ähnlich; teilweise widersetzt sich der Prophet sogar dem an ihn ergehenden Ruf.[53] Im Gegensatz zur »Besessenheits-Trance« steht die »kontemplative Trance« des ethischen Asketen, ein Zustand, der bewußt gesucht und durch Meditation gepflegt wird.[54]

3. Aus dem Vorangegangenen ergibt sich die Natur der prophetischen Botschaft: Sie kommt von Gott und ist deshalb eine Verkündigung des göttlichen Willens. Die prophetische Ethik, die sich daraus ergibt, stellt ein *Gebot* dar. Die ethische Botschaft des Asketen kommt dagegen nicht von Gott; sie ist eine *Richtschnur*, der man aufgrund ihrer inneren Richtigkeit folgt. Die Unterscheidung zwischen Gebot und Richtschnur ist entscheidend für die jeweiligen religiösen Traditionen, in denen ethische Prophetie bzw. ethische Askese institutionalisiert wurden.

4. Da die prophetische Botschaft von Gott selbst kommt, duldet sein Gebot keinen Kompromiß. Ethische Prophetie zeichnet sich daher durch ihre kompromißlose Haltung zur Welt aus. Zarathustra sieht in seinen Gegnern das verkörperte Böse; im Extremfall gibt es weder Gnade noch Pardon, wie der Islam und die zarathustrische Religion, aber auch viele Sekten im Protestantismus beweisen. Die frühere Religion wird mit Intoleranz betrachtet, als Verehrung unbeseelter Gegenstände. So wettert Zarathustra über die Trinker des *haoma*, des iranischen Gegenstücks zum vedischen Rauschtrank *soma (Yasna* 48, 10): »Wann wirst Du den Unflat dieses Rauschtranks treffen, durch den böslich die Karpan [eine Priesterklasse] und durch den mit Absicht die üblen Herrscher der Länder betrügen?«[55]

In der ethischen Askese ist die ethische Botschaft, insofern sie aus der nach innen gerichteten Spekulation kommt, anfällig gegen Kompromiß und Revision. Die Regeln des Mönchsordens wurden ständig revidiert, die *suttas* dagegen nicht. Gegenüber der Laienreligion verhält man sich tolerant und skeptisch; sie wird mehr als Torheit denn als Übel betrachtet. Im Gegensatz zur Meinung neuerer Autoren enthält der Buddhismus keine Theorie des Bösen, die der der monotheistischen Traditionen entspräche.[56] Der grundsätzliche Unterschied ist, daß die früheren (oder fremden) Religionen für die monotheistischen Religionen böse, für den Buddhismus Torheit sind. Die ironische buddhistische Einstellung zu konträren religiösen Überzeugungen kommt in Texten wie dem *Brahmajāla Sutta* und dem *Tevijja Sutta* klar zum Ausdruck, und zwar in denjenigen Abschnitten, welche sich mit den »niederen Künsten« des Atharvaveda und mit dem volkstümlichen »Aberglauben« befassen.

5. Diese jeweiligen Einstellungen charakterisieren auch den Ton der religiösen Botschaft. Die prophetische Botschaft ist intensiv

und emotional aufgeladen und drückt sich in verdichteter poetischer Sprache und in Metaphern aus, während die Lehre der ethischen Askese ironisch, reflektiert und in Gleichnissen ausgedrückt wird.

6. Die kompromißlose Haltung des ethischen Propheten bringt diesen häufig in Konflikt mit der weltlichen Ordnung. Der Prophet ethisiert eine vorgefundene Religion; oft bringt ihn dies in Konflikt mit der herrschenden Priesterschaft und den weltlichen Autoritäten, die durch diese Priesterschaft und die Religion legitimiert werden. Dies gilt nicht nur für verschiedene Propheten der Bibel, sondern auch für Muhammad und Zarathustra, zumindest in der Anfangsperiode ihrer Reformen.[57] Die ethische Askese dagegen bedroht die weltliche Ordnung nicht, weil ihr diese kompromißlose Einstellung fehlt. Sie verhält sich in bezug auf diese Ordnung neutral.

Die mit der ethischen Askese verbundenen Orientierungen haben die religiösen Traditionen geprägt, die sich in den buddhistischen Gesellschaften Indiens und Südasiens entwickelten, im Unterschied zu den Traditionen, die unter dem Einfluß Zarathustras, Muhammads und der biblischen Prophetie standen.

Der frühe Buddhismus und Max Weber

In meiner Diskussion der ethischen Askese habe ich darauf hingewiesen, daß die Ethisierung einer Religion aus dem Versuch entspringt, die Laiengemeinde zu bekehren, also aus der sozialen Interaktion zwischen den Laien und dem religiösen Führer oder Spezialisten. Dieses Bemühen um die Laiengemeinde haben wir auch in den Zielen des alten Buddhismus festgestellt. Mein Ansatz muß zu einer neuen Auseinandersetzung mit Webers Auffassung des frühen Buddhismus führen, die er in seiner klassischen Abhandlung *Hinduismus und Buddhismus* dargelegt hat. In diesem Werk versteht Weber den antiken Buddhismus als eine Mönchsreligion, von der die Laien ausgeschlossen sind. In seinen Augen bestand das Verdienst des frühen Buddhismus darin, die »Seligkeit des weltentronnenen Lebens schon im Diesseits« angestrebt zu haben, »unter rücksichtsloser Beseitigung aller Heilsmittel, die mit ihm nichts zu tun hatten«.[58] Das Trachten nach dem *nirvāṇa* war das einzige Ziel, und alles, was diesem Ziel im Wege stand, wie Magie und Ritual, wurde ausgemerzt.

In Webers Augen bedeutete dieser intellektuelle, soteriologische Standpunkt, daß die buddhistischen Mönche wenig Interesse an der Laienschaft hatten. Hierin liegt die größte Schwäche in Webers Charakterisierung des frühen Buddhismus, was um so erstaunlicher ist, als er die starken Bindungen zwischen dem Laientum und den Mönchen im Jainismus ausdrücklich bemerkte. »Die starke Organisation und Verknüpfung der Laien-Gemeinde mit den Mönchen war aber von jeher vorhanden und bildete für den Jainismus – im Gegensatz zum Buddhismus – das Mittel, die Konkurrenz der brahmanischen Restauration des Mittelalters und die islamische Verfolgung zu überdauern.«[59] In einem späteren Zusammenhang beleuchtete er diesen Gegensatz noch einmal, indem er vom Buddhismus behauptete, »daß er sich im Grunde um die anderen, die Laien, kaum kümmerte. Denn den Vorschriften, welche er für diese schuf, sieht man es an, daß sie Akkommodationen ohne innerlich einheitlichen Gesichtspunkt waren. Und vor allem fehlte äußerlich das, was der Jainismus geschaffen hatte: eine Gemeindeorganisation der Laien. Selbst die Mönchsorganisation war ja, sahen wir, auf das Allerunentbehrlichste beschränkt.«[60] Er bekräftigt noch einmal seine Auffassung, dieses Fehlen einer Laienorganisation sei ein entscheidender Grund dafür gewesen, daß der Buddhismus in seinem ursprünglichen Heimatland ausgelöscht wurde. Deshalb nämlich hätte er sich gegen die Konkurrenz von Sekten nicht behaupten können, »welche es verstanden, die Laienschaft in feste Beziehungen zu ihrer Leitung zu setzen«.[61]

In Webers Augen besaß der Buddhismus als Idealtyp die folgenden wesentlichen Merkmale:

1. Er war eine unpolitische und antipolitische Standesreligion, die »religiöse ›Kunstlehre‹ eines wandernden, intellektuell geschulten, Bettelmönchtums«.[62]

2. Er war »die denkbar radikalste Form des Erlösungsstrebens überhaupt«.[63] Ihm fehlten alle Merkmale der Massenreligiosität: Gebet, Gottheit, Erlöser, religiöse Gnade, Prädestination usw. Man könnte ihn eigentlich kaum eine Religion nennen, eher »eine Ethik ohne Gott und ohne Kultus«. Besser gesagt: Er verhielt sich gleichgültig gegen die Frage, ob es Götter gibt und wie sie existieren.

3. Weber spricht von der »die Theodizee ersetzenden« Karma-Lehre im Buddhismus, die bewirke, daß das Schicksal des Menschen eine Folge seines eigenen freien Verhaltens ist. »Es kann keine einzelne weltgebundene Handlung in der sinnvoll ethisch ablaufenden, aber gänzlich unpersönlichen kosmischen Kausalität verloren gehen.«[64]

Diese Charakterisierung des frühen Buddhismus ist nun keineswegs falsch. Ich glaube sogar, daß Weber die hauptsächliche Stoßrichtung dieser Religion richtig wiedergibt. Gleichwohl schloß er aus seinem Idealtyp ein entscheidendes Merkmal aus, nämlich den von Anfang an vorhandenen Proselytismus und die Einbindung der Laien in die buddhistische Moralgemeinschaft. Man beachte, daß Weber selbst Zweifel an der Gültigkeit seines Ansatzes hatte: »Es ist nun freilich sehr fraglich, ob die Lehre Buddhas von Anfang an als eine ›Mönchs‹-Religion gedacht war. Oder vielmehr: es ist so gut wie ganz sicher, daß sie dies keineswegs war.«[65] Weber wies mit Recht darauf hin, daß buddhistische Ratschläge für die Laien eine »Unzulänglichkeitsethik der Schwachen« waren; aber das besagt nicht, daß die »Schwachen«, die das Werk der *arhat*-schaft und der Erlösung (*nirvāṇa*) nicht erreichen konnten, vom frühen Buddhismus ausgeschlossen worden wären oder bestenfalls eine untergeordnete Rolle in der frühbuddhistischen ›Kirche‹ erhalten hätten.

Weber vertritt die These, daß die Begriffe der Nächstenliebe (*caritas*) und der Feindesliebe dem Buddhismus fremd seien. »Unbekannt ist die Nächstenliebe zum mindesten im Sinn der großen christlichen Brüderlichkeitsvirtuosen . . . Nur diese kühle Temperierung gewährleistet ja die innere Loslösung von allem ›Durst‹ nach Welt und Menschen. Der buddhistische mystische, durch die Euphorie der apathischen Ekstase psychologisch bedingte Liebesakosmismus (maitri, metta), das ›unbegrenzte Fühlen‹ für Menschen und Tiere: so wie die Mutter für ihr Kind, gibt freilich dem Begnadeten magische seelenüberwindende Macht auch über seine Feinde. Aber er bleibt dabei kühl und distant temperiert. Denn letztlich muß der Einzelne, wie ein berühmtes Gedicht des Meisters sagt, ›einsam wandern wie das Nashorn‹, – und das heißt auch: dessen harte Haut gegen Gefühle haben. Die ›Feindesliebe‹ vollends ist dem Buddhismus notwendig ganz fremd. Sein Quietismus konnte solche Virtuosenkraft der Selbstüberwindung nicht, sondern nur das gleichmütige Nichthassen des Feindes und das ›ruhevolle Gefühl freundlicher Eintracht‹ (Oldenberg) mit dem Gemeinschaftsgenossen ertragen.«[66]

Niemand wird der Auffassung widersprechen, daß buddhistische *maitrī* und christliche *caritas* idealtypisch gesehen verschieden sind; doch Webers psychologische Charakterisierung der buddhistischen »Liebe« ist voll und ganz aus seinem Verständnis der Psychologie des *arhat* erschlossen. Sie ignoriert die praktische Ethik des Buddhismus, die in den *suttas* und insbesondere in den *jātakas* verkörpert ist. In den *jātakas* gibt es zahlreiche spezifisch buddhistische Vorstellungen von Feindesliebe und Liebe zum Mitmenschen, die fast ausnahmslos dem Laien zum Vorbild und zur Erbauung dienen sollen. Webers Voreingenommenheit resultiert hier aus der unrealistischen Vorstellung, der frühe Buddhist sei ein einsamer Sucher der persönlichen Erlösung gewesen. »Die eigene *certitudo salutis,* nicht das Ergehen des ›Nächsten‹, steht in Frage.«[67]

Man kann, wie gesagt, den antiken Buddhismus auch anders verstehen, nämlich nicht aus dem Gegensatz von Mönchs- und Laien-Religion, sondern als Lehrsystem, welches auf beide Gruppen anwendbar ist – wie bei jeder auf Proselytismus angelegten Religion, die immer Verbindungen zur Laiengemeinde herstellen muß. Das Ziel, Erlösung im *nirvāṇa* zu finden, ist hingegen nur für die »Wenigen« – nicht unbedingt nur für Mönche, sondern für all jene, die den achtfachen Pfad gehen, also Mönche, religiöse Virtuosen oder eine Elite. Für den gewöhnlichen Laien gibt es die näheren, zweitbesten Ziele, den Himmel und eine glückliche Wiedergeburt. Das *nirvāṇa* ist ihm keineswegs unerreichbar, es liegt für ihn nur in sehr weiter Ferne. Insofern ist das soteriologische Ziel also letztlich für alle dasselbe.

Webers teilweise unrealistische Annahmen über das Wesen des frühen Buddhismus berührten auch seine Auffassung von der geschichtlichen Entwicklung des Buddhismus. Wie kommt es, so fragt er, daß der Buddhismus »eine der größten Missionsreligionen auf Erden« wurde, wenn seine Mönche nur an persönlicher Erlösung interessiert waren? Und er ergänzt: »Das muß wundernehmen. Denn rein rational angesehen ist kein Motiv zu finden, welches ihn dazu hätte bestimmen können. Was sollte einen nur seine eigene Erlösung suchenden und dafür ganz und gar auf sich selbst allein angewiesenen Mönch veranlassen, sich um das Seelenheil anderer zu kümmern und die Mission zu betreiben?«[68]

Daß es dennoch dazu kam, sucht er aus der Umbildung einer ursprünglich »akosmistischen Organisation« in einen Mönchsorden zu erklären. Doch fragt er sich zugleich, weshalb der Buddha überhaupt einen Orden gegründet hat, da für ihn doch die persönliche Erlösung durch den auf sich selbst gestellten einzelnen im Vordergrund stand. »Der spezifisch asoziale Charakter aller eigentlichen Mystik ist hier auf das Maximum gesteigert.«[69] Weber ist dies als ein Widerspruch erschienen. Aber ein Widerspruch ist es nur im Rahmen von Webers eigenen Annahmen über das Wesen des frühen Buddhismus.

Bei seinen historischen Ausführungen wundert sich Weber auch, wie eine solch apolitische, asoziale Religion zur offiziellen Religion des Aśoka-Reiches werden konnte. Allerdings blieb der Buddhismus in seiner Sicht nicht auf Dauer die offiziell herrschende Konfession: »Seine innere Konsequenz und darum auch seine äußere Schwäche lag darin: daß er auch in seinem praktischen Verhalten die Erlösung auf diejenigen beschränkte, welche wirklich den Weg zu Ende gingen und Mönche wurden, daß er sich im Grunde um die anderen, die Laien, kaum kümmerte.«[70] Dieses Argument ist sicherlich nicht stichhaltig. Denn der Buddhismus wurde eben *doch* herrschende Religion in vielen anderen Gesellschaften Süd- und Südostasiens, obgleich sich diese Gesellschaften mehr oder weniger explizit dem Aśoka-Modell anschlossen, von dem Weber sprach. Webers Gegenargument lautet, die spätere Etablierung des Buddhismus sei eine Folge seiner inneren Umwandlung durch die Anpassung an Laienbedürfnisse gewesen. Doch gibt es genügend Beweise dafür, daß diese Anpassungen schon zur Zeit des Pāli-Kanons stattfanden, und so muß man für das Verschwinden des Buddhismus aus Indien und sein Überdauern in anderen Teilen Süd- und Südostasiens andere Erklärungen finden.[71]

Anmerkungen

1 *RS* II, S. 220.
2 *WuG*, S. 268.
3 *WuG*, S. 273.
4 *WuG*, S. 273-274; *Das antike Judentum. RS* III Tübingen: J. C. B. Mohr (Paul Siebeck) 1983[7], S. 328 f.

5 Der Buddha machte gelegentliche Prophezeiungen, wie etwa seine Prognose über die Dauer der *sāsana* (Kirche) im Zusammenhang mit der Öffnung des Ordens für Frauen. Es gibt auch mehr »Retrognosen« als Prognosen, was der buddhistischen Betonung des früheren *karma* eines Menchen entspricht. So erörtert der Buddha häufig die früheren Leben verschiedener Menschen in bezug auf ihre Gegenwart als Entfaltung ihres *karma*. Doch sind diese Prognosen und »Retrognosen« für die buddhistische Eschatologie oder Ethik nicht entscheidend.

6 Der Buddha stellte sich selbst und sein Beispiel niemals als Vorbild hin, dem nachgeeifert werden müsse. Wichtig ist nicht das praktische Beispiel des Buddha, sondern wichtig sind die Lehren, die von der Erlösung handeln. Dagegen stellte der Buddha die *arhats* als praktisches Beispiel hin. Siehe meinen Aufsatz »Theodicee, Sin and Salvation in a Sociology of Buddhism«, S. 38-39, in E[dmund] R[onald] Leach (Hrsg.): *Dialectic in Practical Religion*. Cambridge: Cambridge University Press 1968, wo dieses Problem diskutiert wird.

7 *WuG*, S. 273.

8 »Ethisierung« ist vielleicht ein irreführender Ausdruck. Ich interessiere mich vor allem für religiöse Ethik als Bestandteil der praktischen Ethik eines Volkes oder einer sozialen Moral. Die zehn Gebote der Bibel und die fünf Gebote des Buddhismus sind Beispiele einer sozialen Moral, die per definitionem auch eine religiöse ist und umgekehrt. Vielleicht würde der Ausdruck »Moralisierung« besser vermitteln, was mir vorschwebt, aber dieser Ausdruck hat eine andere Bedeutung. Eine Erörterung über diese und verwandte Fragen findet sich in meiner Arbeit »The Rebirth Eschatology and Its Transformation: A Contribution to the Sociology of Early Buddism«, in Wendy O' Flaherty (Hrsg.): *Karma and Rebirth in Classical Indian Traditions*. Berkeley und Los Angeles: University of California Press 1980, S. 137-164.

9 C. Fürer-Haimendorf: *Morals and Merit*. London: Weidenfeld and Nicolson 1967.

10 *Ebd.*, S. 23.

11 *Ebd.*, S. 43.

12 *Ebd.*, S. 45.

13 *Ebd.*, S. 69.

14 *Ebd.*, S. 79.

15 *Ebd.*, S. 138.

16 Arthur Berriedale Keith: *The Religion and Philosophy of the Veda and Upanishads*. Harvard Oriental Series, Vol. 31. 1925. Nachdruck Delhi: Motilal Banarsidass 1970, S. 407.

17 *Ebd.*, S. 409.

18 *Ebd.*, S. 410.

19 *Ebd.*, S. 410.

20 *Ebd.*, S. 170.
21 *Ebd.*, S. 471.
22 *Ebd.*, S. 474.
23 *Ebd.*, S. 474-475.
24 Arthur L. Basham: *History and Doctrines of the Ājīvikas.* London: Luzac and Company 1951, S. 242.
25 Paul Deussen: *Allgemeine Geschichte der Philosophie mit besonderer Berücksichtigung der Religionen.* Bd. 1, 2. Abtlg.: *Die Philosophie der Upanishad's.* Leipzig 1899, S. 329.
26 *Ebd.*
27 *Ebd.*
28 *WuG*, S. 268.
29 *WuG*, S. 272.
30 *WuG*, S. 275. Dieser Absatz bezieht sich auf die exemplarische und die ethische Prophetie. Im Hinblick auf Webers vorangegangene Erörterung der ethischen Prophetie bietet die Stelle jedoch eine gute Zusammenfassung der letzteren.
31 Arthur Mitzman: *The Iron Cage.* New York: Grosset and Dunlap 1971, S. 203.
32 »›Nichts tut Jahwe‹, versichert Amos, ›ohne es seinen Propheten zuvor zu offenbaren.‹« *RS* III, S. 312.
33 *WuG*, S. 268-269.
34 Diese Unterscheidung ist wesentlich. Es gibt offenkundige charakterologische Ähnlichkeiten zwischen Propheten, Schamanen und anderen Ekstatikern, wie Weber, von Rad und andere bemerkt haben. Heschel (1975) bestreitet dies zwar, aber seine Auffassung gründet auf einer wenig einfühlsamen, abschätzigen Beurteilung von Schamanen und diversen Arten von Orakelpropheten. Der entscheidende Unterschied liegt in der ethischen Orientierung der Propheten gegenüber der rein auf Heilung gerichteten Orientierung der Schamanen und der meisten Ekstatiker. Überdies liegen der religiösen Ethik der Propheten entscheidende eschatologische Annahmen zugrunde, die im Schamanismus und in der Orakelprophetie gänzlich fehlen.
35 *Die Gatha's des Awesta.* Zarathustra's Verspredigten übersetzt von Christian Bartholomae. Straßburg: Trübner 1905, S. 50.
36 Sukumar Dutt: *Buddhist Monks and Monasteries of India.* Their history and their contribution to Indian culture. London: George Allen and Unwin 1962.
37 Patrick Olivelle: *The Origin and Early Development of Buddhist Monachism.* Colombo: Gunasena and Company 1974.
38 Isaline B. Horner (Übs. und Hrsg.): *The Collection of Middle Length Sayings (Majjhima-Nikāya).* Band 2. London: Luzac and Company 1957, S. 192. Siehe auch die deutsche Übersetzung von Karl Eugen Neumann: *Die Reden Gotamo Buddhos aus der Mittleren Sammlung*

Majjhimanikāyo des Pāli-Kanons. Zürich: Artemis Verl., Wien: Paul Zsolnay Verl. 1956, S. 548.

39 Horner 1957, S. 203; Neumann 1956, S. 562.

40 Horner 1957, S. 159; Neumann 1956, S. 519.

41 Horner 1957, S. 222; Neumann 1956, S. 579.

42 Horner 1957, S. 204; Neumann 1956, S. 563.

43 Deussen 1899, S. 12-13.

44 Émile Durkheim: *Soziologie und Philosophie.* Frankfurt: M.: Suhrkamp 1967.

45 Basham 1951, S. 132-138.

46 Horner (Übers.): *Middle Length Sayings,* Band 1, London 1954, S. 203-219; Neumann 1956, S. 183-197.

47 *Dīghanikāya.* Das Buch der Langen Texte des buddhistischen Kanons. In Auswahl übersetzt von R[udolf] Otto Franke. Göttingen: Vandenhoeck und Ruprecht; Leipzig: Hinrichs 1913, S. 205-206. Die Kürzungen (...) sind Wiederholungen des über die Bhikkhus Ausgesagten.

48 *Ebd.,* S. 207.

49 *Ebd.,* S. 201-202.

50 Was wir von der ethischen Askese gesagt haben, gilt auch für die ethische Prophetie. Es stimmt zwar, daß, wie Weber sagt, »keiner der Propheten daran gedacht hat, eine ›Gemeinde‹ zu stiften«; »sie sind rein ethisch, nicht kultisch interessiert« (*RS* III, S. 313-314). Gleichwohl richtet sich der ganze Impetus prophetischer Ethik auf Menschen, die »bekehrt« werden müssen. Gerhard von Rad sagt: »Daß die Propheten Heiligtümer aufgesucht haben, weil hier die Menge der Wallfahrer zusammenströmte, und auch deshalb, weil ihnen in der religiös erregten Menge, die sie allein dort so massiert antreffen konnten, die Stichworte und Anknüpfungspunkte für ihre Gottessprüche gegeben wurden, hat nie jemand bestritten.« (*Theologie des Alten Testaments.* Band 2: *Die Theologie der prophetischen Überlieferungen Israels.* 5. durchgesehene und verbesserte Aufl. München: Kaiser Verl. 1968, S. 59)

51 *WuG,* S. 268-279.

52 Siehe Anmerkung 34.

53 Über die Anfangsphase der Prophetie bemerkt von Rad: »Ebenso erstaunlich ist, wie offen auch schon mit der Möglichkeit einer Weigerung des Berufenen gerechnet wird (Ex. 4, 10 ff.)« (1968, S. 64).

54 Gerhard von Rad (1968) dokumentiert eingehend die Besessenheit der Propheten vom »Geist«. Auch Weber erörtert dies eingehend in dem Abschnitt »Psychologische und soziologische Eigenart der Schriftpropheten« (*RS* III, S. 292 ff.). Weber bemerkt auch mit Recht, daß Propheten wie Schamanen allein agierten; »niemals ist es ihr Ziel, wie das der frühchristlichen Prophetie, den Geist über die Hörer kommen zu lassen« (*RS* III, S. 309). Was die »Trance« bei buddhistischen und

hinduistischen Virtuosen betraf, so gebrauchte Weber den etwas abwertenden Ausdruck »apathische Ekstase« (*RS* III, S. 302). Ich ziehe den Begriff »kontemplative Trance« entschieden vor.

55 *Die Gatha's des Awesta,* S. 90.

56 Beispielsweise Trevor O. Ling: *Buddhism and the Mythology of Evil.* London 1962; und James W. Boyd: *Satan and Mara.* Leiden: Brill and Company 1975.

57 Weber weist mit Recht darauf hin, daß die Propheten »objektiv politisch« wirkten, jedoch »subjektiv nicht politische Parteigänger« waren; »sie waren überhaupt nicht primär an politischen Interessen orientiert ... Sondern sie waren ... ganz und gar religiös, an der Erfüllung von Jahwes Geboten, interessiert.« (*RS* III, S. 289) Nichtsdestoweniger waren die Propheten der politischen Gewalt abgeneigt. »Nie fanden sie Rückhalt beim König ... Der König und die politisch-militärischen Kreise konnten mit den rein utopisch orientierten Mahnungen und Ratschlägen der Propheten schlechterdings nichts anfangen.« (*RS* III, S. 294, 295) Die Propheten wiederum verklärten das Königstum Davids und widersetzten sich den meisten Königen ihrer eigenen Zeit. »Vollends die Rücksichtslosigkeit der Angriffe gegen das Verhalten der einzelnen zeitgenössischen Könige stieg.« (*RS* III, S. 294) Und: »Die Könige vergalten diese Abneigung. Nur in unsicheren Zeiten lassen sie sie gewähren, fühlen sie sich aber sicher, so greifen sie, wie Manase zu blutiger Verfolgung.« (*RS* III, S. 294)

58 *RS* II, S. 219.

59 *Ebd.*, S. 215.

60 *Ebd.*, S. 251.

61 *Ebd.*, S. 251.

62 *Ebd.*, S. 220.

63 *Ebd.*, S. 220.

64 *Ebd.*, S. 221.

65 *Ebd.*, S. 232.

66 *Ebd.*, S. 222, 223.

67 *Ebd.*, S. 223.

68 *Ebd.*, S. 248.

69 *Ebd.*, S. 230.

70 *Ebd.*, S. 251.

71 Wenn wir uns vom Aśoka-Buddhismus dem späteren Buddhismus in Indien zuwenden, stellen wir fest, daß sich der Buddhismus in Teilen Südindiens mindestens bis zum Ende des 13. Jahrhunderts behauptet hat. Es ist auch sehr wahrscheinlich, daß die Organisation der Kirche in Südindien derjenigen in Sri Lanka, Burma usw. ähnlich, wo nicht mit ihr identisch war. Doch während die buddhistische Kirche in Indien schließlich unterging, bestand sie anderswo fort.

Heinz Bechert
Max Webers Darstellung der Geschichte des Buddhismus in Süd- und Südostasien

1. Der Ausgangspunkt

Max Weber konnte für seine Darstellung des frühen Buddhismus glücklicherweise schon die grundlegenden Studien von Hermann Oldenberg (1854-1920) und von Thomas Williams Rhys Davids (1842-1922) benützen. Man kann die in diesem Werk dargestellte Stufe der Entwicklung der buddhistischen Religion als »Periode des frühen kanonischen Buddhismus« bezeichnen. Zwar traten – gerade zu der Zeit, als Max Webers Aufsätze zur Religionssoziologie erschienen – andere neuere Richtungen in der Buddhismusforschung in den Vordergrund, und zwar sowohl die Lehren der von O. Rosenberg und Th. Stcherbatsky vertretenen Leningrader Schule, die schon der ursprünglichen Buddha-Lehre eine bestimmte philosophische Welterklärung zuschrieben, als auch die Tendenz zu einer stärkeren Betonung derjenigen Elemente für die Interpretation des frühen Buddhismus, die der späteren Entwicklung des Mahāyāna zugrunde lagen. Neuerdings hat sich die Situation insofern wieder geändert, als Oldenbergs Interpretation der ursprünglichen Lehre des Buddha gleichsam rehabilitiert wurde; für Einzelheiten dieser wissenschaftsgeschichtlichen Entwicklung sei vor allem auf G. R. Welbons Studie verwiesen.[1] Dies bedeutet, daß man in wesentlichen Punkten auch an Webers Auffassung des frühen Buddhismus festhalten darf.

So können wir durchaus von Webers These ausgehen, daß der ursprüngliche Buddhismus eine »ganz spezifische vornehme Intellektuellensoteriologie« (RS II, S. 218), eine »spezifisch unpolitische und antipolitische Standesreligion oder richtiger gesagt: religiöse ›Kunstlehre‹ eines wandernden, intellektuell geschulten Bettelmönchtums« (RS II, S. 220) gewesen sei. Die charakteristische Umgebung der frühen Buddhisten war »die Stadt und das Stadtschloß mit seinem auf Elefanten reitenden König«, und »die Dialogform spiegelt die hereingebrochene Stadtkultur« (RS II, S. 220). Da sich die zu Webers Zeiten als gesichert geltende, freilich auch heute von der Mehrzahl der Historiker benützte Chronologie, wonach der Buddha um ca. 560 bis ca. 480 v. Chr. gelebt haben soll, nicht mehr aufrecht erhalten läßt und wir von einem etwa um ein Jahrhundert späteren Datum ausgehen müssen,[2] stellt sich nun freilich die Frage nach dem Einfluß griechischer Philosophie auf die Methode der Lehrdarlegung des Buddha, die Weber selbst den »sokratischen Dialog« nennt (RS II, S. 244 f.), neu – eine jetzt mögliche bessere Erklärung dafür als der bloße Hinweis auf die Stadtkultur.

Weber folgerte aus den ihm zur Verfügung stehenden Darstellungen des frühen Buddhismus zu Recht, daß »das Wissen um die eigene endgültige Erlösung nicht durch Bewährung in irgendwelchem – innerweltlichen oder außerweltlichen – Handeln, in ›Werken‹ welcher Art immer, sondern im Gegenteil in einer aktivitätsfremden Zuständlichkeit gesucht« wird (RS II, S. 230). Daher, so schließt er weiter, gebe es »keine Brücke« vom Ideal des Erlösten *(arhat)* zur »Welt des rationalen Handelns« – wobei Rationalität natürlich in dem besonderen Weberschen Sinn zu verstehen ist – und zu »einem im aktiven Sinn sozialen Verhalten«; denn »Erlösung ist eine absolut individuelle Leistung des einzelnen aus eigener Kraft« (RS II, S. 230). Zwar werden dem Laien für das getreue Einhalten der Gebote der Laiensittlichkeit innerweltliche Güter, auch Reichtum, in Aussicht gestellt, aber diese Laienethik sei nur eine Art »Unzulänglichkeitsethik der Schwachen, welche die volle Erlösung nicht suchen wollen« (RS II, S. 232).

Weber bestreitet, daß der Buddha ein sozialpolitisches Ziel aufgestellt habe, wie es manche moderne Interpreten der buddhistischen Texte behaupten. In diesem Zusammenhang weist er darauf hin, daß die »Ignorierung der ständischen Gliederung« nichts Neues gewesen sei (RS II, S. 245); ältere Mönchsreligionen wie der Jainismus hatten schon den gleichen Standpunkt eingenommen. In summa, der ursprüngliche Buddhismus sei ein »Erzeugnis stark positiv privilegierter Schichten« gewesen und habe niemals versucht, die soziale Ordnung innerhalb der Welt zu ändern (RS II, S. 247); er habe auch eine »rationale Wirtschaftsethik« nicht entwickeln können (RS II, S. 234), – und, wie man hinzufügen sollte, auch gar nicht entwickeln wollen. Da für den Buddha die Ursache des Leidens, das es zu überwinden gilt, in der Natur der Welt selbst liegt, hätten derartige Zielsetzungen gar keinen Sinn für das einzig wichtige Ziel, nämlich die Erlösung aus der Welt. So liegen, wie Weber bemerkt, Stärke und Schwäche des ursprünglichen Buddhismus, der »rücksichtslos konsequentesten der hinduistischen vornehmen Intellektuellensoteriologien«, in seiner Konsequenz begründet. (RS II, S. 251).

Webers Auffassung, das Nirvana sei »zweifellos mit absoluter Vernichtung« gleichzusetzen (RS II, S. 232), war freilich ein Mißverständnis vieler Forscher des vorigen Jahrhunderts; Oldenberg war da bekanntlich vorsichtiger. In den wesentlichen Punkten wird man Webers Auffassung des ursprünglichen Buddhismus auch heute noch beipflichten, jedenfalls was die Wirkung seiner Lehren auf die Struktur der damaligen indischen Gesellschaft angeht: Der ursprüngliche Buddhismus war ganz ausschließlich als Weg zur Erlösung, und zwar zur Erlösung des Individuums, nicht aber als soziale Bewegung konzipiert.

Zwar hat der Buddha den Sangha, einen Mönchs- und Nonnenorden, begründet, doch ist dieser Orden überaus locker strukturiert; Weber spricht sogar von »Strukturlosigkeit« (RS II, S. 242). Die »Diözesen« waren keine exklusiven Sprengel. Die wichtigsten, ja die einzig wichtigen Strukturelemente der ältesten Gemeinde seien der Vorrang nach Anciennität seit dem Eintritt in den Sangha sowie die besonderen Beziehungen zwischen Lehrer und Schüler gewesen (RS II, S. 242 f.).

Mir scheint unzweifelhaft, daß wir von der eben skizzierten Auffassung des frühesten Buddhismus ausgehen dürfen. Sie steht z. B. durchaus mit der Darstellung im Einklang, die E. Lamotte in seiner neuesten Skizze des frühen Buddhismus[3] aufgrund der alten Texte gibt; auch der Verfasser dieses Beitrags ist in seinen Studien zur neueren Entwicklung des Buddhismus von diesem Verständnis der alten Lehre ausgegangen.[4] Manche asiatische und auch westliche Soziologen glauben demgegenüber, anhand einzelner aus ihrem Zusammenhang meist willkürlich herausgelöster Textabschnitte komplizierte und in modischer soziologischer Terminologie formulierte Thesen über eine »politische Dimension« des frühen Buddhismus und ähnliche Behauptungen vertreten zu sollen; dafür interpretieren sie dann die entsprechenden Textstellen um oder lesen aus ihnen Aussagen heraus, die dem widersprechen, was der Buddha selbst immer wieder betont hat, nämlich, daß seine Lehre nur ein einziges Ziel habe, das der Erlösung, das Ende des Leidens.

Bekanntlich ist die Lehre vom Karman, also von der Wirkung

guter und böser Taten im Kreislauf der Wiedergeburten, ein zentraler Bestandteil der buddhistischen Lehre. Man könnte nun fragen, ob soziales Handeln für den Buddhisten überhaupt sinnvoll sein kann, wenn das Schicksal des einzelnen doch durch sein Karma, also sein früheres eigenes Handeln bestimmt ist. Genauer betrachtet, kann soziales Handeln für andere mithin kaum etwas bewirken; trotzdem ist es sinnvoll und geboten, weil es nämlich der Läuterung des nach Erlösung Strebenden selbst dient, jedenfalls solange er – vor allem noch im Laienstand – sich noch nicht aus der Welt gelöst hat. Dies gilt allerdings nur, wenn er in uneigennütziger Weise handelt; würde er nämlich Gutes nur deswegen tun, um dafür mit gutem Karma belohnt zu werden, so würde es ihm – jedenfalls im Sinne der Zielsetzung des Buddha, also der Erlösung – wenig nützen. Er bliebe völlig im Daseinskreislauf gefangen. In jedem Falle aber steht der Gleichmut doch noch höher als die Anteilnahme; dies ist freilich nicht die egoistische Gleichgültigkeit, sondern nur jener aus dem Wissen um die wahre Natur der Dinge hervorgehende Gleichmut, der erst auf dem Wege über die Anteilnahme erreicht wird; so wird die Reihenfolge der Meditationen der vier »göttlichen Verweilungszustände« *(brahmavihāra)* verständlich: Güte, Mitleid, Mitfreude und Gleichmut.

2. Zur Quellenlage

Es ist von vorneherein zu erwarten, daß Webers Ausführungen über die spätere Geschichte des Buddhismus viel problematischer sind als seine These zur alten Buddha-Lehre. Das ihm zur Verfügung stehende historische Informationsmaterial war nämlich widersprüchlich, ja oft fehlerhaft. Die Primärquellen waren großenteils zu Webers Zeiten noch nicht zugänglich oder wenigstens nicht übersetzt. Die indischen Buddhisten haben zudem systematische Geschichtsschreibung nicht betrieben; was wir wissen, stammt aus nicht-indischen – ceylonesischen, chinesischen und tibetischen – Quellen oder aus Materialien anderer Art – Inschriften, Ausgrabungsergebnisse, gelegentliche Hinweise in religiösen Texten usw. Die Auswertung vieler dieser Quellen steckte zu Webers Zeiten noch in den Kinderschuhen. Damals war »Geschiedenis van het Buddhisme in Indie« von Hendrik Kern (1833-1917) die einzige umfassende Übersicht über die Geschichte des Buddhismus; im Jahre 1882 erschienen und schon bald von Hermann Jacobi ins Deutsche übersetzt[5], bietet dieses Buch reiche, aber doch sehr bald teilweise veraltete Informationen. Weber hat dieses Werk für einige Stellen benutzt, daneben aber auch Kerns kürzeres »Manual of Indian Buddhism«, in dem er die maßgebliche »wissenschaftliche Gesamtdarstellung« (RS II, 220, Anm. 1) sah. Tatsächlich war dieses »Manual« nur ein kaum revidierter Auszug aus der älteren Monographie und in vieler Hinsicht schon veraltet, als es erschien. Webers zweite Hauptquelle waren drei Bändchen von Heinrich Hackmann (1864-1935) aus der populären Serie »Religionsgeschichtliche Volksbücher«.[7] Hackmann war einer der wenigen Fachleute in damaliger Zeit, die eigene Eindrücke aus den buddhistischen Ländern Asiens hatten gewinnen können; in seiner Darstellung steht der zeitgenössische Buddhismus stark im Vordergrund. Die damals schon bekannten Inschriften des Königs Aśoka waren Weber in Übersetzung zugänglich. Daneben hat er noch eine Vielzahl anderer Quellen gelegentlich benutzt, doch war seine Arbeit natürlich durch das Fehlen einer brauchbaren wissenschaftlichen Gesamtdarstellung der Geschichte des Buddhismus stark beeinträchtigt.

Seit 1916 sind natürlich gewaltige Fortschritte in der Erforschung des Buddhismus gemacht worden. Trotzdem liegt uns auch heute noch nur für eine größere Periode eine umfassende Gesamtdarstellung vor, nämlich das monumentale Werk von Étienne Lamotte[8]. Die gesamte Geschichte des indischen Buddhismus behandelt A. K. Warder[9] in einem weniger gründlichen, aber doch sehr hilfreichen Nachschlagewerk. An eine umfassende Darstellung der gesamten Geschichte des Buddhismus hat sich bis heute noch niemand gewagt, so daß man sich die Informationen für die übrigen Perioden auch heute noch, oft recht mühsam aus einer Vielzahl von Werken zusammensuchen muß.

So mußte das Unternehmen einer Darstellung der Geschichte des Buddhismus zu Webers Zeiten zumal für einen Nicht-Buddhologen, der von gut erschlossenem Material abhängig blieb, von vorne herein mit vielen Mängeln behaftet sein; wir sind nicht überrascht, nahezu auf jeder Seite der im folgenden zu besprechenden Abschnitte von Webers Buch zumindest einen, oft mehrere sachliche Fehler zu finden, die er teilweise direkt seinen Quellen entnommen hat, die aber oft auch auf ungenaue Formulierungen seiner Quellen oder auch auf unsorgfältiges Exzerpieren daraus zurückzuführen sind. Sie alle hier zu erörtern oder auf Fehlschreibungen und Mißverständnisse in Einzelheiten einzugehen, wäre nicht sinnvoll. Es genügt, seine Hauptthesen zu besprechen und sie auch im Lichte des heutigen Wissensstandes zu beleuchten; irrtümliche Tatsacheninformationen bei Weber werden deshalb im folgenden nur dann korrigiert, wenn sie unmittelbar für Schlußfolgerungen, die uns auch aus der heutigen Sicht der Dinge noch interessieren, relevant sind.

3. Die Ausbreitung des frühen Buddhismus in Indien

Max Weber behandelt diesen Fragenkomplex hauptsächlich in den Abschnitten »Allgemeine Gründe der Umwandlung des alten Buddhismus« und »König Aśoka« (RS II, S. 251-264), geht aber auf einige zugehörige Probleme schon in dem Abschnitt über den »alten Buddhismus« ein (RS II, S. 219-250). Seine Fragestellung zielt einerseits auf die Wirkung veränderter sozialer und politischer Bedingungen auf die Weiterentwicklung der Religion, andererseits auf die Konsequenzen dieser Veränderungen für die wirtschaftliche Entwicklung. Dabei steht für ihn die These im Vordergrund, der Buddhismus sei den Herrschern insbesondere als »Mittel der Massen-Domestikation wertvoll« gewesen (RS II, S. 260).

Für eine soziologische Betrachtungsweise ist die Beziehung zwischen Mönchsgemeinde und Laiengemeinde von zentraler Bedeutung. Dazu stellte Weber fest, daß der spätere Untergang des Buddhismus in Indien mit dem Mangel einer Laienorganisation zusammenhängt (RS II, S. 251). Weber weist auf das Beispiel des sonst dem Buddhismus eng verwandten Jainismus hin, der über eine Gemeindeorganisation der Laien verfügte; später haben die Indologen Ludwig Alsdorf und Frank-Richard Hamm die Bedeutung dieses Faktors für die Erhaltung des Jainismus genauer herausgearbeitet.

Weber spricht von einer »Umwandlung« des Buddhismus, oder von mehreren »Umwandlungen«, die zu starken Veränderungen der Hauptrichtungen der buddhistischen Tradition führten – zu sehr viel stärkeren Veränderungen als im Jainismus. Die wichtigsten Faktoren dafür werden von Weber folgendermaßen bestimmt:

1. »Verpfründung« (RS II, S. 249 f.); diese führt zur »Umwandlung« der alten Gemeinden von Wandermönchen in Gemeinschaften von dauernd in Klöstern residierenden Mönchen, zur Herausbildung einer »festen Organisation der Mönchsgemeinschaft und damit auch fixierten Pfründeninteressen der Mönche selbst«.

2. Interessen der Herrscher an einer Nivellierung: Es lag im Interesse des an die Stelle des alten Kleinkönigtums tretenden »Patrimonialismus« der Großkönige der Maurya-Dynastie, »den Unterschichten Gelegenheit zum Emporkommen zu geben«. Diesem Interesse kam das »Ignorieren der Ständeschranken durch die buddhistische Erlösungslehre« entgegen. So erscheint Weber die Entscheidung des Großkönigs Aśoka aus der Maurya-Dynastie, »dem es zum erstenmal gelang, das ganze Kulturgebiet Indiens zu einem Einheitsstaat zu vereinigen«, Buddhist zu werden, als ein zweckmäßiger politischer Akt (RS II, S. 253). Dies ist freilich eine eigenwillige Interpretation der Quellen; nach seinen Selbstzeugnissen hat sich Aśoka, als er buddhistischer Laie wurde, aus einer sehr persönlichen Gewissensentscheidung heraus bekehrt.

Webers Darlegungen über Aśoka als »Mitglied des Ordens« (RS II, S. 253), den angeblich ein »Guru« von den Gelübden dispensierte (RS II, S. 261), gehören ins Reich der Phantasie; sie beruhen auf einer schon damals widerlegten falschen Übersetzung der Phrase *saṃghe upete* bei Kern.[10]

Weber vermutete nun, daß die buddhistische, die durch Geburt gegebenen Kastenschranken weitgehend ignorierende Interpretation der Karma-Theorie als »eine spezifisch nivellierende und in diesem Sinne demokratische Religiosität« (RS II, S. 260) die Konzentration absoluter, von ständischen Konventionen befreiter Macht in den Händen einzelner Herrscher begünstigte. Sie befreite die Herrscher nämlich von der Notwendigkeit zur Rücksichtnahme auf die Kastengesetze. Dies ist freilich nur eine Theorie; den Beweis dafür, daß sich die Dinge in Indien tatsächlich so entwickelt haben, ist uns Weber schuldig geblieben. Es spricht doch vieles dafür, daß die tatsächliche Entwicklung anders verlaufen ist. Das Maurya-Reich ist zu einer Zeit aufgebaut worden, als der Buddhismus noch keine Förderung durch die Herrscher genoß, und es hat den Tod des buddhistischen Monarchen Aśoka als Großreich nicht lange überdauert.

3. »Akkomodation an die Bedingungen der Existenz in der Welt«, also »das Interesse der Laienschaft« (RS II, S. 252), und zwar eben der Laienschaft aus solchen Schichten, die der frühe Buddhismus kaum angesprochen hatte. Es geht um die Religion der Massen in »einer auf die Befriedigung plebejischer religiöser Bedürfnisse eingestellten Epoche« (RS II, S. 254). Webers Konzeption dieser »Akkomodation« wird besonders deutlich aus seiner These, daß die neue Herrschaftsschicht am ursprünglichen Buddhismus »Mittel für die Domestikation der Massen« vermisse, da ja die nun anzusprechenden Schichten – »Kleinbürger und Bauern« – »mit den Produkten der Soteriologie der vornehmen Bildungsschicht« (also auch der »altbuddhistischen Soteriologie«) nichts anfangen konnten (RS II, S. 254), d. h. diese Schichten strebten von vorne herein das Nirvana als Heilsziel nicht an. Weber übersieht allerdings den »Stufencharakter« buddhistischer Ethik, in dem ja schon allein die Existenz des Sangha und die jedermann offenstehende Möglichkeit, ihm beizutreten, Mittel für den Weg zum Nirvana zur Verfügung stellt – für den Mönch den direkten Weg, für den Laien aber den Weg, sich gutes Karma durch Spenden zu erwerben und in fernerer Zukunft den direkten Weg zu beschreiben. Zudem ist Webers These angesichts des schon vorhin erwähnten baldigen Zerfalls des Maurya-Reiches nach Aśokas Tod als zumindest fragwürdig zu bezeichnen.

Gleichwohl hat Weber recht, wenn er in der Anpassung an die religiösen Bedürfnisse der Massen einen maßgeblichen Faktor für die Veränderung des Buddhismus sieht; erst die Förderung dieser Religion durch Aśoka hat, wie man heute allgemein annimmt, zur Ausbreitung des Buddhismus über den ganzen Subkontinent, ja bis in Indiens Nachbarländer geführt. Damit sind bereits einige der Voraussetzungen für weitere Veränderungen geschaffen worden, die später die Entstehung der volkstümlichen Formen der Mahāyāna-Kulte begünstigten.

4. Ein »Patronat« des Herrschers über den Sangha, oder, wie es Weber ausdrückt, Aśoka »fühlte sich auch selbst in ähnlicher Art als Herr und Patron der buddhistischen, wie die byzantinischen Monarchen der christlichen Kirche« (RS II, S. 260). Weber spielt auf das sogenannte Schismen-Edikt an, mit dem der König für Einheit im buddhistischen Orden sorgt. Auch hier ist eine vor-

sichtigere Interpretation nötig; ich verweise auf meine einschlägige Studie dazu.[11] Aśoka hat sich keineswegs als Herr, sondern vielmehr als Beschützer der buddhistischen Religion gefühlt und hat dabei die Eigenständigkeit des religiösen Bereichs voll respektiert. Die von Aśoka veranlaßte Reform des Sangha wurde zum Vorbild und diente als Legitimation ähnlicher Akte späterer buddhistischer Monarchen.[12] Was E. Sarkisyanz die »Selbstverkirchlichung« späterer buddhistischer Staaten nennt, hat seine Grundlagen in diesem Patronat Aśokas über den Sangha, ist aber zu Aśokas Zeiten noch lange nicht verwirklicht worden.

5. »Emotionale Massenreligiosität« hielt ihren Einzug in den Bereich des Buddhismus (RS II, S. 255). Weber weist mit Recht darauf hin, daß der Buddha selbst solchen Entwicklungen entgegen wirken wollte, insbesondere durch sein Verbot, sich übermenschlicher Fähigkeiten zu rühmen. Webers Angabe über ein »zuverlässig überliefertes« Verbot des Buddha, ihn bildlich darzustellen, gehört wie so vieles in diesem Kapitel ins Reich der Phantasie; über die Stellung einer solchen Frage ist nichts überliefert. Phantasie Webers ist auch die These vom Puritanismus in der »Kirchenkunst« (RS II, S. 255). Zutreffend ist aber, daß offenbar seit der Zeit Aśokas magisches Denken (zuerst in Form des Paritta oder Schutzzaubers) und Heiland-Konzeptionen (später als Bodhisattva-Vorstellungen) mehr und mehr Eingang in die Gedankenwelt der Buddhisten fanden.

6. Weber meint, »die formell größte Neuerung aber, welche höchstwahrscheinlich auf diesen zuerst zur systematischen Schreiberverwaltung übergegangenen König (nämlich Aśoka) und auf das unter ihm gehaltene Kirchenkonzil zurückgeht«, sei »die schriftliche Fixierung der bis dahin nur mündlich überlieferten Tradition« (RS II, S. 260). Hier, und in den folgenden Ausführungen ist Weber offenbar Opfer ungenauer Notizen geworden, die er sich gemacht hat. Keines der in Frage kommenden Werke enthält diese falsche Information; auch bei Kern[13] findet sich die richtige Angabe: Die Texte sind nämlich erst mindestens hundert Jahre später schriftlich aufgezeichnet worden, und mündliche Überlieferung war den Indern jener frühen Zeit ein zuverlässigerer Weg der Aufbewahrung heiliger Schriften als schriftliche Aufzeichnung. Die erste in unseren Quellen berichtete Niederschrift der buddhistischen heiligen Schriften, die – wie es in den Chroniken Ceylons ausdrücklich heißt – bis dahin mündlich tra-

diert wurden, fand in Ceylon unter König Vaṭṭagāmaṇī Abhaya im ersten nachchristlichen Jahrhundert statt; sie hat sicherlich einen wichtigen Anstoß für die weitere Entwicklung des Buddhismus gegeben.

7. Nach Weber soll Aśoka »wahrscheinlich auch das buddhistische Schulwesen begründet haben (RS II, S. 262). Diese Annahme ist ein Anachronismus. Die Übernahme dieser Funktion durch die Mönche ist mit Sicherheit viel später zu datieren; sie ist ein gutes Beispiel für die »neue«, soziale Rolle des Sangha, die im Laufe der späteren Entwicklung des Buddhismus weiter zugenommen hat.

8. Mit Aśoka entstand das Ideal vom buddhistischen »Wohlfahrtsstaat«. In den Inschriften des Königs erscheint dieses Staatsideal nicht ausdrücklich als eine buddhistische Konzeption, sondern ist als ein allgemeiner, für alle Glaubensrichtungen annehmbarer »Dharma« formuliert; gleichwohl ist er inhaltlich wesentlich von buddhistischem Denken bestimmt (vgl. RS II, S. 256-259). Weber spricht sogar von einem »ethischen Synkretismus« (RS II, S. 259); es ist aber klar, daß die Erinnerung an Aśokas Ideale hauptsächlich im buddhistischen Bereich lebendig blieb.

9. Schließlich ist Aśokas »Patronat« über die Anfänge der buddhistischen Weltmission zu erwähnen (RS II, S. 260 f.).

Es ist durchaus sinnvoll davon auszugehen, daß diese Faktoren wesentlich zur »Umwandlung« des alten Buddhismus aus der »Intellektuellensoteriologie« einer geistigen Elite in eine Massenbewegung beigetragen haben. Manches bleibt uns – angesichts der vorhin umrissenen schwierigen Quellenlage – unklar. Webers Darstellung erscheint uns heute als eine Mischung aus Tatsachen, Annahmen, die man weder beweisen noch widerlegen kann, und Phantasiebehauptungen, und doch vermag sie uns nützliche Denkanstöße zu geben; denn es sind oft nur historische Details, die wir heute anders sehen.

Schlüsselproblem bleibt einerseits die Datierung vieler dieser »Umwandlungen«, andererseits die besondere Eigenart der Bekehrung des Königs Aśoka, die wir ja nur aus seinen Selbstzeugnissen und aus sehr viel späteren Quellen, nicht aber aus unabhängigen zeitgenössischen Dokumenten kennen. Webers Annahmen sind nicht frei von Widersprüchen. So meint er zunächst, es sei »eine historische Zufälligkeit« gewesen, daß Aśoka

Buddhist wurde (RS II, S. 250), aber der Leser der folgenden Abschnitte seines Buches gewinnt den Eindruck, daß er darin eben keinen Zufall, sondern eine historische Zwangsläufigkeit gesehen hat. Wir wissen heute über den altindischen Staat ungleich besser Bescheid. Obwohl Weber das altindische Lehrbuch der Politik, das Arthaśāstra von Kauṭilya, in auszugsweiser Übersetzung bereits bekannt war (vgl. RS II, S. 69 mit Anm. 4 u. ö.), hat er dieses erst zu Beginn unseres Jahrhunderts wiederentdeckte und 1915 zum ersten Mal vollständig übersetzte Werk nicht mehr systematisch in seine Betrachtungen einbeziehen können. Zwar ist nach wie vor umstritten, ob es tatsächlich aus der Maurya-Zeit stammt, aber es bietet jedenfalls ein recht zuverlässiges Bild von Staatswesen und Machtstruktur im alten Indien. Gerade aus diesem Wissen heraus neigen wir heute, wie schon angedeutet, eher dazu, in Aśokas Bekehrung zum Buddhismus eine persönliche Entscheidung zu sehen, die die politische Struktur der altindischen Reiche nur für beschränkte Zeit und nicht auf Dauer hat verändern können. Aśokas Religionspolitik und seine Wohlfahrtsstaatsideen wurden jedenfalls nicht Grundlage der Politik späterer indischer Herrscher – was wir doch erwarten müßten, wenn seine Bekehrung, wie Webers Ausführungen nahelegen, in erster Linie politischen Notwendigkeiten oder Zweckmäßigkeiten entsprungen wäre. So wird man vieles von dem relativieren, was Weber über Aśoka schreibt, so auch die These, Aśoka habe den Buddhismus zur »in ganz Indien offiziell herrschenden Konfession« gemacht (RS II, S. 251); gerade das wäre Aśokas buddhistischem Toleranzdenken diametral entgegengesetzt gewesen.

Obwohl Aśokas in seinen Inschriften formuliertes politisches Ideal ohne die Grundlage buddhistischer Denkweisen nicht vorstellbar wäre, hat er doch einen klaren Unterschied zwischen seiner persönlichen religiösen Überzeugung und dem universellen Dharma oder Sittengesetz gemacht, den er in seinem Reich propagierte (vgl. Lamotte, Histoire du bouddhisme indien, S. 261). So ist der Vergleich zwischen Aśoka und den byzantinischen Herrschern (RS II, S. 256) ganz unzulässig, und manches andere in Webers Ausführungen über Aśokas Religionspolitik gegenstandslos.

4. Theravāda-Buddhismus

Von den Ländern des Theravāda (bei Weber: »Hinayanismus«), also von Ceylon und »Hinterindien«, handelt Weber auf S. 279-286; er nennt diese Form des Buddhismus eine »unmittelbare Stiftung des Hinayanismus – vielleicht richtiger: der vorschismatischen altbuddhistischen Orthodoxie« (RS II, S. 279). Hier ist zunächst die ceylonesische oder genauer singhalesische »buddhistische Kirche« zu nennen, deren Ursprung auf die Missionierung der Insel durch Aśokas Sohn Mahinda zurückzuführen ist. Später wurden die Kerngebiete des festländischen »Hinterindien« (mit Ausnahme Vietnams) zu der gleichen Form des Buddhismus bekehrt. Vieles von dem, was Weber in dem vorangehenden Abschnitt über Aśoka sagt und wovon wir feststellen mußten, daß es für die Zeit Aśokas unzutreffend ist, gilt nun durchaus für die hoch- und spätmittelalterlichen Königreiche in diesen Theravāda-Ländern. Für diese Periode haben wir entsprechende Angaben in den Quellen; nur darf man diese Verhältnisse eben nicht in die Maurya-Zeit zurückdatieren. Aśoka ist jedoch in der Geschichtsschreibung der Theravāda-Buddhisten zum Muster für alle späteren buddhistischen Könige gemacht worden. Natürlich hat man dabei nicht vom historischen Aśoka auszugehen, sondern von der an die längst veränderten Gegebenheiten angepaßten Darstellung, die uns die singhalesischen Chroniken von seiner Herrschaft geben.[14] So kann man den folgenden Satz Webers, der im Kapitel über Aśoka steht, wohl kaum auf die Maurya-Zeit anwenden, sehr wohl aber zur Beschreibung von Grundideen der Monarchien der Theravāda-Länder verwenden: »Die Gewalt des Weltmonarchen *(cakravartin)* muß die notwendig von allem Welthandeln abführende geistliche Gewalt des Buddha ergänzen« (RS II, S. 256).[15]

Weber übernimmt aus Kerns »Manual« den Gebrauch der Termini «orthodox« (womit er eben den Theravāda-Buddhismus bezeichnet) und »heterodox« (womit er alle anderen Formen des Buddhismus bezeichnet); dies ergibt natürlich ein schiefes Bild. Wenn er nun allerdings vom Theravāda bzw. »Hinayanismus« in Ceylon und Hinterindien spricht, so stand ihm für diese heute noch lebendige Tradition im ganzen doch etwas besseres Informationsmaterial zur Verfügung als für den längst untergegangenen Buddhismus des indischen Mutterlandes in der Zeit nach Aśoka.

Für Ceylon stützte er sich vor allem auf Hackmanns schon erwähnte Darstellung sowie auf das seinerzeit berühmte Buch »Eastern Monachism« von Robert Spence Hardy (1850), ferner auf einen regierungsamtlichen Bericht über die Anwendung der »Buddhist Temporalities Ordinance« aus dem Jahre 1894, und natürlich auf die entsprechenden Seiten in Kerns Buch. Für Hinterindien zog er außer Hackmanns Buch vor allem das große Siam-Buch von Lucien Fournereau[16] heran.

Hauptfaktoren für die Weiterentwicklung des Buddhismus zum mittelalterlichen Theravāda sind nach Weber:

1. Legitimation des Herrschers als Cakravartin, also als Weltherrscher im Sinne der buddhistischen Mythologie (RS II, S. 283 u. ö.);

2. Regelung der Beziehungen zwischen Sangha und Staat, durch die beide voneinander abhängig werden und mit der eine geordnete geistliche Hierarchie entsteht (vgl. RS II, S. 261, 283 u. ö.);

3. Milderung des »streng weltflüchtigen Charakters« des Sangha mit »weitgehenden Konzessionen an die Leistungsfähigkeit des Durchschnittsmönches« sowie an die neuen Aufgaben der Klöster als »Zentren religiöser Mission und Kultur« (vgl. schon RS II, S. 263). Dies förderte eine Konzentration der religiösen Zielsetzungen in Richtung auf die Bedürfnisse der Laienfrömmigkeit (RS II, S. 263, 281 u. ö.), und damit natürlich auch auf das Ansammeln religiösen Verdienstes (vgl. RS II, S. 285 u. ö.), das wiederum Wiedergeburt in guter Familie garantiert (RS II, 286 u. ö.).

4. »Zeitweiliger Eintritt in die Mönchsgemeinschaft« (RS II, S. 262, 279, 284, 285), ein in Hinterindien, aber nicht in Ceylon geübter Brauch[17]).

5. Rolle des Sangha als Vermittler allgemeiner Schulbildung (RS II, S. 262, 279, 285).

Für Weber steht auch bei der Beurteilung der Entwicklung des Theravāda-Buddhismus die These im Vordergrund, daß Buddhismus als Mittel der Machtpolitik für die »Domestikation« der Untertanen benützt worden sei (RS II, S. 280, Z. 8; S. 281, Z. 36 f. usw.). Auf der anderen Seite wird aber auch der Einfluß der Mönche selbst als »politisch recht bedeutend« (RS II, S. 281), ja als »fast schrankenlose klerikale Herrschaft« (RS II, S. 265) charakterisiert. Aus dem im ganzen doch recht fragmentarischen Material werden diese und andere weitreichende Schlußfolgerungen allgemeiner Art gezogen; so sei »die Bedeutung der alten Sippenzusammenhänge durch die Macht der Hierokratie stark entwertet« worden (RS II, S. 284). Die Macht der Könige habe nur an der Macht der Mönche eine Schranke gefunden, da die »Gewalt der Mönchspriesterschaft über die Bevölkerung« auch in politischen Dingen »fast absolut« gewesen sei (ebd.). Wohl deshalb habe »die erstarkende Fürstenmacht« versucht, sich von den »Fesseln der buddhistischen plebejischen Hierokratie« zu befreien (RS II, S. 318). Das kann so wohl nicht gewesen sein; die Mönche waren ja ganz sicher keine »plebejische Hierokratie«, sondern die maßgebliche Bildungs- und Literatenschicht, in der gerade Angehörige des Königshauses eine erhebliche Rolle spielten (und in Thailand bis heute noch spielen). Weber ist dies zwar nicht entgangen, doch in der Eile der Abfassung dieser Essays sind ihm wohl solche Widersprüche in seiner Darstellung gar nicht aufgefallen.

Tatsächlich sind im Laufe der Geschichte des Theravāda-Buddhismus öfters Spannungen zwischen Herrschern und Sangha aufgetreten, und insgesamt ist diese Problematik immer noch nicht genügend erforscht worden, zumal in den Quellen eine Tendenz zur Harmonisierung und Überdeckung dieser Gegensätze überwiegt.

Ein großer Fortschritt in Webers Betrachtungsweise besteht in der Hervorhebung der Bedeutung der Klostergrundherrschaften für die Geschichte des Buddhismus in Ceylon; soviel ich weiß, hat Weber auf diesen Umstand erstmals ganz deutlich hingewiesen. Für Hinterindien spielten Klostergrundherrschaften eine wesentlich geringere Rolle. Gleichwohl bleibt vieles an dem Bild, das Weber vom Buddhismus in Sri Lanka zeichnet, einseitig, doch dies beruht größtenteils auf der Art seines Quellenmaterials. Auf die Widersprüche zwischen Vorschriften und religiöser Praxis ist er kaum eingegangen; die zu Webers Zeiten schon sehr einflußreiche buddhistische Erneuerungsbewegung und der sog. buddhistische Modernismus bleiben unerwähnt. Veränderungen in der Organisation der Klöster, für die Weber den Final Report on the Buddhist Temporalities Ordinance aus dem Jahre 1894 heranzieht (RS II, S. 279, Anm. 2), bleiben unberücksichtigt; tatsächlich hatte dieses 1889 erlassene Gesetz weitgehende Neuerungen in der Verwaltung der Klostergüter vorgesehen.[18]

Im Sinn seiner besonderen Fragestellungen kommt Weber zu dem Ergebnis, daß die Herrschaft des Theravāda das »Übergewicht des traditionellen Ackerbaus« und, verglichen mit dem hinduistischen Indien, die geringere technische und gewerbliche Entwicklung mit veranlaßt habe; denn »Stätten rationaler Arbeit waren die buddhistischen so wenig wie irgendwelche asiatischen Klöster« (RS II, S. 284); die im hinduistischen Kastenwesen liegenden Antriebe zur traditionalistischen »Berufstreue« fallen weg, da »das bloß theoretische Lob des berufstreuen Arbeiters« keinen der »Kastenheilsordnung« entsprechenden Antrieb habe geben können (RS II, S. 285). Der »korrekt hinayanistische Buddhismus konnte eben seiner inneren Natur nach nicht wohl anders als gegnerisch oder allenfalls duldend zum Gewerbe stehen« (ebd.).

An dieser Stelle sei die Wohlfahrtsstaatsidee nochmals aufgegriffen. Obwohl es schon gewisse Vorstufen dazu im Reich Bimbisāras, des vom Buddha selbst bekehrten Königs von Magadha, gegeben hatte, wird die Entwicklung des buddhistischen Wohlfahrtsstaatsideals sicherlich zu Recht Aśoka zugeschrieben. »Wohlfahrt« ist dabei nach Weber »teils geistlich: als Förderung der Heilschancen, teils karitativ verstanden, nicht aber rational ökonomisch«. Er meint auch, die »gewaltigen Bewässerungsbauten der Ceyloneser Könige« seien »durchaus fiskalisch, auf Vermehrung der Steuerzahler und der Steuerkraft«, aber »nicht wohlfahrtspolitisch« orientiert gewesen (RS II, S. 262). Hier können wir Weber, so glaube ich, nicht mehr folgen; ein Blick in die »Große Chronik« Ceylons, den Mahāvaṃsa, lehrt uns, daß die Theravāda-Tradition gerade diese großen wirtschaftspolitischen Baumaßnahmen eben nicht fiskalisch, sondern ideologisch durch das Wohlfahrtsstaatskonzept rechtfertigte, und – vor allem in der großen Periode der mittelalterlichen Bewässerungskultur – der untrennbare Zusammenhang dieses wirtschaftlichen Faktors und des allgemeinen Wohlstandes den Singhalesen selbst durchaus bewußt war; brach die Bewässerungskultur zusammen, wie es später geschah, so brach auch der gesamte Wohlfahrtsstaat in sich zusammen. (Die in dieser Periode entstandenen Klostergrundherrschaften freilich blieben als Institution bis auf den heutigen Tag erhalten).

Das alte Konzept des Theravāda-Wohlfahrtsstaates diente drei Zielen: 1. möglichst vielen Menschen den Weg zum religiösen (d. h. zum mönchischen Leben zu ermöglichen), 2. ein Maximum an »verdienstvollen« Taten *(puṇyakarman)* zum Wohl aller Glieder der Gemeinschaft anzusammeln, und 3. in dem in den Überlieferungen über Aśoka formulierten Sinne buddhistisches sozialethisches Handeln in die Tat umzusetzen. Wenn die Erbauung von Bewässerungsanlagen ausdrücklich als »verdienstvolles Tun« beschrieben wird, wird dies auch zur Motivation für eine zu wirtschaftlichem Fortschritt führende Handlungsweise; denn »verdienstvolles« Tun bringt natürlich gute Wiedergeburt hervor.

Man wird also hier gegen Webers Betrachtungsweise dieser Phänomene einwenden müssen, daß er seinen Begriff »rationaler Arbeit« so eng und einseitig gefaßt hat, daß er wichtige Aspekte der Kultur der buddhistischen Länder damit nicht erfassen und die Entwicklung dieser Kulturen auch nicht adäquat erklären kann; so kann er auch die Bedeutung der »geradezu universellen« Massenerziehung durch die Mönche (RS II, S. 262) und der »wissenschaftlichen Arbeit« in den Klöstern (die nach der »Verpfründung« üblich wurde; vgl. RS II, S. 250) nicht sinnvoll einordnen. Hinsichtlich der Entwicklung der Kunsttradition kommt er zu der unzutreffenden Schlußfolgerung, daß nach dem 14. Jh. »die durch buddhistische Einflüsse angeregte Kunstübung [den älteren Kunstwerken] wirklich Gleichwertiges nicht zu erzeugen vermochte« (RS II, S. 285); wer einmal die Tempel von Luang Prabang in Laos gesehen hat, weiß, daß wir dort gerade im 17. bis 19. Jh. eine der höchsten Blüteperioden asiatischer Kunst überhaupt vorfinden. So fehlt Weber doch noch das spezielle, für das Verständnis der Entwicklung dieser Kulturen geeignete Instrumentarium, weil er, wie schon seine Terminologie zeigt, zu europazentrisch denkt.

5. Späterer indischer Buddhismus und Mahāyāna-Buddhismus

Daß das Verständnis der Entwicklung des Buddhismus im indischen Mutterland nach Aśoka bei Weber unbefriedigend bleiben muß, kann angesichts des zu seiner Zeit unzulänglichen Forschungsstandes und der vorhin schon umrissenen Quellenlage nicht überraschen. Von Interesse sind heute noch die Ausführungen über die Gründe der »Umwandlung« des alten Buddhismus in seine späteren Erscheinungsformen, die ich schon vorhin erwähnt habe. Was man hingegen bei Weber über die buddhistischen Sekten im einzelnen liest, ist zu einem großen Teil veraltet, stellenweise auch durch ungenaue Auswertung der Quellen mit Irrtümern vermengt und kann hier übergangen werden. In der Darstellung der Entstehung und Verbreitung des Mahāyāna-Buddhismus findet man manche verständnisvolle Darlegungen über den philosophischen Standpunkt und zur Soteriologie, aber auch zahlreiche Mißverständnisse. So ist zwar keineswegs alles überholt, was Weber hier schreibt, doch die für uns heutige Leser etwas verwirrende Mischung aus Zutreffendem, Mißverständnissen und Überholtem läßt eine ins Einzelne gehende Diskussion darüber, die sehr viel Platz einnehmen müßte, nicht sinnvoll erscheinen. Grundsätzliche Erkenntnisse religionssoziologischer Art, die über das bisher Gesagte wesentlich hinausgehen, sind kaum darin zu finden. Ein in der älteren Literatur verbreitetes Mißverständnis lag übrigens darin, den Mahāyāna-Buddhismus einfach als Fortsetzung der Mahāsāṅghika-Richtung zu betrachten (RS II, S. 264). Auch hatten Kern und seine Zeitgenossen das Verhältnis zwischen Hīnayāna und Mahāyāna noch nicht zutreffend zu bestimmen vermocht, so daß man in Webers Ausführungen auch kein klares Bild davon erwarten kann.

6. Zusammenfassung

Webers Beurteilung des »alten«, d. h. des ursprünglichen Buddhismus erweist sich im ganzen gesehen aus heutiger Sicht noch als überraschend richtig. Sie konnte daher als Ausgangspunkt unserer Betrachtung dienen. Auch Webers Beschreibung der Faktoren, die die »Umwandlung« der alten »Intellektuellensoteriologie« einer geistigen Elite in eine Massenreligion bewirkt haben, sind noch heute weitgehend gültig. Seine Beurteilung der Person und der Stellung Aśokas ist in den Grundlagen zutreffend, in vielen Einzelheiten aber revisionsbedürftig; er unterscheidet nicht zwischen dem historischen Aśoka und dem, den spätere Theravāda-Überlieferung schildert. Aus Webers Darstellung des Theravāda sind auch heute noch einige wichtige Anregungen zu entnehmen. Dagegen bleibt sein Abriß der späteren Entwicklung des Buddhismus im indischen Mutterland – dem damaligen Forschungsstand entsprechend – allzu vorläufig und unbefriedigend.

Insgesamt aber wird die Notwendigkeit sichtbar, die Begriffsbildung zu verfeinern, was auf der Grundlage von Webers Arbeiten durchaus in sinnvoller Weise geschehen könnte.

Anmerkungen

1 G. R. Welbon, *The Buddhist Nirvāṇa and its Western Interpreters,* Chicago 1968.
2 Heinz Bechert, »The Date of the Buddha Reconsidered«, *Indologica Taurinensia,* (im Druck). Webers Angabe in RS II, S. 259 über eine im Rupnath-Edikt Aśokas enthaltene Datierung des Buddha ist irrtümlich.
3 Étienne Lamotte, »Der Buddha, Seine Lehre und Sein Sangha«, *Die Welt des Buddhismus,* hg. Heinz Bechert und Richard Gombrich, München 1983.
4 Heinz Bechert, *Buddhismus, Staat und Gesellschaft in den Ländern des Theravāda-Buddhismus,* Bd. 1 Frankfurt 1966, S. 3-15.
5 Hendrik Kern, *Der Buddhismus und seine Geschichte in Indien,* übers. Hermann Jacobi, 2 Bde. Leipzig 1882-84. Dr. Golzio macht mich auf einige Stellen aufmerksam, an denen Weber ziemlich wörtlich aus diesem Werk zitiert.
6 Hendrik Kern, *Manual of Indian Buddhism,* Straßburg 1896.
7 Heinrich Hackmann, *Der Buddhismus,* 3 Bde. Tübingen 1905-06 (oft neu aufgelegt).
8 Étienne Lamotte, *Histoire du bouddhisme indien des origines à l'ère śaka,* Louvain 1959.
9 A. K. Warder, *Indian Buddhism,* Delhi 1970.
10 Kern, Manual, S. 113; vgl. auch *ebd.*, S. 115.
11 Heinz Bechert, »Aśoka's ›Schismenedikt‹ und der Begriff Sanghatheda«, *Wiener Zeitschrift für die Kunde Süd- und Ostasiens* 5, 1961, S. 18-52 (vgl. auch »The Importance of Aśoka's so-called ›schism-edict‹«, *Indological and Buddhist Studies,* Volume in honour of Professor J. W. de Jong, Canberra, 1982, S. 61-68.)
12 Heinz Bechert, »Sāsana-Reform im Theravāda-Buddhismus«, *50 Jahre Buddhistisches Haus,* Berlin-Frohnau 1974, S. 19-34.
13 Kern, *Manual,* S. 120.
14 Vgl. Heinz Bechert, »Theravāda Buddhist Sangha: Some General Observations on Historical and Political Factors in its Development«, *Journal of Asian Stud.*, 29, 1969/70, S. 763 f.
15 Zu dieser Thematik s. a. Heinz Bechert, *Weltflucht und Weltveränderung,* Göttingen 1976.

16 Lucien Fournereau, *Le Siam ancien*, 2 Bde. Paris 1895-1908.

17 Zu den Auswirkungen dieses Brauches auf die Beziehungen zwischen Sangha und Laien s. Heinz Bechert, »Einige Fragen der Religionssoziologie und Struktur des südasiatischen Buddhismus«, *Internationales Jahrbuch für Religionssoziologie*, 4, 1968, S. 287-290.

18 Vgl. Heinz Bechert, *Buddhismus, Staat und Gesellschaft*, Bd. 1, S. 236 bis 239.

Hermann Kulke

Orthodoxe Restauration und hinduistische Sektenreligiosität im Werk Max Webers*

1. Einleitung

Bei der Beantwortung der zentralen Frage der Indienstudie Max Webers, »in welcher Art an diesem Ausbleiben der kapitalistischen Entwicklung (im okzidentalen Sinn) etwa – als ein Moment neben sicher zahlreichen andern – die indische Religiosität beteiligt sein kann« (RS, II, 4), kommen der orthodoxen Restauration und den aus ihr hervorgegangenen hinduistischen Sekten des Mittelalters eine Schlüsselstellung zu. Denn Aufbau des Indienbandes wie auch historische Entwicklung des Hinduismus gipfeln gleichermaßen in der Entfaltung der großen Sekten des Mittelalters. Ihre Entstehungszeit schließt nicht nur an die Zeit der indischen Klassik (bis etwa um 500 n. Chr.) an, in der auch Weber deutliche Ansätze rationaler Wissenschaft, Politik und Finanzwirtschaft, Autonomie der Händlerschicht und eine der mittelalterlich okzidentalen Entwicklung in wichtigen Punkten sich nähernde Stadtentwicklung feststellte (RS, II, 3 f.). Auch die Zeit der Blüte bestimmter Spätformen hinduistischer Sekten im 16. und 17. Jh. n. Chr. fällt in eben die Zeit, in der im Okzident in der Ethik des Protestantismus der Geist des Kapitalismus zu keimen begann. Eine ganz wesentliche Ursache für das »Ausbleiben der kapitalistischen Entwicklung« in Indien oder doch zumindest für die Schwierigkeiten bei der »Übernahme des ökonomisch und technisch fertigen Gebildes [des Kapitalismus] als Artefakt« in der Zeit der britischen Herrschaft (RS, II, 359) muß also in der Religiosität dieser mittelalterlichen Sekten, bzw. in deren »psychologischen und pragmatischen Zusammenhängen der [in den] Religionen gegründeten praktischen Antriebe zum Handeln« liegen, wie Max Weber die Wirtschaftsethik einer Religion definiert (RS, I, 238).

In Anbetracht dieser Bedeutung der nachklassischen Entwicklung des Hinduismus auch für das Verständnis von Webers Indienstudie verwundert die geringe Resonanz, die bis vor kurzem Webers Hinduismus-Thesen gefunden haben. Denn anders als im Falle seiner Buddhismus-Thesen, die der Buddhologie in den letzten zwei Jahrzehnten durchaus bedeutende neue Anstöße gaben[1], wurden seine Hinduismus-Thesen von den Indologen weder angenommen noch kritisiert oder gar zurückgewiesen, sondern schlichtweg ignoriert – was übrigens sicherlich nicht nur gegen Max Weber spricht. Ein Wandel trat erst in den frühen sechziger Jahren ein, nachdem im Jahre 1958 die amerikanische Übersetzung des Indienbandes von H. Gerth und Don Martindale unter dem Titel »The Religion of India« erschienen war[2] und Reinhard Bendix seine umfassende Studie »Max Weber – an Intellectual Portrait« herausgebracht hatte, die ein umfangreiches Kapitel über Webers Thesen zu Gesellschaft und Religion in Indien enthält.[3] Beide Veröffentlichungen lösten in den USA[4] und – als Folge hiervon – auch in Indien teils heftige Diskussionen über Webers Thesen aus, ohne allerdings zu ernsthaften Auseinandersetzungen mit den Thesen und den Quellen von Webers Hinduismusstudie zu führen.

Dies änderte sich erst in allerjüngster Zeit durch drei Arbeiten von G. R. Madan, D. Kantowsky und J. Rösel.[4a] In seinem Buch über »Western Sociologists on Indian Society« stellt Madan als erster indischer Soziologe auch die Hinduismusthesen Webers ausführlich dar.[5] Er tut dies in einer sehr deskriptiven Weise, die als eine Einführung in die in Indien kaum bekannten Thesen Webers über den Hinduismus durchaus sinnvoll ist. Bedauerlich ist jedoch, daß er sich selbst dabei ausschließlich auf die – wie wir noch sehen werden – so fehlerhafte Übersetzung von Gerth/Martindale stützt und sich nahezu vollständig einer kritischen Würdigung der Thesen Webers enthält, zu der er als indischer Soziologe aufgerufen wäre.

Einen wichtigen Beitrag für die zukünftige kritische Auseinandersetzung mit den Thesen Webers zum Hinduismus und Buddhismus leistete unlängst D. Kantowsky mit zwei Artikeln, in denen er sich vor allem mit den Ursachen für die recht kritische Rezeption der Indienstudie Webers in Indien auseinandersetzt.[6] Wichtig ist weiterhin, daß er, ausgehend von der Untersuchung F. H. Tenbrucks über das Werk Max Webers[7], auch ausführlich auf die werkgeschichtlichen Zusammenhänge der Hinduismus- und Buddhismusstudie mit dem Gesamtwerk Webers eingeht. Er zeigt auf, daß die Kenntnis des »Vorwortes«, der »Einleitung«

und der »Zwischenbetrachtung«, die im ersten Band der RS enthalten sind, unabdingbare Voraussetzung für ein umfassendes Verständnis der Indienstudie Webers sei. Denn erst durch sie werde der Sinnzusammenhang der Hinduismus- und Buddhismus-Studie klar. Diese Zusammenhänge blieben jedoch in der Übersetzung von Gerth/Martindale, die den gänzlich irreführenden Titel »The Religion of India« trage, gänzlich unberücksichtigt. Als einen weiteren Grund für die »rather scanty and more or less negative reaction in the region to Weber's study on Hinduism and Buddhism«[8] führt Kantowsky die »Americanization of Weber« an. Sie gehe wesentlich zurück auf eine Konferenz, die das Ehepaar Loomis mit Unterstützung der Ford Foundation im Jahre 1966 unter Teilnahme zahlreicher indischer Soziologen in Hyderabad veranstaltete. Der naive Entwicklungsoptimismus der Veranstalter und ihr Bemühen, angeblich im Sinne Max Webers nach Ansätzen rationalen Wirtschaftsverhaltens in der indischen Tradition zu suchen[9], habe Weber in Indien zu Unrecht in den Ruf eines Verteidigers des Kapitalismus auch für Länder der heutigen Dritten Welt geraten lassen. Die äußeren Voraussetzungen für die Rezeption der Indienstudie seien deshalb – und hierin wird man Kantowsky sicherlich zustimmen müssen – in Indien denkbar ungünstig gewesen.

Andere Wege beschreitet J. Rösel in seiner kurzen Monographie über die Hinduismusthesen Max Webers. Im Mittelpunkt seiner bereits 1971 abgeschlossenen, aber erst kürzlich in Überarbeitung veröffentlichten Magisterarbeit steht eine kritische Untersuchung der von Max Weber benutzten Quellen und deren Einfluß auf seine Hinduismusthesen. Er zeigt auf, »wie brahmanische Gesellschaftstheorie von europäischen Philologen unkritisch rezipiert wurde, wie die zentralen Begriffe brahmanischer Literatur – Kaste, Hierarchie, Reinheit – zu Ordnungsbegriffen der Kolonialbürokratie wurden und über Verwaltung, Rechtsprechung und Armeerekrutierung sozial implementiert wurden und wie schließlich die den zahlreichen, kastenstrukturierten Volkszählungen entstammenden ethnologischen, statistischen Arbeiten diese koloniale ›Sanskritisierung‹ der indischen Gesellschaft empirisch verifizierten.«[10] Rösel kommt zu dem Schluß, daß die drei Komponenten, brahmanische Rechtsliteratur, indologische Religionsabhandlungen und ethnologisch-statistische Kastenuntersuchungen, die in Form einer »self fulfilling prophecy« das romantisch koloniale Indienbild geprägt hatten, auch das Material zu Webers Indienstudie konstituiert und seine Gedankengänge bestimmt habe.

Die folgenden Ausführungen werden zwar durchaus die Schlußfolgerungen Rösels und Kantowskys stützen und ergänzen, daß manche der uns heute nicht mehr haltbar erscheinenden Thesen Webers direkt auf die von ihm benutzten Quellen zurückzuführen sind und die beklagenswerte Übersetzung von Gerth/Martindale die Auseinandersetzung mit Webers Hinduismusthesen erheblich erschwerte. Es wird sich jedoch zeigen, daß der tiefere Grund für die zögernde bis negative Aufnahme seiner Hinduismusthesen eben auch in Webers eigener, unausgewogener Darstellung des Hinduismus liegen dürfte; denn sie schwankt nicht nur zwischen großartigen Einsichten in Entwicklung und Struktur der hinduistischen Gesellschaft und seinen bisweilen erschreckend einseitigen bis falschen Ausführungen über religiöse Entwicklungen. Sie enthält darüber hinaus zusätzlich auch begriffliche Unklarheiten und ärgerliche Druckfehler, die zudem noch von den Übersetzern getreulich kopiert und durch weitere Übersetzungsfehler angereichert wurden. Wir werden uns im folgenden zunächst mit diesen eher nebensächlichen Druck- und Übersetzungsfehlern beschäftigen, um uns dann über terminologische Fragen den schwerwiegenden Problemen der Darstellung hinduistischer Sektenreligiosität und der orthodoxen Restauration durch Weber anzunähern.

II. Ein Ärgernis ohne Ende? Die Druck- und Übersetzungsfehler

Druck- und Übersetzungsfehler belasten nicht nur die Lektüre der Arbeit Webers, sie wurden auch in einem kaum faßbarem Umfang von späteren Autoren übernommen. Dies sei an wenigen Beispielen aufgezeigt. Webers Ausführungen über den Tantrismus (s. S. 302) enthalten z. B. auf einer einzigen Seite (RS, II, S. 323) sieben Druckfehler: *puruabhishaka* statt *purnabhisheka*[11], *Mukara* statt *Makara*[12], *Madiya* statt *Madya, Maithura* statt *Maithuna*, *Syana* statt *Syama* und *Pari* statt *Puri.*[13] Mögen dies zwar auch im wesentlichen nur Fehler sein, die Indologen »stören« und mögen sie in manchen Fällen bisweilen sogar eher zu Lasten des Setzers gehen, der die schwer lesbare Handschrift Webers bei indischen Namen falsch entzifferte (wie z. B. u und r statt n), als Webers Manuskript anzulasten sein, so ist es dennoch schwer verständlich, daß diese Fehler unkorrigiert aus dem Erstdruck im »Archiv« im Mai 1917 (wie z. B. aus Bd. 42, S. 759) in den 2. Bd. der RS übernommen und seither in allen Neuauflagen getreulich wiederholt wurden. Aus der Tatsache, daß immerhin doch einige, wenn auch nur wenige andere Fehler aus dem »Archiv« bei der Neuauflage in der RS-Ausgabe von 1920 korrigiert wurden[14], muß m. E. dem Verleger und vielleicht sogar Marianne Weber, die beide mit den Schwierigkeiten der Handschrift Max Webers bestens vertraut waren, der Vorwurf gemacht werden, nicht nach weiteren Schreib- bzw. Druckfehlern gesucht zu haben. Mußten diese und zahlreiche andere Fehler, von denen vermutlich eine ganze Reihe im eben nur schwer lesbaren Manuskript Webers garnicht existierten, wirklich immer wieder neu aufgelegt werden? Sicherlich wurde damit den Indologen der Zugang zum Werk Webers nicht erleichtert. Gerade in dieser Hinsicht ist die geplante kritische Gesamtausgabe der Werke Webers überaus zu begrüßen.

Kaum faßbar ist es, in welchem Umfang die Übersetzer Gerth/Martindale diese Druckfehler unbesehen übernahmen. Bereits Bellah bemerkte hierzu in seiner Besprechung ein Jahr nach Erscheinen der Übersetzung: »A careful editor can catch and correct these minor errors through editor's footnotes. Gerth and Martindale not only fail to do this, they do not even catch the proof errors of the German text, which are numerous, and, worse yet, they introduce very many new errors into the English text.«[15] In der Tat übernahmen Gerth/Martindale z. B. all die oben genannten Fehler der einen Seite und fügten als weitere noch hinzu: *nukara* und *madia* statt *mukara* und *madiya* bei Weber (bzw. richtig *makara* und *madya*). Doch wie schon den Nachdrucken der deutschen Ausgabe, so blieben auch den Neudrucken der amerikanischen Übersetzung (die 2. Auflage erschien bereits 1960) die notwendigen Korrekturen »erspart« – trotz der harten Kritik Bellahs.

Gänzlich unverständlich wird es nun, wenn wir uns dem Ausmaß der sinnentstellenden Übersetzungsfehler Gerth/Martindales zuwenden, die Kantowsky mit Recht veranlaßten, von einer »transgression« statt einer »translation« zu sprechen.[16] Ein Beispiel mag genügen, die Berechtigung dieses Vorwurfs zu verdeutlichen. In einem Zusammenhang, auf den wir noch ausführlicher zurückkommen werden (s. S. 305), heißt es bei Weber:

»Insbesondere von Chaitanyas später zu erwähnendem populärem Revival des bhakti ist bekannt, daß es unter anderem der allergröbsten Sexualorgiastik der Massen den Boden abgraben wollte, dabei aber selbst sexualorgiastischen Charakters war.«
(RS, II, S. 338; richtig: *bhakti* als fem.)

Gerth und Martindale gelangten zu folgender, erstaunlichen Übersetzung:

»Especially for the Chaitanyas, a popular revival later to be described, the basic of bhakti was recognized to be the coarse sexual orgiasticism of the masses, accompanying cultivation of the earth, and thereby was itself of a sexual-orgiastic character.«
(Religion of India, S. 308).

Die »Übersetzer« sind hier nicht in der Lage, in »Chaitanyas ... Revival« einen Genitiv Singular zu erkennen und sprechen statt dessen von »den Chaitanyas« im Plural! Geradezu grotesk mutet die Übersetzung an, den Nebensatz »... der allergröbsten Sexualorgiastik der Massen *den Boden abgraben* wollte« mit »the coarse sexual orgiasticism of the masses, accompanying *cultivation of the earth*« wiederzugeben. Wenn man selbst bei nur sporadischen Vergleichen der Übersetzung mit dem Original auf mehrere derartige Fehler stößt[17], fällt es schwer, nur von Schlamperei zu sprechen, sondern es drängt sich eher der Verdacht auf, daß der deutschsprachige Hans Gerth an der Übersetzung gar nicht ernsthaft mitarbeitete.

Doch damit keineswegs genug! Druck- und Übersetzungsfehler wurden auch von berufenen Wissenschaftlern ungeprüft übernommen. So mutet es wie eine Ironie des Schicksals an, daß die Loomis, die während der Konferenz in Hyderabad ihren indischen Kollegen Max Weber bisweilen geradezu schulmeisterlich nahezubringen versuchten, ausgerechnet das gerade genannte Zitat über »the Chaitanyas« wörtlich übernahmen.[18] Als wie verhängnisvoll sich einmal eingeschlichene und nicht verbesserte Schreib- und Druckfehler gerade in den Werken großer Autoren erweisen können, zeigt weiterhin die bereits erwähnte, kürzlich erschienene Abhandlung von G. R. Madan über Max Weber. In seinen oft absatzweise wörtlich aus der amerikanischen Übersetzung übernommenen Darstellung (ohne diese allerdings als solche zu kennzeichnen) überträgt Madan getreulich auch all die zahllosen Fehler der eigenen Sanskritterminologie: so u. a. auch die sieben oben genannten Fehler, die Gerth/Martindale bereits von Weber übernommen und ihrerseits teilweise noch vergröbert hatten.[19] Den Namen der berühmten Wallfahrtsstadt Puri, der bei Weber – und damit eben auch bei Gerth/Martindale – zu Pari geraten war, wandelte er seltsamerweise allerdings zu »Pali« ab, dem Namen der mittelindischen Sprache des buddhistischen Kanons. In Anbetracht dieser bereits bis ins dritte Glied gehenden Fehlerkette fällt es schwer, nicht deren »Verlängerung« befürchten zu müssen, wenn nicht bald eine neue englische Übersetzung Abhilfe zu schaffen vermag!

III. Zu Webers Begriffen der »Sekte« und »Heterodoxie« im Hinduismus

Webers Ausführungen über die hinduistische Sektenreligiosität leidet zum Teil beträchtlich unter einer unklaren begrifflichen Definition der hinduistischen Sekten. Gleich zu Beginn stellt Weber seiner Darstellung des hinduistischen sozialen Systems seine bekannte religionssoziologische Definition von Sekte und Kirche voran: »Eine ›Sekte‹, im soziologischen Wortsinn also: ein exklusiver Verein religiöser Virtuosen oder doch religiös spezifisch Qualifzierter, rekrutiert sich durch individuelle Aufnahme nach Feststellung der Qualifikation. Eine ›Kirche‹ als universalistische Massen-Heilsanstalt, erhebt, wie ein ›Staat‹, den Anspruch: daß jeder, mindestens jedes Kind eines Mitgliedes, ihr durch Geburt angehöre« (RS, II, 6). Eine ähnlich lautende Definition enthält auch die »Einleitung«, in der es dann weiter über das Verhältnis von Kirche und Sekten heißt: »Jede Virtuosen-Religiosität wird nun in ihrer eigengesetzlichen Entfaltung *grundsätzlich bekämpft* von jeder hierokratischen Amtsgewalt einer ›Kirche‹, das heißt einer anstaltsmäßig mit Beamten organisierten gnadenspendenden Gemeinschaft.« (RS, I, 260; Hervorhebung von H. K.)[20]

In seiner Darstellung des hinduistischen sozialen Systems führt dann Weber, wenn auch fälschlich im Zusammenhang mit dem Begriff »Religion«, den Ausdruck *sampradāya* ein, der dem Wesen hinduistischer Sekten wesentlich näher kommt: »innerhalb des hinduistischen Begriffsschatzes steht dem occidentalen Ausdruck ›Religion‹ am nächsten der Begriff ›sampradaya‹.[21] Darunter versteht der Hindu Gemeinschaften, deren Zugehörigkeit nicht durch Geburt erworben wird – die also in diesem Sinn ›open-door-castes‹ sind –, sondern durch Gemeinsamkeit der religiösen Heilziele und Heilswege, ›Theophratrien‹, wie hinduistische Gelehrte sie nennen. Solche ›Theophratrien‹ waren in Indien vor allem der Jainismus und Buddhismus, ebenso einige der revivals der vishnuitischen Heilandsreligiösität und z. B. die früher erwähnte çivaitische Sekte der Lingayats, welche eben deshalb sämtliche als durchaus ketzerisch galten und, soweit sie an diesen Grundlagen festgehalten haben, noch gelten.« (RS, II, 24 f.)

Während Max Weber hier *sampradāya* irrtümlicherweise als ketzerisch bezeichnet, heißt es dann nur wenige Zeilen später richtig: »Zugehörigkeit zu einer ›Sekte‹ an sich schließt nicht nur nicht vom Hinduismus aus, sondern ist gerade umgekehrt seit dem Entstehen der spezifisch hinduistischen Religiosität, wie sie die späteren Teile der Epen und die Purana's darstellen, eine völlig normale Erscheinung. Ein eigentlich frommer Hindu ist nicht bloß Hindu, sondern Mitglied einer Hindu-Sekte.« (RS, II, 25)

Wie diese Zitate, so zeigen auch andere Textstellen, daß Webers Definition hinduistischer Sekten unklar, ja widerspruchsvoll ist. Einerseits sieht er richtig, wie das letzte Zitat zeigt, daß die Grenzen zwischen den verschiedenen Sekten und dem sog. »orthodoxen Brahmanismus« fließend sind, ja, daß die Sekten sogar Teil dieser »Orthodoxie« sind und damit keineswegs »grundsätzlich bekämpft« werden. Andererseits wird aber immer wieder deutlich, daß seinen Ausführungen über hinduistische Sektenreligiosität eben letztlich doch der am Christentum entwickelte Sektenbegriff zugrunde liegt. Dieser setzt jedoch die Existenz einer Orthodoxie und einer Kirche voraus, beides Institutionen, die dem Hinduismus fremd sind.

Dies führt zu einem weiteren, möglicherweise sogar zum schwerwiegendsten Problem in Webers Ausführungen über den Hinduismus, zu seiner rigiden Unterscheidung zwischen Orthodoxie und Heterodoxie. Sicherlich gab es eine Reihe philosophischer Lehren und sozialer Institutionen, die von Hindus im allgemeinen als verbindlich angesehen werden (Weber nennt *saṃsāra*, *karma* und die Kasten). Dennoch war dieses System nie derart geschlossen, wie Weber annahm, sondern stets offen für Neuerungen und Anpassungen an neue soziale, wirtschaftliche und religiöse Entwicklungen. Wichtig war und ist stets, daß außerhalb dieses Kernbereichs des Hinduismus ein weites Feld existierte, das weder einer »Orthodoxie« und schon gar nicht einer »Heterodoxie« zuzurechnen ist. Es ist eben dieser »Spielraum«, in dem die hinduistischen Sekten, häufig sogar ungestört von jeglichem direkten brahmanischen Einfluß, florierten. Probleme der Heterodoxie oder gar der Häresie und gegen die Sektenangehörigen gerichteten Sanktionen existierten dabei so gut wie nicht.

Der passendste Begriff für derartige religiöse Gruppierungen und Bewegungen ist das genannte Wort *sampradāya.* Es bedeutet nicht mehr und nicht weniger als »das was übergeben wurde« und ist damit gleichbedeutend mit »Überlieferung«. Es stellt damit aber auch eine Bezeichnung für »Orthodoxie« dar, wie man dem Begriff »Hindu-Sampradaya« entnehmen kann. A. Eschmann wies nach, daß die Definition einer hinduistischen Sekte der ursprünglichen Bedeutung des griechischen Ausdrucks *hairesis* (»Nehmen, Wahl«) sehr nahe kommt, der die philosophische oder religiöse Schule bezeichnet, der anzugehören man »wählte«. Erst nach der Entstehung der orthodox katholischen Kirche wurde der entsprechende lateinische Ausdruck *sequi* (»folgen«) in *secare* (»schneiden«, »abteilen«) umgewandelt, aus dem dann unser Wort »Sekte« entstand.[22]

In diesem religionssoziologischen Sinn trifft Webers Definition einer Sekte bestenfalls auf einige »Kasten-Sekten« zu, wie z. B. die Lingayats. Man muß sich in diesem Zusammenhang weiterhin fragen, inwiefern so zentrale Begriffe der Indienstudie Webers wie z. B. jener der »heterodoxen Soteriologie des vornehmen Berufsmönchtums« (worunter Weber den Jainismus und Buddhismus versteht) überhaupt zutreffen oder ob sie nicht gänzlich am Wesen der religiösen Entwicklung Indiens vorbeigehen.[23] Denn es stellt sich geradezu zwangsläufig die Frage, welche Lehre in der Zeit Buddhas die Orthodoxie verkörperte, die Veden oder die Geheimlehre der Upanishaden? Und blieb der Buddhismus auch weiterhin »heterodox«, als er sich bereits zu einer religiösen und sozialen Massenbewegung entfaltet hatte?

IV. Webers Darstellung der »Sexualorgiastik« in der hinduistischen Sektenreligiosität

Ein weiteres, schwerwiegendes Problem, das Webers Ausführungen über mittelalterliche Sektenreligiosität belastet, ist die Überbetonung aller nur denkbaren orgiastischen, vor allem erotisch-sexuellen Züge des Hinduismus. Für Weber stellte sich die etwa eintausendjährige Geschichte der mittelalterlichen Sekten als das Ergebnis einer steten Auseinandersetzung orthodoxer, vornehmer Intellektueller mit der urwüchsigen, immer wieder neu anbrandenden Macht der Orgiastik plebejischer Unterschichten dar, da »alle erheblicheren hinduistischen Sekten ohne Ausnahme in ihrer psychologischen Eigenart aus einer oft freilich weitgehenden Sublimierung dieser universell verbreiteten orgiastischen Heilssuche durch brahmanische oder außerbrahmanische Mystagogen entstanden sind.« (RS, II, S. 324) Weber sah als Grundlage oder zumindest als Inbegriff all dieser von den vornehmen Intellektuellen »verachteten Unterschicht von Volksreligiosität« den Tantrismus an. »Die Tantra-Magie war ihrem ursprünglichen Wesen nach orgiastische Ekstase, hervorgerufen durch den gemeinsamen Genuß der in der späteren Terminologie, ›heiliger Kreis‹ (puruabhishaka‹) [*purnabhisheka*] genannten ›fünf Mukara‹ [*Makara*], der fünf Dinge mit ›M‹ als Anfangsbuchstaben: Madiya [*Madya*]: Alkohol, Mamsa: Fleisch, Matsya: Fisch, Maithura [*Maithuna*]: Sexualverkehr, Mudra: heilige Fingergesten (vermutlich ursprünglich Pantomimen). Allen an Bedeutung voran stand die mit Alkohol verbundene Sexualorgie und demnächst das blutige Opfer nebst anschließendem Mahl. Ziel der Orgie war zweifellos ekstatische Selbstvergottung zu magischen Zwecken. Der in den Gottbesitz Gelangte, der Bhairava oder Vira, hatte magische Kräfte. Er wurde vereinigt mit der weiblichen Schöpfermacht, der Sakti, welche später unter den Namen Lakschmi, Durga, Devi, Kali, Syana [*Syama*] u. a. erscheinend, durch ein nacktes mit Fleisch und Wein gespeistes Weib (Bhairavi oder Nayika) repräsentiert wurde. In gleichviel wie gearteter Form sind diese Kulte selbst sicher uralt. Wie überall, war auch hier die Orgie als Form der Heilssuche bei den Unterschichten, insbesondere also bei den Dravidas, besonders lange erhalten geblieben, daher gerade in Südindien, wo die brahmanische Kastenordnung erst später durchgeführt wurde.« (RS, II, 323)

»Die treibenden Motive des Brahmanentums bei diesem Rezeptions- und Akkomodationsprozeß waren zum Teil wohl grob materielle: die massenhaften Pfründen und Kasualien, welche winkten, wenn man sich dem Dienst dieser nun einmal unausrottbaren volkstümlichen Gottheiten widmete ... Die formellen Methoden der Rezeption waren gegeben: der volkstümliche Dämon oder Gott wurde mit einem der dafür geeigneten hinduistischen Götter direkt identifiziert oder – wenn es sich um Tierkulte handelte – als Inkarnation eines solchen behandelt. Für diesen Zweck kamen eben wesentlich die Fruchtbarkeitsgötter, Çiva und Vischnu, in Betracht, welche ja selbst auf eine orgiastische Vergangenheit ihrer Kulte zurückblickten. Der Kult wurde möglichst im Sinne des orthodoxen Vegetarismus, der Alkohol- und Sexualabstinenz temperiert. ... Die intellektualistische Spiritualisierung der Orgie führte zur meditierenden Verehrung heiliger Kreise (statt des weiblichen Sexualorgans). Der bürgerliche Sakta-Kult ging [dagegen] oft dazu über: daß die Anbetung eines nackten Weibes als Vertreterin der Göttin Kultakt wurde. Mit der im Volkskult daran anknüpfenden Alkohol- und Sexualorgie verband sich oft das spezifisch saktische Blutopfer, die puja – ursprünglich und bis an die Schwelle der Neuzeit: ein Menschenopfer – und eine Fleischorgie ... Es finden sich die verschiedensten Stadien von der kryptoerotischen Sublimierung bis zur asketischen Umkehrung der Sexualorgiastik.« (RS, II, 325 ff.)

Wenn auch Webers Charakterisierung des Tantrismus und seine Aussagen über Motiv und Methoden der Rezeption in groben Umrissen durchaus zutreffend sind, so muß doch seinen Schlußfolgerungen für die hinduistische Sektenreligiosität widersprochen werden. Sein grundsätzlicher und, wie sich in seinen Ausführungen immer wieder zeigt, folgenschwerer Fehler liegt darin, daß er im Tantrismus einen Ausdruck der Volksreligiosität sah (»in der Tantra-Magie hielt schließlich auch die Volksekstatik ihren Einzug in die brahmanische Literatur«, S. 322) und ihn deshalb gleichsam als Urquell des mittelalterlichen Hinduismus an den Beginn seiner Darstellung der hinduistischen Sekten stellte. Sicherlich weist auch der Tantrismus, wie letztlich eben alle Aspekte des Hinduismus, Verbindungen mit der Volksreligiosität auf.[24] Nichts wäre jedoch abwegiger, als Volksreligiosität und die Entwicklung des Tantrismus nicht nur in einen kausalen Zusammenhang zu setzen, sondern sie sogar, wie dies Weber zumindest in Ansätzen immer wieder tut, gleichzusetzen. Denn gerade der Tantrismus, dessen sexuelle Praktiken übrigens nur Teil oder Stufe eines hochentwickelten Systems magischer Spekulationen darstellen, war stets ein in höchstem Maße esoterischer Weg religiöser Heilssuche. Außerdem dürfte sich seine männliche Anhängerschaft in einem beträchtlich größeren Teil aus Kreisen der »Intellektuellen« rekrutiert haben als aus den »Unterschichten«. Daß allerdings, wie wohl oft in derartigen Entwicklungen, die überwiegende Zahl der »Geliebten« oder »Darstellerinnen«, in denen sich den Tantrikern die Göttin manifestierte, unteren Kasten angehörten, ändert an diesem Bild wenig und berechtigt nicht, im Tantrismus einen Ausdruck der »Volksekstatik« zu sehen. Da Weber weiterhin, wie wir auch im folgenden immer wieder sehen werden, im Hinduismus rigoros zwischen der Religiosität »vornehmer Intellektueller« und jener der »plebejischen Unterschichten« unterscheidet und Orgiastik, insbesondere die Sexualorgiastik, einzig in den Unterschichten verwurzelt sah, unterliegt er einem gefährlichen Zirkelschluß: Orgiastik und Volksreligiosität gleichsetzend, ordnet Weber religiöse Orgiastik, wo immer sie auch auftritt, stets der Religiosität der Unterschichten zu. Wie anders sonst als durch diesen Zirkelschluß ließe sich z. B. Webers Trugschluß erklären, daß sich »die Orgie als Form der Heilssuche bei den *Unterschichten, insbesondere also den Dravidas*, besonders lange erhalten (hat).« (Hervorhebung vom Vf.) Da nach Weber die Bhakti-Religiosität (s. u.) in dem von den nichtarischen Draviden bewohnten Südindien »orgiastischer, und zwar sexualorgiastischer, Herkunft« gewesen sei (RS, I, 338), qualifiziert er schlichtweg die gesamte südindische Bevölkerung der Draviden als Unterschicht ab.

Sicherlich gilt es zu bedenken, daß Weber gleich zu Beginn der »Zwischenbetrachtung« – also damit in der Überleitung zu seinen Indienstudien – klar hervorhebt, daß »das konstruierte Schema natürlich nur den Zweck (hat), ein idealtypisches *Orientierungsmittel* zu sein ... Die einzelnen Wertsphären sind dabei, wie man leicht sieht, in einer rationalen Geschlossenheit herauspräpariert, wie sie in der Realität *selten* auftreten, aber allerdings: auftreten können und in historisch wichtiger Art aufgetreten *sind*. Die Konstruktion ermöglicht es, da, wo sich eine historische Erscheinung einem von diesen Sachverhalten in Einzelzügen oder Gesamtcharakter annähert, deren – sozusagen – typologischen Ort durch Ermittlung der Nähe oder des Abstandes vom theoretisch konstruierten Typus festzustellen.« (RS, 1, 536 f., Hervorhebung von M. W.). Ohne in irgendeiner Weise auf den heuristischen Wert Weberscher Idealtypen eingehen zu wollen, muß hier doch – zumindest von Seiten der Indienkunde[25] – festgestellt werden, daß die mit Webers Rationalisierungsthese verbundene idealtypische Konstruktion einer dichotomischen Zuordnung der Orgiastik zu den Unterschichten und deren rationale Sublimierung zur vornehmen Intellektuellenschicht einen Zugang zum Verständnis des mittelalterlichen Hinduismus geradezu versperrt.

Als ein Beispiel einer derartigen idealtypischen »Fehlkonstruktion« muß Webers Darstellung der Bhakti angesehen werden (RS, 1, 337 ff.). Weber bezeichnet zunächst Bhakti richtig als »die leidenschaftlich gottinnige Hingabe an den Heiland und seine Gnade«. Dann aber bricht, gänzlich unvermittelt, sein altes »Vorurteil« durch: »Die orgiastische, und zwar sexualorgiastische, Herkunft der bhakti-Ekstase steht jedenfalls schon deshalb außer Zweifel, weil die Sexualorgien der Krishna-Verehrer auch nach der brahmanischen Sublimierung zur gottinnigen Andacht und bis in die Neuzeit daneben fortbestanden. Die Mahaprasada-Eucharistie, bei welcher alle Kasten gemeinsam beim Opfermahl saßen, war – ebenso wie die früher erwähnte Jaganath [*Jagannath*]-Orgie der südindischen Kasten linker Hand – ein offenbarer Rest alter vorbrahmanischer Riten, und sie findet sich bei fast allen eigentlichen bhakti-Sekten. Von den sehr handgreiflichen Resten der Sexualorgiastik bei vischnuitischen Sekten wird noch die Rede sein. Insbesondere von Chaitanyas später zu erwähnendem populärem Revival des [*der*] bhakti ist bekannt, daß es unter anderem der allergröbsten Sexualorgiastik der Massen den Boden abgraben wollte, dabei aber selbst sexualorgiastischen Charakters war. Vor allem liefert die psychologische Qualität des [*der*] bhakti selbst den Beweis. Denn die vorgeschriebene Stufenfolge soll über drei (oder vier) andere Gefühlszuständlichkeiten schließlich zu einer inneren Gefühlsbeziehung zum Heiland führen, welche derjenigen gleicht, die eine erotisch Liebende dem Geliebten widmet. An die Stelle der realen Sexualorgiastik trat also der kryptoerotische Genuß in der Phantasie. Zu diesem Zweck wurde die derbe alte erotische Krischna-Mythologie mit zunehmend kryptoerotischen Zügen angereichert ... Das im Abendland zuerst durch Rückerts Übersetzung bekannt gewordene Gitagovinda war eine glühend erotische poetische Darstellung dieser Abenteuer. Aber es ist außer Zweifel, daß für gewisse später hinzugekommene Züge auch die Innigkeit einiger christlicher Legenden – der bethlehemischen Jugendgeschichten vor allem – zur Sublimierung und Anreicherung dieser Heilandserotik herangezogen wurde.« (S. 338 f.)

An dieser Darstellung der vishnuitischen Bhakti ist nahezu alles falsch. Zutreffend ist eigentlich nur die Feststellung, daß die »derbe alte erotische« Krishna-Mythologie zunehmend mit »kryptoerotischen« Elementen angereichert wurde und diese Entwicklung im Gitagovinda ihren Höhepunkt fand. Aber selbst wenn man zugesteht, daß in der Zeit, als Weber seine Indienstudien niederschrieb, ein starker christlicher Einfluß auf den Krishna-Kult vermutet wurde, so stand es doch damals keineswegs »außer Zweifel«, daß dieser christliche Einfluß ausgerechnet »zur Sublimierung und Anreicherung dieser Heilandserotik herangezogen wurde«. Die Schlußfolgerung, daß diese Sublimierung hinduistischer Orgiastik letztlich eben doch christlichem Einfluß zuzuschreiben ist, drängt eher den Verdacht einer – wenn wohl auch ungewollten – ethnozentrischen Argumentationsweise auf. Weber mag übrigens selbst Zweifel an der Richtigkeit seiner Schlußfolgerung gehabt haben, da er sie geradezu apologetisch-apodiktisch zweimal »außer Zweifel« stellte. Gänzlich unhistorisch und m. E. auch ebenso unlogisch ist jedoch eine (ebenfalls wieder außer Zweifel stehende) Annahme, »daß die Bhakti-Ekstase sexualorgiastischer Herkunft« sei. Als Begründung für diese vermutete Herkunft der zumindest seit dem 7. Jh. n. Chr. nachweisbaren Bhakti weist er auf die (als Ausnahmen) erst seit dem 16. und 17. Jahrhundert nachweisbaren »Sexualorgien« im Vishnuismus hin. Die historisch näherliegende Möglichkeit, daß (wie im Falle der Vallabhacharyas geschehen) erst *später*, im 16. Jahrhundert, eine stärkere Betonung des erotischen Charakters in *einer* Gruppe der Vishnuiten eintrat, scheint Weber damit auszuschließen. Ebensowenig überzeugend sieht es mit dem Beweis für den »sexualorgiastischen Charakter« der Bhakti durch deren »psychologische Qualität« aus. Die von Weber in einer Fußnote (S. 338, Anm. 2) näher erläuterte »Stufenfolge der Verdienstlichkeit« der Chaitanya-Sekten (von Meditation, über aktiven Gottesdienst, Freundschaft, Kindesliebe bis zum »Gefühl wie das des Mädchens für ihren Geliebten«) stellt nun m. E. wahrlich keinen

Beweis für einen »sexualorgiastischen Charakter« der Bhakti dar, selbst wenn hierzu im (Freudschen Sinne?) deren »psychologische Qualität« bemüht wird.

v. Die Frage nach den möglichen Ursachen der Darstellungsweise Max Webers

Die sich wie ein roter Faden durch Webers Darstellung hinduistischer Sekten hindurchziehenden Hinweise auf alle möglichen Formen vermuteter Sexualorgiastik belasten seine Ausführungen schwer, ja sie stellen bis heute für Indienkundler vermutlich eines der wesentlichen Hindernisse dar, sich intensiver mit den Hinduismus-Thesen Webers auseinanderzusetzen. Will man nicht in einer gänzlichen Ablehnung seiner Thesen verharren, so muß man fragen, warum Weber den erotischen Aspekt hinduistischer Religiosität derart überbetonte, ja ihn geradzu überzeichnete. Im folgenden sei versucht, der Beantwortung dieser Frage durch vier Fragestellungen näherzukommen: Es soll untersucht werden, welchen Einfluß

1. Webers eigenes »Lebensbild«,
2. das »Indienbild« der zeitgenössischen Indologie,
3. Webers eigene Rationalisierungsthese und
4. seine Auseinandersetzung mit zeitgenössischen geistigen Bewegungen auf seine Studien über hinduistische Sektenreligiosität ausübten.

Die Vermutung, daß Webers eigene Lebenserfahrungen seine Studie über hinduistische Sekten direkt beeinflußt habe, drängt sich bei deren Lektüre bisweilen geradezu auf. So schrieb denn auch bereits M. Singer »perhaps he was betrayed by his own puritanism to think of any nonascetic, lifeaffirming attitude towards food, drink and sex as ›orgiastic‹«.[26]

Auch Kantowsky äußerte kürzlich erneut diese Vermutung.[27] Zwar widmete A. Mitzman den Ehe- und Sexualproblemen Max Webers und dem »läuternden« Einfluß seiner Beziehungen zu den Frauen Mina Tobler und Else Jaffè auf seine Spätwerke einen umfangreichen Abschnitt (Weber's Retreat from Ascetic Rationalism. 1907-1920) in seiner »historischen Interpretation Max Webers«.[28] Und unlängst wurde diese umstrittene Problematik sogar Thema belletristischer Literatur.[29] Doch ein unmittelbarer

Einfluß des asketischen Ehelebens Webers auf seine Arbeiten über den Hinduismus wurde bisher nicht nachgewiesen. Geht man dieser Frage nach, so zeigt sich stattdessen, daß alle derartigen Überlegungen so lange Vermutungen oder gar Spekulationen bleiben müssen, bis auch Max Webers persönliche Briefe veröffentlicht oder doch zumindest der wissenschaftlichen Auswertung vollständig zugänglich gemacht werden. Bis dahin bleiben die verschiedenen Fassungen der »Zwischenbetrachtung« bzw. die Änderungen,[30] die Weber gerade in deren Abschnitt über die »erotische Sphäre« vornahm, die wichtigste Quelle für die Behandlung dieses Problems, denn Weber behandelte in ihnen jedes Mal »die sexuellen und ästhetischen Erfahrungsbereiche eingehender und verständnisvoller«.[31] Die erste Fassung (oder besser: die Vorform) der späteren Zwischenbetrachtung, die unter dem Titel »Religiöse Ethik und ›Welt‹« Teil seiner Religionssoziologie in »Wirtschaft und Gesellschaft« ist, enthält einen Abschnitt über »Religiosität und Sexualität«. (WuG, S. 468 ff.) An diesen Ausführungen, die vermutlich etwa aus dem Jahre 1911 stammen, fallen in der Tat die zahlreichen Hinweise auf antierotische religiöse Bewegungen und Sexualfeindschaft, »mönchische Weiberfurcht« und »religiöse Sexualneurastheniker« etc. auf, alles Bemerkungen, die jedoch in den späteren Versionen der Zwischenbetrachtung nicht mehr wiederholt werden.

Die zweite, erheblich umgearbeitete und erweiterte Fassung, die nun erstmals den Titel »Zwischenbetrachtung« trägt, wurde nach der Niederschrift der Indienstudie verfaßt und erschien im November 1915 im »Archiv für Sozialwissenschaft und Sozialpolitik«.[32] Gegenüber der Fassung von 1911 fallen u. a. eine erhebliche Erweiterung von Webers Betrachtungen über die erotische Sphäre der Religionen und die verschiedenen Formen der Sublimierung und Rationalisierung der Sexualität, sowie ein unverkennbar persönliches Moment in der Darstellung dieses Themenbereichs auf. Stufen und Richtungen dieser Sublimierung der Sexualität zur Erotik als einer bewußt gepflegten und außeralltäglichen Sphäre waren nach Weber »einbezogen in die universellen Zusammenhänge der Rationalisierung und Intellektualisierung der Kultur« (Archiv, 41, S. 407; RS, 1, 558). Webers eigene Lebenserfahrung scheint überaus deutlich aus den folgenden Zeilen zu sprechen: »Die letzte Steigerung des Akzents der erotischen Sphäre vollzog sich auf dem Boden intellektualistischer Kulturen schließlich da, wo sie mit dem unvermeidlich asketischen Einschlag des Berufsmenschentums zusammenstieß. Es konnte unter diesem Spannungsverhältnis zum rationalen Alltag das außeralltäglich gewordene, speziell also das ehefreie, Geschlechtsleben als das einzige Band erscheinen, welches den nunmehr völlig aus dem Kreislauf des alten einfachen organischen Bauerndaseins herausgetretenen Menschen noch mit der Naturquelle alles Lebens verband« (S. 409/560). Das distanzierende Präteritum kann kaum darüber hinwegtäuschen, daß Weber hier von der (oder besser: seiner eigenen) Gegenwart sprach. Kaum anders wird man es deuten können, wenn Weber weiterhin von der »wissenden Liebe des reifen Mannes« und dem »Todesernst dieser Erotik des Intellektualismus« spricht.

Die deutliche Aufwertung der erotischen Sphäre und der Versuch, diese »größte irrationale Lebensmacht« in Beziehung zur »Rationalisierung und Intellektualisierung« zu stellen, ist in der Zwischenbetrachtung von 1915 unverkennbar. Auch die dritte Fassung der Zwischenbetrachtung, die Weber noch kurz vor seinem Tod im Juni 1920 fertiggestellt hatte, läßt den Fortgang dieser Entwicklung abermals deutlich erkennen. So bezeichnet er u. a. in mehreren Zusätzen erneut die »Geschlechtsliebe als eine echte Schicksalsmacht« und spricht vom »Todernst der Geschlechtsliebe« (RS, I, 558). An anderer Stelle heißt es ebenfalls neu: »Dieser Sinn und damit der Wertgehalt der Beziehung selbst aber liegt, von der Erotik aus gesehen, in der Möglichkeit einer Gemeinschaft, welche als volle Einswerdung, als ein Schwinden des ›Du‹ gefühlt wird und so überwältigend ist, daß sie ›symbolisch‹: – sakramental – gedeutet wird« (S. 560). Und weiterhin: »Den (für ihn) objektlosen Erlebnissen des Mystikers steht er, der ›das Lebendigste‹ mit sich verbunden weiß, wie einem fahlen hinterweltlichen Reich gegenüber« (S. 561).

Weber schließt den Abschnitt über die erotische Sphäre in der dritten Fassung der Zwischenbetrachtung mit einem gänzlich neuen Absatz über die Quäkerethik, an dessen Ende die Erkenntnis steht: »daß in der Abwandlung des verantwortungsbewußten Liebesgefühls durch alle Nuancen des organischen Lebensganges hindurch: ›bis zum Pianissimo des höchsten Alters‹, in dem Einander-Gewähren und Einander-schuldig-werden (im Sinne Goethes) etwas Eigenartiges und Höchstes liegen könne. Selten gewährt es das Leben rein; wem es gewährt wird, der spreche von

Glück und Gnade des Schicksals, – nicht: von eigenem ›Verdienst‹« (S. 563). Es bedarf keiner weiteren Erklärung, um zu spüren, daß Max Weber hier, kurz vor seinem Tode, einen Schlußstein zu seiner zutiefst von eigenem Erleben geprägten Darstellung der erotischen Sphäre in seiner – man sollte nun sagen: »Schlußbetrachtung« gesetzt hat.[33] Sie war gekennzeichnet von dem von ihm zunehmend selbst durchlittenen Spannungsverhältnis zwischen mystischer Erotik und dem »unvermeidlich asketischen Einschlag des Berufsmenschentums intellektualistischer Kulturen«. Eine textkritische Untersuchung der verschiedenen Versionen der »Zwischenbetrachtungen« zeigt m. E. deshalb eindeutig, daß die Vermutung, Webers eigenes asketisches Eheleben sei die Ursache für seine »Orgiastizismen« in der Darstellung hinduistischer Sektenreligiosität gewesen, nicht zutrifft oder doch nicht ausreicht, um diese Frage ausreichend zu beantworten. Dem widerspräche das »Hohe Lied« der Erotik, das Weber in seinen späten Jahren in den Neufassungen der Zwischenbetrachtung anzustimmen scheint.

Bevor wir zeigen können, daß dennoch – wenn auch in ganz anderer Weise als bisher vermutet – eigene Lebenserfahrungen Webers Darstellungsweise der hinduistischen Sektenreligiosität beeinflußt haben mögen, müssen wir uns zunächst der Frage zuwenden, in welcher Weise das Indienbild der zeitgenössischen Indologie Webers Ausführungen prägte. Dieses Indienbild war gleichermaßen gekennzeichnet von einer schwärmerischen Bewunderung der geistigen Größe des arischen Brahmanentums und einer tiefsitzenden Verachtung der »dunkelhäutigen Ureinwohner« und ihrer Kulturen. Es wirkte sich besonders negativ auf die frühen Darstellungen des indischen Mittelalters aus, also die Zeit der von Weber behandelten hinduistischen Sektenreligiosität. Kultur und besonders die Sekten dieser Zeit wurden nahezu ausschließlich als Produkte einer Degeneration des frühen arischen Brahmanentums angesehen, verfallen unter dem Einfluß der aufsteigenden Massen der Ureinwohner. In seiner bereits genannten Arbeit weist J. Rösel auf die zum Teil erschreckend grobschlächtigen Ausführungen selbst so verdienstvoller Indologen wie z. B. L. von Schröder und H. Oldenburg hin. Letzterer sieht z. B. die Folgen der arischen Vermischung mit den Ureinwohnern wie folgt: »So mußte unabwendbar die Zeit kommen, in welcher der körperliche Typus des großen, starken, hellen Ariers durch jene

Vermischung in den Typus des kleinen, schwachen, geschmeidigen, zwischen Hell und Dunkel in zahllosen Nüancen schwankenden Hindu überführt wurde, und wo die Tiefe und Vornehmheit des arischen Geistes sich mit den verworrenen und maßlosen, an Niedrigem haftenden Instinkten des Wilden durchsetzte«.[34] Rösel hebt sicherlich zu Recht hervor, daß »gegenüber diesem Material und dessen deutlichem Werturteil die vorurteilslose Arbeitsweise Max Webers gesehen werden (muß), der zum ersten Mal außerhalb des Rahmens formaler Kulturmorphologie und frei von der Sicht auf ›rassengenetische Anlagen‹ bestimmte Kulturentwicklungen untersuchte«.[35]

Diese uns heute kaum noch verständlichen, von Vorurteilen belasteten Darstellungen mancher früher Indologen sollen an einem weiteren Beispiel näher durchleuchtet werden. Nur so können wir nicht nur deren unleugbaren Einfluß auf Max Weber einschätzen, sondern in einem weiteren Schritt dann auch Webers Versuch angemessen beurteilen, dem angeblichen Chaos des indischen Mittelalters dennoch einen Sinn abzugewinnen. Eine der wichtigsten Abhandlungen, die Weber für seine Hinduismusstudien heranzog (er spricht selbst von dem »hier oft zitierten Werk«, RS, II, 198), ist E. W. Hopkins' Werk über die Religionen Indiens. In dem Abschnitt über »Modern Hindu Sects« schreibt Hopkins über den Śivaismus u. a.: »We find no evidence to prove that there were ever really sectarian Çivaites who did not from the beginning practice brutal rites, or else soon become ascetics of the lowest and most despicable sort ... Whenever one finds a true Çivaite devotee, that is, a man that will not worship Vishnu but holds fast to Çiva as the only manifestation of the supreme divinity, he will notice that such an one quickly becomes obscene, brutal, prone to bloodshed, apt for any disgusting practice, intellectually void, and morally beneath contempt.«[36] Über den Śaktismus, den Kult der Göttin, weiß Hopkins dann nicht weniger Schmeichelhaftes zu berichten: »Obscenity is the soul of this cult. Bestiality equalled only by the orgies of the Indic savages among the hill-tribes is the form of this ›religion‹ ... In practice the Çakti worship, when unveiled, amounts to this, that men and women of the same class and family indulge in a Bacchanalian orgy, and that, as they proceed, they give themselves over to every excess which liquor and lust can prompt ... Vaguely to outline one such festival will suffice. A naked women, the wife of the chief priest, sits in the middle of the ›holy circle‹. She represents Durga, as the divine female principle ... The worship proper consists in the repetition of meaningless mantra syllables and yells; the worship improper, in indulgence in ›wine and women‹ (particularly enjoined in the rite-books called Tantras). Human sacrifice at these rites is said to be extinct at the present day.«[37]

In diesen Ausführungen von Hopkins erkennen wir unschwer bis in Einzelheiten Webers Argumentationen wieder: Die »niedrige« Herkunft des Śivaismus und seiner Anhänger gegenüber der (an anderer Stelle von Hopkins und auch Weber hervorgehobenen) »höchsten Stellung« des brahmanischen Śivaismus »on its philosophical and decently (bei Weber ›vornehm‹) ascetic side«, die Wildheit und Orgiastik des Śaktismus, die nackte Frau, den heiligen Kreis etc. Liest man derartige Abschnitte in den Abhandlungen so bedeutender Indologen wie H. Oldenberg oder E. W. Hopkins, die Weber als Quellen für seine Indienstudie heranzog, so ist es nur billig zu betonen, daß man von Weber kaum erwarten kann, ein »besseres« Indienbild zu entwerfen, als es Indologen seiner Zeit zu zeichnen in der Lage waren. Will man Weber gerecht werden, so wird man also nicht nur die von den Indologen meisterhaft erschlossenen Quellen, sondern eben auch ihre uns heute oft so befremdenden Rückschlüsse auf die kulturelle und soziale Entwicklung Indiens berücksichtigen müssen.

Dennoch kann man es nicht dabei bewenden lassen, sozusagen der Indologie allein die Verantwortung für Webers einseitige Darstellungsweise zuzuschieben. Denn es fällt auf, daß Weber in einzelnen Fällen sogar über das hinausgeht, was selbst Hopkins schrieb. So nennt zwar auch Hopkins an einer Stelle den Krishnaismus »a new vulgar cult«[38], führt dann aber näher aus, er sei »based on the mystic side of affection for the personal saver of man (the *bhakti* principle of ›devotion‹, erotically expanded) ... The devotee should feel such affection as is felt by a young man for a girl«.[39] Vergleicht man dagegen Webers oben zitierte Ausführungen, in denen er von der »sexualorgiastischen Herkunft der bhakti-Ekstase« und den »Sexualorgien der Krishna-Verehrer« spricht, so erkennt man sein eigenes persistierendes Interesse an diesem Themenbereich. Weiterhin ist auch nicht zu übersehen, daß Weber seine Ausführungen offensichtlich bewußt stärker auf Arbeiten stützte, die gerade den sexuellen Aspekt mittelalterlicher Sektenreligiosität hervorheben, als auf jene Arbeiten, die ein ausgewogeneres Bild gaben. So war die 1913 erschienene, noch heute als Standardwerk geltende Arbeit R. G. Bhandarkars über die hinduistischen Sekten Webers bereits zugänglich, auch wenn sie offensichtlich erst in seine Hände gelangte, als die Niederschrift seines Manuskripts bereits weit vorangeschritten war.[40] Auffallend ist jedoch, daß Weber nur in der historischen Darstellung der Sekten (insbesondere deren Abfolge) der gründlicheren Abhandlung Bhandarkars folgte. Zu einer Abmilderung seines wohl insbesondere auf Hopkins basierenden Urteils über den vermeintlichen sexualorgiastischen Charakter mittelalterlicher Sekten des Hinduismus sah sich Weber dagegen auch nach der Lektüre Bhandarkards offenbar nicht veranlaßt.

Die Beharrlichkeit, mit der Weber immer wieder auf alle möglichen Formen vermeintlicher Sexualorgiastik und ihrer Sublimierung zurückkam und – zumindest für heutige Leser – diesen Aspekt hinduistischer Sektenreligiosität bisweilen bis ins Unerträgliche überbewertete, läßt sich somit auch durch das negative Indienbild seiner Zeit nicht hinlänglich erklären. Offensichtlich spielte hierbei Webers eigene wissenschaftliche Fragestellung, mit der er an Indien »herantrat«, sowie Auseinandersetzungen mit geistigen Ströhmungen seiner Zeit doch eine größere Rolle als bisher angenommen wurde.

Da es Webers Anliegen war, den »kulturgeschichtlichen Unterschied« der Rationalisierung in den verschiedenen Kulturkreisen aufzuzeigen, also »welche Sphären in welcher Richtung rationalisiert wurden« (RS I, S. 12), stellt seine Darstellungsweise hinduistischer Sektenreligiosität – so paradox dies auch klingen mag – geradezu eine Reaktion auf eben jene Abhandlungen dar, die über angebliche Sexualorgien berichten. Denn unmittelbar nach den oben zitierten Ausführungen über den Tantrismus (s. S. 302) betont zwar Weber, daß »diese Orgiastik um ihrer selbst willen nicht weiter interessiert« (RS, II, S. 324), um dann aber in einer Fußnote zu diesem Satz ärgerlich zu bemerken: »Das Mißliche an den englischen Darstellungen ist, daß die Autoren fast stets in der üblichen puritanischen prüden Entrüstung über die ›abominable practices‹ perorieren, statt die Vorgänge sachlich darzustellen, daß man ein Bild des Sinnes gewinnen kann. (Oder sie leugnen die Existenz einfach ab, wie z. B. die Cyclopaedia of India es in vielen ihrer Artikel tut und wie es übrigens auch von gebildeten Indern gern geschieht.)« (RS, II, S. 324, Anm. 1).[41] Es scheint deshalb geradezu ein Bedürfnis für Weber gewesen zu sein, diese, wie er glaubte, Mauer puritanisch-moralischer Entrüstung oder gar des Schweigens durchbrechen zu müssen und ein »Bild des Sinnes« sexueller Orgiastik für die Entwicklung einer der großen Weltreligionen zu geben. Weber glaubte offensichtlich, in Indien als wichtigste Sphäre mittelalterlicher Rationalisierung die Orgiastik der Massen durch vornehme brahmanische Intellektuelle erkannt zu haben. Die große kulturgeschichtliche Leistung der Brahmanen bestand im Mittelalter, als die Orgiastik der Massen nach Auffassung seiner zeitgenössischen Indologen voll zum Durchbruch gelangte, vor allem darin, diese Massenbewegungen immer wieder von neuem sublimiert und rationalisiert zu haben. Weber spricht u. a. von »intellektualistischer Spiritualisierung« oder von »brahmanischer Sublimierung«. So entwickelte sich nach Auffassung Webers unter dem Einfluß der Brahmanen aus »allergröbster Sexualorgiastik« eine »Sexualorgiastik«, wandelte sich soweit, daß sie nur noch »sexualorgiastischen Charakters« war, wurde »erotisch«, läuterte sich zur »Kryptoerotik« und stieg endlich zur »Heilandserotik« auf. Um die Größe der Leistung »brahmanischer Sublimierung« ganz veranschaulichen zu können, scheint Weber es als notwendig erachtet zu haben, immer wieder die Urwüchsigkeit vermeintlicher Sexualorgiastik im Hinduismus betonen zu müssen. Es ist deshalb durchaus möglich, daß Weber mit seiner oben kritisierten dichotomischen Darstellungsweise des Hinduismus weniger etwas über das Wesen der Massenreligiosität im Hinduismus aussagen, als vielmehr die Leistung »intellektueller Spiritualisierung« im Hinduismus hervorheben wollte. Gegen diese Rationalisierungsthese hinduistischer Sekten, zumindest gegen ihren heuristischen Wert, wäre grundsätzlich nichts einzuwenden, wenn Weber nicht versucht hätte, diese These nicht nur allem ihm zur Verfügung stehenden Material abzuringen, sondern sie auch in manchen Fällen seinen eigenen Schlußfolgerungen geradezu aufzuzwängen, wie wir am Beispiel der vishnuitischen Bhakti sahen.

Das deutlich erkennbare Bestreben Webers, die kulturgeschichtliche Leistung »vornehmer Brahmanen« gegenüber der irrationalen Massenorgiastik aufzuzeigen, dürfte jedoch nicht nur von seiner eigenen Rationalisierungsthese bestärkt worden sein. Die, wie wir mehrfach betonten, Überbetonung dieses Aspektes hinduistischer Religiosität scheint zusätzlich eine gewichtige Ursache in Webers Auseinandersetzung mit geistigen Bewegungen seiner eigenen Zeit gehabt zu haben. Gemeint ist hier insbesondere die »neue erotische Bewegung« eben der Zeit, in der Weber seine religionssoziologischen Arbeiten verfaßte. Max und Marianne Weber waren durch das Geschehen in ihrem Freundeskreis unmittelbar und zutiefst von dieser Bewegung betroffen. Marianne Weber schreibt hierüber u. a.: »Ein junger Psychiater, Jünger S. Freuds, umkleidet vom Zauber der Genialität des Geistes und Gemüts, hatte bedeutsamen Einfluß gewonnen. Er deutete die neuen Einsichten des Meisters auf seine Weise, zog radikale Folgerungen daraus und verkündete einen sexuellen Kommunismus ... Der Freudschüler hatte Erfolg und seine Botschaft fand Gläubige. Unter seinem Einfluß wagten nicht nur Männern, sondern auch Frauen die eigne Seele und die ihrer Gefährten aufs Spiel zu setzen. Daß dies geschah inmitten des Kampfes um höhere geschlechtliche Gesittung unter hochgearteten vergeistigten Menschen, war für Webers [Max und Marianne] erschütternd und weit erregender als der überpersönliche öffentliche Kampf. Von dem, was sich allmählich auswirkte, wurden sie leidenschaftlich mitergriffen – innerlich zerrissen von Entsetzen, Abscheu gegen die Theorie und tiefer verstehender Teilnahme für die Tragik der Schicksale, die solche Verführung den Boden bereitete.«[42] Wie stark Max Weber sich in der Tat von dieser »neuen Sexualität« betroffen fühlte und wie aggressiv ablehnend er auf sie gerade im wissenschaftlichen Bereich reagierte, läßt sein langer und leidenschaftlich geschriebener Brief erkennen, in dem er begründete, warum er die Aufnahme eines Artikels eines »Dr. X« in das »Archiv« ablehnte.[43] Dieser »Dr. X« oder der »Jünger S. Freuds« (bei Marianne Weber) war Otto Groß, eines der »Häupter« dieser Bewegung.[44] Es ist bezeichnend, daß Weber diesen Brief nicht an Edgar Jaffé, den Mitherausgeber des »Archivs«, sondern an dessen Frau Else richtete, die damals unter dem Einfluß Otto Groß' stand. In seinem für Webers eigenen Ethikbegriff überaus aufschlußreichen Schreiben setzte sich Max Weber zwar auch kritisch mit den Theorien Freuds auseinander, die ihm eine »klare Kasuistik« vermissen ließen. Doch die beißende und im Sinne Webers: vernichtende Kritik gilt »dem ganz konfusen Reformeifer« von Otto Groß und »damit – ausdrücklich sei es gesagt – der Person und ihrer Eigenart«. Bei der Lektüre des Briefes gewinnt man ganz den Eindruck, als ob Groß und die »Gurus« der neuen erotischen Bewegung und die von ihnen vertretenen Lehren für Weber geradezu den – irrationalen – Gegenpol zu seiner eigenen Ethik und »Rationalisierung der Lebensführung« darstellten.

Im Lichte der Schärfe, mit der Weber 1907 diese Auseinandersetzungen führte, könnte manche seiner religionssoziologischen Ausführungen der kommenden Jahre verständlicher werden, wenn auch dadurch nicht »richtiger« im Hinblick auf Indien. Dies gilt auch für seine Darstellung der Rolle des Gurus, die nach Weber »in den weitaus meisten seit der brahmanischen Restauration entstandenen hinduistischen Gemeinschaften beherrschend hervortrat« (RS, II, S. 351). Es wird weiteren Forschungen vorbehalten bleiben, festzustellen, ob Max Weber bei seiner Charakterisierung der indischen Gurus als »Nothelfer, Berater und magischen Therapeuten« (RS, II, S. 351) oder als »heterodoxe Mystagogen«, die als »Seelenleiter Anhänger um sich scharen« (S. 352), oder wenn er gar von »Guru-Demagogie« (S. 356) spricht, nur an indische Gurus oder aber auch (oder gerade) an den Einfluß der »neuen Gurus« seiner eigenen Zeit dachte. Diese Frage kann und soll hier nicht endgültig beantwortet werden. Doch soll hier zumindest hypothetisch die Vermutung geäußert werden, daß vieles, was Weber über Sexualorgiastik hinduistischer Sekten einerseits und brahmanische Sublimierung andererseits sagte, mindestens ebenso von seiner Auseinandersetzung mit den ihm überaus suspekt erscheinenden neuen Gurus seiner Zeit bestimmt war, wie von dem Indienbild der frühen Indologie und seiner eigenen Rationalisierungsthese.[45] So dürfte es auch nicht, wie bisher vermutet, Webers asketisches Eheleben gewesen sein, sondern seine »Abscheu gegen die Theorie«[46] einer »neuen Sexualität«[47], die Weber in der Zwischenbetrachtung von einem »Kollaps ins Orgiastische« (RS, I, S. 563) sprechen ließ, in den Erotik im »erotischen Rausch« geraten kann.

Die Entwicklung der mittelalterlichen Sekten des Hinduismus bot Weber (in dem von ihm verstandenen Sinne) offenbar ein hervorragendes Beispiel, um aufzuzeigen, wie die »universell verbreitete orgiastische Heilssuche« (RS, II, S. 324) zwar zeitweise von Intellektuellen immer wieder sublimiert und rationalisiert werden kann, unter dem Einfluß der »Guru-Demagogie« aber unweigerlich in irrationale Bahnen einmünden muß. Für diese Interpretation der Weberschen Darstellung des Hinduismus spricht, daß er die »Stellung des Guru« unmittelbar an die Beschreibung zaghaft innerweltlich rationalistischer Ansätze im mittelalterlichen Hinduismus anschließt. Diese Lehre sah Weber insbesondere in der dualistischen Dvaita-Doktrin des Philosophen Madhva,[48] denn diese verkündete, daß »Gott seine Gnade dem richtigen Handelnden (spendet). Damit scheint die Bahn für eine Ethik des aktiven innerweltlichen Handelns im Sinne des Occidents frei« (RS, II, S. 350). Doch diese Ansätze wurden zunichte gemacht durch den Aufstieg der Gurus, den Weber in den folgenden Seiten untersucht und der zu einer »Plebejisierung der brahmanischen Lehrer« (S. 352) führte. Diese »plebejisierende Entwicklung« (S. 353) der hinduistischen Sektenreligiosität gab dann nach Weber letztlich den Ausschlag für das »Ausbleiben der kapitalistischen Entwicklung« (RS, II, S. 4) in Indien. In der Beantwortung seiner eingangs gestellten Fragen (siehe S. 293), in welcher Weise an diesem Ausbleiben »die indische Religiosität beteiligt gewesen sein kann«, kommt Weber zu folgender, für seine religionssoziologischen Ausführungen über den Hinduismus entscheidenden Schlußfolgerung: »Zu der ritualistischen und traditionalistischen inneren Gebundenheit durch Kastenordnung und deren Verankerung an der Samsara- und Karman-Lehre, – an welcher keine irgend in Betracht kommende Sekte gerüttelt hat, – trat also noch die religiöse Anthropolatrie der hinduistischen Laien gegenüber dem naturgemäß streng traditionalistischen charismatischen Klerus der Gurus hinzu, um jede Rationalisierung der Lebensführung von innen heraus zu hindern. Es war ganz offensichtlich gar nicht daran zu denken, daß eine durch solche inneren Mächte beherrschte Gemeinschaft jemals aus ihrer Mitte das hätte gebären können, was wir hier unter ›Geist des Kapitalismus‹ verstehen«. (RS, II, S. 358 f.).

Es kann nicht die Aufgabe dieses Beitrages sein, der mit der mittelalterlichen Sektenreligiosität nur einen Aspekt des Hinduismus behandelt, diese, den gesamten Hinduismus betreffenden Schlußfolgerungen Webers zu beurteilen. Hier sei nur angemerkt, daß seine Beurteilung der »religiösen Anthropolatrie« (»Anbetung des lebenden Heilands war also das letzte Wort der hinduistischen Religionsentwicklung«, S. 357) zwar wichtige Erkenntnisse enthält, durch ihre Überspitzung gleichzeitig auch in diesem Falle Weber daran hindert, seinerseits gerade die in den spätmittelalterlichen Sekten sich anbahnenden Ansätze einer »kapitalistischen Entwicklung« eingehender zu verfolgen. Ein gutes Beispiel böte hierzu die Darstellung der Vallabhacharyas, einer im 16. Jh. begründeten Sekte. Sie stellen für Weber das wichtigste Beispiel dafür dar, wie im Zeichen einer »Renaissance der Orgiastik« und einer Guruherrschaft »die Abwendung vom brahmanischen Ritualismus und der weltflüchtigen Kontemplation hier nicht zur aktiven innerweltlichen Askese, sondern zum Aufflammen irrationaler Heilssuche führte« (S. 346). Ungeklärt bleibt aber die Frage, warum dann – wie Weber selber erkannte – aus ihrem Kreis« die größte Zahl der ganz großen hinduistischen Geschäftsleute« (S. 348) hervorging. Betrachtet man die Rolle, die diese erfolgreichen Geschäftsleute zusammen mit anderen »ausgesprochen antiasketischen« Baniya-Kasten im heutigen indischen Kapitalismus spielen, so drängt sich der Verdacht auf, daß Webers Parameter nicht ausreichten, um die enge Verbindung bestimmter religiöser Sekten zum heutigen Kapitalismus in Indien zu erklären. Seine Feststellung, daß »ethisch rational keiner dieser Heilswege (sei)« (S. 348), hilft hier nur im Sinne der Weberschen Rationalisierungsthese weiter.

Fruchtbarer wäre es gewesen, wenn Weber auf die von ihm selber in der »Zwischenbetrachtung« kurz vorgestellte Zwischenkategorie der »innerweltlichen Mystik« zurückgegriffen hätte. Denn dieser Heilsweg »mildert den Gegensatz« zwischen innerweltlicher Askese und weltflüchtiger Kontemplation, »wenn der kontemplative Mystiker die Konsequenz der Weltflucht nicht zieht, sondern in den Ordnungen der Welt bleibt wie der innerweltliche Asket (innerweltliche Mystik)« (RS, I, S. 539). Ein großer Teil der gerade im nordindischen Wirtschaftsleben so erfolgreichen Sekten des Spätmittelalters, denen Weber »eine ›innerweltliche‹ autonome Lebensmethodik *occidentalen* Charakters« (RS, II, S. 345) sicherlich nicht zu unrecht abspricht, hätte durch Webers eigene Kategorie der »innerweltlichen Mystik« besser »verstanden« werden können. Dieses Beispiel macht m. E. ebenso die Grenzen der Anwendbarkeit der Weberschen Rationalisierungsthese auf Indien deutlich, wie es Wege aufzeigt, Webers These mit seinen eigenen Kategorien weiterzuentwickeln. Wie fruchtbar und notwendig die Auseinandersetzung mit Webers Beitrag zur Hinduismusforschung auch heute noch in Einzelbereichen sein kann, sei abschließend am Beispiel seiner Ausführungen über die »orthodoxe Restauration« und die »Hinduisierung« aufgezeigt.

VI. Orthodoxe Restauration und Hinduisierung

Weber behandelt die orthodoxe Restauration und den Prozeß der Hinduisierung unabhängig voneinander als zwei gesonderte Phänomene. Während er die orthodoxe Restauration im letzten Abschnitt im Zusammenhang mit der Entstehung der mittelalterlichen Sekten untersucht, stellt er die Hinduisierung im ersten Abschnitt im Zusammenhang mit der Entstehung des hinduistischen sozialen Systems dar. Unter orthodoxer Restauration versteht Weber den Prozeß, der sich nach dem Untergang der frühen »Großkönigreiche« (gemeint sind wohl die Reiche der Mauryas im 4.-2. Jh. v. Chr. und der Guptas im 4.-6. Jh. n. Chr.) im alten Kerngebiet der brahmanischen Kultur in Nordindien bis etwa ins 12. Jh. n. Chr. abspielte und zur Auslöschung der alten »heterodoxen Intellektuellensoteriologie« des Buddhismus führte. Mit Hinduisierung bezeichnete Weber dagegen nur den Prozeß, der anschließend an diese Restauration »im Verlaufe von etwa 8 Jahrhunderten« (RS, II, S. 8) (womit Weber offenbar die Zeit vom 12. Jh. bis zur Gegenwart meinte) außerhalb des alten nordindischen Kerngebietes sich in Ost-, Zentral- und Südindien abspielte und zur Übernahme des Kastensystems in den »animistischen Stammesgebieten« führte.

Die Ursachen für den Wandel, der zum Untergang der alten vornehmen Intellektuellensoteriologie führte, sah Weber in den Bedürfnissen der Laienschaft: »Das treibende Moment der Umwandlung war, neben der unvermeidlichen Akkomodation an die Bedingungen der Existenz in der Welt, das Interesse der Laienschaft. ... Fürsten, Priester und Mönche in gleicher Art mußten darauf bedacht sein, ihren religiösen Bedürfnissen entgegenzukommen, die politischen Machthaber, um die Massen zu domestizieren, die Träger der Religion, um an ihnen Stützen ihrer geistlichen Macht und eine Quelle von Pfründen und Kasualien-Einkünften zu haben. Es begann eine plebejische – richtiger: auf die Befriedigung plebejischer religiöser Bedürfnisse eingestellte – Epoche orthodox indischer Soteriologie.« Denn der frühe asketische Buddhismus »befriedigte in gar keiner Art das eigentlich religiöse Bedürfnis nach emotionalem Erleben des Überweltlichen und nach Nothilfe in äußerer und innerer Bedrängnis ... Für die emotionale Massenreligiosität nun hat es in aller Welt nur zwei typische Möglichkeiten der Soteriologie gegeben: die Magie oder den Heiland.« (S. 252-255). Diesen Ausführungen, die den Wandel der hinduistischen und buddhistischen Intellektuellensoteriologien gleichermaßen betreffen, folgen Webers Abhandlungen über den Anpassungsprozeß des buddhistischen Ordens, der unter dem »patriarchalen, ethischen und karitativen Wohlfahrtsstaats-Ideal« Kaiser Ashokas im 3. Jh. v. Chr. seinen Anfang nahm und zur Entstehung des Mahayana-Buddhismus in der Zeit der Großreiche führte. In diesen Großreichen hatte sich »namentlich unter buddhistischem Einfluß ein wirkliches ›Staatsideal‹: das des Wohlfahrtsstaates, entwickelt«, das mit dem »ganz unhinduistischen Gedanken einer ursprünglichen Gleichheit und pazifistischen goldenen Freiheit der Menschen« verbunden war. Dieses Staatsideal widersprach jedoch nach Weber in gleicher Weise dem indischen Königsdharma, wie es den Interessen der Brahmanen zuwiderlief. »Die erstarkende Fürstenmacht [der Nachfolgestaaten der ›Großkönigreiche‹] suchte sich [daher] zugleich von den Fesseln der buddhistischen plebejischen Hierokratie ... und von der Plutokratie des Bürgertums der Städte zu befreien. Sie zog das Bündnis mit der brahmanischen Intellektuellenschicht und die Kastengliederung dem altbuddhistischen Mönchtum und den Gilden vor und vollzog so die Parteinahme zuerst für den Mahayanismus, dann für das rein orthodoxe Brahmanentum. Durchweg ist es – wie die monumentalen Quellen zeigen – die Macht der Könige gewesen, welche die Restauration der Neu-Orthodoxie entschied.« (RS, II, S. 318).

Nach Weber hatte die orthodoxe Restauration die Ausrottung der Heterodoxie der Intellektuellensoteriologie des Buddhismus, die »Stereotypisierung des Kastenritualismus«, sowie eine intensive Propaganda der Hindusekten zur Folge. Träger der Restauration war nach Weber das »organisierte Berufsmönchtum« dieser Sekten. Literarischen Ausdruck fand die brahmanische Restauration »in der Endredaktion der Epen, praktisch aber, als Mission, in dem Aufkommen der Purana-Literatur ... Es waren nicht mehr die alten gelehrten vornehmen Brahmanen-Geschlechter, welche diese Gattung komponierten. Alte Bardendichtungen, wie es scheint, lieferten den Stoff. Er wurde von den Tempelpriestern und wandernden Mönchen beschafft und eklektisch zurechtgemacht und enthielt die Heilslehren der eigentlichen Sekten« (S. 320). Zusätzlich zu volkstümlichen Zügen wie Verehrung der heiligen Flüsse, Teiche und Berge war nach Weber noch ein weiteres Element entscheidend. »Dazu aber treten seit der Entwicklung des Großkönigtums die charakteristischen patriarchalen Züge, welche jede patrimonialbürokratische Monarchie bei den Untertanen fördert. Der König ist schon in den jüngeren Bestandteilen des Epos eine Art irdischer Gott für sein Volk, trotz aller ungeheuren Machtsteigerung der Brahmanen auch seinerseits etwas durchaus Anderes und wesentlich Größeres als in den alten Brahmanenschriften. Die patriarchale Stellung der Eltern, nach deren Tode des ältesten Sohnes, wird überaus stark betont. Zweifellos vor allem durch diese Lehren empfahl sich der Neu-Brahmanismus der Königsgewalt als Stütze« (S. 321).

Sieht man von einigen, heute nicht mehr vertretbaren Auffassungen Webers, wie etwa der »*Ausrottung* der Heterodoxien« und der Existenz eines »organisierten Berufsmönchstums« ab, so hat diese allgemeine religionssoziologische Darstellung der hinduistischen Restauration im Mittelalter durchaus noch heute Geltung. Dies gilt besonders für Webers Beurteilung der Rolle, die die Könige (oder die »Fürstenmacht«) und die Purana-Texte (als neue Literaturgattung einer hinduistischen »Mission«) in diesem Prozeß der Restauration spielten. Mögen auch die Einzelheiten dieser kurzen Darstellung, wie Weber in seiner Vorbemerkung selber betonte, dem Indologen »nichts ihm sachlich Neues« bieten (RS, 1, S. 13), so ist sie in ihrer Geschlossenheit doch noch immer, insbesondere vor dem Hintergrund der Literatur, die Weber bis etwa 1915 zugänglich war, überaus beachtenswert. Diese Feststellung über Webers Beitrag zur Sozialgeschichte des Hinduismus erhält noch mehr Gewicht, wenn wir auch seine Thesen zur Hinduisierung in unsere Betrachtungen einbeziehen.

Weber unterscheidet zwei Typen der Hinduisierung: 1. Hinduisierung und Aufstieg der Herrenschicht eines Stammes und 2. Hinduisierung und Einbeziehung eines ganzen Stammes in das hinduistische Kastensystem. Gemeinsam an beiden Prozessen ist, daß sie mit freiwilliger und stufenweiser Übernahme hinduistischer Normen und Riten wie dem Kuhschlachtungs- und Alkoholverbot, neuen Heiratsvorschriften und Totenriten (Verbrennung statt Begräbnis) beginnen und schließlich zur schrittweisen Zurückdrängung der Stammespriester und zur Heranziehung von Brahmanen für bestimmte Riten führten. Hatte der Prozeß der Hinduisierung der »Herrenschicht« eines Stammes diese Stufe erreicht, so fiel den Brahmanen eine weitere, überaus wichtige

Aufgabe zu, denn sie hatten »zu bescheinigen, daß sie – die Herrenschicht des Stammes – von altem, nur zeitweise in Vergessenheit geratenem Ritter(Kschatriya-)Blut seien. Oder aber, unter dafür günstigen Umständen, stellen ihre Stammespriester nach Annahme der Lebensweise der Brahmanen und Aneignung einiger Veda-Kenntnis die Behauptung auf: sie, die Priester, selbst seien Brahmanen, von der und der Vedaschule und aus der auf den und den Weisen (Rischi) zurückführenden altbekannten Brahmanen-Sippe (Gotra), und es sei nur in Vergessenheit geraten, daß sie vor langen Jahrhunderten aus einer althinduistischen Gegend eingewandert seien. Sie suchen Beziehungen mit anerkannten indischen Brahmanen anzuknüpfen« (RS, I, 9). In ähnlicher Weise versuchte auch »die herrschende Schicht mit den entsprechenden Schichten althinduistischer Gebiete auf gleichem Fuß zu verkehren« (S. 10).

Neben dieser »extensiven Propaganda des Hinduismus in neuen Gebieten« ging eine »intensive Propaganda innerhalb seines Herrschaftsgebiets von prinzipiell ganz ähnlicher Art« einher: »Die Volkszunahme von Barbarenstämmen in Wald- und Berggebieten einerseits, der zunehmende Arbeitsbedarf der Kulturgebiete mit wachsendem Reichtum andrerseits hatte dort überall zahlreiche niedere oder als religiös unrein geltende Dienste, welche die ortsansässige Bevölkerung zu übernehmen ablehnte, in die Hände von solchen fremdstämmigen Arbeitern gebracht.« (S. 11). Die Einbeziehung dieser Stämme in das hinduistische Gesellschaftssystem führt vom Gastvolk zum Pariavolk, d. h. zu »Gemeinschaften, welche zugleich sozial verachtet und dennoch um einer unentbehrlichen, von ihnen monopolisierten Sondertechnik willen als Nachbarn gesucht werden«, wie Weber an anderer Stelle seiner intensiven allgemeinen Studien über die Pariasituation ausführte (WuG, S. 304). Im Zusammenhang seiner Indienstudien hob er mehrere Übergangsstufen der »Hinduisierung, d. h. der Verwandlung eines Stammes in eine Kaste« hervor und kommt zu dem Schluß: »Je mehr sie sich dem reinen Typus des ›Pariavolks‹ annäherten, d. h. je mehr ihre eigene Bodenständigkeit im geschlossenen Stammesgebiet schwand oder an Bedeutung zurücktrat, desto ausschließlicher abhängig wurde ihre soziale Lage von den Normen, welche ihre hinduistische Umgebung dafür schuf« (RS, II, 14).

Besondere Beachtung verdienen Webers Ausführungen über die

Motive, die diese Rezeption bewirkten, denn diese Stämme nahmen, wie er richtig sieht, ein »Sklavenjoch von rituellen Pflichten auf sich, wie die Welt es kaum zum zweiten Male kennt« (S. 16). Für die beteiligten Brahmanen waren diese Gründe, wie auch schon im Zusammenhang mit dem Restaurationsprozeß, »materieller Art: die Erweiterung der Erwerbschancen an Gebühren für ihre Leistungen«. Für Herrscher und Beherrschte spielte dagegen nach Weber das »Legitimitätsinteresse« gleichermaßen die entscheidende Rolle. »Die Eingliederung in die hinduistische Gemeinschaft legitimierte die soziale Lage der Herrenschicht religiös. Sie gab den Herrenschichten dieser Barbaren nicht nur einen in der Kulturwelt des Hinduismus anerkannten sozialen Rang, sondern sicherte sie durch die Umwandlung in ›Kasten‹ auch nach unten hin gegen die von ihr beherrschten Klassen, und zwar in einer so wirksamen Weise, wie dies schlechthin keine andere Religion jemals vermocht hat« (S. 16). Für die Pariavölker, die als unreine Kasten in das hinduistische Gesellschaftssystem einbezogen wurden, spielte ein ähnliches Interesse mit, denn zur »Sicherung ihrer Arbeitsgelegenheit war es immerhin ein Vorteil, wenn sie als eine legitime, sei es auch noch so negativ privilegierte ›Kaste‹ und nicht als ein bloßes Fremdvolk galten« (S. 17). Als ein weiteres, nicht unwichtiges Moment der Hinduisierung der Parias darf nach Weber weiterhin »die Eigenart der religiösen Hoffnungen angesehen werden, welche der Hinduismus gerade den sozial gedrückten Schichten eröffnete [›Aufstieg‹ im Geburtenkreislauf]« (S. 17). Zusammenfassend heißt es dann zu den beiden Wegen der Hinduisierung, »daß die ›innere‹ Rezeption negativ privilegierter *Schichten*, Gast- und Pariastämme, in die hinduistische Lebensordnung meist ein Prozeß der Anpassung sozial schwacher Schichten an die gegebene feste Kastenordnung im Sinn der Legitimierung ihrer sozialen und ökonomischen Lage war. Die Bewegung sowohl gegen wie für die Rezeption des Hinduismus für ganze *Gebiete* dagegen ist regelmäßig von Herrschern oder Herrenschichten ausgegangen, und die Rezeption hatte in deren Legitimitätsinteresse ihr unzweifelhaft wichtigstes Motiv.« (S. 18, Hervorhebung vom Vf.).

Weber umreißt in diesen wenigen Seiten thesenartig zwei zentrale Aspekte der Hinduisierung: die Eingliederung ganzer Stämme in das hinduistische Kastensystem und den Aufstieg von Stammesfürsten und ihren Sippenverbänden zu Kashatriyas und hinduistischen Rajas. Beide Prozesse gingen oft Hand in Hand und trugen, wie Weber richtig erkannte, entscheidend zur Ausbreitung des Hinduismus und seiner sozialen und politischen Ordnungsvorstellungen bei. Besonders hervorzuheben sind Webers Erkenntnisse über das »Legitimitätsinteresse der Herrenschichten« der Stämme an diesen Prozessen. Denn ihre Eingliederung und die »ihres« Stammes sicherte ihnen nicht, wie meist angenommen wird, nur einen anerkannten höheren sozialen Rang, sondern sicherte vor allem ihre neue Position »nach unten hin« in einer, wie Weber es wohl erstmals derart klar formulierte, so wirksamen Weise, »wie dies schlechthin keine andere Religion jemals vermocht hatte« (S. 16).

Es wird zwar weiteren Forschungen vorbehalten bleiben, in Einzelheiten die Quellen der Hinduisierungsthesen Webers herauszuarbeiten, zu denen sicherlich u. a. auch die von Weber nur summarisch aufgelisteten Arbeiten von Risley, Baines (die »beste moderne Arbeit«) und S. Levy gehören.[49] Hier gilt es zunächst nur festzuhalten, daß keiner der von ihm herangezogenen Autoren Ursachen und Verlauf dieser zwei zentralen Aspekte der Hinduisierung in ähnlicher präziser Weise erkannt und, wenn auch wie Weber nur thesenartig, vorgetragen hatten.

Wichtig ist weiterhin, daß Weber mit seinen Ausführungen über den Prozeß der Hinduisierung zwei Thesen vorwegnahm, deren weitere Ausarbeitung zu den wichtigsten Beiträgen indischer Soziologie der fünfziger und sechziger Jahre zählen. Es sind dies die Sanskritisierungs- und Rajputisierungsthesen von M. N. Srinivas und S. Sinha. Srinivas entwickelte seine Thesen über die Mobilität unterer Kasten durch »Sanskritisierung«, d. h. Übernahme brahmanischer Normen und Riten hoher Kasten, erstmals in seiner 1952 erschienenen Dissertation über Religion und Gesellschaft der südindischen Coorgs.[50] In den folgenden Jahren fand eine lebhafte internationale Diskussion über sozialen Wandel in Indien und Fragen der Mobilität im indischen Kastensystem statt[51], in deren Zusammenhang dann Srinivas seine weiterführende Theorie über »Sanskritization und Westernization« als den beiden unterschiedlichen kollektiven und individuellen, bzw. traditionalen und modernen Formen der Mobilität in Indien entwickelte.[52] Während Srinivas im wesentlichen die Mobilität ganzer Kasten untersuchte, hob Surajit Sinha in seinem umfangreichen Artikel über Staatsbildung und Rajputisierung Wege des Aufstiegs dominanter Sippen einzelner Stämme Zentralindiens zu hinduistischen Rajas hervor.[53] Vorbild dieser Rajputisierung waren Herrschaftsstil und Kultur der Rajputenfürsten Nordwestindiens, deren Einfluß sich seit dem späten Mittelalter aus Nordwestindien über ganz Nord- und Zentralindien ausgebreitet hatte.

Es ist erstaunlich und beachtenswert, in welchem Maße Webers Ausführungen über die beiden Aspekte der Hinduisierung in den Thesen zur Sanskritisierung und Rajputisierung von Srinivas und Sinha Bestätigung fanden. Ebenso auffallend ist es jedoch, daß meines Wissens Weber jedoch bei keinem dieser Autoren Erwähnung findet. Dies mag zwar für die frühe Arbeit von Srinivas über die Coorgs verständlich sein, die mehrere Jahre vor der Veröffentlichung der Übersetzung des Indienbandes durch Gerth/Martindale im Jahre 1958 erschien. Dies trifft aber kaum für seine weiteren Arbeiten über Sanskritisierung und im besonderen nicht für Sinhas Arbeit über Rajputisierung aus dem Jahre 1962 zu. Auch auf der eingangs erwähnten Weber-Konferenz in Hyderabad im Jahre 1966, an der übrigens auch Srinivas und Sinha teilnahmen, finden Webers Hinduisierungsthesen nahezu keinerlei Beachtung. G. R. Madan faßt zwar Webers Hinduisierungsthesen in einem gesonderten Abschnitt über »Diffusion patterns of Hinduism or the process of Hinduization« ausführlich zusammen[54], enthält sich aber jeglicher Stellungnahme über deren möglichen Einfluß auf die Arbeiten seiner indischen Kollegen. Diese Nichtbeachtung des Beitrags Webers zur Hinduisierungsthese bestätigt überaus deutlich die, wie eingangs bereits hervorgehoben, bestenfalls als sporadisch zu bezeichnende Auseinandersetzung der über Indien arbeitenden Soziologen mit dem Werk Max Webers. Diese Tatsache vermag jedoch den Hinduisierungsthesen Webers und ihrer bis heute uneingeschränkt weiterbestehenden Diskussionswürdigkeit keinen Abbruch zu tun.

Anmerkungen

* Für Ratschläge und Kritik danke ich Ingrid Gilcher, Dieter Conrad und A. Höfer in Heidelberg und Karl-Heinz Golzio in Bonn.

1 H. Bechert, »Einige Fragen zur Religionssoziologie und Struktur des südasiatischen Buddhismus«, *International Yearbook for the Sociology*

of Religion, 4 (1968): S. 251-295 (294).

2 Max Weber, *The Religion of India. The Sociology of Hinduism and Buddhism*, translated and ed. by Hans H. Gerth and Don Martindale (Glencoe: The Free Press, 1958), zitiert nach 2. Aufl. 1960.

3 Reinhard Bendix, *Max Weber – an Intellectual Portrait*, (New York-Doubleday, 1960).

4 Siehe hierzu insbesondere die frühen Besprechungen der Übersetzung: R. N. Bellah, Review of »The Religion of India: The Sociology of Hinduism and Buddhism«, *Am. Soc. Rev.*, 24 (1959): S. 731-733 und M. Singer, Review of »The Religion of India ...«, *American Anthropologist*, 63 (1961): S. 143-151 und ders., »Religion and Social Change in India: The Max Weber Thesis, Phase Three«, *Journal of Economic Development and Cultural Change*, 14 (1965/66): S. 497-505.

4a. Neuerdings auch die Arbeit von A. Zingerle, *Max Webers historische Soziologie*, (Darmstadt: Wissenschaftliche Buchgesellschaft 1981), die dem Vf. erst nach Fertigstellung des Manuskripts zugänglich wurde. Zingerle setzt sich ausführlich mit der Rezeptionsgeschichte der Indienstudie Max Webers auseinander. Sie vermittelt auch nach Zingerle »einen ebenso problematischen wie fragmentarischen Eindruck« und auch er kommt zu dem Schluß, daß »Webers Fragestellungen und Befunde sowohl in als auch außerhalb der Indologie weniger aufgegriffen bzw. weiterentwickelt worden (sind), als dies bei der Rezeption der Studien über China und das antike Judentum der Fall war« (S. 108 f.).

5 G. R. Madan, *Western Sociologists on Indian Society. Marx, Spencer, Weber, Durkheim, Pareto* (London: Routledge & Kegan Paul, 1979); Madan widmet Weber nahezu die Hälfte seiner Ausführungen (S. 64-224).

6 D. Kantowsky, »Max Weber on India and Indian Interpretations of Weber«, *Contributions to Indian Sociology*, 16, 2 (1982) und ders., »Die Rezeption der Hinduismus/Buddhismus-Studie Max Webers in Südasien: ein Mißverständnis?«, *Archives Européennes de Sociologie*, 23, (1982): S. 317-355. Im folgenden wird zitiert nach dem Manuskript seines Vortrages über »Max Weber on India ...«, den er im August 1981 bei der 7th European Conference on Modern South Asian Studies in London hielt.

7 F. H. Tenbruck, »Das Werk Max Webers«, *Kölner Zeitschrift für Soziologie*, 27 (1975): S. 663-702. Siehe dagegen W. Schluchter, »Max Webers Gesellschaftsgeschichte«, *ibid.*, 30 (1978): S. 438-467 und besonders M. Riesebrodt, »Ideen, Interessen, Rationalisierung: Kritische Anmerkungen zu F. H. Tenbrucks Interpretation des Werkes Max Webers«, *ibid.*, 32 (1980): S. 111-129. Zur Werkgeschichte der verschiedenen Versionen der Zwischenbetrachtung siehe auch W. Schluchter, »Die Paradoxie der Rationalisierung. Zum Verhältnis

von ›Ethik‹ und ›Welt‹ bei Max Weber«, *Zeitschrift für Soziologie*, 5, 3 (1976): S. 256-284; dort insbesondere die ausführliche Anmerkung 1, S. 256 f. inzwischen ders. ausführlicher: »Max Webers Religionssoziologie. Eine werkgeschichtliche Rekonstruktion«, *Kölner Zeitschrift für Soziologie*, 36, 2 (1984) (im Druck).

8 Kantowsky, op. cit., S. 2.

9 Oder wie die Veranstalter in ihrer Einleitung selber schreiben: »The device of using Weber as a starking point«. C. P. Loomis and Z. K. Loomis, *Socio-Economic Change and the Religious Factor in India. An Indian Symposium of Views on Max Weber.* (New Delhi, 1969): S. XVIII.

10 J. Rösel, *Die Hinduismusthese Max Webers*, (München/Köln: Weltforum Verlag 1982), S. 1; siehe auch ders., »Über die soziale Gewalt von Wirklichkeitsbildern. Das sanskritische Indienbild und seine Verwirklichung. Am Beispiel der Indienstudie Max Webers« *Internationales Jahrbuch für Religionssoziologie*, 9 (1975): S. 45-76.

11 Hier und in den folgenden Ausführungen wird bewußt auf die in der Indologie gebräuchliche wissenschaftliche Transliteration (z. B. *purṇābhiṣeka*) verzichtet und die von Max Weber befolgte, in der englischsprachigen Literatur meist übliche Transliteration (z. B. *purnabhisheka*) übernommen.

12 *Mukara* ist vermutlich kein Schreibfehler Webers. Er dürfte diese englische Schreibweise (wie Punjab statt Panjab) aus einem englischen Werk übernommen haben.

13 In einem Schreiben vom 9. 12. 82 teilt mir Dr. K.-H. Golzio, der die kritische Ausgabe der Hinduismus- und Buddhismus-Studie Max Webers in der Max-Weber-Gesamtausgabe vorbereitet, mit: »Zu zwei Druckfehlern bzw. besser Falschschreibungen kann ich Ihnen die Mitteilung machen, daß diese nicht zu Lasten Max Webers gehen, sondern von ihm übernommen wurden. Es handelt sich dabei um die Schreibungen *Mukara* und *Madiya.* Die Form *Mukara* hat er offensichtlich von Balfour, *Cyclopaedia of India*, II, 697, übernommen:
›All the forms of worship require the use of some or all of the five Mukara – flesh, fish, wine, women, and the mystical gesticulations are the five-fold Mukara which takes away all sin.‹
Balfours Text scheint mir lediglich ein Plagiat von Wilson, Religious Sects of India, S. 256, Anm. 1, zu sein, der hier allerdings die richtige Schreibung bringt.
Gleichzeitig hat Weber Phillips, Maurice, *The Evolution of Hinduism*, Madras 1903, eingesehen, wo es S. 109-110 heißt: ›The left hand worshippers make a naked women represent Sakti, and address their adoration to the paternal organ. This ceremony is accompanied by the so-called five Makàras, or the five things beginning with M. *viz., madiya*, drinking liquor; *mámsa*, eating flesh . . .‹

Trotz zahlreicher Quellen, die Weber auch benutzte, scheint er eine unnachahmliche Treffsicherheit darin entwickelt zu haben, gerade die falschen Formen abzuschreiben, auch wenn die richtigen zigmal in anderen Texten auftauchen. Ein anderes greuliches Beispiel sind die Vaibachikas *(Vaibhāṣikas)*, die er der Fa-hsien-Übersetzung von Samuel Beal entnommen hat.«

14 z. B. richtig *Milinda* in RS II, S. 233 und S. 334 gegenüber *Milieda* bzw. *Miliado* im Archiv 42, S. 444 und S. 445. Zu der Frage, ob Weber selbst noch Korrekturen und Änderungen an dem erst posthum erschienen Indienband seiner RS geplant habe, siehe Kantowsky, op. cit., S. 25 ff.

15 Bellah, op. cit., S. 733.

16 Kantowsky, op. cit., S. 18.

17 Ein weiteres Beispiel dieser Sinnentstellung durch falsche Übersetzung: »Zur Intellektuellen-Soteriologie der alten Bhagavata-Religiosität verhielt sich ›Bhakti‹ etwa wie der Pietismus, namentlich der Zinsendorfsche Pietismus, zur Wittenberger Orthodoxie im 17. und 18. Jahrhundert.« (RS, II, S. 339). Diese Differenzierung völlig mißverstehend heißt es in der Übersetzung: »In the intellectual soteriology of the ancient Bhagavata religion *bhakti* meant somewhat the same as piety, namely, Zinsendorf Pietism, of the Wittenberger orthodoxy in the seventeenth and eighteenth century.« (Religion of India, S. 308).

18 Loomis, op. cit., S. 26.

19 Madan, op. cit., S. 201 f.; auch die von Gerth/Martindale vergröberten Fehler *nukara* und *madia* übernahm G. R. Madan!

20 In WuG, Bd. II, S. 916 heißt es dagegen für Indien zutreffender: »Eine ›*Sekte*‹ im soziologischen Sinn ist nicht eine ›kleine‹, auch nicht eine von irgendeiner anderen Gemeinschaft abgesplitterte, daher von ihr ›nicht anerkannte‹ oder verfolgte und für ketzerisch angesehene religiöse Gemeinschaft: die Baptisten, eine der typischsten ›Sekten‹ im soziologischen Sinn, sind eine der größten protestantischen Denominationen der Erde.«

21 Auch die Übersetzung dieses Satzes durch Gerth/Martindale ist beispielhaft für ihre »oberflächliche« Übersetzungsweise: »What the Occidental conceives as ›religion‹ is closer to the Hindu concept sampradaya« (a.a.O., S. 23).

22 Anncharlott Eschmann, »Religion, Reaction and Change: The Role of Sects in Hinduism«, *Religion and Development in Asian Societies*, International Workshop, Kandy, Sri Lanka, December 1973, ed. by Friedrich-Naumann-Stiftung, Colombo 1974, S. 143-157. Siehe hierzu auch R. Thapar, *Ancient Indian Social History*, (Delhi: Orient Longman, 1976), S. 66 f.

23 Es wird weiteren Forschungen vorbehalten bleiben müssen zu klären, wie Weber zu seiner Einstufung des Buddhismus und Jainismus als

häretische Sekten gelangte. Es ist durchaus möglich, daß Weber auch hier von E. W. Hopkins beeinflußt wurde, der die beiden Lehren als die »two great heresis« darstellte. Hopkins, op. cit. (siehe unten Anm. 30), S. 280 ff.

24 In einer Weber nahekommenden Weise argumentiert allerdings R. S. Sharma: »Tantrism therefore was the ultimate product of the brāhmaṇical colonization of the tribal area through the process of land grants ... The confrontation between brāhmaṇa beneficiaris and the tribal people created social and economic problems which were partly solved through tantrism«. R. S. Sharma. »Material Milieu of Tantrism«, *Indian Society: Historical Probings. In Memory of D. D. Kosambi*, ed. by R. S. Sharma and V. Jha, (New Delhi: People's Publishing House, 1974): S. 175-189 (189).

25 Auf die Problematik der idealtypischen Methode für die Indienstudie wies unlängst D. Rothermund hin: »Max Weber hat die idealtypische Propaganda der Brahmanen in sein idealtypisches Erkenntnisverfahren umgesetzt und daher eine streng kastenorientierte Interpretation der indischen Sozialstruktur vertreten.« D. Rothermund, »Gebundene Gesellschaft: Soziale Schichtung und Emanzipation in Indien«, *Soziale Bewegung und Politische Verfassung, Beiträge zur Geschichte der Modernen Welt*, hrsg. von U. Engelhardt, V. Sellin, H. Stuke (Stuttgart: E. Klett, 1976): S. 394-414 (395). Nach G. Abramowski liefern dagegen gerade »die Asienaufsätze Webers einen glänzenden Beweis für die Fruchtbarkeit der idealtypisch vergleichenden strukturanalytischen Methode«. *Das Geschichtsbild Max Webers*, (Stuttgart: E. Klett, 1966) S. 70.

26 Singer, op. cit., (Anm. 4), S. 148. Prof. Wendy O'Flaherty widmete diesem heftig diskutierten Problem während der Tagung in Bad Homburg gar einen ihrer Limericks:

»What Weber called orgiastic
were cults that he thought were fantastic.
To him, Hindu sects
mistranslated as sex,
and their mudras were crazy and spastic.«

27 Kantowsky, op. cit., S. 51 und S. 56. Auch der Verfasser betonte ursprünglich in stärkerem Maße die möglichen Einflüsse persönlicher Lebenserfahrungen Webers auf dessen Darstellung der hinduistischen Sektenreligiosität. Er dankt den Teilnehmern der Tagung in Bad Homburg, insbesondere Günther Roth, für Anregungen, die in den folgenden Ausführungen teilweise ihren Niederschlag finden.

28 A. Mitzman, *The Iron Cage*, (New York: The Universal Library, 1970), Abschnitt 9, S. 253-296. Siehe auch R. Bendix and G. Roth, *Scholarship and Partisanship: Essays on Max Weber*, (Berkeley: University of California Press, 1971). Aus Rücksichtnahme spricht Mitz-

man von M. Tobler jedoch noch von »X«: »In the following year, 1911, began Weber's relationship to the young lady we shall call ›X‹. It lasted in full intensity until 1914.« (S. 287) Es waren eben dies die Jahre, in denen Webers Indienstudie entstand. Webers vermeintliche eigene Askese kann also kaum der Grund für seine eigenartige Behandlung des erotisch-sexuellen Bereichs des Hinduismus gewesen sein.

29 M. Green, *Else and Frieda, die Richthofen-Schwestern*, (München: Kindler Verlag 1976).

30 E. Baumgarten, *Max Weber, Werk und Person*, (Tübingen: J. C. Mohr, 1964, S. 475-480) druckt den Teil über die »erotische Sphäre« in der Fassung des Jahres 1920 ab und kennzeichnet dabei alle größeren Zusätze, die gegenüber der Fassung von 1915 neu hinzukamen. Dabei bleiben allerdings kleinere Zusätze bzw. Auslassungen gegenüber der Fassung von 1915 ebenso unberücksichtigt wie kurze, aber bezeichnende Änderungen. So änderte Weber z. B. »begattungslose Liebesnächte« (*Archiv*, 41, S. 408) in »enthaltsame Liebesnächte« (RS, I, S. 559) oder schwächte die Einschätzung des Geschlechtslebens durch Anhänger außer- und überweltlicher Erlösungsethik vom »Bestialischen« (*Archiv*, 41. S. 409) zum »Animalischen« ab (RS, I, S. 560). Zu den Änderungen der drei Fassungen siehe auch W. Schluchter, 1976, a.a.O. (siehe oben Anm. 7), D. Kantowsky, op. cit. und A. Mitzman, S. 290 f.

31 M. Green, op. cit., S. 234. Dazu auch E. Baumgarten, op. cit., S. 474, der feststellt, daß in der frühen Fassung von 1911 »eine Luft wie über einer Leichenstätte (weht). Die Stimmung in der Umarbeitung ist stark verändert ... Durch die prinzipiell wertfreie Darstellung schlagen jetzt gelegentlich eigene Stellungnahmen und Urteile durch.«

32 Da die Zwischenbetrachtung im Bd. 41 erschien, dessen Hefte in den Jahren 1915/1916 herauskamen, wird die Zwischenbetrachtung irrtümlicherweise meist in das Jahr 1916 datiert.

33 Siehe hierzu insbesondere A. Mitzman, op. cit., S. 290 f.

34 H. Oldenberg, *Die Literatur des Alten Indiens*, (Stuttgart 1903), S. 11, zitiert bei J. Rösel 1982, S. 29 f.

35 J. Rösel, op. cit., S. 29. Weber hebt zwar (in der »Einleitung«) hervor, daß er »persönlich und subjektiv die Bedeutung des biologischen Erbgutes hoch einzuschätzen geneigt ist.« Doch er betont dann weiter, daß er trotz der bedeutenden Leistungen der anthropologischen Forschungen »z. Z. noch keinerlei Weg (sehe), seinen Anteil an der hier untersuchten Entwicklung ... irgendwie exakt zu erfassen oder auch nur vermutungsweise anzudeuten« (RS, I, S. 15).

36 E. W. Hopkins, *The Religion of India*, (Boston, 1895, 2. Aufl. New Delhi, 1970), S. 483.

37 ibid., S. 490 f.

38 ibid., S. 489.

39 ibid., S. 503 f.

40 Während Weber in der ersten Fußnote zu Beginn seiner Darstellung der orthodoxen Restauration noch insbesondere auf Hopkins verwies (»Zur indischen Sektenreligiosität von neueren Werken vor allem E. W. Hopkins, The Religions of India, Boston, London 1895«, RS, II, S. 316 Anm. 2), heißt es dann im Zusammenhang mit der folgenden Behandlung der hinduistischen Sekten: »Dazu, wie überhaupt zu vielen vorstehenden Bemerkungen vgl. R. G. Bhandakar (sic), Vaishnavism ...« (RS, II, S. 332 Anm. 1). Diese Anmerkung wurde jedoch eindeutig nachträglich eingefügt, da sie im *Archiv*, Bd. 42 S. 768 noch als Anmerkung »154a« bezeichnet wurde. Ähnlich auch die ergänzende Anmerkung im *Archiv*, 42, S. 402, Anm. 85a (= RS, II, S. 191, Anm. 3); zu der offensichtlich bereits niedergeschriebenen Fußnote mit einem Hinweis auf einen 1912 erschienenen Atikel Bhandarkars ergänzte Weber vermutlich nachträglich: »jetzt auch denselben in Bühlers Grundriß Vaishnavism, Saivism and minor religious« (sic), 1913 (*Archiv*, 42 S. 408, Anm. 109 = RS, II, S. 197, Anm. 1). Ärgerlich ist allerdings die dreimalige Falschschreibung von Bhandakar statt Bhandarkar und die Auslassung von »systems« in dem letztgenannten Zitat.

41 RS, II, 324, Anm. 1. Es ist sehr wahrscheinlich, daß mit »den englischen Darstellungen« auch Hopkins' Werk gemeint ist. Hopkins spricht nicht ausdrücklich von »abominable practices«, wohl aber von den »abominations of Çivaism« (op. cit., S. 490) genau in der Abhandlung über den Śaktismus, auf die Weber seine eigenen Ausführungen stützt.

42 Marianne Weber, *Max Weber. Ein Lebensbild* (Heidelberg: Lambert Schneider, 1950), S. 413 f.

43 Marianne Weber, op. cit., S. 415-421; E. Baumgarten, op. cit., S. 644-648.

44 Über ihn und seine Beziehungen zum Freundeskreis Webers siehe M. Green, op. cit., S. 82 ff.

45 Zu klären wäre weiterhin, inwiefern sich Webers negative Einschätzung der Lehre Freuds, wie sie der Brief vom 13. 9. 1907 erkennen läßt, bis 1911/13 (Niederschrift der RS) und 1915 (Niederschrift der erweiterten Fassung der Zwischenbetrachtung) gewandelt hat. Die häufigen Hinweise auf verschiedene Formen von »Sublimierung« in diesen späten Werken lassen einen Einfluß Freuds auf Webers Hinduismus-Darstellung vermuten.

46 Marianne Weber, op. cit., S. 414.

47 Max Weber in seinem o.g. Brief an E. Jaffè über die Lehre von O. Groß.

48 Max Weber verwechselt den Dvaita-Philosophen Madhva des 13. Jh. mit dem Advaita-Philosophen Mādhava des 14. Jh. Dieser Irrtum geht

nach Mitteilung von K.-H. Golzio auf Balfour, *Cyclopaedia of India*, Bd. II, S. 760 zurück und wurde von Weber übernommen.

49 In seinem auch für Webers Quellen wichtigen Artikel »On Re-reading ›Le Nepal‹: What we Social Scientists Owe to Sylvain Levi«, *Kailash. A Journal of Himalayan Studies*, VIII, 3-4 (1979), S. 175-190, führt A. Höfer die »proto-theory of Sanscritization« auf A. C. Lyall (*Asiatic Studies, Religious and Social*, London 1882, S. 102-103) zurück. Lyall wird von H. H. Risley (*The Tribes and Castes of Bengal*, Calcutta, 1892, Vol. I, S. XV) zitiert, den auch M. Weber als eine seiner Quellen angibt. Der Einfluß Risleys (op. cit., S. XV und S. 127) ist besonders deutlich spürbar auf Webers Ausführungen über die Hinduisierung und den Aufstieg von Stammeshäuptlingen. S. Levys *Le Nepal*, das 1905-1908 erschien, und in dem A. Höfer Probleme der Sanskritisierung und Hinduisierung weiterentwickelt sah, scheint dagegen M. Weber nicht zugänglich gewesen zu sein. Einige der hier vorgetragenen Thesen wurden vom Vf. inzwischen weiterentwickelt: H. Kulke, »Hinduization, Legitimation and the Patrimonial State in the Context of Max Weber's Studies of India«, in: *Max Weber's Study on Hinduism and Buddhism. A New Evaluation*, ed. by D. Kantowsky, (Stuttgart: Institut für Auslandsbeziehungen) (im Druck).

50 M. N. Srinivas, *Religion and Society among the Coorgs of South India*, (London: Asia Publishing House, 2. Aufl., 1965).

51 Zur Kritik an Srinivas siehe insbesondere J. F. Staal, »Sanskrit and Sanskritization«, *The Journal of Asian Studies*, 22 (1962/63): S. 261-275.

52 M. N. Srinivas, *Social Change in Modern India*, (Berkeley and Los Angeles, 1966).

53 S. Sinha, »State Formation and Rajput Myth in Tribal Central India«, *Man in India*, 42 (1962): S. 35-80. Siehe hierzu auch Hermann Kulke, »Early State Formation and Royal Legitimation in Tribal Areas of Eastern India«, *Aspect of Tribal Life in South Asia I: Strategy and Survival (Studia Ethnologica Bernesia, I*, 1978) ed. by R. Moser and Mohan K. Gautam, Bern 1978, S. 29-38.

54 G. R. Madan, op. cit., S. 106 ff.

Shmuel N. Eisenstadt

Die Paradoxie von Zivilisationen mit außerweltlichen Orientierungen

Überlegungen zu Max Webers Studie über Hinduismus und Buddhismus

A. Webers Studie über Hinduismus und Buddhismus

I

Max Webers Studie über Hinduismus und Buddhismus[1] geht von derselben Frage aus wie seine Analyse des antiken Judentums und des alten China. Auch hier setzt er die Erforschung der Rationalisierungsprozesse in den Weltreligionen fort und untersucht die Besonderheiten in diesen Prozessen, die sie von der Entwicklung des Protestantismus unterscheiden. Dieser stieß nach Weber bekanntlich die Entstehung der modernen rationalistisch-kapitalistischen (sowie bürokratischen und wissenschaftlichen) Zivilisation an.

Webers Analyse der verschiedenen Aspekte des Hinduismus und des Buddhismus folgt im großen und ganzen einem ähnlichen Schema wie dem in der Studie über das alte China. Auch dort konzentriert er sich auf die vorherrschenden kulturellen Orientierungen und die Auswirkung dieser Orientierungen auf die institutionelle Struktur. Das Bindeglied bilden die Träger der in der indischen Zivilisation vorherrschenden orthodoxen und heterodoxen Orientierungen, besonders die brahmanischen Gruppen und die größeren Sekten.

Die wesentlichen Schlußfolgerungen aus der Analyse des Hinduismus und des Buddhismus gehen ebenfalls in dieselbe Richtung wie die aus der Chinastudie, obwohl sich die Inhalte unterscheiden. In China ist es die traditionalistische patrimoniale Struktur des Kaiserreichs und das Fehlen jeder transzendenten Vision, wodurch erklärt wird, daß die Entwicklung zu einem Rationalismus westlichen Typs ausblieb. Für das alte Indien wird diese Erklärung gewonnen aus der Kombination einer relativ traditionalen Sozialstruktur, die vor allem in der Dorfgemeinschaft und in der Kastenordnung ihren Ausdruck fand, mit starken außerweltlichen, die profane Welt ablehnenden Orientierungen, deren Träger die »religiösen« Eliten waren. Die nahezu totale geistige Loslösung der religiösen Eliten von der weltlichen Sphäre und ihre Konzentration auf die religiöse Sphäre, die konsequente Entwicklung eines starken exemplarischen Virtuosentums und die Entstehung von Sekten mit ausgeprägten orgiastischen und außerweltlichen kontemplativen Orientierungen – diese Züge der indischen Zivilisation scheinen das Fehlen von solchen Rationalisierungstendenzen zu erklären, wie sie den Okzident kennzeichnen. Die Abkehr der führenden religiösen Eliten von der weltlichen Sphäre stärkte ihrerseits die traditionalistischen Lebensformen, für die das Kastensystem das sprechendste Beispiel zu sein scheint.

Die Kombination aller dieser Eigenarten erklärt nach Weber auch, warum sich in Indien kein einflußreiches Unternehmertum entwickelte, das ökonomische Durchbrüche hätte bewirken können. Im Gegensatz zu den meisten modernen Kritikern, die sich nur für diesen letzten Punkt interessieren[2], sehe ich Webers Studie allerdings in einer weiteren Perspektive[3]. Er leistete einen Beitrag zum Verständnis der indischen und der buddhistischen Zivilisation, der seinesgleichen sucht.

II

Die Fruchtbarkeit von Webers Analyse wird jedoch durch einen Widerspruch eingeschränkt. Auf einen ähnlichen Widerspruch in seiner Chinaanalyse habe ich schon aufmerksam gemacht[4]: Einerseits rechnet Weber China zu den Zivilisationen, in denen eine Rationalisierung religiöser Orientierungen stattfand, andererseits leugnet er die Existenz starker transzendent begründeter Spannungen oder Orientierungen in China, die doch, nach seiner eigenen Auffassung, erst den Anstoß zu Rationalisierungen geben.

In seiner Indienanalyse betont Weber auf der einen Seite die Ablehnung der profanen Welt, die im Hinduismus und Buddhismus mit den außerweltlichen Orientierungen einhergeht, auf der anderen Seite erkennt er implizit – aber auch nur implizit – die Träger dieser Orientierungen als Schöpfer von Zivilisationen an. Explizit allerdings interpretiert er die Weltablehnung dieser Schichten so, als ob sie keinen Einfluß auf die profane Welt genommen hätten. Somit sieht er ihre Haltung als ein Hindernis für die Entwicklung von starken gegen die Tradition gerichteten Rationalisierungstendenzen in der weltlichen Sphäre an. Aber diese Auffassung steht im Widerspruch dazu, daß Weber Hinduismus und Buddhismus zu den großen Weltreligionen zählt, d. h. zu jenen Religionen, die mittels Rationalisierung die großen Weltkulturen formten.

Webers Auffassung wird also dem zentralen Aspekt des Hinduismus und des Buddhismus, der in seiner eigenen Analyse implizit enthalten ist, nicht gerecht – nämlich dem Paradox, das eine Zivilisation mit außerweltlichen Orientierungen darstellt. Wir haben es hier ja nicht mit abgeschiedenen Sekten oder mit einzelnen religiösen Virtuosen zu tun, die sich von der profanen Welt zurückziehen, sondern mit einem bewußten Versuch religiöser Eliten, die profane Welt zu gestalten, Weltzivilisationen zu errichten, – dies jedoch paradoxerweise auf der Grundlage außerweltlicher Orientierungen, die die profane Welt abzulehnen scheinen, d. h. eben die Welt, die doch Gegenstand der Gestaltung sein soll.

Die Paradoxie zeigt sich besonders an der extremen Form von Weltflucht, wie sie die religiösen Virtuosen beispielgebend praktizierten. Diese Lebensweise, die den wesentlichen Gehalt von Hinduismus und Buddhismus ausdrückt, läßt sich, wie wir später noch genauer sehen werden, paradoxer-, aber bezeichnenderweise nur im Rahmen einer Zivilisation verstehen, die von außerweltlich orientierten Schichten errichtet wurde.

Die Gestaltungsmacht dieser außerweltlichen Orientierungen zeigt sich vor allem in der Tatsache, daß das hinduistische oder brahmanische Glaubenssystem einen entscheidenden Anteil an der Errichtung der postvedischen Zivilisation hatte, die sich von der frühen Sozialstruktur Indiens wesentlich unterscheidet[5]. Dabei bildete die gewöhnlich als Kastensystem bezeichnete Gesellschaftsordnung, die oft als Inbegriff des Traditionalismus gesehen wird, einen wichtigen Teil dieser aktiven Gestaltung der profanen Welt. Parallel dazu schuf später der Buddhismus nicht nur klösterliche Organisationen, sondern auch neue Arten von politischen Gemeinschaften, wodurch er die Gesellschaften, in denen er Fuß gefaßt hatte, umformte[6].

Anders ausgedrückt: Im Hinduismus wie im Buddhismus gingen von den außerweltlichen oder weltablehnenden Orientierungen sehr spezifische zivilisatorische Entwicklungen und damit auch charakteristische institutionelle Schöpfungen aus. Diese offenbaren paradoxe, ja sogar widersprüchliche Aspekte, die sich eben daraus ergeben, daß diese Zivilisationen auf außerweltlichen Prämissen errichtet waren.

Um diesen Zusammenhang voll zu verstehen, ist es nötig, die außerweltlich begründeten Zivilisationen an zwei Fronten zu vergleichen: erstens, mit alten Gesellschaften im Nahen und Mittleren Osten, in Südasien oder Mittelamerika, auf deren Boden keine der großen Weltreligionen oder, wie es später Karl Jaspers ausdrückte, der Achsenzeitzivilisationen gewachsen ist; zweitens, mit anderen Achsenzeitzivilisationen, wie z. B. mit Altisrael, dem Christentum und dem frühen kaiserlichen China.

Den Achsenzeitzivilisationen ist gemeinsam, daß in ihnen Ideen von einer prinzipiellen Spannung zwischen der transzendenten und der diesseitigen Welt entstanden und institutionalisiert wurden. Träger dieser Ideen waren autonome kulturelle Eliten, Intellektuelle, die die Möglichkeit und Notwendigkeit sahen, die Welt gemäß einer transzendenten Vision oder Weisung aktiv zu gestalten. Dabei wurden sie insbesondere von dem Problem geleitet, wie die prinzipielle Spannung zu überwinden oder, mit Webers Worten, wie das Heil zu erlangen sei[7]. Die Lösung wurde auf drei Wegen gesucht: dem außerweltlichen, repräsentiert im Hinduismus und Buddhismus; dem innerweltlichen, repräsentiert in der chinesischen Kultur; und in einer Verknüpfung von inner- und außerweltlichen Orientierungen, wie sie auf verschiedene Weise von den monotheistischen Kulturen repräsentiert wird.

Bei der vergleichenden Analyse werde ich mich, darin Weber folgend, sowohl hinduistischen wie buddhistischen – hier vor allem den theravadischen – Zivilisationen zuwenden. Dabei werde ich einige der Merkmale herausstellen, die sie aufgrund ihrer außerweltlichen Orientierungen gemeinsam haben. Ich werde auch einige Unterschiede zwischen ihnen benennen. Diese Unterschiede resultieren vor allem aus den Lösungen, die sie für die Spannung zwischen der transzendenten und der weltlichen Ordnung entwickelt haben. Der Buddhismus löste sie durch beispielhafte Lebensführung, obwohl auch ethische und rituelle Komponenten nicht fehlten. Der Hinduismus löste sie durch Ritualismus: Einzelne alltägliche Handlungen erhielten durch religiöse Bewertung, Standardisierung und Sanskritisierung eine Sonderbedeutung[8].

B. Die institutionelle Gestalt der Zivilisationen mit außerweltlichen Orientierungen. Umgreifende Kultur und die zentrale Stellung der religiösen Sphäre

III

Die vielen verschiedenen politischen Strukturen, Stammesgemeinschaften, Patrimonial- und Stadtstaaten, die sich im Bereich der indischen und buddhistischen Zivilisationen entwickelt haben, ähneln in vielen Zügen den politischen Strukturen in solchen Gesellschaften, die nicht zur Achsenzeit zählen. Dasselbe gilt für die vielfältigen Technologien und wirtschaftlichen Produktionsweisen – sowie für die soziale Hierarchisierung zumindest auf der unteren, lokalen Ebene. Die sozialen Hierarchien beruhten meistens auf lokalen oder regionalen Verwandtschafts- oder ethnischen Gruppen, und die Statuskategorien ergaben sich nach verschiedenen Mustern aus einer Überschneidung von vertikalen mit sehr schwachen horizontalen Gliederungen.

Neben diesen Ähnlichkeiten lassen sich wesentliche Unterschiede feststellen. Diese Unterschiede rechtfertigen die Entscheidung, die hinduistischen und buddhistischen Zivilisationen zu denen der Achsenzeit zu zählen.

IV

Die wichtigste einzelne institutionelle ›Erfindung‹ in den hinduistischen und den buddhistischen sowie in allen anderen Gesellschaften der Achsenzeit[9] ist die Herausbildung einer umgreifenden Kultur und einer Trägerschicht, die durch genau bestimmte

Mitgliedschaftsattribute gekennzeichnet ist. Diese Gruppe unterscheidet sich wesentlich von den primordialen, ethnischen, regionalen und politischen Gemeinschaften.

In Indien bildete sich die hinduistisch-brahmanische Kultur mit ihren Ritualen und Symbolen heraus. In ihrem Zentrum standen die Beziehungen zwischen König, Brahmane und religiösem Entsager[10]. In engem Zusammenhang damit entwickelten sich soziale und religiöse Netzwerke, die vor allem von den Brahmanen konstruiert und getragen wurden.

In den Gesellschaften des Theravada-Buddhismus waren es die Anhänger des Glaubens, die Sangha, die eine umgreifende Kultur trugen. Allerdings war diese Kultur sehr eng mit den nationalen Gemeinschaften verbunden, die sie weitgehend transformierte[11]. Das führte zu einer dauernden Spannung zwischen den nationalen und übernationalen Elementen dieser Kultur.

Mit der Errichtung einer umgreifenden Kultur wurde auch der religiöse Bereich neu gestaltet. Hier vor allem wurde ja die transzendente Vision institutionell umgesetzt, hier fanden die Spannung zwischen transzendenter und diesseitiger Welt und deren außerweltliche Lösung ihren Ausdruck in Artefakten und Symbolen, hier wurde eine große Tradition begründet.

Die Auszeichnung des »religiösen« oder »kulturellen« Bereichs vor anderen institutionellen Bereichen zeigte sich daran, daß sich dort ein hoher Grad symbolischer Artikulation, eine relative Autonomie der sozialen Ziele, Gruppen, Rollen und Institutionen, ein herausgehobenes Zentrum und relativ ausgedehnte institutionelle Märkte entwickelten. In anderen institutionellen Bereichen, wie Politik oder Wirtschaft, waren diese Tendenzen viel schwächer, obwohl sie, wie wir sehen werden, auch dort nicht ganz fehlten. Überdies wurde der religiöse Bereich mit einer weiten Bedeutung ausgestattet, die über seine primordialen oder technischen Seiten hinausging. Die anderen, weltlichen Bereiche trugen diese Bedeutung nicht – oder nur insofern, als sie zum religiösen Bereich in Beziehung standen.

Aus dem Gesagten gehen die Unterschiede zu anderen Zivilisationen der Achsenzeit hervor. Erstens war im Hinduismus und im Buddhismus der religiös-kulturelle Bereich auf symbolischer Ebene von anderen – politischen, regionalen oder »nationalen« – Einheiten deutlich, wenn auch nicht vollständig abgesetzt. Zweitens fehlte hier – im Gegensatz zu der innerweltlichen chinesischen Kultur und besonders zu den monotheistischen Kulturen – die Tendenz zur Integration und klaren Hierarchisierung dieser verschiedenen Bereiche und der ständige Kampf um die Prinzipien dieser Hierarchisierung, obwohl Ansätze dazu bereits vorhanden waren.

C. Umgestaltung und symbolische Artikulation der primordialen askriptiven Einheiten

V

Die Ausprägung der religiösen Sphäre hatte Rückwirkungen auf die Struktur anderer institutioneller Bereiche. Als erstes ist hier die Veränderung der primordialen askriptiven Gemeinschaften zu nennen. Sie wuchsen über einfache Stammes-, Territorial- oder Verwandtschaftsgruppen hinaus, ihre Symbolisierung wurde komplexer und artikulierter, und entsprechend änderten sich ihre innere Struktur und Dynamik.

Eine derartige Umdefinition der primordialen Gemeinschaften ist wohl das wichtigste Kennzeichen der Zivilisationen mit außerweltlichen Orientierungen. Im Unterschied dazu entstanden in den anderen Zivilisationen der Achsenzeit neue, relativ autonome, nicht-primordiale Einheiten, wie religiöse, kulturelle und sogar mitunter ökonomische.

Aber auch hier lassen sich weitreichende Unterschiede zwischen hinduistischen und buddhistischen Gesellschaften feststellen. Im Bereich der indischen Zivilisation veränderten sich die primordial-askriptiven Einheiten im Zusammenhang mit der Umgestaltung des gesamten hierarchischen Gefüges zum Kastensystem. Im Bereich des Theravada-Buddhismus wurden die »national«-politischen Gemeinschaften neu definiert; damit grenzten sie sich symbolisch deutlicher von den politischen Regimes ab.

D. Ausweitung der Institutionen. Wirtschaft und soziale Hierarchien

VI

Die zweite strukturelle Veränderung besteht in der Ausweitung der institutionellen Märkte, der Gruppeninteressen und der Kontakte zwischen Gruppen. Diese Ausweitung ist eng verbunden mit einem fast missionarischen Eifer, der sich im Hinduismus vor allem in der Ausbreitung des Kastensystems im allgemeinen und in politischer Expansion unter Mitwirkung der Brahmanenkasten im besonderen zeigte. Im Buddhismus findet sich die Expansionsidee sogar noch klarer artikuliert. In beiden Zivilisationen kam der erste Anstoß zu politischer oder ökonomischer Expansion sehr häufig aus einer Kombination von Entwicklungen, die im politischen oder ökonomischen und im religiösen Bereich stattfanden. Die innere Dynamik der verschiedenen religiösen Gruppen sorgte dann ständig für weitere Impulse[12].

Das Wirken dieser religiösen Gruppen und der Aufbau der neuen, außerweltlichen Kultur waren also von großer Bedeutung für den Übergang von der Stammesorganisation zu komplexeren politischen Strukturen und deren Expansion. Zudem trugen sie dazu bei, daß ständig neue Stämme oder stammesähnliche Gruppen in den Bereich dieser Kulturen einbezogen wurden. Durch deren Expansionstendenzen weiteten sich die lokalen und internationalen institutionellen Märkte aus, und es ergaben sich neue politische oder ökonomische Kontakte zwischen verschiedenen lokalen und funktionalen Gruppen. Für den ökonomischen Bereich hat Paul Wheatley gezeigt, daß die relativ engen Reziprozitätsbeziehungen zwischen Gruppen in immer weitere Umverteilungsprozesse übergingen[13].

Durch diese Kontakte wurde auch die Entwicklung neuer Organisationsformen gefördert. Es entstanden komplexere und sich ständig wandelnde politische Einheiten und komplexere Unternehmen, wie Klöster, kommerzielle Tempel und dergleichen. Aber die Wechselbeziehung der politischen und ökonomischen Organisationen mit dem religiösen Bereich waren für jene nicht nur von Vorteil. Viele Forscher haben darauf hingewiesen, daß der nicht-ökonomische Gebrauch von Ressourcen für symbolische, rituelle und Umverteilungszwecke eine schwere Last bedeutete. Auf der anderen Seite wurden die ökonomischen Aktivitäten belebt, unter anderem auch dadurch, daß religiöse Zentren zu Zentren ökonomischer Akkumulation werden konnten.

All diese dynamischen Tendenzen wurden noch dadurch verstärkt, daß sich eine Diskrepanz oder ein Mangel an Übereinstimmung zwischen dem weiten kulturellen Rahmen und den konkreten sozialen Gruppen und Formationen ergab. Die große geographische Ausdehnung Indiens ließ es nicht dazu kommen, daß das brahmanische Ideal einer kulturellen und sozialen Ordnung überall auf die gleiche Weise in konkrete Organisationen umgesetzt wurde. Die Diskrepanz zwischen Ideal und Wirklichkeit schuf eine institutionelle Dynamik, deren wichtigste Auswirkung die Konkurrenz zwischen den religiösen und anderen Eliten war. Besonders die politischen, aber bis zu einem gewissen Grade auch die ökonomischen Eliten wetteiferten mit den religiösen Eliten um die Kontrolle über Ressourcen und den Zugang zu Märkten.

Die Kombination eines weiten kulturellen Rahmens mit dem Fehlen eines geeinten politischen Systems schuf Möglichkeiten für politische Unternehmungen, die die Herrscher, aber auch andere Gruppen, besonders bestimmte Unterkasten, ergriffen. Das politische wie das ökonomische Unternehmertum wurde in Indien noch dadurch gefördert, daß es für die Mitglieder der entsprechenden Kasten, der Krieger- bzw. der Händlerkasten, religiös geboten war: Die ausgezeichnete Erfüllung der ihnen zugewiesenen Aufgaben war definiert als ein Teil des Weges, der zum Heil führt.

VII

Die Institutionalisierung außerweltlicher Orientierungen veränderte auch sehr weitgehend die Bewertung der sozialen Positionen, d. h. das relative Gewicht der Statuskriterien. Das religiöse Kriterium, die Nähe zum außerweltlichen Heilszustand, wurde der oberste Maßstab. Daran gemessen, mußten dann andere Statusmerkmale – verwandtschaftliche Positionen, politische Macht, Reichtum – neu bewertet werden.

Hand in Hand damit änderte sich auch die Bedeutung der primordialen Gruppen für die soziale Hierarchie. Wie oben schon erwähnt, blieben die konkreten Gruppen, lokale, regional-verwandtschaftliche oder ethnische Einheiten, zwar bestehen, aber sie wurden neuen, umfassenderen askriptiven Kategorien zugeordnet und damit auch selbst neu definiert.

Auch hier lassen sich wieder weitreichende Unterschiede zwischen dem hinduistischen und dem buddhistischen Bereich feststellen. Im Buddhismus blieb die Umwertung politischer, ökonomischer und lokaler Statusmerkmale auf die symbolische Ebene beschränkt. Dies betraf die Prinzipien der Hierarchisierung: Die verwandtschaftlichen, lokalen, territorialen und ethnischen Gruppen wurden ausgeweitet, und es entstanden neue Pflichten zwischen den verschiedenen Statusgruppen, besonders zwischen den religiösen und den »weltlichen«. Aber die konkrete Organisation der lokalen Einheiten wurde kaum berührt. Daher entwickelte sich in theravadisch-buddhistischen Gesellschaften, außer in der eigentlich religiösen Sphäre, kein übergreifendes Statusbewußtsein. Die meisten Statuskombinationen galten nur in relativ engen vertikalen oder lokalen Beziehungen. Und selbst die religiösen Gruppen wurden weitgehend in die weltliche Hierarchie einbezogen.

Indien bietet ein vollkommen anderes Bild. Hier verband sich die außerweltliche religiöse Konzeption unmittelbar mit der sozialen Hierarchie – und damit entstand eine der größten kulturellen Schöpfungen aller Zeiten, das Kastensystem. Dieses besondere System, das von manchen als sehr starr, von anderen als äußerst flexibel angesehen wird[14], stellte eine umfassende Statushierarchie dar. Die Hauptkategorien wurden durch rituell-askriptive Kriterien voneinander abgegrenzt. Sie umfaßten viele unterscheidbare lokale Einheiten oder Berufsgruppen. Die umfassenden Kategorien und ihre Untereinheiten waren weitgehend autonom und selbstbestimmt. Aus diesen Prinzipien folgen die besonderen Merkmale der sozialen Schichtung in Indien: 1. Wegen der ritualistisch-kosmischen Statusdefinition bestanden scharfe Unterschiede zwischen den Kasten hinsichtlich ihres normativ gebotenen Lebensstils. Die Kastenregeln bestimmten die richtige symbolische Verwendung von Ressourcen und den Zugang zu den wichtigen Positionen.

2. Wegen der askriptiven und erblichen Statuskriterien spielte die Familie eine große Rolle. Familie, Verwandtschaft und Kaste

waren gleichzeitig Sozialisationsinstanz, Bezugspunkt kollektiver Identität und Positionsvermittler.

3. Die Berufspositionen waren untrennbar mit dem rituellen Status verbunden. Im Prinzip war jeder Berufsstand – Landarbeiter, Landbesitzer, Handwerker und Händler – einer Kaste *(varṇa)* zugeordnet.

E. Das Verhältnis von Ideen und Politik

VIII

Die Institutionalisierung der außerweltlichen Orientierungen hat sich natürlich auch auf den politischen Bereich ausgewirkt[15]. Dies betrifft vor allem die veränderte Auffassung des Königtums. Dieses wurde entheiligt und weitgehend – wenn auch nicht gänzlich – als weltliches Amt definiert: der König hatte die soziale Ordnung aufrechtzuerhalten. Gleichzeitig wurde jedoch von ihm gefordert, die transzendente kosmische Ordnung und die entsprechenden moralischen Gesetze der Gemeinschaft, denen er selbst untergeordnet war, zu schützen. Im Prinzip war also das Königtum »außerweltlich«, durch religiöse Symbole legitimiert, aber zugleich wurde seine weltliche Rolle anerkannt und sogar unterstrichen.

Parallel dazu änderten sich die Legitimationsprinzipien der politischen Ordnung. Sie beruhten nun auf einer Kombination von sakralen und primordialen Kriterien[16]. Anders als in Gesellschaften, die keine Spannung zwischen transzendenter und weltlicher Ordnung kennen, wurden diese beiden Kriterien niemals verschmolzen, sondern blieben dauernd getrennt. Anders auch als in Zivilisationen mit »reiner« oder gemischter innerweltlicher Heilsorientierung ist die primordiale Legitimation nicht religiös begründet worden. Vielmehr wurde die Dimension des Heiligen der primordialen hinzugefügt. Damit löste sich die letztere aus der totalen Verbundenheit mit den primordialen askriptiven Einheiten und verlor sogar an Gewicht.

Zusammen mit der Herausbildung dieser Legitimationsmuster begann ansatzweise eine Spezialisierung des Rechts. Vor allem wurde das Gewohnheitsrecht genauer bestimmt, und das religiöse Recht wurde entwickelt und kodifiziert.

Auch hier ergaben sich Unterschiede zwischen Hinduismus und Buddhismus. Während im Hinduismus, wo eine Ähnlichkeit zwischen den Attributen des Heils und denen der primordialen askriptiven Einheiten bestand, die beiden Komponenten der Legitimation ohne Spannung kombiniert wurden, blieben sie im Theravada-Buddhismus deutlicher getrennt. Ihre Spannung wurde hier dadurch gemildert, daß das Dharma (die Pflicht) des Königs in einer Kombination transzendenter und weltlicher Begriffe formuliert war.

IX

In enger Verbindung mit den neuen Legitimationsmustern entwickelten sich in diesen Gesellschaften – ebenso wie in anderen Achsenzeitzivilisationen, aber anders als in den Gesellschaften der Vorachsenzeit – neue Weisen der politischen Umsetzung von Ideen[17].

Im Hinduismus wie im Buddhismus entstand, wie in anderen Achsenzeitzivilisationen, eine relativ autonome religiöse Gruppe – die Brahmanen bzw. die Sangha. Sie vertrat die höhere, transzendente Ordnung und leitete von dieser eine relativ klare Vorstellung von der richtigen kulturellen und sozialen Ordnung her. Diese Eliten erlangten – auf kulturellem und religiösem Gebiet – eine beträchtliche symbolische und auch eine – von Fall zu Fall verschieden große – organisatorische Autonomie. Sie waren relativ unabhängig sowohl von den wichtigen askriptiven Gruppen wie von den politischen Herrschern. Sie trugen, wie wir gesehen haben, zur Schaffung eines neuen kulturellen Rahmens bei, der nicht mehr an primordiale ethnische oder nationale Einheiten gebunden war. Offenbar waren sie willens und in der Lage, die Herrscher zur Rechenschaft zu ziehen, besonders was deren Funktion als Hüter der moralischen und rituellen Ordnung der Gemeinschaft anging.

Mit der Rechenschaftspflicht der Herrscher war ein neues Element in die Politik eingeführt. Darin zeigte sich der Einfluß der religiösen Eliten auf den politischen Bereich: sie wurden zum »moralischen Gewissen« der Gesellschaft.

Zu der Gewissensfunktion der religiösen Eliten gehörte es, die gegebene Ordnung zu schützen und deren religiöse und moralische Prinzipien immer klarer und schlüssiger herauszuarbeiten. Die Prinzipien wurden zum Maßstab für ihre Beschwerden und Forderungen, die vor allem die Legitimationsvoraussetzungen betrafen. So setzten die religiösen Gruppen die Standards, an denen sich die Empörung gegen Pflichtverletzungen der Regierenden ausrichtete, und sie spielten eine wichtige Rolle beim Zustandekommen von Volkserhebungen oder Umwälzungen. Sie konnten »populistische« Forderungen ausbreiten helfen, Forderungen nach Veränderungen, die sich auf die konkrete Anwendung bestehender Regeln sowie auf die Politik der Herrscher bezogen.

Obwohl die religiösen Eliten auf diese Weise dem politischen Leben ihrer Gesellschaften eine neue Dimension hinzufügten, blieben ihre Autonomie und ihr kritischer Einfluß letztlich doch auf die kulturelle oder religiöse Sphäre beschränkt. In der weltlichen Sphäre erlangten sie höchstens eine begrenzte organisatorische Autonomie. Diese war davon abhängig, daß sie die Spielregeln anerkannten, die von den politischen Eliten aufgestellt worden waren. Obwohl den religiösen Eliten in gewissem Sinn das Recht übertragen war, die politische Ordnung zu legitimieren, und sie sich auch an der Bildung neuer politischer Regimes oder an der Umstrukturierung askriptiver Gemeinschaften beteiligten, war ihre autonome, potentiell kritische Teilnahme am politischen Leben doch in der oben bezeichneten Weise begrenzt.

Auch ihre Funktion als moralisches Gewissen der Gemeinschaft führte sie über bestimmte Grenzen nicht hinaus. Sie entwarfen keine völlig neuen sozio-politischen Visionen, die den schon etablierten kulturellen Rahmen überschritten hätten. Insofern sie alternative Konzeptionen von der sozialen oder kulturellen Ordnung entwickelten, waren diese entweder gänzlich auf die »außerweltliche« – religiöse – Sphäre oder auf die moralische Besserung der Gemeinschaft gerichtet. Niemals jedoch führten sie zu einer wesentlichen Umgestaltung der politischen, der sozialen oder der ökonomischen Handlungssphäre. Die religiösen Eliten formulierten also in ihren Forderungen keine neuen Prinzipien politischen Handelns.

Während im indischen Kulturkreis die Legitimation und die Rechenschaftspflicht der Regierenden eher ritualistisch abgesichert waren, wurden sie im Buddhismus eher »moralisch« begründet. In Indien erlangten die Brahmanen eine Stellung, die ihnen eine gewisse »Aufsicht« über die Herrscher erlaubte: Sie wachten darüber, daß die tragenden Werte der Gesellschaft geachtet wurden. Diese Stellung hatten die Brahmanen nicht zuletzt deshalb, weil die Schaffung und Erhaltung vieler Königreiche sehr oft von ihrer aktiven Beteiligung abhing.

Die religiösen Gruppen waren gegenüber dem König rituell zwar in einer starken, organisatorisch aber in einer schwachen Position. Jede Brahmanengruppe blieb für den Schutz ihres Status auf den König angewiesen. In den meisten Fällen war es Sache der Herrscher, den relativen rituellen Rang der verschiedenen Kastengruppen festzulegen. Das gab ihnen einen beträchtlichen Spielraum in bezug auf die religiösen Eliten und versetzte sie in die Lage, von den Brahmanen bessere »Preise« zu erzielen und auch die Zugangsbedingungen zu den höheren rituellen und anderen sozialen Positionen in gewissem Maße zu verändern.

Durch die Orientierungen und Handlungen der religiösen Eliten entstand eine neue Auffassung vom politischen Bereich. Er wurde begriffen als Widerspiegelung oder Repräsentation grundlegender Konzeptionen. Im Buddhismus und insbesondere im Theravada-Buddhismus gab dies dem politischen Bereich eine neue Dynamik. S. J. Tambiah gebraucht dafür den Vergleich mit der Milchstraße. Wie man es von der astronomischen Milchstraße annimmt, hatte auch der politische Bereich die Tendenz, zu expandieren und sich immer wieder umzustrukturieren[18].

F. Prozesse des Wandels. Sekten, Heterodoxien und Protestbewegungen

X

Die außerweltlichen Orientierungen und das Handeln der religiös-kulturellen Eliten führte auch zu neuen Arten des institutionellen Konflikts und Wandels. Zu diesem Punkt möchte ich zuerst die Sektenbewegungen behandeln.

Heterodoxie und Sektenbewegungen gab es in allen Zivilisationen der Achsenzeit[19]. Denn die Institutionalisierung der Spannung zwischen der transzendenten und der weltlichen Ordnung war historisch niemals ein einfacher, friedlicher Prozeß. Viele

Gruppen konkurrierten und kämpften um die Durchsetzung ihrer Visionen.

War eine davon dann in einer Gesellschaft, oder zumindest in ihrem Zentrum, voll anerkannt und institutionalisiert, so blieb doch das Bewußtsein von anderen Möglichkeiten: Die grundsätzliche Spannung und deren Lösung hätten auch anders definiert werden können, und selbst die siegreiche Idee erwies sich als in den Institutionen nur einseitig und unvollständig wiedergegeben. Darüber hinaus enthielt die Institutionalisierung der Idee gewöhnlich heterogene und sogar widersprüchliche Elemente. Deren Ausarbeitung und Artikulation ließen wieder verschiedene Akzente, Richtungen und Interpretationen zu.

Wegen dieser Vielfalt alternativer Visionen entstand in all diesen Zivilisationen ein Bewußtsein der Ungewißheit: Es gab verschiedene Wege zum Heil, die soziale und kulturelle Ordnung war nur eine unter mehreren möglichen, und jeder institutionellen Lösung haftete ein Moment von Willkür an. Aus diesem Bewußtsein von Alternativen erwuchs ein neues Denken: die Utopie. Die utopischen Visionen enthielten viele der millenaristischen und Erwekkungsideen, die man auch in archaischen Religionen findet, aber diese wurden verbunden mit der Suche nach einer anderen, »besseren« Ordnung, die unabhängig von Zeit und Ort gilt.

Diese Visionen blieben nicht rein intellektuell. Sie bildeten vielmehr einen wesentlichen Bestandteil der Ideen, die von neuartigen Bewegungen, Sekten und Heterodoxien, vertreten wurden. Diese Bewegungen verteidigten die alternativen, nicht etablierten Lösungen. Die Entwicklung der alternativen Konzeptionen zu Heterodoxien konnte natürlich erst dann geschehen, als die herrschenden Religionen oder Ideen zu voll artikulierten Orthodoxien herangereift waren. Und seitdem bildet die dauernde Konfrontation von Orthodoxie und Heterodoxie, der Kampf widerstreitender Ideen, einen wesentlichen Teil der Menschheitsgeschichte.

XI

Aber die Bedeutung der Heterodoxien und Sekten blieb nicht auf die religiöse Sphäre beschränkt. Sie verbanden sich vielmehr auch mit sozialen und politischen Protestbewegungen.

Verglichen mit früheren Zeitaltern waren die Protestbewegungen der Achsenzeit zahlreicher, intensiver und vor allem artikulierter. Dieses höhere Maß an symbolischer oder ideologischer Artikulation ist darauf zurückzuführen, daß sich ihnen Eliten oder Subeliten anschlossen, die sie mit ihren transzendenten Orientierungen durchtränkten.

Man kann mehrere solcher Verknüpfungen zwischen den Protestbewegungen und der religiösen Szene feststellen. Erstens waren die Führer dieser Bewegungen oft mit Sekten verbunden. Zweitens wurden die Ideologien wenigstens einiger dieser Volksbewegungen mit religiösen Symbolen und Bildern durchsetzt, die von den »religiösen« Sekten stammten – wodurch sie utopische und aktivistische Elemente hinzugewannen. Drittens nahmen viele der religiösen Führer aktiv am politischen Kampf teil, oder sie wirkten bei der Schaffung neuer ökonomischer Institutionen mit – dabei blieben sie zugleich aber fähig, sich aus dem Kampf auf ihre eigentlichen Grundlagen zurückzuziehen.

G. Sektenbewegungen. Das Ideal des Entsagers

XII

Die Auswirkungen der Sektenbewegungen auf die institutionelle Struktur und der Kristallisationsgrad der Heterodoxien waren verschieden, je nachdem, wie die Spannung zwischen transzendenter und weltlicher Ordnung gelöst wurde, ob außerweltlich (wie im Hinduismus oder Buddhismus), innerweltlich (wie in China) oder in einer Kombination dieser beiden Orientierungen (wie in den monotheistischen Kulturen).

Das entscheidende organisatorische Merkmal ist natürlich die Existenz einer »Kirche«, die für den religiösen Bereich und gewöhnlich auch für die Beziehungen dieses Bereichs zu den politischen Mächten ein Monopol hat. Nicht weniger wichtig ist ein ideelles Merkmal, nämlich eine ausgearbeitete Lehre mit klaren kognitiven und symbolischen Abgrenzungen.

Im Hinduismus und im Buddhismus bildeten die Ausarbeitung

von Lehren und ihre Anwendung auf weltliche Angelegenheiten keine zentrale Voraussetzung dieser Religionen oder Zivilisationen. Zwar kann man im Buddhismus so etwas wie eine – sehr locker organisierte – Kirche und auch einen Bestand anerkannter Lehren erkennen, aber von ausgeprägter Orthodoxie oder Heterodoxie kann man kaum sprechen. Gleichzeitig aber wucherten in diesen Zivilisationen, vor allem im Hinduismus, die Sektenbewegungen mit ihren alternativen Visionen.

Hier ist es wichtig, sich daran zu erinnern, daß sich der Buddhismus selbst als Sekte des Hinduismus entwickelt hatte. Durch seinen Ausbruch aus den ursprünglichen Grenzen schuf er eine neue Weltzivilisation. Im Buddhismus selbst bildeten sich dann fortwährend neue Sekten, Zweige oder Schulen, die verschiedenen Visionen anhingen.

Diese alternativen Visionen deuteten das Vorhandene in verschiedenen Richtungen aus: Im einen Fall führte die Reformulierung der kognitiven und symbolischen Prämissen zu einer eher »rationalistischen« oder ethischen (im Gegensatz zur rituellen) Religion mit exemplarischer Lebensführung. Im anderen Fall wurden innerweltliche Aspekte in die hauptsächlich außerweltlichen Orientierungen einbezogen. Im dritten Fall wurde die Spannung zwischen der transzendenten und der weltlichen Ordnung entschärft und damit eine »weniger gespaltene« Wirklichkeit prinzipiell aufgewertet. Die vierte – und für unsere Diskussion wichtigste – Alternative war die reine außerweltliche Orientierung, die sich in Weltentsagung und Askese ausdrückte. Gelebt wurde sie von dem hinduistischen Sannyasin, dem buddhistischen Bhikku und, in radikaler Weise, von dem »Waldbewohner«. Mit dieser Lebensweise war oft eine eher universalistische Definition der religiösen Gemeinschaft verbunden, so daß deren Mitglieder jede askriptive Zugehörigkeit überwanden.

Der Einfluß dieser Visionen auf die institutionelle Struktur hing von dem Grad ihrer Organisation ab. Besonders die alternativen Visionen, die innerweltliche Elemente in sich aufgenommen hatten, und jene, die eine unverfälschte außerweltliche Orientierung darstellten, entwickelten sich über bloß intellektuelle Übungen hinaus zu voll ausgebildeten Sekten – in extremen Fällen sogar zu radikalen Bewegungen wie dem Jainismus, dem Buddhismus und der Bhakti-Bewegung im Hinduismus sowie den verschiedenen Abspaltungen vom Buddhismus. Jede Sekte hatte eine andere

Auffassung vom richtigen Weg zum Heil und vom richtigen Ritual, und jede betätigte sich in ihrem eigenen sozialen Bereich[20].

XIII

Um den Einfluß dieser Sekten auf die institutionelle Struktur zu verstehen, untersucht man am besten die reinsten Manifestationen des außerweltlichen Ideals, den indischen Entsager (Sannyasin) und den buddhistischen Mönch im allgemeinen und den wilden Bhikku im besonderen. Sie verkörpern eine konsequente außerweltliche Einstellung, die Weltentsagung, das Verlassen der Welt.

Oberflächlich betrachtet, scheinen sie dem christlichen Heiligen des Altertums und dem mittelalterlichen Mönch, dem moslemischen Sufi, einigen der jüdischen Sektierer zur Zeit des Zweiten Reiches oder dem Chassid des Mittelalters verwandt. Aber der indische Sannyasin und der buddhistische Bhikku unterscheiden sich doch auch beträchtlich von ihren Pendants in den monotheistischen Zivilisationen.

Um das zu zeigen, betrachtet man am besten die Beziehung zwischen dem Ideal der Entsagung und der profanen Welt der Laien. Dabei stoßen wir auf eine paradoxe Situation: Das Ideal der äußersten Entsagung, der Weltflucht, war sehr eng mit der profanen Welt und dem Leben der Laien verwoben. Zum einen stellten der indische Entsager wie der buddhistische (besonders der theravadische) Bhikku zwar deutlich ausgeprägte Rollen dar, die von denen des weltlichen Laien differenziert waren, aber ihre Lebensweise wurde zugleich auch als ein bestimmtes Stadium im Lebenszyklus jedes Mannes aufgefaßt, nämlich als das letzte, das dem des Haushalters folgte. So war die Weltflucht nicht völlig losgelöst vom Leben des Laien, sie konnte vielmehr auch als dessen Höhepunkt angesehen werden. Zum anderen zeigt sich der Zusammenhang mit dem Leben des Laien auch in der Tatsache, daß in den meisten theravadischen Ländern (wahrscheinlich mit Ausnahme von Sri Lanka) viele Mönche üblicherweise einem Kloster nur für relativ kurze Zeit angehörten und dann in den Laienstand zurückkehrten. Dasselbe gilt für die indischen Ashrams, die sich in der Umgebung von Sannyasins entwickelten.

Es gibt also keinen scharfen Bruch zwischen der Rolle des Entsagenden und der des Laien. Das hängt paradoxerweise eng mit der totalen Entwertung der profanen Welt zusammen, wobei übrigens die Welt nicht als radikal böse, wohl aber das Leben als Leiden aufgefaßt wurde. Das Fehlen einer scharfen Differenzierung zwischen dem Stand des Laien und dem des Weltflüchtigen macht es für diesen unmöglich, einen archimedischen Punkt außerhalb dieser Welt zu finden, von dem aus er versuchen könnte, sie zu verändern. Hier liegt wieder ein Unterschied zu den monotheistischen Zivilisationen, besonders zum Christentum.

Wie Ilana Silber beschrieb, will der theravadisch-buddhistische Virtuose seinen Mitmenschen keine Botschaft verkünden und hat nicht die Absicht, auf die soziale Ordnung einzuwirken[21]. Dasselbe gilt auch für den indischen Entsager. Wie Jan Heesterman in seiner glänzenden Analyse gezeigt hat, kann man die Rolle des Entsagers nur verstehen, wenn man ihn als den Angelpunkt in dem Verhältnis Brahmane–König–Entsager sieht[22]. Er reguliert gleichsam die Beziehungen zwischen dem Brahmanen und dem König, indem er beide auf seine transzendente Rolle hin orientiert. Aber seine Rolle befindet sich nicht außerhalb dieses weltlichen rituellen Dreiecks, sie bildet vielmehr dessen Spitze. Daher fehlt auch ihm, wie dem buddhistischen Bhikku, ein archimedischer Punkt, von dem aus er beabsichtigen könnte, die profane Welt umzugestalten – über den Zustand hinaus, den sie aufgrund der außerweltlichen Prämissen der hinduistischen Zivilisation sowieso schon erreicht hat.

XIV

Diese Rollenmerkmale des Entsagers und des Bhikku standen natürlich in Beziehung zu den Grundkonzeptionen, die in die alternativen sozialen und kulturellen Modelle dieser Bewegungen eingingen. Auch bestimmten diese Rollenmerkmale die Art und Weise, wie ihre Träger sich auf den verschiedenen Ebenen am politischen Kampf beteiligten, d. h. welche Koalitionen sie eingingen, welchen Platz sie in den herrschenden Koalitionen innehatten und wie sie sie beeinflußten.

Ein wichtiges Faktum ist, daß die außerweltlichen Heilslehren, wie oben schon angedeutet, keine ausgeprägten alternativen Konzeptionen der sozialen und politischen Ordnung hervorbrachten.

Zwar betonten viele dieser Visionen und Bewegungen das Gleichheitsideal, besonders auf religiösem und kulturellem Gebiet und bis zu einem gewissen Grad auch für die Mitgliedschaft in der politischen Gemeinschaft. Aber wie das Schicksal des Buddhismus in Indien und die Bhakti-Bewegungen beweisen, bestimmte dieses Ideal viel stärker den religiösen Bereich als die politischen oder die faktischen sozialen Verhältnisse.

Ähnlich enthielten auch die millenaristischen Lehren, die man in einigen der Heterodoxien und Sektenbewegungen findet, keine deutlich artikulierten politischen Ziele oder Entwürfe zur Umgestaltung der politischen Regimes. Nur in einigen Volkserhebungen gegen fremde oder »schlechte« Herrscher kristallisierten sich solche Ziele für kurze Zeit heraus.

Die sozio-politischen Forderungen, die diese Bewegungen zum Ausdruck brachten, waren vor allem populistische: eine veränderte Anwendung bestehender Regeln und eine wohltätigere Politik des Herrschers. Solche Forderungen erwuchsen gewöhnlich nicht, wie oben schon erwähnt, aus neuen politischen Prinzipien oder der Rechenschaftspflicht des Herrschers, sie brachten vielmehr nur die latenten Legitimationsvoraussetzungen der bestehenden Regimes zum Ausdruck.

Das Ideal der »Entsagung« – der Gegenpol zum rituellen Brahmanismus – und das Ideal des buddhistischen Bhikku haben also keine neuen Motivationen oder Orientierungen in bezug auf Politik und Wirtschaft erzeugt, die diese Institutionen hätten verändern oder ideologisch aufwerten können.

Damit eng verbunden ist die oben schon angedeutete Tatsache, daß die »religiösen« Sekten und Gruppen im religiösen Bereich zwar autonom, im weltlichen Bereich aber in askriptive und politische Gruppen einbezogen waren. Die Führer der Sekten oder Rebellionen haben diese Beschränkungen niemals durchbrochen, und daher waren auch die von ihnen neu gebildeten Koalitionen von derselben Art wie die im weltlichen Bereich und fügten sich meistens in die bestehende Organisationsstruktur ein.

H. Schlußbemerkungen. Richtungen und Grenzen der institutionellen Dynamik

XV

Es wäre falsch zu behaupten – wie man es Weber auch nur bei *oberflächlicher* Betrachtung unterstellen kann –, daß allein im Bereich des Christentums oder allenfalls in den monotheistischen Zivilisationen insgesamt Sekten und Heterodoxien weitreichende Auswirkungen auf weltliche Strukturen hatten. Vielmehr gilt dies ebenso für die verschiedenen hinduistischen Sekten und in erster Linie natürlich für den Buddhismus. Allerdings weist die institutionelle Dynamik in diesen Zivilisationen mit außerweltlichen Orientierungen ganz spezifische Merkmale auf, die in der Menschheitsgeschichte einmalig sind.

Das wichtigste einzelne Merkmal besteht in der fortwährenden Umstrukturierung der askriptiv-primordialen und der religiösen Gemeinschaften: Ihre Abgrenzung nach außen, der Zugang zu ihnen und die Mitgliedschaftskriterien ändern sich ständig – begleitet von wiederkehrenden Versuchen, ausgeprägte Gleichheitsvorstellungen einzubringen. Die dramatischste Innovation ist hier der Aufstieg des Buddhismus innerhalb der indischen Zivilisation und über sie hinaus.

Von der Umbildung der primordialen Einheiten geht auch der Wandel im politischen, ökonomischen und religiösen Bereich aus. Die hier entstehenden und sich ausweitenden Organisationen werden dann wieder den primordialen Kategorien untergeordnet – in der neueren Zeit kann man dies z. B. an der dauernden Bildung von Kastenvereinigungen ablesen.

Obwohl ein hohes Maß an Wandel und Anpassung an den Wandel besteht, zeigen sich doch auch deutliche Grenzen des Wandels. Letzteres wird in Webers und einigen nachfolgenden Analysen besonders betont.

Die Grenzen des Wandels bestehen darin, daß sich die Umgestaltung der weltlichen institutionellen Bereiche hauptsächlich auf der organisatorischen Ebene abspielt, die Ebene der Symbole und Bedeutungen aber kaum angetastet wird. Obwohl sich die soziale Identität ändert, bleibt die kulturelle Identität, die Tradition, erhalten. Die verschiedenen Dimensionen menschlicher Existenz (die kosmische, rituelle, politische, ökonomische usw.) werden nicht grundsätzlich neu bewertet.

So besitzt z. B. der politische Bereich, verglichen mit der Vorachsenzeit, zwar einen hohen Grad an Symbolisierung, aber er erlangt keine Autonomie: Es kommt weder zu einer autonomen symbolischen Bewertung noch zu autonomen Zentren gegenüber der Peripherie, so daß auch starke Bestrebungen zur Reichsbildung fehlen.

Zwar sind die Zentren, wie sie sich z. B. im Gupta- oder im Maurya-Reich entwickelt haben, mächtiger und die ihrer politischen Ordnung unterworfenen Gebiete ausgedehnter als zu früheren Zeiten; zwar zeigen die Zentral- und die Provinzialverwaltung starke zentralistische Tendenzen. Jedoch all diese Bestrebungen bleiben, sofern sie überhaupt erfolgreich sind, auf die organisatorische Ebene beschränkt. Sie sind mit patrimonialen Strukturen verbunden und führen so nicht dazu, daß sich die Beziehungen zwischen Zentrum und Peripherie verändern, daß neue Bindungen zwischen ihnen geschaffen oder die askriptiven Voraussetzungen der Peripherie durchbrochen werden. Die Herrscher dieser politischen Einheiten sind nicht in der Lage – selbst wenn sie, wie Ashoka, den an sich schon seltenen Versuch dazu unternehmen –, die politische Sphäre mit einer neuen, weiteren, über die bestehenden Prämissen hinausgehenden Bedeutung zu versehen[23].

Ein ähnliches Bild bietet der ökonomische Bereich. Zwar weiten sich die internen Märkte aus; zwar wächst die Reichweite von Handel und Landwirtschaft; zwar kommt es zu technologischen Innovationen. Jedoch der ökonomische Bereich gewinnt keine Eigenständigkeit: Seine Rollen und Regeln werden nicht autonom; die Kontrolle über den Zugang zu Märkten und die Umwandlung von Ressourcen ändert sich nicht prinzipiell. Neue ökonomische Einheiten werden als Enklaven angegliedert, ohne daß dies Auswirkungen auf die Struktur der internen Märkte hätte. So bleibt die Menge der freien Ressourcen gering und ihr Fluß gehemmt. Vor allem ändert sich, außerhalb der religiösen Sphäre, nichts an dem Verhältnis von Eigentum an Ressourcen und Kontrolle über ihre Verwendung.

Diese Grenzen von Wandel und Innovation kann man auch im kognitiv-symbolischen Bereich, also bei der Umbildung der Tradition, feststellen. Für unsere Analyse sind hier von besonderer Bedeutung die Toleranz und der Eklektizismus dieser »Traditionen« oder Religionen. Diese gelten sowohl für die philosophische Spekulation, für mathematische und »halb-wissenschaftliche« Innovationen (wie die Astrologie) als auch für die lokalen Verschiedenheiten zwischen ihnen.

Eklektizismus und Toleranz in bezug auf diesen Bereich, die gewiß nicht grenzenlos sind, beruhen auf zwei Grundannahmen dieser Zivilisationen: 1. Diese ›Wissenschaften‹ sind relativ irrelevant und zweitrangig für die Erlösungslehren, für die gedanklichen Konstruktionen, die die »außerweltliche« Lösung der Spannung zwischen transzendenter und weltlicher Ordnung betreffen. 2. Die praktischen oder technischen Bereiche sind von den »philosophisch«-spekulativen und den rituellen getrennt und stehen auf einer niedrigeren Stufe. So hat der philosophische oder religiöse Diskurs nur eine sehr schwache Beziehung sowohl zu den praktischen Tätigkeitsbereichen wie auch zu den soteriologischen Konstruktionen.

Die oben bezeichneten Tendenzen beeinflussen die Art und Weise, wie die Tradition auf den Wandel reagiert[24]. Die wichtigsten Merkmale sind: die geringe Ideologisierung der Einstellung zum Wandel; das Fehlen einer ganzheitlichen Erfassung der verschiedenen Aspekte des Wandels; nur schwache Versuche, die verschiedenen Aspekte der Wirklichkeit in eine Rangordnung zu bringen; fortwährende Erweiterung der bestehenden Tradition durch neue Inhalte und Handlungsmuster ohne große Anstrengung, sie systematisch zusammenzufügen.

XVI

All diese Besonderheiten mögen vom Standpunkt anderer, vor allem der westlichen Zivilisationen aus als Grenzen des Wandels erscheinen. Sie stellen eine spezifische Konstellation dar, die aber gewiß nicht als Stagnation bezeichnet werden kann.

Hier kommen wir zu unserem Ausgangspunkt zurück – dem Paradox, das in Webers Studie über Hinduismus und Buddhismus enthalten ist, dem Paradox einer Zivilisation mit außerweltlichen Orientierungen. Unsere Analyse hat gezeigt, daß wir es im Buddhismus und Hinduismus nicht mit vereinzelten außerweltlichen

Orientierungen, Individuen oder Gruppen zu tun haben, sondern mit der Errichtung großer Zivilisationen auf außerweltlichen Prämissen. Die außerweltlichen Orientierungen der Eliten führen nicht dazu, daß die profane Welt ihrer eigenen Entwicklungsgesetzlichkeit überlassen wird, vielmehr verleihen sie dieser Welt gerade durch den Versuch, über sie hinauszugehen, eine neue, eigentümliche Dynamik.

Anmerkungen

1 Max Weber, *Gesammelte Aufsätze zur Religionssoziologie*, Bd. II: Hinduismus und Buddhismus, 6. photomechanisch gedruckte Auflage, Tübingen 1978.

2 Siehe dazu S. C. Dube, »Cultural Problems in the Economic Development of India«, in: Robert N. Bellah (ed.), *Religion and Progress in Modern Asia*, New York 1965, S. 43-55; Joseph W. Elder, *Industrialism in Hindu Society: A Case Study in Social Change*, unveröffentl. Diss., Harvard University 1959; ders., »Brahmans in an Industrial Setting«, in: William B. Hamilton (ed.), *The Transfer of Institutions*, Durham, N. C. 1964, S. 139-164; John Srinivas Goheen, M. M. Karve, D. F. and Milton Singer, »India's Cultural Values and Economic Development: A Discussion«, in: *Economic Development and Cultural Change*, 7 (1958), S. 1-12; Lore L. Kapp and William K. Kapp, »Hindu Culture and Economic Development«, in: William K. Kapp, *Hindu Culture, Economic Development and Economic Planning in India*, New York 1963, S. 3-20; ders., »The Hindu Social System«, in: William K. Kapp, a.a.O., S. 21-40; ders., »The Retardation of Economic Development«, in: William K. Kapp, a.a.O., S. 41-66; A. K. Saran, »Hinduism and Economic Development in India«, in: *Archives de sociologie des religions* 8 (1963), S. 87-94; Milton Singer, »Cultural Values in India's Economic Development«, in: *The Annals*, 305 (1956), S. 81-91; ders., *Traditional India: Structure and Change*, Philadelphia 1959; ders., »The Religion of India (Max Weber)«, in: *American Anthropologist*, 63 (1961), S. 150; und D. Kantowsky, »Max Weber on India and Indian Interpretations of Weber«, in: *Contributions to Indian Sociology*, New Ser., 16 (1982), S. 141-174.

3 So auch Henri Stern, »Religion et Société en Inde selon Max Weber: Analyse critique du Hindouisme et Bouddhisme«, in: *Social Science Information*, Bd. x-6 (Dez. 1971), S. 69-112.

4 Siehe S. N. Eisenstadt, »Innerweltliche Transzendenz und die Strukturierung der Welt. Max Webers Studie über China und die Gestalt der

chinesischen Zivilisation«, in: Wolfgang Schluchter (Hrsg.), *Max Webers Studie über Konfuzianismus und Taoismus*, Frankfurt am Main 1983, S. 363-411.

5 Zu diesem Einfluß siehe z. B. H. Kulke und D. Rothermund, *Geschichte Indiens*, Stuttgart 1982, Erster und Zweiter Teil, S. 21-120; und E. L. Farmer et al., *Comparative History of Civilizations in Asia*, Reading, Mass.: Addison-Wisley Publishing Co, Bd. 1, 1977, S. 61-65, 100-106, 145-153, 241-252, 301-320.

6 E. L. Farmer et al. (s. Anm. 5); und die Bibliographie in Anm. 8.

7 Siehe S. N. Eisenstadt, »The Axial Age – The Rise of Transcendental Visions, Emergence of Clerics and the Structuring of World History«, in: *The European Journal of Sociology*, 23 (1982), S. 294-314.

8 Wichtige Analysen zu Indien finden sich in: M. Biardeau, *Clefs pour la pensée hindoue*, Paris 1972; C. Bouglé, *Essais sur le régime des castes*, Paris 1969; L. Dumont, *Homo Hierarchicus. Essai sur le système des castes*, Paris 1966; L. Dumont and D. Pockok, *Contributions to Indian Sociology*, 9 Bde., Paris 1957-1966; L. Dumont, *Religion, Politics, and History in India: Collected Papers in Indian Sociology*, Paris 1970; auf *Homo Hierarchicus* beziehen sich die folgenden Beiträge in: *Journal of Asian Studies*, 35 (1976): J. F. Richards and R. W. Nichols, »Introduction«, S. 579-580; P. Kolenda, »Seven Kinds of Hierarchy in Homo Hierarchicus«, S. 581-596; J. Duncan and M. Derrett, »Rajadharma«, S. 597-610; J. Masson Moussaieff, »The Psychology of the Ascetic«, S. 611-626; und S. Barnet, L. Fruzzetti, and A. Ostor, »Hierarchy Purified: Notes on Dumont and His Critics«, S. 627-646. N. W. Brown, *Man in the Universe: Some Cultural Continuities in India*, Berkeley: University of California Press, 1966; R. Thapar, *A History of India*, Baltimore: Penguin, 1966; J. C. Heesterman, »Priesthood and the Brahmin«, mimeographiert, Leiden 1975; D. G. Mandelbaum, *Society in India*, 2 Bde. Berkeley: University of California Press, 1970; D. S. Cohn, *India: The Social Anthropology of a Civilization*, Englewood Cliffs: Prentice-Hall, 1971; B. M. Morrison, *Political Centers and Cultural Regions in Early Bengal*, Tucson: University of Arizona Press, 1970; M. Singer and B. S. Cohn (eds.), *Structure and Change in Indian Society*, Chicago: Aldine, 1968; R. Fox, Kin, Clan, Raja, and Rule: *State-Hinterland Relations in Pre-Industrial India*, Berkeley: University of California Press, 1971; H. van Gerrit, *The Mahabharata: An Ethnological Study*, Amsterdam: Uitgeversmaatschappij Holland, 1936; B. Stein (ed.), *Essays on South India*, Asian Studies at Hawaii, Nr. 15, Honolulu: University Press of Hawaii, 1976; M. Singer, »The Social Organization of Indian Civilization«, in: *Diogenes*, 45 (Winter 1964), S. 84-119; M. Singer (ed.), *Traditional India* (s. Anm. 2); J. C. Heesterman, »Brahmin, Ritual, and Renouncer«, in: *Wiener Zeitschrift für die Kunde Süd- und Ostasiens*, 8 (1964); und

ders., »The Conundrum of the King's Authority«, mimeographiert, Leiden 1976.

Zum Buddhismus siehe: P. A. Pardue, *Buddhism: An Historic Introduction*, New York 1958; W. T. de Bary (ed.), *The Buddhist Tradition in India, China and Japan*, New York 1972; P. Levy, *Buddhism: A ›Mystery Religion‹?*, New York 1968; H. Bechert, *Buddhismus: Staat und Gesellschaft in den Ländern des Theravada-Buddhismus*, 4 Bde., Frankfurt am Main 1966-68; S. J. Tambiah, *World Conqueror and World Renouncer*, Cambridge 1976; E. M. Mendelson, *Sangha and State in Burma: A Study of Monastic Sectarianism*, hrsg. von J. P. Ferguson, Ithaca 1975; R. F. Gombrich, *Precept and Practice: Traditional Buddhism in the Rural Highlands of Ceylon*, Oxford 1971; N. Nash, G. Obeyesekere, H. M. Ames, J. Ingersoll, D. E. Pianner, J. C. Nash, M. Moerman, M. Ebihara, and N. Yalman – *Anthropological Studies in Theravada Buddhism*, New Haven 1966; und E. B. Harper (ed.), *Religion in South Asia*, Seattle 1964.

9 Siehe S. N. Eisenstadt, »The Axial Age« (s. Anm. 7).

10 J. Heesterman, »Brahmin, Ritual and Renouncer« (s. Anm. 8).

11 Siehe J. S. Tambiah, *World Conqueror and World Renouncer* (s. Anm. 8). S. N. Eisenstadt, *Revolution and the Transformation of Societies*, New York 1978, Kap. IV u. V.

12 Siehe z. B.: H. Kulke und S. D. Rothermund, *Geschichte Indiens* (s. Anm. 5), Dritter Teil, S. 120-169; J. Heesterman, »Brahmin, Ritual and Renouncer« (s. Anm. 8); H. Kulke, »Kshatriyaization and Social Change, A Study in Orissa Setting«, in: S. Devadas Pillai (ed.), *Studies in Honour of Professor G. S. Churye*, Bombay 1976, wiederabgedruckt in der Sonderdruckreihe der Mitglieder des Südasieninstituts der Universität Heidelberg.

13 P. Wheatley, »Satyarata in Suvarnaduipe: From Reciprocity to Redistribution in Ancient Southeast Asia«, in: J. A. Sobloff and C. C. Lamberg, Karlovsky (eds.), *Ancient Civilization and Trade*, Albuquerque: University of New Mexico Press, 1975, S. 227-285.

14 Zum Kastensystem siehe Singer and Cohn, *Indian Society* (s. Anm. 8); Mandelbaum, *Society in India* (s. Anm. 8); Fox, Kin, Clan, Raja, and Rule (s. Anm. 8); K. Ishwaran (ed.), *Change and Continuity in India's Villages*, New York 1970; S. N. Srinivas, *Social Change in Modern India*, Berkeley 1966; und A. Beteille, *Caste, Class, and Power: Changing Patterns of Stratification in a Tanjore Village*, Berkeley 1965. Unter dem Aspekt der sozialen Hierarchie wird das Kastensystem analysiert bei S. N. Eisenstadt, *Social Differentiation and Stratification*, Glenview 1971, S. 106-109; und R. B. Inden, *Marriage and Rank in Bengal Culture: A History of Caste and Clan in Middle Period Bengal*, Berkeley: University of California Press, 1976.

15 Siehe S. N. Eisenstadt, »Cultural Traditions and Political Dynamics:

The Origins and Modes of Ideological Politics«, in: *The British Journal of Sociology*, 32 (1981), S. 155-81.

16 Diese Begriffe stammen aus E. Shils, »Primordial, Personal, Sacred and Civil Ties«, in: ders., *Center and Periphery, Essays in Macro-Sociology*, Chicago 1975, S. 111-126.
Zu den weltlichen Elementen in den politischen Ordnungen Indiens siehe Dumont, *Religion, Politics, and History in India* (s. Anm. 8); J. C. Heesterman, *The Ancient Indian Royal Consecration: The Rajasuya* Described According to the Yajus Texts and Annoted by J. C. Heesterman, Paris 1967; D. H. H. Ingalls, »Authority and Law in Ancient India«, in: *Journal of the American Oriental Society* (supp.), 74 (1954), S. 34-45; H. N. Sinha, *Sovereignty in Ancient Indian Polity*, London: Luzac, 1938; J. C. Heesterman, »Kautalya and the Ancient Indian State«, in: *Wiener Zeitschrift für die Kunde Süd- und Ostasiens*, 15, S. 5-22; und ders., »Conundrum of the King's Authority« (s. Anm. 8).
Siehe auch: J. F. Richards (ed.), *Kingship and Authority in South Asia*, South Asian Studies, University of Madison, Wisconsin, Publications Series, Publication No. 3 (1978) (1981); und J. C. Heesterman, »Power and Authority in Indian Traditions«, in: R. J. Moore (ed.), *Tradition and Politics in S. E. Asia*, New Delhi: Vikas, 1979, S. 60-86.

17 Dazu detaillierter S. N. Eisenstadt, »Cultural Traditions and Political Dynamics« (s. Anm. 15).

18 S. J. Tambiah, *World Conqueror and World Renouncer* (s. Anm. 8).

19 Detaillierter S. N. Eisenstadt, »Heterodoxies, Sectarianism and the Dynamics of Civilization«, wird erscheinen in: Diogenes.

20 Zu diesen Problemen siehe J. Bunnag, *Buddhist Monk, Buddhist Layman: A Study of Urban Monastic Organization in Central Thailand*, Cambridge Studies in Social Anthropology, No. 6, Cambridge 1973; Gombrich, *Precept and Practice* (s. Anm. 8); Nash et al., *Theravada Buddhism* (s. Anm. 8); Harper, *Religion in South Asia* (s. Anm. 8); P. Mus, »Traditions asiennes et bouddhisme moderne«, in: *Eranos Jahrbuch*, 32 (1968), S. 161-275; und ders., »La Sociologie de Georges Gurvitch et L'Asie«, in: *Cahiers internationaux de sociologie*, 43 (Dez. 1967), S. 1-21; auch J. Thapar, *Ancient Indian Social History: Some Interpretations*, New Delhi 1978; und S. C. Malik (ed.) *Dissent, Protest and Reform in Indian Civilization*, Indian Institute of Advanced Study, Simla 1973.
Zur Beteiligung der Sangha am politischen Leben, an Rebellion und Wandel in buddhistischen Gesellschaften siehe Tambiah, *World Conqueror* (s. Anm. 8); Bechert, *Buddhismus* (s. Anm. 8); Mendelson, *Sangha and State in Burma* (s. Anm. 8); G. Obeyesekere, F. Reynolds, and B. L. Smith (eds.), *The Two Wheels of Dharma: Essays on the Theravada Tradition in India and Ceylon*, American Academy of Re-

ligion; Studies in Religion, no. 3, 1972, bes. Kap. 1, 2 und 3; P. Mus, »Traditions asiennes et bouddhisme moderne« (s. oben in dieser Anm.); und ders., »La Sociologie de Georges Gurvitch et l'Asie (s. oben in dieser Anm.); E. Sarkisyanz, *The Buddhist Revolution*, The Hague 1965; F. E. Reynolds, »Civic Religion and National Community in Thailand«, in: *Journal of Asian Studies*, 36 (1977), S. 267-82; C. F. Keyes, »Millennialism, Theravada Buddhism and Thai Society«, in: *Journal of Asian Studies*, 36 (1977), S. 283-303; T. Stern, »Ariya and the Golden Book: A Millenarian Buddhist Sect among the Karen«, in: *Journal of Asian Studies*, 27 (1968), S. 297-327.

21 Siehe I. Friedrich Silber, »Dissent Through Holiness: The Case of the Radical Renouncer in Theravada Buddhist Communities«, in: *Numen* 23 (1981), S. 184-185; siehe auch S. J. Tambiah, The Renouncer, his individuality and his community (vervielfältigtes Manuskript).

22 J. Heesterman, »Brahmin, Ritual and Renouncer« (s. Anm. 8); und ders., »Power and Authority in Indian Tradition« (s. Anm. 16).

23 R. Thapar, *Asoka and the Decline of the Mauryas*, Oxford 1961; und S. N. Eisenstadt, *Revolution and the Transformation of Societies* (s. Anm. 11), Kap.v.

24 Siehe S. N. Eisenstadt (ed.), *Post-Traditional Societies*, New York: Norton, 1973, bes. die Einleitung und die Aufsätze von Heesterman, Bechert und Leach.

Anhang

Karl-Heinz Golzio

Zur Verwendung indologischer Literatur in Max Webers Studie über Hinduismus und Buddhismus

Da Max Weber keine indische Sprache beherrschte, stützte er sich bei seiner Arbeit ausschließlich auf indologische Sekundärliteratur und Übersetzungen indischer Texte, hauptsächlich in deutscher und englischer Sprache, in geringerem Maße auf französische Titel. Dabei verwertete er nicht nur Buchveröffentlichungen, sondern auch Zeitschriftenartikel aus der *Zeitschrift der Deutschen Morgenländischen Gesellschaft*, dem *Journal of the Royal Asiatic Society*, dem *Journal Asiatique, dem Indian Antiquary* sowie Albrecht Webers *Indischen Studien.*

Bei der Verwendung dieser Literatur durch Weber ist zu beobachten, daß er gewisse Standardwerke (oder von ihm als solche betrachtete) über Religionen, Literaturen, Ethnologie und Geschichte Indiens durchgängig benutzte, andere nur zu bestimmten Abschnitten seiner Arbeit, wieder andere, obwohl von relativ hoher Qualität (man denke an die Literaturgeschichte von Winternitz[1] oder Bhandarkars Arbeit über die Religionssysteme des Hinduismus[2], sehr selten. Das führt natürlich unmittelbar zu der Frage, inwieweit Weber in der Lage war, als Nichtfachmann den Stellenwert der von ihm benutzten Sekundärliteratur einzuschätzen. Offensichtlich hat er aber – zumindest von Zeit zu Zeit – den Rat von Indologen[3] eingeholt und sich über die Brauchbarkeit einiger seiner Quellen informiert. Das scheint gerade in einem speziellen Fall nachweisbar zu sein, nämlich beim Werk des aus Mahārāṣṭra stammenden S. V. Ketkar (»An essay on Hinduism«)[4], dessen Thesen er als »›modernistische‹ Hindu-Anschauungen und daher nicht ganz tendenzfrei« (A I 634 = B 22[5]) bezeichnet. Diese Meinung hat Weber meiner Ansicht nach nach Rücksprache mit einem Indologen gewonnen, und sie ist sicherlich nicht falsch. Für den Leser von Webers Arbeit entsteht aber damit gleichzeitig der Eindruck, er habe besagtes Buch nur am Rande benutzt (es wird insgesamt nur dreimal erkennbar zitiert), während er sich tatsächlich über weite Passagen seines Werkes darauf stützt. Dabei hat Weber auch eine Ansicht Ketkars referiert, die einem bestimmten geistlichen Lehrstuhl in Mahārāṣṭra (Śrī Saṅkeśvara) eine Bedeutung zumißt, die diesem gar nicht zukommt (A 1 639 = B 27).

Gewiß tangiert diese Unrichtigkeit eines Sachverhalts in keiner Weise die Aussagekraft dessen, was Weber zeigen wollte, nämlich die Existenz geistlicher Sitze mit großer Autorität, doch ist man in doppelter Weise gewarnt: 1. Je nach benutzter Quelle sind sonst in der Indologie überhaupt nicht strittige Sachverhalte bei Weber zuweilen mit Vorbehalt zu lesen, da nicht auszuschließen ist, daß er einem unzuverlässigen Gewährsmann folgte. Manchmal zog Weber auch falsche Schlüsse[6] oder behauptete sogar etwas völlig Falsches, obwohl die Sachverhalte in den von ihm benutzten Vorlagen ganz richtig dargestellt waren.[7] 2. Weber gibt relativ selten die Herkunft seiner Zitate an, ein Punkt, über den noch zu sprechen sein wird. Dem widerspricht nicht, daß zuweilen seitenweise Quellennachweise in den Fußnoten erscheinen, besonders wenn er sich nur auf ein Werk beruft (so z. B. A II 404-407 = B 193-196 auf die Bhagavadgītā-Übersetzung von Richard Garbe[8]); sobald für eine gedrängtere Darstellung verschiedene Quellen benutzt wurden, sind die Hinweise spärlicher bzw. überhaupt nicht vorhanden, was darauf hindeuten könnte, daß es ihm hier zu mühsam erschien, alle Quellen genau zu zitieren. Zum anderen gewinnt man gelegentlich den Eindruck, Weber habe eine große Gelehrsamkeit zur Schau stellen wollen, wenn er z. B. geradezu beiläufig in einer Fußnote (A 1 624, Anm. 8 = B 12, Anm. 1) einen Abbé Raynal erwähnt: »Die Pulayan- oder Parayan- (›Pariah‹-)Kaste Südindiens ist sehr weit davon entfernt, die sozial tiefste Schicht oder gar eine Schicht von ›outcastes‹ darzustellen, wie Abbé Raynal glaubte.« Es erscheint doch sehr fraglich, ob jeder gebildete Zeitgenosse Webers wußte, wer dieser Abbé Raynal[9] war, und ich frage mich, ob Weber dies selbst wußte, da er hier nur ein Zitat von Baines[10] aufgegriffen hat. Ferner ist zu bemängeln, daß Weber es auch sehr häufig nicht für notwendig befand, indologische Termini zu erklären, obwohl sich seine Arbeit doch wohl hauptsächlich an Soziologen und nicht an Indologen wandte.

Wenn man berücksichtigt, daß Weber eine große Anzahl von zu seiner Zeit erschienenen Veröffentlichungen nicht benutzt hat – sei es, weil sie ihm nicht zugänglich waren, sei es, weil er sie nicht eingesehen hat – und die von ihm benutzten Werke nicht immer voll ausgeschöpft wurden, kann es nicht verwundern, wenn seine Arbeit einige anfechtbare Thesen enthält wie z. B. die Ansicht, die Cakravartin-Konzeption im Buddhismus sei unter Aśoka entstanden (A III 692 = B 256) oder seine Auslassungen über Sexualorgien im Hinduismus (A III 759 ff. = B 323 ff.), die zwar im einzelnen sachlich richtig sein mögen, im ganzen dem Nichtfachmann aber den Eindruck vermitteln können, als seien die religiösen Strömungen mit »Sexual-, Fleisch- und Blutorgien« die dominierenden in Indien. Hier ist nicht der Platz, Fehler zu korrigieren (dies sei der in Vorbereitung befindlichen Kommentierung zur Neuausgabe des Textes in der Max-Weber-Gesamtausgabe vorbehalten), doch soll hier wenigstens auf einige Lücken und Versäumnisse Webers hingewiesen werden. Andererseits hat Weber gerade durch die Hinzuziehung von Zeitschriftenartikeln bestimmte Einzelprobleme gut darstellen können, so z. B. die Kastenverhältnisse der vedischen Zeit[11] oder die Stellung der herrschenden Kaste zur Zeit des Mahābhārata.[12]

Wenn Weber Übersetzungen indischer Texte benutzte (vornehmlich aus der Reihe »The Sacred Books of the East«[13], aber auch Karl Eugen Neumanns deutsche Übersetzungen aus dem Pāli-Kanon), scheint er diese in den meisten Fällen selbständig, d. h. ohne vorherige Hinweise aus der Sekundärliteratur zitiert zu haben. Nur ist für den Nichtfachmann aus den Fußnoten nicht immer zu ersehen, ob eine Übersetzung oder ein Zitat aus der Sekundärliteratur verwandt wurde. Letzteres trifft vor allem für die zahlreichen Zitierungen von Textstellen aus dem Mahābhārata zu, von dem zu Webers Zeit keine vollständige Übersetzung existierte. Hier stützte er sich hauptsächlich auf die Arbeiten von E. W. Hopkins (The religions of India[14], Ruling caste in ancient India[12]), J. Dahlmann (Das Mahābhārata)[15], J. Jolly (Recht und Sitte)[16] und W. Dilger (Die Erlösung des Menschen)[17]. Bei Ṛg- und Atharvaveda-Zitaten hat er auf die Arbeiten von Pischel und Geldner[18], Bloomfield[19] und Zimmer[20] zurückgegriffen. Dabei ist nur in den seltensten Fällen vermerkt, woher die Stellenangaben tatsächlich entlehnt sind.

Überhaupt ist – wie bereits angedeutet – die Herkunft seiner Angaben insgesamt nur sporadisch in seinen Fußnoten nachgewiesen. Vergleicht man anhand seines Textes die in den Fußnoten angeführte mit der an den betreffenden Textstellen tatsächlich benutzten Literatur (s. dazu den Kommentar in der Max-Weber-Gesamtausgabe), so gewinnt man den Eindruck, daß Weber Quellennachweise nur nach eigenem gusto angeführt hat. Die Gründe für diese (bewußte oder unbewußte) Nachlässigkeit sind schwer oder gar nicht durchschaubar. Wollte er nur einen großen Fußnotenapparat vermeiden, oder wollte er seine Arbeitsweise nicht transparent machen? Zuweilen drängt sich der letztgenannte Verdacht schon auf, zumal wenn er Textstellen, die er im Original nicht lesen konnte und von denen zu seiner Zeit keine Übersetzungen existierten, so zitiert, als habe er eine Übersetzung eingesehen und benutzt. Dieser Eindruck kann jedenfalls bei einem Nichtindologen entstehen, etwa bei einem solchen Zitat wie z. B. in A II 422 (= B 211, Fußnote 2): »Die höchste Frömmigkeit ... (J. R. As.Soc. I, 1834, S. 96)«, wo er den Anschein erweckt, als habe er den Artikel im *Journal of the Royal Asiatic Society* selbst eingesehen, tatsächlich aber ein Zitat von Hopkins, The religions of India, S. 296, Anm. 3 übernahm.

Mit einiger Berechtigung kann man auch von einigen »Lieblingswerken« Webers sprechen, d. h. Literatur, auf die er immer wieder zurückgriff, und dies leider manchmal ohne den kritischen Vergleich mit anderen von ihm zitierten Quellen. So wurde das nicht sehr zuverlässige dreibändige Werk »Cyclopaedia of India« von Balfour (s. Anm. 6) überdurchschnittlich oft herangezogen (meist jedoch ohne Erwähnung in einer Fußnote). Bisweilen läßt sich diese Tatsache nur durch die Übernahme merkwürdiger Schreibweisen von indischen Namen und Begriffen nachweisen, die man sonst wahrscheinlich als Druckfehler gewertet hätte, so z. B. Mukara (A III 759 = B 323 nach Cyclopaedia II, 697) statt Makāra und Dhunna (A III 780 = B 344 [in der noch weiter korrumpierten Form Dhuana] nach Cyclopaedia III, 359) statt Dhannā. Im ersten Falle läßt sich nachweisen, daß Balfour ganze Passagen aus dem von Weber ebenfalls eingesehenen Werk von H. H. Wilson[21] entnommen hat, ohne dessen Präzision beizubehalten. Es ist daher Weber anzulasten, daß er sich lieber auf die ihm anscheinend bequemere, aber unzuverlässigere Quelle stützte, ohne vorher noch andere ihm zugängliche Werke konsultiert zu haben. Daneben muß wohl auch berücksichtigt werden, daß manche Darstellungen seiner Sicht der Dinge sehr entgegenkamen (s. dazu den Beitrag von Hermann Kulke). In die Reihe der eher mit Vorsicht zu benutzenden Literatur gehört auch die Arbeit von J. N. Bhattacharya über Hindu-Kasten und -Sekten[22], die Weber ebenfalls häufig konsultierte. Sie ist wegen ihrer zumeist doch recht summarischen Angaben, die in der Darstellung dann hin und wieder anekdotische Züge annehmen, nicht besonders zu empfehlen, obwohl sie eine Fülle von Material präsentiert. Als Beispiel sei die von Jakob Rösel in seiner Studie »Die Hinduismusthese Max Webers«[23] (S. 80-81) so heftig angegriffene Geschichte von jenem Brahmanen erwähnt, der einen König von einer Verunreinigung, die durch einen toten Geier verursacht wurde, befreite und dafür mit Landschenkungen bedacht wurde (A III 798 = B 362). Diese von Weber fast wörtlich von Bhattacharya (S. 36) übernommene Geschichte wirkt unbestreitbar auf den ersten Blick wie eine salopp erzählte Anekdote, und es wäre Webers (aber auch die seines Kritikers Rösel) Aufgabe gewesen, den Sachverhalt zu erläutern, nämlich den, daß es sich hierbei um eine statuslegitimierende Legende mit realem Kern handelt: der Begründung von Landrechten für eine bestimmte Gruppe von Brahmanen.

Bei der Darstellung des indischen Buddhismus ist Weber bis zu einem gewissen Grade auch dem grundlegenden Werk von Hermann Oldenberg *(Buddha. Sein Leben, seine Lehre, seine Gemeinde.* 2. Aufl. Berlin 1890) gefolgt, jedoch nicht in dem Maße, wie seine für ihn relativ häufigen Erwähnungen des Autors Oldenberg glauben machen möchten. Gerade in wichtigen religionssoziologischen Fragen wie z. B. dem Verhältnis von Mönchen und Laien (siehe dazu die Beiträge von Bechert und Obeyesekere im vorliegenden Band) bezieht er sich auf Oldenbergs Buddha (S. 410-411) nur einmal (A II 442 = B 231): »Die materielle Unterstützung des Erlösungsuchenden und nur sie war letztlich die höchste Verdienstlichkeit und Ehre, die dem ›Upâsaka‹ (›Verehrer‹ Laien) zugänglich ist. Die Zurückweisung seiner Almosen durch Umkehrung der Betteltöpfe war die einzige Strafe, die ihm von den Mönchen drohte.«

Viel häufiger und intensiver, wenn auch durch keine einzige Anmerkung ausgewiesen (sieht man von einem allgemeinen Hinweis auf das Werk am Beginn des Buddhismus-Abschnittes ab), bezieht sich Weber auf Hendrik Kerns »Der Buddhismus und seine Geschichte in Indien; übers. von Hermann Jacobi« (2 Bände, Leipzig 1882-84), gerade auch bei religionssoziologischen Fragen. So schreibt er (A II 457 = B 246) zur soziologischen Struktur des buddhistischen Ordens: »Soldaten, Sklaven, Schuldverhaftete oder Verbrecher fanden in dem Orden keinerlei Aufnahme« (nach Kern II, S. 25). Er bezieht sich (A II 461 = B 250) beim ständig an einem festen Platz wohnenden Mönch *(āvāsika)* auf Kern II, S. 70, bei der Erwähnung (A II 453 = B 242) der festen Abgrenzung von Mönchsdistrikten *(sīmā)* auf Kern II, S. 62. Auch eine Paraphrase zum Verhalten des frommen Laien nach dem 4. Kapitel des *Lalitavistara* folgt Kern (I, S. 526-527): »So werden im Lalitavistara dem frommen und gebildeten Laien (ârya) zwar Ratschläge gegeben, wie er in seinem Berufe (mârga) vorwärts kommen könnte, aber in äußerst – und (wegen der Ablehnung der Werkheiligkeit) wohl absichtsvoll – unbestimmter Form.« (A II 445 = B 234).

Daher neige ich doch dazu, diese Arbeit von Kern als eine der Hauptquellen Webers zum frühen Buddhismus zu betrachten (dafür wären noch zahlreiche Beispiele zu nennen); verglichen damit hat er Oldenbergs *Buddha* doch nicht so häufig benutzt. Außerdem bezog sich Weber in einigen Punkten auch stark auf die Arbeiten von Louis de La Vallée Poussin, Thomas William Rhys Davids sowie einige inschriftliche Publikationen. Bei der Darstellung des »Edlen achtfältigen Pfades« (Pāli: *aṭṭhaṅgika-magga*) folgte er (A II 450-451 = B 239-240) gar einer kleinen Schrift des sich Ananda Maitreya nennenden Allan Bennett MacGregor (»The four noble truths«, Rangoon 1903).

Außer der bisher besprochenen indologischen Literatur im engeren Sinne hat Weber auch noch auf andere, Indien betreffende Quellen zurückgegriffen. Dabei sind vor allem die Census Reports (Census of India) von 1901 (26 Bände) und 1911 (23 Bände) zu nennen, die eine Fülle ethnographischen Materials sowie Daten über Kasten, Berufe, Religionspraxis etc. der unmittelbaren Gegenwart boten. Daneben waren auch die beiden Werke von B. H. Baden-Powell »The land systems of British India«[24] und »Indian village community«[25] eine schier unerschöpfliche Quelle über Bodenverteilung, Landrechte und Feudal- sowie Kastenstrukturen von der Zeit der Muġul-Dynastie bis zum Höhepunkt der britischen Macht in Indien.

Eine ganz besondere Würdigung verdient die Benutzung der indischen Inschriften, die Weber in den Publikationsreihen *Epigraphia Indica* und *Indian Antiquary* vorlagen; andere Sammlungen indischer Inschriften waren ihm laut eigener Aussage (A I 614 = B 2) nicht zugänglich. Die Heranziehung epigraphischer Quellen trägt häufig zu einem besseren Verständnis der Realien bei als die bedeutenden religiösen und epischen Werke, die die Ideen und damit auch die Ideologien einer bestimmten religiösen Strömung zu vermitteln suchen und daher in gewisser Weise idealtypisch sind. Der französische Soziologe Louis Dumont hat in seiner Studie »The conception of kingship« auf diesen Punkt hingewiesen: »To pass from ideas to facts, our inquiry should be supplemented in the first place by a long and painstaking study of the inscriptions.«[26] Weber hat einer solchen Arbeitsweise nachgeeifert und sich dabei neben den großen Textsammlungen auch auf Einzelpublikationen gestützt, so z. B. bei Aśoka-Inschriften auf V. A. Smith's Werk über Aśoka.[27] Aber auch außerhalb Indiens hat er nach Möglichkeit Inschriften herangezogen, so für Thailand den ersten Band von »Le Siam ancien« von Lucien Fournereau (bei Weber in der korrupten Schreibung Furneau, s. A III 718-721 = B 282-285)[28], für Kamboja zwei Veröffentlichungen von Etienne Aymonier im *Journal Asiatique* 1899 und 1900.[29] Erfreulicherweise gibt Weber hier zumeist die genaue Angabe der Herkunft seiner Quellen. Hervorzuheben ist auch das selbständige Arbeiten Webers mit den den Originaltexten meist beigefügten Übersetzungen bzw. Inhaltsangaben der Inschriften, d. h. die eigenständige Durchsicht der Textsammlungen ohne vorherige Hinweise aus der Sekundärliteratur.

Im dritten Teil seiner Arbeit (A III 687-752 = B 250-316) hat Weber im Rahmen seiner Buddhismusstudie nicht nur Indien behandelt, sondern auch Exkurse über den Einfluß des Buddhismus in Burma, Thailand, Kamboja, China, Japan, Korea und Tibet gegeben. Hierzu wurde naturgemäß nichtindologische Literatur herangezogen, wozu auch die Berichte der Indienreisen der chinesischen Pilger Fa-hsien, Sung-yün, Hsüan-tsang (hier die Biographie seiner Schüler Hui-li und Yen-ts'ung) und I-ching in englischen (Samuel Beal, Junjirō Takakusu) und französischen (Stanislas Julien) Übersetzungen zählen. Dieser geraffte Überblick Webers war notwendigerweise sehr allgemein gehalten und diente wohl auch nur dazu, die Bedeutung des Buddhismus in diesen verschiedenen Kulturen und Staaten zu dokumentieren.

Ganz besondere Schwierigkeiten hatte Weber bei der Wiedergabe indischer, aber auch chinesischer Begriffe und Namen (wobei hier von der gelegentlichen zusätzlichen Verstümmelung der Namen durch die Mitarbeiter[30] Webers sowie von Druckfehlern gar nicht die Rede sein soll). Bis auf wenige Ausnahmen verzichtete er völlig auf Längsstriche (bei Vokalen) und Punktierungen (fast ausschließlich bei Konsonanten), was ihm als Nicht-Indologen nicht zu verdenken ist, zumal auch viele seiner Gewährsleute keinen Gebrauch davon machten. Bei der Transkription verwandte Weber meist die gerade in der jeweiligen Quelle vorgefundene, so daß sich für manche Wörter in seiner Arbeit eine Reihe verschiedener Schreibweisen findet. Besondere Schwierigkeiten bereitete der Zischlaut ś, der je nach Vorlage auch als s, kursives *s*, sh, sch und ç erscheinen konnte; bei ś und kursivem *s* verwandte Weber immer s (es sei denn, es handele sich um ein solch häufig verwendetes Wort wie Śiva, das er grundsätzlich Çiva schreibt), während er sh und ç übernahm. Gelegentlich verdeutschte er auch bestimmte Wörter; so erscheint bei ihm die Kaste der Caṇḍāla als Tschandala, die Kṣatriya als Kschatriya, die Śūdra aber als Çudra statt einem verdeutschten Schudra. Zuweilen hat er auch die Transkription der Sacred Books of the East übernommen, die statt c, ch, j, jh die Kursive *k, kh, g, gh* benutzten, ohne daß Weber die Kursivierung hervorgehoben hätte. Bei chinesischen Namen sind die Schwierigkeiten ähnlich gelagert, je nachdem, welche Wiedergabe aus dem angelsächsischen oder französischen Sprachraum ihm vorlag. Diese Uneinheitlichkeit, die Weber nur durch vorherige Durchsicht seines Manuskripts durch einen Indologen bzw. Sinologen hätte ausräumen können, trägt zur Verwirrung bei Nichtindologen – im vorliegenden Fall wohl vornehmlich Soziologen – bei.

Zusammenfassend ist zu bemerken, daß Webers Arbeit bei eher soziologischen Passagen präziser wirkt als bei Darstellungen indischer Religionen, wo sich doch Mißverständnisse und Überbetonungen bestimmter Strömungen eingeschlichen haben.

Anmerkungen

1 Winternitz, M[oriz]: Geschichte der indischen Litteratur. Bd. 1. Leipzig: C. F. Amelangs Verlag 1908 (Die Litteraturen des Ostens in Einzeldarstellungen. Bd. 9). Band 2,1 (erschienen 1913) wurde offensichtlich nicht eingesehen. Band 2,2 und 3 erschienen erst 1920 und 1922 und konnten daher von Weber nicht mehr benutzt werden.

2 Bhandarkar, R[amkrishna] G[opal]: Vaiṣṇavism, Śaivism and minor religious systems. Straßburg: Karl J. Trübner 1913 (Grundriß der Indo-Arischen Philologie und Altertumskunde. Bd. 3, H. 6).

3 Es existiert ein Brief an Weber, der sich auf einige Abschnitte von Teil II (A II 362 ff.) bezieht und diese z. T. richtigstellt, z. T. präzisiert. Dieser Brief vom 23. VI. 1917 kommt aus H. und ist mit B. L. unterzeichnet. Dabei handelt es sich zweifellos um den Indologen Bruno Liebich (1862-1939), der zu dieser Zeit in Heidelberg arbeitete. In einem Fall hat Weber dann in der B-Ausgabe eine Verbesserung vorgenommen. Liebich schreibt zu A II 419, wo Weber die Erklärung ». . . Digambara (in Schatten gekleidet) . . .« geliefert hatte: »S. 419 Digambara nicht ›in Schatten gekleidet‹ sondern ›Die Weltgegenden zum Mantel habend‹.« Daraus machte dann Weber in der B-Ausgabe (B 208): ». . . Digambara (in die Weltweite gekleidet)«.

4 Ketkar, Shridhar V[enkatesh]: An essay on Hinduism, its formation and future. Illustrating the laws of social evolution as reflected in the history of the foundation of Hindu community. London: Luzac & Co. 1911.

5 A verweist auf die dreiteilige (I-III) Aufsatzreihe Webers über Hinduismus und Buddhismus in *Archiv für Sozialwissenschaft und Sozialpolitik*, Bd. 41, S. 613-744 (= A I) und 42, S. 345-461 (= A II), S. 687-814 (= A III), B auf die 1920 erschienene Buchausgabe.

6 So schreibt er A II 422 = B 211, Anm. 3, um ein Beispiel für das konsequente Tötungsverbot der Jainas auch gegenüber Insekten zu geben: »Die Innehaltung dieser rituellen Vorschrift trug angeblich mit zum Niedergang der Jaina bei. Der jainistische König Komarpal von Anhilvara verlor Thron und Leben, weil er seine Armee bei Regenzeit nicht marschieren lassen wollte.« Daß der Caulukya-Herrscher Kumārapāla von Aṇahillapāṭaka (1143-1172) durch sein Marschverbot Thron und Leben verlor, ist pure Fiktion Webers, die auf einem unzulässigen Schluß aus folgender Passage in Balfours Cyclopaedia of India (Balfour, Edward: The Cyclopaedia of India and of eastern and southern Asia, commercial, industrial, and scientific; products of the mineral, vegetable, and animal kingdoms, useful arts and manufactures. In 3 vols. London: Bernard Quaritch 1885), II, 403 beruht: »To this leading feature in their religion they owe their political debasement; for Komarpal, the last king of Anhilwara of the Jain faith, would not march his armies in the rains, from the unavoidable sacrifice of animal life that must have ensued.« Nach dem Kumārapālacarita des Hemacandra hat sich Kumārapāla zu Tode gehungert.

7 Der angebliche Verfasser des Arthaśāstra, Kauṭilīya oder Cāṇakya, wird von Weber in zwei Personen aufgespalten (A I 681 = B 69): »Das Arthasastra (›Staatswissenschaft‹) des Kautaliya [sic!], in Chanaukya's [sic!] Redaktion, . . .« In Webers Vorlage (Shamashastry, R[udra-

patna]: »Chanakya's land and revenue policy <4th century B.C.>«, *Indian Antiquary* XXXIV (1905), S. 5-10, 47-59, 110-119) findet sich nur die Darstellung des richtigen Sachverhalts.

Ein anderes Beispiel findet sich bei der falschen Zitierung von: Ananda Maitreya: Animism and law. A paper on Buddhism. Rangoon: Buddhasasana Samagama 2446 [d. i. 1903 n. Chr.] in A II 437 = B 226, Anm. 1: »Newton habe die animistischen Mythologien in der Mechanik, Faraday die ganz entsprechenden Vorurteile (Phlogiston) in der Chemie, ... beseitigt.« Ananda Maitreya erwähnt aber ganz richtig den französischen Chemiker Antoine Laurent Lavoisier (1743-1794) als den Zerstörer der Phlogiston-Theorie, jedoch mit keiner Silbe Michael Faraday (1791-1867).

8 Die Bhagavadgītā. Aus dem Sanskrit übersetzt. Mit einer Einleitung über ihre ursprüngliche Gestalt, ihre Lehren und ihr Alter. Von Richard Garbe. Leipzig: H. Haessel 1905.

9 Abbé Guillaume Thomas François Raynal (1713-1796) war ein französischer Historiker und Philosoph sowie Mitglied des Jesuitenordens. Zur Zeit der Französischen Revolution war er Deputierter der Generalstände und verurteilte 1791 den Terror des französischen Revolutionsregimes. Über Indien schrieb er in seinem 1770 in Amsterdam erschienenen Werk »Histoire philosophique et politique des établissements et du commerce des Européens dans les deux Indes.«

10 Baines, Athelstane: Ethnography (Castes and tribes). With a list of the more important works on Indian ethnography by W[ilhelm] Siegling. Straßburg: Karl J. Trübner 1912 (Grundriß der Indo-Arischen Philologie und Altertumskunde. Bd. 2, H. 5), S. 75.

11 Weber, Albrecht: »Collectanea über die Kastenverhältnisse in den Brâhmaṇa und Sûtra«, *Indische Studien*, Bd. 10 (1868), S. 1-160.

12 Hopkins, Edward W[ashburn]: »The social and military position of the ruling caste in ancient India as represented by the Sanskrit epic«, *Journal of the American Oriental Society*, XIII (1889), S. 57-376.

13 Eine Aufführung aller benutzten Übersetzungen würde zu weit führen.

14 Hopkins, Edward Washburn: The religions of India. Boston and London: Ginn & Co. 1895 (Handbook on the History of Religions. Vol. 1).

15 Dahlmann, Joseph: Das Mahābhārata als Epos und Rechtsbuch. Ein Problem aus Altindiens Cultur- und Literaturgeschichte. Berlin: Felix L. Dames 1895.

16 Jolly, Julius: Recht und Sitte <einschließlich der einheimischen Litteratur>. Straßburg: Karl J. Trübner 1896 (Grundriß der Indo-Arischen Philologie und Altertumskunde. Bd. 2, H. 8).

17 Dilger, Wilhelm: Die Erlösung des Menschen nach Hinduismus und Christentum. Eine vergleichende Untersuchung auf Grund der beider-

seitigen Urkunden. Basel: Verlag der Missionsbuchhandlung 1902.

18 Pischel, Richard/Geldner, Karl F[riedrich]: Vedische Studien. Bd. 1-3. Stuttgart: W. Kohlhammer 1889-1901.

19 Bloomfield, M[aurice]: The Atharvaveda. Straßburg: Karl J. Trübner 1899 (Grundriß der Indo-Arischen Philologie und Altertumskunde. Bd. 2, H. 1, B).

20 Zimmer, Heinrich: Altindisches Leben. Die Cultur der vedischen Arier nach den Saṁhitā dargestellt. Berlin: Weidmann 1879.

21 Wilson, H[orace] H[ayman]: Essays and lectures on the religion of the Hindus. Collected and ed. by Reinhold Rost. Vol. 1: Sketch of the religious sects of the Hindus. London 1861, S. 256.

22 Bhattacharya, Jogendra Nath: Hindu castes and sects. An exposition of the origin of the Hindu caste system and the bearing of the sects towards each other and towards other religious systems. Calcutta: Thacker, Spink and Co. 1896.

23 Rösel, Jakob: Die Hinduismusthese Max Webers. Folgen eines kolonialen Indienbildes in einem religionssoziologischen Gedankengang. München, Köln, London: Weltforum Verl. 1982 (Arnold-Bergstraesser-Institut: Materialien zu Entwicklung und Politik: 22).

24 Baden-Powell, B[aden] H[enry]: The land-systems of British India; being a manual of the land-tenures and of the systems of land-revenue administration prevalent in the several provinces. Vol. 1-3. Oxford: Clarendon Pr. [etc.] 1892.

25 Baden-Powell, B[aden] H[enry]: Indian village community. Examined with reference to the physical, ethnographic, and historical conditions of the provinces; chiefly on the basis of the revenue-settlement records and district manuals. London, New York, Bombay: Longmans, Green & Co. 1896.

26 Dumont, Louis: Religion, politics and history in India. Collected papers in Indian sociology. Paris, The Hague: Mouton Publishers 1970, S. 83.

27 Smith, Vincent A[rthur]: Asoka, the Buddhist emperor of India. Oxford: Clarendon Pr. 1901 (Rulers of India Ser. Vol. 29).

28 Fournereau, Lucien: Le Siam ancien: archéologie, épigraphie, géographie. P. 1. Paris: E. Leroux 1895 (Annales du Musee Guimet. T. 27).

29 Merkwürdigerweise spricht Weber hier von burmesischen Inschriften (A III 722 = B 286).

30 Webers Manuskript war ursprünglich handgeschrieben und wurde dann von seinen Mitarbeitern maschinenschriftlich niedergelegt, was die vielen Fehler bei nichteuropäischen Ausdrücken erklärt.

Literatur

Alatas, Syed Hussein, »The Weber Thesis in South East Asia«, in: *Archives de sociologie des religions*, 8 (1963), S. 21-34

Alatas, Syed Hussein, »Religion and Modernization in South East Asia«, in: *Europäisches Archiv für Soziologie*, 11 (1970), S. 265-296

Ames, Michael M., »Religion, Politics, and Economic Development in Ceylon: An Interpretation of the Weber Thesis«, in: Spiro, M. E. (Hg.), *Symposium of New Approaches to the Study of Religion. Proceedings of the 1964 Annual Spring Meeting of the American Ethnological Society*, Seattle: University of Washington Press 1964, S. 61-76

Barash, Meyer, »The Role of Traditional Religions in a Developing Nation«, in: *Archives de sociologie des religions*, 12 (1967), S. 37-40

Bechert, Heinz, *Buddhismus, Staat und Gesellschaft in den Ländern des Theravada-Buddhismus*, Bd. 1: Allgemeines und Ceylon, Frankfurt/Berlin: Alfred Metzner 1966

Bechert, Heinz, »Einige Fragen der Religionssoziologie und Struktur des südasiatischen Buddhismus«, in: *Internationales Jahrbuch für Religionssoziologie*, 4 (1968), S. 251-295

Bechert, Heinz, *Weltflucht oder Weltveränderung: Antworten des buddhistischen Modernismus auf Fragen unserer Zeit*, Göttingen: Vandenhoeck & Rupprecht 1976

Bellah, Robert, »Reflections on the Protestant Ethic Analogy in Asia«, in: Bellah, Robert, *Beyond Belief. Essays on Religion in a Post-Traditional World*, New York: Harper & Row 1970, S. 53-63

Bendix, Reinhard, *Max Weber – Das Werk. Darstellung, Analyse, Ergebnisse*, München: Piper 1964

Béteille, André, *Caste, Class, and Power*, Berkeley: University of California Press 1965

Béteille, André, *Castes: Old and New*, New York: Asia 1969

Cavalli, Luciano, *Max Weber. Religione e Società*, Bologna: Il Mulino 1968

Dumont, Louis, »Le Renoncement dans les Religions de l'Inde«, in: *Archives de sociologie des religions*, 4 (1959), S. 45-69

Dumont, Louis, Homo Hierarchicus, Paris: Gallimard 1966

Eisenstadt, Shmuel N., »Some Reflections on the Significance of Max Weber's Sociology of Religions for the Analysis of Non-European Modernity«, in: *Archives de sociologie des religions*, 16 (1971), S. 29-52

Elder, J. W., »Brahmans in an Industrial Setting: A Case Study«, in: Hamilton, W. B. (Hg.), *The Transfer of Institutions*, London: Cambridge University Press 1964, S. 139-164

Gellner, David, »Max Weber, Capitalism and the Religion of India«, in: *Sociology*, 16 (1982), S. 526-543
Goheen, John et al., »India's Cultural Values and Economic Development. A Discussion«, in: *Economic Development and Cultural Change*, 7 (1958/59), S. 1-12
Gombrich, Richard F., *Precept and Practice. Traditional Buddhism in the Rural Highlands of Ceylon*, Oxford: Clarendon Press 1971
Greenwold, Stephen Michael, »Buddhist Brahmans«, in: *Europäisches Archiv für Soziologie*, 15 (1974), S. 101-123
Jacobs, Norman, »Max Weber. The Theory of Asian Society and the Study of Thailand«, in: *Sociological Quarterly*, 12 (1971), S. 525-530
Käsler, Dirk, *Einführung in das Studium Max Webers*, München: Beck 1979
Kantowsky, Detlef, *Sarvodaya – the Other Development*, New Delhi: Vikas 1980
Kantowsky, Detlef, »Die Rezeption der Hinduismus/Buddhismus-Studie Max Webers in Südasien: Ein Mißverständnis?«, in: *Europäisches Archiv für Soziologie*, 23 (1982), S. 317-355
Küenzlen, Gottfried, *Die Religionssoziologie Max Webers. Eine Darstellung ihrer Entwicklung*, Berlin: Duncker & Humblot 1980
Kunst, Arnold, »Use and Misuse of Dharma«, in: O'Flaherty, Wendy Doniger, Derrett, J. Duncan M. (Hg.), *The Concept of Duty in South Asia*, New Delhi: Vikas Publ. House 1978, S. 3-17
Loomis, Charles P., Loomis, Zora K. (Hg.), *Socio-Economic Change and the Religious Factor in India. An Indian Symposium of Views on Max Weber*, New Delhi: Affiliated East-West Press 1969
Madan, G. R., *Western Sociologists on Indian Society. Marx, Spencer, Weber, Durkheim, Pareto*, London: Routledge and Kegan Paul 1979
Malalgoda, Kitsiri, *Buddhism in Sinhalese Society, 1750-1900. A Study of Religious Revival and Change*, Berkeley: University of California Press 1976
Mishra, Vikas, *Hinduism and Economic Growth*, Bombay: Oxford University Press 1962
Morris, Morris David, »Values as an Obstacle to Economic Growth in South Asia: A Historical Survey«, in: *Journal of Economic History*, 27 (1967), S. 588-607
Mühlmann, Wilhelm E., *Mahatma Gandhi. Der Mann, sein Werk und seine Wirkung*, Tübingen: J.C.B. Mohr 1950
Nandy, Santosh Kumar, »A Critique on Max Weber's Conception of Ethics in India«, in: *The Visvabharati Quarterly*, 32 (1966/67), S. 277-304
Nevaskar, B., *Capitalists Without Capitalism. The Jainas of India and the Quakers of the West*, Westport/Connecticut: Greenwood 1971
Obeyesekere, Gananath, »Theodicy, Sin and Salvation in a Sociology of

Buddhism«, in: Leach, E. R. (Hg.), *Dialectic in Practical Religion*, Cambridge: Cambridge University Press 1968, S. 7-40
Obeyesekere, Gananath, »Religious Symbolism and Political Change in Ceylon«, in: *Modern Ceylon Studies*, 1 (1970), S. 43-63
Oommen, T. K., »Charisma, Social Structure and Social Change«, in: *Comparative Studies in Society and History*, 10 (1967/68), S. 85-99
Parsons, Talcott, *The Structure of Social Action*, New York: The Free Press 1949 (1937)
Parsons, Talcott, *Gesellschaften. Evolutionäre und komparative Perspektiven*, Frankfurt: Suhrkamp 1975
Pieris, Ralph, *Studies in the Sociology of Development*, Rotterdam: University Press 1969
Rao, M., *Tradition, Rationality, and Change. Essays in Sociology of Economic Development and Social Change*, Bombay: Popular Prakashan 1972
Rösel, Jakob A., »Über die soziale Gewalt von Wirklichkeitsbildern. Das sanskritische Indienbild und seine koloniale Verwirklichung. Am Beispiel der Indien-Studie Max Webers«, in: *Internationales Jahrbuch für Wissens- und Religionssoziologie*, Bd. 9, Opladen: Westdeutscher Verlag 1975, S. 45-76
Rösel, Jakob A., *Zur Hinduismus-These Max Webers. Eine kritische Würdigung*, München: Weltforum Verlag 1982
Sahay, Arun, »Comparative Conclusions from Hindu Reformist Ethics and the Weber Thesis: An Application of Max Weber's Methodology«, in: *Sociological Analysis and Theory*, 3 (1972), S. 43-59
Saram, P. »Weberian Buddhism and Sinhalese Buddhism«, in: *Social Compass*, 23 (1976), S. 355-382
Saran, A. K., »Hinduism and Economic Development in India«, in: *Archives de sociologie des religions*, 8 (1963), S. 87-94
Sarkisyanz, Emanuel, *Rußland und der Messianismus des Orients. Sendungsbewußtsein und politischer Chiliasmus des Ostens*, Tübingen: Mohr 1955.
Sarkisyanz, Emanuel, *Buddhist Backgrounds of the Burmese Revolution*, Den Haag: Nijhoff 1964
Sarkisyanz, Emanuel, »Social Ethics of Theravada Buddhism in Relation to Socio-Economic Development Problems in Southeast Asia«, in: Grossmann, B. (Hg.), *Southeast Asia in the Modern World*, Wiesbaden: Harrassowitz 1972, S. 140-150
Schluchter, Wolfgang, *Die Entwicklung des okzidentalen Rationalismus. Eine Analyse von Max Webers Gesellschaftsgeschichte*, Tübingen: Mohr (Paul Siebeck) 1979, Kap. 6
Schluchter, Wolfgang, *Rationalismus der Weltbeherrschung. Studien zu Max Weber*, Frankfurt: Suhrkamp 1980, Kap. 1
Sharma, Arvind, *Hindu Scriptural Value System and the Economic Deve-*

lopment of India, New Delhi: Heritage Publishers 1980
Sharma, Ursula, »Theodicy and the Doctrine of Karma«, in: *Man*, 8 (1973), S. 347-364
Singer, Milton, »(Review of) Max Weber, The Religion of India: The Sociology of Hinduism and Buddhism (Glencoe: The Free Press 1958)«, in: *American Athropologist*, 43 (1961), S. 143-151
Singer, Milton, »Religion and Social Change in India: The Max Weber Thesis, Phase Three«, in: *Economic Development and Cultural Change*, 14 (1965/66), S. 497-505
Singer, Milton, *When a Great Tradition Modernizes. An Anthropological Approach to Indian Civilization*, London: Pall Mall Press 1972
Singh, Amar Kumar, »Hindu Culture and Economic Development in India«, in: *Conspectus*, 3, Heft I (1967), S. 9-32
Singh, Sarat Kumar, *Hinduism and Economic Growth in India*, Varanasi: Kashi Vidyapith 1968
Spiro, Melford E., *Buddhism and Society. A Great Tradition and its Burmese Vicissitudes*, London: Allen & Unwin 1971
Stackhouse, Max L., »The Hindu Ethic and the Ethos of Development: Some Western Views«, in: *Religion and Society*, 20, Heft IV (1973), S. 5-33
Stern, Henri, »Religion et société en Inde selon Max Weber. Analyse critique de Hindouisme et Bouddhisme«, in: *Social Science Information*, 10, Heft VI (1971), S. 69-112
Tambiah, Stanley J., »Buddhism and This-Worldly Activity«, in: *Modern Asian Studies*, 7 (1973), S. 1-20
Tambiah, Stanley J., *World Conqueror and World Renouncer. A Study of Buddhism and Polity in Thailand Against a Historical Background*, Cambridge: Cambridge University Press 1976
Weber, Marianne, *Max Weber. Ein Lebensbild*, Tübingen: Mohr (Siebeck) 1926
Zingerle, Arnold, *Max Webers historische Soziologie: Aspekte und Materialien zur Wirkungsgeschichte*, Darmstadt: Wissenschaftliche Buchgesellschaft 1981
Yawata, Yasusada, »Religionssoziologische Untersuchungen zur Geschichte Japans«, in: König, René und Winckelmann, Johannes (Hg.), *Max Weber zum Gedächtnis*, Köln und Opladen: Westdeutscher Verlag 1963 (Kölner Zeitschrift für Soziologie und Sozialpsychologie, Sonderheft 7), S. 358-406

Zeittafel

ca. 2500-1700 v. Chr.	Höhepunkt der Städte der Induskultur
ca. 1300/1200	Einwanderung der Arier in Nordwestindien
1200-900	Frühvedische Periode (»Rigveda«)
900-600	Spätvedische Periode (»Brāhmaṇas«). Besiedelung des Gangestals durch die Arier
7./6. Jh.	Philosophie der Upaniṣaden
ca. 563-483	Buddha
327-325	Alexanders Indienzug
320-185	Großreich der Mauryas, Staatslehrbuch »Arthaśāstra« des Kauṭilīya
268-233	Kaiser Aśoka
um 150	Menander, bedeutendster indogriechischer König (»Milindapañho«)
seit 1. Jh. n. Chr.	Ausbreitung des Buddhismus nach China
78 n. Chr.	Beginn der Śaka-Ära. Vermuteter Regierungsbeginn des großen Kuṣāṇa-Königs Kaniṣka
erste Jhe. n. Chr.	Gesetzbuch des Manu. Beginn der Niederschrift der Sekten-Purāṇas. Endfassung der Epen Rāmāyaṇa und Mahābhārata (Bhagavad Gītā)
320-ca. 550	Das »klassische« Reich der Guptas. Aufschwung der Sanskrit-Dichtung
ab 4. Jh.	Starker indischer Einfluß in Südostasien
spätes 5. Jh.	Hunneneinfälle in Nordindien. Untergang der Stadtkultur, Beginn des Niedergangs des Buddhismus in Indien
spätes 6. Jh.	Aufstieg Südindiens (Caḷukya- und Pallava-Dynastien in Zentral- und Südindien)
seit 7. Jh.	Beginn der südindischen Bhakti-Religiosität
ab 711	Araber im heutigen Pakistan
788-820	Philosoph Śaṇkarācārya (Advaita-Vedānta)
9.-12. Jh.	Periode der regionalen Großreiche Indiens Philosoph Śaṅkarācārya (Advaita-Vedānta) Rāmānuja
1206	Gründung des Delhi-Sultanats, Untergang der letzten buddhistischen Hochburgen in Ostindien
1398	Plünderung Delhis durch Timur
1498	Vasco da Gama landet in Calicut im heutigen Staat Kerala

1526-1707	Reich der »Großmoguln«, bedeutendster Herrscher Akbar (1556-1605)
1600	Gründung der britischen East-India-Company
spätes 17. Jh.	Größte Ausdehnung des Mogul-Reiches unter Aurangzeb; Aufstieg der Marathen unter Śivajī
um 1750	Höhepunkt der Auseinandersetzungen zwischen Franzosen und Briten in Indien
1757	Robert Clive schlägt den Nawāb von Bengalen: Beginn britischer Territorialherrschaft in Indien
1799	Sieg der Briten über Tipu Sultan: Britische Vorherrschaft im Süden
1818	Endgültiger Sieg über die Marathen: Britische Vorherrschaft über Zentral- und Nordindien
1828	Ram Mohan Roy gründet den »Brahmo Samāj«, Beginn neo-hinduistischer Reformbewegungen
seit 1833	Intensivierung sozialer Reformen (Verbot von Witwenverbrennungen, Kinderheirat etc.) und Einführung der englischen Sprache als Amtssprache statt Persisch
1857	Aufstand (Mutiny) indischer Soldaten und Grundherren in Nordindien
1858	Ende der Company, Übernahme Indiens durch die britische Krone
1861	Errichtung des Imperial Legislative Council mit wenigen ernannten indischen Mitgliedern
1885	Gründung des indischen Nationalkongresses
1893	Vivekananda besucht das »Parlament der Religionen« in Chicago
1905	Teilung Bengalens, Beginn der Radikalisierung des indischen Unabhängigkeitskampfes
1906	Gründung der Muslim-Liga
1907	Spaltung des Nationalkongresses in »Gemäßigte« und »Extremisten«
1919	Beginn der Satyagraha-Bewegung unter Gandhi
1920	Non-Cooperation-Agitation Gandhis
1930	Gandhis Salzmarsch
1935	Verfassungreform (Government of India Act) und im folgenden Jahr Wahlen für die Provinzlandtage
1942	»Quit India«-Bewegung
1944	Gandhi-Jinnah-Gespräche enden ergebnislos
1947	Unabhängigkeit u. Teilung Indiens (15. Aug.)
1948	Ermordung Gandhis (30. Januar)
1950	Jawaharlal Nehru erster Premierminister Indiens

Hinweise zu den Autoren

Heinz Bechert, geb. 1932 in München, Professor für Indologie an der Universität Göttingen, Mitglied der Akademie der Wissenschaft in Göttingen. Interessengebiete: Religions- und Kulturgeschichte von Indien, Sri Lanka und Burma, Buddhismus in Indien, Sri Lanka, Zentral- und Südostasien. Buchveröffentlichungen: *Bruchstücke buddhistischer Verssammlungen* 1960, *Buddhismus, Staat und Gesellschaft* 1966-73, *Singhalesische Handschriften* 1969, *Pali Niti Texts of Burma* 1981. Herausgeber und Mitverfasser von *Buddhism in Ceylon* 1978, *Einführung in die Indologie, Burmese Manuscripts* 1979, *Die Sprache der ältesten buddhistischen Überlieferung* 1980.

J. Duncan M. Derrett, geb. 1922 in London, Emeritus Professor of Oriental Law an der University of London (Großbritannien). Interessengebiete: Altindisches Recht, modernes Hindu-Recht, Recht und Religion, früher Buddhismus. Buchveröffentlichungen: *Religion, Law and the State in India* 1968, *Critique of Modern Hindu Law* 1970, *Bharuci's Commentary on the Manusmṛti* 1975, *Essays in Classical and Modern Hindu Law*, 4 vols., 1976-78.

Shmuel N. Eisenstadt, geb. 1923 in Warschau (Polen), Professor of Sociology an der Hebrew University in Jerusalem (Israel). Interessengebiete: Historische Soziologie, insbesondere vergleichende Zivilisationsanalyse, Makrosoziologie, Geschichte der Soziologie. Buchveröffentlichungen: *From Generation to Generation* 1956 (1970), *The Political Systems of Empires* 1963 (1969), *Israeli Society* 1968, *Tradition, Change, and Modernity* 1973, *The Form of Sociology – Paradigm and Crisis* (mit M. Curelaru) 1976, *Revolution and the Transformation of Societies* 1978.

Karl-Heinz Golzio, geb. 1947 in Neuwied/Rhein, gegenwärtig Forschungsauftrag zur kritischen Edition von Max Webers *Die Wirtschaftsethik der Weltreligionen. Hinduismus und Buddhismus*. Interessengebiete: Geschichte und Religionsgeschichte Indiens und Altmesopotamiens. Buchveröffentlichungen: *Der Tempel im alten Mesopotamien und seine Parallelen in Indien. Eine religionshistorische Studie* 1983, *Rulers and Dynasties of East Asia: China, Japan, Korea; Chronological Tables* 1983.

Krishna Prakash Gupta, geb. 1943 in Lucknow (Indien), Associate Professor in Chinese Sociology an der University of Delhi (Indien). Interessengebiete: Religionssoziologie, vergleichende Analyse von Indien und China, Entwicklungstheorie. Buchveröffentlichungen: (in Vorbereitung) *Religion and Change in India and China*; *Education: The Chinese Alternative*.

Jan C. Heesterman, geb. 1925 in Amsterdam (Niederlande), Professor für Indologie an der Universität Leiden (Niederlande). Interessengebiete: Alte indische Religion, besonders Vedismus, neuere Geschichte Südasiens. Buchveröffentlichungen: *The Ancient Indian Royal Consecration* 1957, *The Inner Conflict of Tradition: Essays in Indian Ritual, Kinship and Society* 1985.

Hermann Kulke, geb. 1938 in Berlin, Apl. Professor für Geschichte am Südasien-Institut der Universität Heidelberg. Interessengebiete: Vorkoloniale Geschichte Süd- und Südostasiens, frühe Staatenbildung, mittelalterliche Regionalreiche, Herrscherlegitimation. Buchveröffentlichungen: *Cidambaramāhātmya* 1970, *Jagannatha-Kult und Gajapati-Königtum* 1978, *Devaraja-Kult* 1978, *Geschichte Indiens* (zus. mit D. Rothermund) 1982.

Gananath Obeyesekere, geb. 1930 in Sri Lanka, Professor of Anthropology an der Princeton-University (USA). Interessengebiete: Psychoanalyse und Anthropologie, Soziologische Theorie, Buddhismus und Hinduismus. Buchveröffentlichungen: *Land Tenure in Village Ceylon* 1966, *Medusa's Hair: An Essay on Personal Symbol and Religious Experience* 1981.

Wendy Doniger O'Flaherty, geb. 1940 in New York City, Professor of History of Religions and Indian Studies an der University of Chicago (USA). Interessengebiete: Religionsgeschichte, insbesondere Religionsgeschichte Indiens. Buchveröffentlichungen: *Asceticism and Eroticism in the Mythology of Śiva* 1973 (1981), *The Origin of Evil in Hindu Mythology* 1976 (1980), *Karma and Rebirth in Classical Indian Traditions* 1980, *Women, Androgynes, and Other Mythical Beasts* 1980.

David Shulman, geb. 1949 in Waterloo, Iowa (USA), Senior Lecturer in Indian Studies and Comparative Religion an der Hebrew

University of Jerusalem (Israel). Interessengebiete: Südindische Religion, Geschichte und Literatur. Buchveröffentlichungen: *Tamil Temple Myths: Sacrifice and Divine Marriage in the South Indian Śaiva Tradition* 1980, *Hamiqdash Vehamayin* (Gedichte) 1974.

Stanley J. Tambiah, geb. 1929 in Sri Lanka, Professor of Anthropology an der Harvard University und Curator of Southeast Asian Ethnology, Peabody Museum (USA). Interessengebiete: Religion und Politik in Südostasien, vergleichende Analysen von Sozialstruktur und Religion. Buchveröffentlichungen: *Buddhism and the Spirit Cults in Northeast Thailand* 1970, *World Conqueror and World Renouncer* 1976, *Bridewealth and Dowry* (zusammen mit Jack Goody) 1973, »Magical Power of Words« (Malinowski Memorial Lecture) 1968, »A Performative Approach to Ritual« (Radcliffe-Brown Memorial Lecture) 1981.